BASTEI
LÜBBE

Joyce Lukezic
Ted Schwarz

Ich will dich sterben sehen

Ins Deutsche übertragen
von Michael Kubiak

TRUE CRIME
Der wahre Kriminalfall

BASTEI
LÜBBE

BASTEI-LÜBBE-TASCHENBUCH
Band 13 404

Erste Auflage:
September 1992

Deutsche Lizenzausgabe 1992
by Bastei-Verlag Gustav H. Lübbe
GmbH & Co., Bergisch Gladbach
Originaltitel: False Arrest
Titelfoto: Anthony Russo
Das Titelfoto zeigt Joyce Lukezic
Umschlaggestaltung:
Quadro Grafik, Bensberg
Satz: KCS GmbH,
2110 Buchholz/Hamburg
Druck und Verarbeitung:
Brodard & Taupin, La Flèche,
Frankreich
Printed in France

ISBN 3-404-13404-4

Vorbemerkung

Dies sind die wahren Erlebnisse einer realen Person, Joyce Lukezic. Die Personen, Ereignisse, Vorgänge und Gespräche, die innerhalb der Geschichte dargestellt werden, wurden aus ausführlichen Interviews und Recherchen rekonstruiert. Zur Verfügung standen dazu Gerichtsdokumente, Briefe, persönliche Aufzeichnungen, Pressemeldungen und die Erinnerung der Beteiligten. In dem Bemühen, die Anonymität bestimmter Personen zu schützen, hat der Autor ihre Namen und, in einigen Fällen, auch typische Merkmale verändert. Ereignisse, an denen die auftretenden Personen beteiligt waren, fanden jeweils statt wie beschrieben; lediglich kleinere Details wurden verändert.

PROLOG

Möglich, daß Joyce Lukezic die Männer bemerkte, als sie in die Auffahrt ihres Hauses in Phoenix, Arizona, einbog, aber es wurde ihr nicht bewußt. Ihre Tochter Eden war bei ihr, sie hatten Doughnuts für das Frühstück besorgt, ein besonderer Luxus, den sie sich leisteten, bevor sie sich ihren Alltagspflichten widmeten.

»Joyce Lukezic?« fragte einer der Männer, als sie aus dem Wagen stieg. Er war korrekt gekleidet, breitschultrig, und sein Anzug konnte seine muskulösen Arme kaum kaschieren.

»Ja?« erwiderte sie lächelnd. Vielleicht ein Versicherungsvertreter, weil er einen Aktenkoffer trug.

»Kriminalpolizei Phoenix. Ich habe einen Haftbefehl gegen Sie.«

Und dann wurden sie aktiv. Acht oder zehn, sie war viel zu schockiert, um sie zu zählen. Alle viel größer als sie mit ihren ein Meter achtzig.

Sie sah Blechmarken. Pistolen. Spürte Hände, die ihre Arme packten.

Gegen den Wagen mußte sie sich lehnen, neben ihr ein Polizist, der ihr die Füße unter dem Leib wegtreten würde, falls sie zu fliehen versuchte.

Verschwommene Worte. »Entführung... Beteiligung an einem Mord... Recht zu schweigen... Recht auf einen Anwalt...«

Für einen kurzen Moment spürte sie die Leibesvisitation. Wie im Fernsehen, nur anders. Gründlicher. Ihre Kleidung wurde zentimeterweise abgetastet, durchgeknetet, so daß alles gefunden würde, was sie möglicherweise dort versteckt hatte. Die Hände arbeiteten schnell, professionell. Jede Waffe, die sie bei sich tragen könnte, von einem Rasiermesser bis zu einer .45er Automatic, würde entdeckt.

Aber es gab keine Pistolen, keine Messer, keinerlei Waffen.

»Reichen Sie mir Ihre Hand.« Ihr rechter Arm wurde nach

hinten gezogen, die stählerne Handschelle drückte auf ihre Haut.

Dann die linke Hand. Sie verlor ihr Gleichgewicht. Jemand bewahrte sie davor zu stürzen, während die Handschelle sie festhielt.

Benommen stand Eden an der Tür, verfolgte voller Entsetzen das Geschehen. Ihre Augen suchten in den Gesichtern der Detektive, verharrten dann bei ihrer Mutter, flehten um Antworten, Erklärungen. Alles, was sie sah, war Schock, Angst, Verwirrung. Sie verschwand im Haus, um ihren Stiefvater auf seiner Arbeitsstelle anzurufen. Vielleicht fand er eine Erklärung für das, was geschah. Vielleicht könnte er den Alptraum stoppen. Vielleicht.

Eine Hand packte Joyces Arm. Auf den Rücksitz des Wagens. Vorsicht mit dem Kopf, Joyce. Ziemlich niedriges Dach.

Sie fiel auf die Sitzbank. Unbeholfen. Versuchte, sich mit ihren auf dem Rücken gefesselten Händen hinzusetzen.

Sie sah aus dem Fenster. Gedanken jagten einander. Sie hatte die Kinder nicht umarmt. Sich nicht verabschiedet.

Die Nachbarn gafften. Harmlose Hausfrauen aus verträumten Vororten werden nicht verhaftet. Nicht in dieser Gegend.

Skandale, ja, die gab es. Zu laute Parties während des Sommerfestes der High-School. Teenager, die heimlich Bier tranken. Schürzenjäger. Betrügende Ehefrauen.

Kein Mord. Nicht Joyce.

»Wurden Sie schon mal verhaftet, Joyce?«

Die Stimme kam von vorn. Einer der Cops. Ich muß mich konzentrieren. Muß nachdenken. »Was?«

»Ob Sie schon mal verhaftet wurden.«

»Nein. Nie. Wegen was denn?« Sie drehte sich, um ihn besser erkennen zu können. Sein Gesicht war nur ein vager Fleck. Schock.

»Wenn Sie loslegen, dann gleich volle Pulle, was?«

Der Wagen fuhr am Park Central Shopping Center vorbei. Die Kinder fuhren gern dorthin. Viele Geschäfte. Günstige Preise.

»Morgen fängt die Schule wieder an, nicht wahr, Joyce?« fragte der Fahrer. »Freuen Ihre Kinder sich schon darauf?«

Konzentriere dich. Denk nach. Die Schultern schmerzen. Es ist Ende August. Natürlich fängt morgen die Schule an. Ich muß die Lunchpakete vorbereiten.

Aber das kann ich gar nicht. Nicht, wenn ich die Hände gefesselt habe. Nicht bei diesen Männern, die sagen, daß ich verhaftet bin.

Mein Gott! Ich bin verhaftet!

Das Polizeirevier. Die Fahrt zum Hintereingang. Überall Reporter. Kameras. Stimmen. Detektive. Jeff Smith. Ein vertrautes Gesicht. Ron hat ihn geschickt. Ron ist nicht da, aber Jeff ist gekommen. Ruft über die Köpfe der Menge: »Keine Angst, Joyce. Es wird sich alles aufklären.«

Und ein Anwalt. Larry Debus. Rons Anwalt. Ron muß ihn angerufen haben. Aber wo ist Ron? Warum ist er nicht gekommen?

»Hey, Joyce, hierher!« Die Stimme eines Fremden. Umdrehen. Blitzlicht. Zeitungsfotografen.

»Haben Sie irgend etwas zu sagen, Joyce?« »Wie fühlt man sich, wenn man verhaftet wird?«

»Lächeln Sie mal für die Kamera, Joyce.«

»Hierher schauen.« So viele Stimmen. So viele Gesichter. Die Kameras wurden vor ihren Augen immer größer.

Gesicht verstecken. Ich muß unbedingt mein Gesicht verbergen. Ich kann es nicht. Sie schieben mich hin und her. Warum drängen sich alle an mich heran? Warum bleiben sie nicht weg? Warum erzählen sie mir nicht, was hier vorgeht?

In einen Raum. Stühle, ein Tisch, ein großes Fenster. Nicht mehr im Flur. Nicht bei den Reportern. Nur ein Ermittler. Dan Ryan. Und die Cops.

Dann verließ Ryan für einen Moment den Raum. Lächelndes Gesicht. Hände hochgereckt. Wie ein Boxer nach einem Sieg. Der Gewinner. Er macht das Zeichen des Champions. Er läßt sich von der Menge feiern. Mein Gott, er führt sich auf wie ein Boxer, der nach dem K. o. im Ring umhertanzt.

Dann zurück in den Raum und zu den Fragen. Aber Joyce hatte auch eine an ihn. »Warum haben Sie das getan?« Ihre Stimme klang ruhig, gespannt. »Warum haben Sie das Siegeszeichen gemacht?«

Und dann änderte sich alles. Die Karnevalsstimmung war vorüber. Im Raum war es still, kalt. Seine Augen fixierten sie, wie Laserstrahlen, die sich durch ihren Kopf brennen konnten. Dann redete er, ruhig, sorgfältig, mit einem Unterton in der Stimme, der härter war als alles, was sie je gehört hatte. »Weil ich Sie in der Gaskammer sterben sehen will.«

TEIL EINS

LEBEN UND STERBEN IN PHOENIX

Die Morde

Die dunkle Limousine fuhr zügig durch die Straßen von Phoenix, Arizona. Die drei Männer, die darin saßen, sahen aus, als wollten sie zu einer Party. Es war der 31. Dezember 1980, Silvester. Die ganze Stadt war festlich geschmückt. Restaurants, Bars und Nachtclub hatten Fahnen und Girlanden aufgehängt, und Bands spielten Musik vom Bigband-Jazz über Countryswing bis hin zum Punk Rock. Die Nachtschwärmer trugen in dem einen Club nur Smokings, in dem anderen nur Jeans und in einem dritten die bizarrsten Kreationen von Fredericks of Hollywood. Die Prostituierten hatten mehr zu tun, als sie bewältigen konnten, und die Barkeeper freuten sich über ihre rapide schrumpfenden Vorräte.

In den Wohngebieten war der Lärm der Feiernden nur wenig leiser. Automobile parkten überall, wo Leute sich mit Freunden trafen, um gemeinsam auf das neue Jahr anzustoßen.

Die Polizei verstärkte ihren Streifendienst und achtete vor allem auf Zickzackfahrer. Dies war eine Nacht der Verkehrskontrollen und Blutproben, um festzustellen, wer unter Alkoholeinfluß am Steuer saß. Nur die Detektive rechneten mit einer ruhigen Nacht. Das Morddezernat hatte an diesem Tag drei neue Fälle bekommen, eine ungewöhnlich hohe Zahl, doch die Kriminalisten machten früh genug Feierabend, um sich ins abendliche Vergnügen zu stürzen. Detektiv Larry Martinsen zum Beispiel kam um halb acht nach Hause und hatte genügend Zeit, sich umzuziehen, um mit seiner Frau die Nacht durchzufeiern. Streifenpolizisten würden die Stadt bewachen, würden sich um Barschlägereien und Familienkräche kümmern, neben den Einsätzen im Straßenverkehr bei weitem die meisten Anlässe für Hilferufe der Bürger.

Für Joyce und Ron Lukezic war Silvester ein Anlaß zum Feiern. Ron Lukezic und sein Partner Patrick Redmond, hatten ein weiteres gutes Jahr hinter sich, ihr Einkommen bewegte sich im sechsstelligen Bereich. Ihnen gehörte gemeinsam eine erfolgreiche Druckerei, die sie wohl weiter ausbauen würden. Die einzige Spannung zwischen den Männern rührte von einem Druckauftrag in Las Vegas her, den sie vor kurzem abgelehnt hatten. Der Auftrag hätte ihre Bruttoeinnahmen auf sechs Millionen im Jahr hochschnellen lassen, doch es waren gewisse Bedingungen zu erfüllen. So hätten sie den Auftraggebern Anteile an ihrer Firma überlassen müssen – Leuten, die im Verdacht standen, daß sie Verbindungen zum organisierten Verbrechen hatten.

Ron Lukezic, der ehrgeizigere der beiden, hatte das Geschäft befürwortet. Sein Partner gab sich mit dem derzeitigen Erfolg zufrieden und wollte von dieser Vereinbarung nichts wissen. Die Diskussionen zwischen ihnen hatten wochenlang angehalten. Aber Silvester war nicht gerade der geeignete Zeitpunkt, Meinungsverschiedenheiten auszutragen. Es war die Nacht der Parties, eine Nacht, in der sich Ron, schon immer ein starker Trinker, für einen reichlichen Alkoholkonsum keine Entschuldigung einfallen lassen mußte.

Joyce saß im Schlafzimmer und schminkte sich. Sie war eine attraktive Frau Ende Dreißig und wohnte in einem hübschen Haus in einer gepflegten Gegend. Sie besaß eine kleine Firma, eine Stellenvermittlung für medizinisches Fachpersonal, eine Agentur, bei deren Start ihr Bruder geholfen hatte.

Sie freute sich über die Entwicklung ihrer drei Kinder. Nach einer gescheiterten Ehe und einem Umzug, der sie zweitausend Meilen weit von ihrer Geburtsstadt Boston wegführte, kam endlich wieder Ordnung in ihr Leben. Sie hatte das erreicht, was viele Menschen den Amerikanischen Traum nennen, und der einzige Wermutstropfen war eine, wie sie zu erkennen glaubte, gewisse Entfremdung von ihrem Ehemann. Ron hatte den Ruf eines Schürzenjägers. Sie waren beide leicht reizbar und aufbrausend. Es hatte einige heftige Wortwechsel gegeben. Dennoch, so wußte sie, hatten alle Ehen ihre Krisen, und obgleich sie in jüngster Zeit Ron des öfteren dabei ertappt hatte, wie er ihre halbwüchsige Tochter mit einem seltsamen Ausdruck in den Augen betrachtete, verdrängte sie diesen unangenehmen Gedanken und verbannte solche Probleme in die entlegeneren Bereiche ihres Bewußtseins.

Vielleicht bildete sie sich das alles nur ein und reagierte auf ein völlig unbegründetes Gefühl der Eifersucht. Er war noch immer ihr bester Freund. Ein Mann, der sie zum Lachen bringen konnte, ein Mann, dessen Gesellschaft sie genoß. Außerdem erschien alles mit dem Heraufziehen des neuen Jahres viel freundlicher, angenehmer. Es schien, als ließe sich jedes Problem lösen.

Der Wagen mit den drei Männern bremste weich unweit der Adresse 320 West El Camino, einer Straße mit teureren Häusern in einer der gesuchtesten Wohngegenden. Die Männer wußten, daß das Haus nur zwei Eingänge hatte. Sie kannten den Lageplan. Sie wußten auch, daß Patrick und Marylin Redmond sowie Marilyns Mutter, Helen Phelps, allein zu Haus waren. Die ersten Gäste der Redmonds würden später kommen.

Die Polizisten waren vorbereitet. Sieben Stunden vorher, gegen Mittag, hatten sie vor Long's Drug in der West Baseline Road in Mesa angehalten. Sie trugen Straßenanzüge, unauffällig bis auf die Tatsache, daß zwei Männer Farbige waren. In der Gegend gab es nur wenige Schwarze.

Der Weiße kaufte drei Paar billige Chirurgenhandschuhe für fünfundsiebzig Cents und ließ dann ungeschickterweise einen Penny auf den Boden fallen. Mrs. Laura Avery war ganz in der Nähe, entdeckte die Münze und machte ihn darauf aufmerksam. Aus irgendeinem Grund merkte sie sich auch seine äußere Erscheinung – braune Anzugsjacke, braune Stiefel und einen silbernen Ring mit einem Türkis am Ringfinger der rechten Hand. Der Mann bedankte sich und ging dann zu den beiden Schwarzen, die soeben eine dicke Rolle Klebeband gekauft hatten.

Als die Männer sich dem Haus näherten, hatten sie Handschuhe und Klebeband bei sich. Der Weiße ging zur Haustür. Die Schwarzen hielten sich im Hintergrund, damit man sie erst sah, wenn die Tür für den Weißen geöffnet worden war. In Phoenix wie in Mesa gab es nur wenige Schwarze. Selbst ein

Fremder in Freizeitkleidung wäre als weitaus vertrauenswürdiger betrachtet worden als ein sorgfältig gekleideter Schwarzer. Nun jedoch, als die Tür geöffnet wurde, traten die beiden Schwarzen schnell vor, einer ging zur Garageneinfahrt, der andere begab sich in den hinteren Teil des Hauses.

Der Weiße verrichtete seine Arbeit zügig und gründlich. Er holte seine Brieftasche heraus, bereit, eine Dienstmarke und andere Ausweise zu zeigen, als jemand an die Tür klopfte. Es war eine Szene, die er schon hundertmal in Gedanken in der Vergangenheit durchgespielt hatte, als er noch zur Polizeitruppe von Phoenix gehörte.

Die Polizeiarbeit lag schon lange hinter ihm, doch die Lektionen seiner früheren Tätigkeit hatten sich ihm eingeprägt. Stell dich als Polizeioffizier vor, und du hast freie Bahn. Es war egal, ob jemand eines Verbrechens verdächtigt wurde oder vollkommen unschuldig war; die Reaktion war stets gleich.

Zuerst war da ein schlechtes Gewissen, das Gefühl von Schuld. »Dann haben Sie also tatsächlich gesehen, wie ich das Stoppschild beim Abbiegen auf die McDowell überfahren habe?«

Dann kam die Erleichterung. »Es ist nur eine Routineangelegenheit. Wir überprüfen eine Person, die in dieser Gegend gesehen wurde, und wir wollen uns erkundigen, ob Sie etwas gesehen haben, das uns helfen könnte.«

Dann baten sie einen meistens herein. Dann waren sie auch bereit, einem alles zu erzählen, weil sie unendlich froh waren, daß der Besuch der Polizei nichts mit ihnen direkt zu tun hatte.

Diesmal war es jedoch anders. Der Mann, der seinen Ausweis zeigte und mit der anderen Hand den Revolver unauffällig hielt, arbeitete nicht mehr für die Polizei. Wenn Patrick Redmond überhaupt einen Gedanken fassen konnte, als er die Tür öffnete und sich einem Revolver gegenübersah, dann waren es wahrscheinlich Erinnerungen an Warnungen seiner Freunde. »Red du nur weiter über das Gold und das Silber, das ihr in eurem Haus aufbewahrt. Eines Tages werdet ihr noch ausgeraubt.«

Aber weder Patrick noch Marylin Redmond hörten darauf. Sie hatten hart für das gearbeitet, was sie nun besaßen. Sie waren besonders stolz, es nicht nur zu besitzen, sondern die Dinge auch so aufzubewahren, daß andere Leute sie bewundern konnten. Ihr Schmuck war auffällig, ihr Lebensstil aufwendig. Man sollte ihnen ansehen, daß sie sehr erfolgreich waren.

Marilyn Redmond hielt sich im Schlafzimmer auf, als es an der Haustür klopfte. Sie hatte ihre Zigaretten und die Münzbörse voller Vierteldollarmünzen vergessen, die sie für die Einsätze brauchte, wenn sie an diesem Abend wieder Karten spielten.

Als Marylin in die Eingangshalle zurückkam, hörte sie, wie ihr Mann nach ihr rief. Sie öffnete die Tür, die in die Waschküche führte, und sah Pat und einen farbigen Mann, der ihn mit einer Pistole bedrohte. Der Mann war groß und gut gekleidet. Er trug eine braune Lederjacke, ein dunkles Hemd und dunkle Hosen. Sie hatte keine Ahnung, wer er war oder was er wollte. Sie konnte ihn nur anstarren, bis er auf sie zukam, ihren Arm ergriff und fragte: »Wer ist sonst noch hier?«

»Meine Mutter«, antwortete sie.

»Wo?«

»In der Küche.« Sie lag um die Ecke, und Marilyn konnte die Frau dort sehen, aber der Mann mit der Pistole nicht.

»Holen Sie sie oder sagen Sie ihr, sie soll herkommen.«

Marylin verließ Pat und den Mann mit der Pistole. Obgleich sie auch die anderen im Haus sah, konnte sie nicht sagen, wer sie waren oder was sie taten. Sie betrat die Küche und sagte: »Mutter, wir werden überfallen.«

Die Frauen kamen zurück; Marylin erhielt den Befehl, die Vorhänge im Eßzimmer und im Wohnzimmer zuzuziehen. Sie wußte, daß ihr nichts anderes übrigblieb, als sich an die Anweisungen zu halten und abzuwarten, was weiterhin geschehen würde.

Als sie zu ihrer Familie zurückkam, wurde Pat von einem der Männer bewacht, doch ihre Mutter war nicht mehr da. Sie rief den Hund und beruhigte ihn. Er war nicht aggressiv, aber sie befürchtete, daß die Männer das Tier töten könnten. Sie hielt das Tier am Halsband fest und brachte es ins Badezimmer.

Marilyn und einer der Schwarzen gingen in den hinteren Teil des Hauses, ihr Mann blieb mit dem Weißen im Wohnzimmer zurück. Als sie das Schlafzimmer betraten, sah sie, daß der andere Farbige auf ihre Mutter aufpaßte, die bewegungslos auf dem Bett lag.

Der Mann fragte nach Schmuck, zog eine Schublade unter dem Schminkspiegel auf und studierte den Inhalt der Schmuckschatulle, die sie dort aufbewahrte. »Das ist alles Schrott«, sagte er. »Das wollen wir nicht. Wo sind denn die guten Sachen? Wir hörten, Sie seien reich. Wo ist Ihr ganzes Gold? Wo ist der Safe? Besitzen Sie irgendwelche Waffen?«

»Ja«, antwortete Marilyn und erklärte, daß eine Pistole im Nachttisch läge und Schrotflinten in einem Wandschrank. Sie führte ihn zu den Waffen, holte sie heraus und legte sie auf den Fußboden. Währenddessen blieb der Weiße im anderen Zimmer bei Pat, den er mit »Mr. Großkotz« titulierte.

Marilyn begriff, daß dies kein zufälliger Raubüberfall war. Das Haus und die Familie waren regelrecht ausgesucht worden.

Pat wurde ebenfalls ins Schlafzimmer gebracht. Alle drei waren jetzt von jeder Fluchtmöglichkeit abgeschnitten. Sie mußten nun ihren Schmuck ablegen und ihre Handtaschen und Geldbörsen leeren, wodurch mehre hundert Dollar zusammenkamen.

Dann mußten sich alle drei auf das Bett legen und die Hände auf den Rücken nehmen. Die Räuber benutzten Klebeband, um ihren Opfern die Hände auf dem Rücken zu fesseln.

»Wir wissen, daß Sie noch mehr Geld haben. Wo ist Ihr Safe?«

Marilyn Redmond erwiderte: »Wir wurden vor ein paar Jahren ausgeraubt. Hier ist nichts mehr. Wir haben keinen Safe, sondern ein Bankschließfach.«

Die Männer durchwühlten die Schubladen der Kommoden und suchten etwas, das sie als Knebel benutzen konnten.

Die Opfer empfanden es vielleicht sogar als Trost, als ihnen Socken in den Mund gestopft wurden, um sie zum Schweigen zu bringen. Dies war eine Wohngegend, wo Pistolenschüsse von Nachbarn gehört werden konnten. Wenn die Männer sie hätten töten wollen, warum fesselten und knebelten sie sie dann? Wahrscheinlich würden sie so liegengelassen und könnten sich befreien, nachdem die Räuber abgezogen wären.

»Diese beiden brauchen wir nicht mehr«, sagte einer der Männer. Dann hörte Marilyn zwei Schüsse.

Die erste Kugel zerschmetterte Patrick Redmonds Schädel und ließ Blut, Haare, Gewebe, Knochensplitter und Gehirnmasse gegen die Wand spritzen. Er war auf der Stelle tot.

Die anderen beiden Kugeln wurden so schnell abgefeuert, daß keine der Frauen Zeit zum Trauern hatte. Marilyns Mutter war sofort tot. Marilyn hatte mehr Glück. Bei ihr traf die Kugel in einem derart schrägen Winkel auf, daß sie als Querschläger durch ihren Schädel flog, ohne das Gehirn so gründlich zu beschädigen, daß der Tod ausgelöst wurde. Sie verlor jedoch das Bewußtsein.

Einer der Männer hatte ein rasiermesserscharfes Küchenmesser bei sich, mit dem er Patrick Redmonds Kehle aufschlitzte. Dann wandte er sich Helen Phelps zu und wiederholte die Aktion. Aus irgendeinem Grund tat er das nicht bei Marilyn.

Und dann verschwanden sie.

Es kam ihr wie Stunden vor, ehe Marilyn Redmond das Bewußtsein wiedererlangte. Sie hob leicht den Kopf an und dachte, wenn sie nicht aufstünde und durch die Hintertür hinaus gelangte, würde niemand hereinkommen und sie finden. Sie schaute auf den Radiowecker und sah, daß es zwanzig nach sieben war, und war überrascht, wie schnell alles passiert war.

Marilyn ruhte sich einige Sekunden lang aus, lauschte in die Stille, vergewisserte sich, daß die Mörder wirklich gegangen waren. Dann rollte sie sich auf den Fußboden, richtete sich auf und rutschte über den Teppich. Sie stieß sich mit Händen und Füßen ab, bis sie zu einem Beistelltisch gelangte, an den sie sich lehnte.

Verna und Floyd Kelley rechneten mit einem ruhigen Abend. Floyd war Betonlieferant und kannte die Redmonds schon seit acht bis zehn Jahren. Die Redmonds, ein Mann namens Gladden und dessen Freundin, Delpha Brooks, wollten gemeinsam essen, etwas trinken und gemütlich Karten spielen. Diese Spielabende, sei es nun mit den Kelleys oder anderen Bekannten, fanden so regelmäßig statt, daß Marilyn Redmond stets eine Dose mit Vierteldollarmünzen im Schlafzimmer bereithielt.

Bob Gladden, selbständiger Installateur, wollte etwas später als sieben Uhr eintrudeln. Sie würden mehrere Stunden zusammen sein, da war es nicht notwendig, auf die Minute pünktlich zu sein.

Es erfolgte keine Antwort, als die Kelleys bei den Redmonds an die Tür klopften, doch in der Garage standen der Kombiwagen und der Cadillac, und die Haustür war nicht verschlossen.

Alles schien in Ordnung zu sein. Die Orgel, der Weihnachtsbaum, der Fernseher, der Kamin, alles war im Wohnzimmer so, wie man es erwarten würde. Dann sah er Marilyn mit zur Seite gedrehtem Kopf auf dem Bauch daliegen. Sie hatte den Socken aus dem Mund heraus drücken können, doch die Hände waren noch immer auf dem Rücken gefesselt. Eine Beule an ihrem Kinn ließ vermuten, daß sie geschlagen worden war oder sich gestoßen hatte.

»Mein Gott, Marilyn, was ist passiert?«

»Wir wurden überfallen.«

»Können wir etwas tun?«

»Eis«, flüsterte sie.

Verna ging in die Küche und kehrte mit einem Handtuch zurück, in das sie mehrere Eiswürfel gewickelt hatte. Sie brauchte außerdem ein Messer, um das Klebeband zu zerschneiden.

»Neger«, sagte Marilyn Redmond, dann erzählte sie weiter, daß es drei Männer gewesen waren. Kelley wies seine Frau an, schnellstens einen Krankenwagen und die Polizei zu rufen, und warnte sie, auf keinen Fall das Schlafzimmer zu betreten. Er hatte auch schon Pat und Helen Phelps gefunden, erkannt, daß sie tot waren, und wollte seiner Frau den furchtbaren Anblick ersparen.

Irgendwann ging Kelley hinaus zu seinem Wagen und berührte die Motorhaube. Er wußte nicht, warum er es tat, und konnte sich auch nicht daran erinnern, wann. Doch er hinterließ ein paar Tropfen von Marilyns Blut auf dem Lack. Es reichte aus, den Wagen zu beschlagnahmen und die Detektive kurzfristig dem Verdacht nachgehen zu lassen, daß er in die Tat verwickelt war.

Er war es nicht. Es hatte nur ein ruhiger Abend mit seinen Freunden werden sollen.

Es war 20 Uhr 30, als Detektiv Larry Martinsen begriff, daß sich seine Pläne für den Silvesterabend zerschlagen würden. Gewöhnlich arbeitete er in der Tagesschicht als Mordspezialist und wurde abends und nachts nur dann hinzugezogen, wenn ein Fall nicht nach Routine aussah.

Die Streifenbeamten, die eintrafen, um Marilyn erste Hilfe zu leisten, sperrten den Tatort ab und benachrichtigten die Detektive der Nachtschicht, die routinemäßig in solchen Fällen eingriffen. Sie waren ›Generalisten‹, die sowohl bei Raubüberfällen wie auch bei Familienstreitigkeiten mit Schießereien hinzugezogen wurden. Sehr oft fanden sie die klassische ›rauchende Pistole‹ vor, einen Mann oder eine Frau mit einer Automatik oder vielleicht auch einem Gewehr in der Hand, während der Lauf der Waffe noch warm war. Mörder oder Mörderin standen unter Schock, waren in Tränen aufgelöst oder zeigten ein Lächeln des Triumphs, wobei sie eigentlich gar nicht richtig wußten, was passiert war, sondern nur erkannten, daß von nun an ihr Leben in völlig anderen Bahnen verlaufen würde. Nur bei den ungewöhnlichen Vorkommnissen, bei den Fällen, die keine Routine waren, hatten die Nachtdetektive die Anweisung, die Spezialisten hinzuzuziehen.

Im Fall der Redmond-Morde gab es keine rauchende Pistole, keinen offensichtlichen Verdächtigen. Die Familie selbst war tot oder dem Tode nah. Verdächtig waren Farbige, in dieser Gegend eine fremdartige Erscheinung. Die Nachtdetektive mußten die Spezialisten rufen, und einer der ersten, die man erreichen konnte, war Martinsen. Weil er an diesem letzten Abend des Jahres so schnell reagierte, an dem gewöhnlich so gut wie niemand zu erreichen ist, wurde er zum leitenden Ermittler dieses Falles.

Durch die Morde wurden auch Ron und Joyce Lukezics Pläne für den Abend abrupt geändert. Die Nachtdetektive holten sie an den Tatort und versuchten, von Patricks Geschäftspartner soviel Hilfe wie möglich zu bekommen. Die Redmonds hatten Kinder. Jemand mußte sie vor dem alptraumhaften Anblick im Schlafzimmer ihrer Eltern bewahren. Jemand mußte ...

Plötzlich wurden die Pläne, eine Party zu besuchen, verworfen. Die Lukezics fuhren schnell zum Haus der Redmonds. Geschockt beantworteten sie Fragen zum Geschäft, zum Privatleben der Redmonds, zur Möglichkeit unbekannter Feinde. Und stets waren die Antworten die gleichen. Niemand hätte ihnen das antun können. Niemand wäre zu so etwas fähig. Es mußte ein normaler Raubüberfall sein. Es mußte sich um Mörder handeln, die Redmonds Erzählungen von dem Gold und dem Silber belauscht hatten.

Am Tatort herrschte relativ viel Betrieb, als Detective Martinsen dort eintraf. Uniformierte Polizisten und Sanitäter waren im Haus gewesen, hatten sich zuerst um Marilyn Redmond gekümmert, ehe der Tatort abgesperrt und gesichert wurde. Polizisten und Nachbarn standen herum, dazu Fernseh- und Rundfunkreporter, Zeitungsfotografen schossen ihre Bilder, befragten jeden, der irgend etwas zu wissen schien, und warteten ab, was weiterhin geschah.

Martinsen wurde draußen ins Bild gesetzt. Dann ging er hinein und betrachtete den Tatort. Er suchte nach dem Ungewöhnlichen, dem Unerwarteten, nach etwas, das sich nicht an seinem angestammten Ort befand oder das Hinweise auf den Ablauf des Geschehens lieferte. Wo waren die Patronenhülsen, die von einer Automatik ausgeworfen wurden? Blutflecken? Geöffnete Schubladen? Eingedrückte Fenster? Kampfspuren?

Im Wohnzimmer befanden sich Fetzen von Marilyn Redmonds Kleidung, an deren Ärmeln noch Teile des Klebebands hafteten. Kleidung und Klebeband waren von den Sanitätern weggeschnitten worden, damit sie ihre Wunden behandeln konnten. Die Teile waren zurückgelassen worden, wußten die Männer doch, daß die Art des Klebebands, die Art und Weise der Fesselung oder irgendein anderer Aspekt dessen, was am Tatort zu finden war, Hinweise auf die Mörder liefern konnte.

Diese Nacht würde lang, denn die Laborexperten erschienen immer vor der Polizei am Tatort, wo sie nach Fingerabdrücken, nach Stoffasern, Blutflecken und allem möglichen suchten, das verlorengehen könnte, wenn jemand vor ihnen am Tatort wäre. Alles erfolgte langsam, methodisch, und falls irgend etwas Unerwartetes von Martinsen oder den anderen Männern gefunden würde, dann würde es fotografiert, vermessen, seine Lage bestimmt und auf den Zeichnungen vom Tatort genau vermerkt.

Noch während sie ihre Suche durchführten, hatten andere Beamte Marilyn Redmond einige Fragen gestellt, ehe sie wieder das Bewußtsein verlor. Drei Männer, erzählte sie ihnen. Zwei Farbige, ein Weißer. Es gab nur wenig andere Details, aber sie hatten etwas für den Anfang und gaben diese Hinweise sogleich an die Medien weiter.

Die Reaktion erfolgte schnell. Drei männliche Farbige hatten sich über den Mord auf der East Side von Phoenix unweit des 1600er Blocks in der Washington unterhalten. Jemand hatte sowohl das Gespräch wie auch die Fernsehnachrichten gehört. Die betreffende Person rief anonym bei der Polizei an, und Streifenwagen wurden in Marsch gesetzt. Die Männer wurden angehalten, zum Verhör aufs Revier gebracht, Fingerabdrücke abgenommen, Herkunft überprüft. Aber sie standen in keinerlei Verbindung zu dem Fall. So einfach sollte er sich nicht lösen.

Joyce Lukezic kannte Recht und Gesetz genau so, wie die meisten Bürger es kennen, nämlich aus dem Fernsehen. Während der fünfzig Minuten, die die meisten Programme dauern, ist alles sehr einfach, schwarz oder weiß, eine Handlung, die, ganz gleich, wie unwahrscheinlich und verblüffend, von Anfang bis Ende eine gerade Linie durchläuft. Die Polizisten sind die Guten, bereit, alles zu tun, sogar ihre Karriere zu riskieren, um ein Verbrechen aufzuklären. Die Bösen sind sehr klar gezeichnet und für den Betrachter deutlich zu erkennen, der vielleicht sogar Zeuge des Verbrechens sein kann, wenn die jeweilige Episode der Fernsehserie mit einem solchen beginnt. Wenn irgendwo ein Fehler gemacht wurde, dann betritt ein Anwalt wie Perry Mason den Gerichtssaal, verteidigt brillant den Angeklagten und erzielt ein tränenreiches Geständnis des Schuldigen, ehe der Abspann über den Bildschirm flimmert. Alles ist klar und deutlich definiert, Gut und Böse, ohne irgendwelche Grauschattierungen.

Die Wirklichkeit ist ganz anders. Im realen Leben gibt es eine symbiotische Beziehung zwischen Polizisten und Räubern, Verteidigern und Anklägern, Politikern und Medien. Im realen Leben gibt es eine unausgesprochene, ungeschriebene Hierarchie des Verbrechens, die genau bestimmt, welche Fälle gründlich untersucht werden, welche Fälle am wahrscheinlichsten aufgeklärt werden.

Zuerst sind da die Kriminellen, die in der Mehrheit derart unfähig sind, daß fünfundneunzig Prozent aller aufgeklärten Verbrechen bereits innerhalb der ersten fünf Minuten nach Erscheinen der Polizei am Tatort gelöst sind. Manchmal bedeutet das, daß der Täter sich noch dort aufhält, wie es häufig geschieht, wenn ein Streit zwischen Bekannten oder Freunden am Ende zu einer Schießerei mit tödlichem Ausgang führt.

Ein anderes Mal kann es vorkommen, daß der jeweilige Fall monatelang nicht gelöst wird, doch wenn er schließlich zur Auflösung kommt, ist der entscheidende Faktor ein winziges Beweisstück – ein Fingerabdruck, ein ungewollt zurückgelassenes Schmuckstück, ein übersehener Eintrag in einem Terminkalender. Der wirklich intelligente Verbrecher oder der totale Psychopath, dessen Handlungen keiner rationalen Logik gehorchen müssen, wird vielleicht niemals gefaßt.

Dann sind da die Verbrechen selbst. Bestimmte kriminelle Vergehen werden von der allgemeinen Öffentlichkeit stärker beachtet als andere. Eine Serie unaufgeklärter Überfälle im Parkhaus eines luxuriösen Einkaufszentrums wird mehr Aufmerksamkeit durch Polizei und Presse erfahren als die Serienmorde an farbigen, mit AIDS infizierten Prostituierten in Slumgegenden innerhalb verarmter und verkommener Gettobezirke mit hoher Kriminalitätsrate. Letzteres ist viel schlimmer und ernster zu bewerten, doch die Leute, die regelmäßig Zeitungen kaufen, wohnen gewöhnlich nicht in solchen verrufenen Gegenden, gehen nicht zu Prostituierten und betrachten den gewaltsamen Tod von AIDS-Kranken insgeheim als einen Dienst an der Gesellschaft. Andererseits frequentieren viele der Leser ebensolche luxuriösen Einkaufszentren, wo Straßenräuber als brisante Gefahr empfunden werden. Sie wollen, daß die Person, die in ihre Welt eingedrungen ist, die ihre Sicherheit bedroht und ihnen Angst einjagt, verhaftet und eingesperrt wird und nie mehr unter anständige Leute gelangt.

Die Presse begreift die relativen Verdienste des Verbrechens und übt dort Druck aus, wo sie meint, daß die Leser solche Maßnahmen begrüßen. Dies wiederum zwingt die Politiker, von den Beamten der Rechtsorgane erhöhten Einsatz zu verlangen, damit die Wähler das Gefühl haben, daß ihre gewählten Vertreter wirkungsvoll arbeiten. Die leitenden Organe der Justiz schicken ihre ›Topleute‹ in den Kampf oder gründen eine Spezialtruppe, um zu demonstrieren, daß sie sich tatkräftig und entschlossen mit dem jeweiligen Problem auseinandersetzen. Da gibt es vertrauliche, anonyme Telefonleitungen, Belohnungen, die von irgendwelchen Bürgerrechtsgruppen verteilt werden, und andere Bemühungen. Aber alles, was tatsächlich passiert, ist, daß jeder den Schwarzen Peter weitergibt und sich selbst vor aller Kritik schützt. Die Presse kann erklären, sie habe ihren Teil beigetragen, indem sie eine Gefahr für die Gesellschaft entlarvt hat. Der Bürgermeister einer Stadt gibt bekannt, daß die Polizei Sonderrechte habe, bestimmte Probleme direkt und ohne lange Rückfragen zu regeln. Und die Polizei erklärt, die mangelnde Bereitschaft der Bürger, nötige Informationen beizusteuern, um die Kriminellen von der Straße zu entfernen, habe ihre Bemühungen erschwert, die Angelegenheit zu klären.

Die Kriminellen durchschauen ebenfalls ihre Rolle im System. Häufig sind sie lediglich Schachfiguren, die die Spieler auf einer Bühne unterstützen, auf der Polizei, Anwälte und Richter die Hauptrollen spielen. Niemand stört sich an Prostituierten, die ihrem Gewerbe nachgehen, da ihre Aktivitäten die freiwillige Mitwirkung geneigter Erwachsener erst möglich machen. Aber führende Persönlichkeiten aus dem bürgerlichen

Lager haben festgestellt, daß gelegentliche Razzien unter Prostituierten sich vor allem im Fernsehen gut verkaufen. Kameras beobachten die Polizei dabei, wie sie die allgemeine Moral schützt, Richter, wenn sie ihre Urteile verkünden, und zeigen, wie das ›System‹ arbeitet. Die Tatsache, daß die Frauen schon nach ein oder zwei Tagen wieder auf die Straße zurückgekehrt sind, interessiert niemanden. Sie alle sind Mitwirkende einer Show, die wahrscheinlich schon genauso lange läuft wie das Gewerbe alt ist.

Junkies, die sich ihre Spritzen setzen, sind eher unansehnlich als bedrohlich, doch die Öffentlichkeit spendet der Polizei Beifall, wenn die Drogencops sie ins Gefängnis sperren. Die Straßen sehen einladender aus, und die Detektive erhalten hervorragende Beurteilungen in den Verhaftungsstatistiken. Tatsache ist, daß die wahren Problembereiche – die Großmengenlieferanten, der Mangel an sozialer Hilfe in zerrütteten Familien, wo die Kinder vor der elterlichen Gewalttätigkeit in den Drogenkonsum fliehen – häufig ignoriert oder einfach übersehen werden. Die Verhaftungsstatistiken steigen, die Junkies treiben sich nicht mehr in den Parks und dunklen Hauseingängen herum, und die Öffentlichkeit kann sich wieder ungefährdet auf der Straße bewegen.

In Arizona ist die Legislative sogar noch weiter gegangen, um die Bürger vor Kriminellen zu schützen. Ein Gesetz wurde erlassen, nach dem eine Person für ein Verbrechen allein auf Aussage einer anderen Person, die dieses Verbrechen bereits gestanden hatte, bestraft werden kann. Die Gerichte brauchten keine Zeugen zu hören oder sich um Beweismittel zu kümmern, um die Richtigkeit der Aussage des geständigen Täters zu überprüfen. Das Gesetz machte nicht nur Menschen ohne Beweis schuldig, es bot außerdem einen Anreiz zum Lügen. Ein Krimineller konnte ein Verbrechen gestehen, dann eine mildere Strafe aushandeln, indem er eine ihm bekannte Person ohne entsprechendes Alibi als ›Komplizen‹ benannte.

Die Grundeinstellung, die ein Gesetz entstehen ließ, das einen Menschen allein auf die unbewiesene Aussage eines Kriminellen hin ins Gefängnis schicken konnte, schien für eine Frau wie Joyce Lukezic keinerlei Bedeutung zu haben. Sie war eine Hausfrau, eine Mutter, eine Frau, die schon ein schlechtes Gewissen hatte, wenn sie einen Vierteldollar einsteckte, den sie im Geldrückgabefach eines Münzfernsprechers gefunden hatte. Sie hatte kein Ahnung, daß sie nach und nach in ein Netz aus Intrigen und juristischer Perversion hineingezogen wurde, das sie am Ende das Leben kosten könnte.

Die Ermordung von Patrick Redmond war ein Medienereignis, wenn auch nur durch eine gewisse Notlage. Nichts Aufregendes passiert am Silvesterabend für die Reporter und Fotografen, die die Straßen abgrasen und versuchen, jeden Jahreswechsel noch farbiger darzustellen als den vorhergehenden. Da gibt es Fotos von Verkehrsunfällen, die die erste Tragödie des neuen Jahres zeigen, neben Fotos vom ›ersten Baby des Jahres in Phoenix‹. Berichte von Taxigesellschaften, deren Angestellte Betrunkene sicher nach Hause bringen, sind häufig sogar gratis. Und da sind Bilder aus eleganten Countryclubs und interessanten, wenn auch leicht verrufenen Bars. Aber Morde sind nicht der übliche Stoff des Silvesterabends. Zum erstenmal seit Jahren passierte in dieser Nacht etwas Neues und völlig Unerwartetes.

Es gab natürlich auch noch andere Faktoren, die die Redmond-Meldung für die Zeitungen interessant machten. Das Ehepaar hatte ein sechsstelliges Einkommen, ein schönes Haus und einen einigen Besitz. Ihre Nachbarn nahmen innerhalb der besseren Gesellschaft Positionen ein, die Macht und Einfluß bedeuteten. Die Vorstellung, daß die Redmonds, eine Familie, die das angenehme Leben in einer Stadt wie Phoenix genoß, in ihrem eigenen Haus gefesselt, geknebelt und mit Kopfschüssen getötet aufgefunden wurde, war eine Sensation. Die Tatsache, daß dies an einem nachrichtenmäßig ungewöhnlich ereignislosen Tag geschah, steigerte das öffentliche Interesse nur.

Trotz des aktuellen Nachrichtenwertes wußten die Detektive und Politiker, daß das Interesse an der Meldung auf lange Sicht eher minimal war. Es gab für einige Tage Berichte und Spekulationen. Schließlich waren die Nachbarn der Ermordeten nicht nur Wähler, sie hatten auch genügend Geld, um bestimmte politische Bewegungen zu unterstützen. Wenn sie den Eindruck gewannen, daß die Straßen nicht mehr sicher waren, kamen sie vielleicht auch zu der Überzeugung, daß ihre gewählten Volksvertreter versagt hatten.

Ihr Name lautete Bindi, und sie war der erste wichtige Durchbruch in diesem Fall. Sie war eine Frau, die in Drogengeschäfte verwickelt war und der Prostitution nachging, unzuverlässig, genauso bereit, mit der Justiz zusammenzuarbeiten, wie gegen sie. Sie war der Typ Mensch, der einem Detektiv von einem Verbrechen erzählte, dessen Zeuge er geworden war, und alle möglichen Details schilderte, so daß seine Aufrichtigkeit außer Frage stand, um sich am nächsten Tag aus irgendeinem Grund über ihn aufzuregen und sich zu weigern, auch nur ein Wort von dem, was er ausgesagt hatte, vor Gericht zu wiederholen.

Bindi wußte, daß sie in einer gefährlichen Welt lebte. Sie verschaffte sich ihre Lebensunterhalt mittels der beiden intensivsten Leidenschaften, die man haben konnte – Drogen und Sex. Es war ihr klar, daß die beiden farbigen Männer, die während der Feiertage bei ihr waren, mit Drogengeschäften und dem organisierten Verbrechen in Chicago zu tun hatten. Sie wußte auch, daß sie im Gefängnis gesessen hatten. Aber Drogen waren ein rauhes Geschäft, und ein bißchen Gewalt war in dieser Szene normal. Was Bindi Angst machte, war die Erkenntnis, daß sich die beiden Männer über etwas anderes zu unterhalten schienen, als sie nach der Silvesterparty in ihre Wohnung zurückkamen. Sie sprachen offenbar über bestellte Morde gegen Bezahlung, und das war ein Gewerbe, in das verwickelt zu werden sie nicht das geringste Interesse hatte.

Der Anruf ging bei *Silent Witness* am 1. Januar ein. *Silent Witness* war eine ganz spezielle Telefonleitung, nicht abhörbar, nicht überprüfbar, vollkommen anonym, die die Polizei benutzte, um Informationen über in der Stadt verübte Verbrechen zu sammeln. Manchmal wurde eine Belohnung ausgeschrieben als Anreiz, die Nummer zu wählen. Manchmal hatten Leute den Drang, ihrer Pflicht als Bürger nachzukommen. Und manchmal, wie in Bindis Fall, hatten die Anrufer Angst. Sie waren in etwas verwickelt, das ihnen über den Kopf wuchs, und sie einzige Möglichkeit, sich aus dieser Situation zu befreien, sahen sie darin, sich an die Polizei zu wenden.

Bindi berichtete den Leuten, die den Anruf entgegennahmen, von den Männern in ihrer Begleitung, von den Gesprächen und einer möglichen Verbindung zu den Redmond-Morden. Sie lieferte dabei genügend Einzelheiten, die mit denen übereinstimmten, die sie von Marilyn Redmond erfahren hatten, so daß die Polizei es für sinnvoll hielt, dieser Spur nachzugehen.

»Wir standen einander näher als Brüder«, sagte Ron Lukezic zu Jack Lavalle von der *Phoenix Gazette.* Es war Freitag, der 2. Januar 1981, und er wurde zum Tod seines Geschäftspartners befragt.

»Es gab auf der ganzen Welt keinen anständigeren Kerl. Dieser Mann hätte sein Auto verschenkt. Er hätte sogar seine Möbel hinausgetragen, wenn sie ihn nicht erschossen hätten. Wenn jemand unbedingt hätte erschossen werden müssen, dann eher ich.«

Der gleiche Bericht zitierte den Polizeisprecher Sergeant Mike Jahn, der meinte, es gebe hinreichend deutliche Beweise für die Identität der Mörder. Aber Jahn verweigerte jeden weiteren Kommentar dazu. Er wollte den Ermittlungsarbeiten in diesem Fall nicht schaden.

Freunde der Redmonds und der Lukezics versammelten sich am 2. Januar in Joyces Haus, um über den Mordfall zu reden und gemeinsam zu trauern. Sie waren überrascht, als Detektive erschienen, um Ron zu befragen. Lauter Routinefragen. Wie lange waren sie schon Geschäftspartner? Wie lange kannten sie sich? War am Mordtag irgend etwas Ungewöhnliches passiert, etwas, das in der Rückschau vielleicht auf ein Motiv für die Morde hinweisen könnte?

Sally Brehm, eine Sekretärin in der Druckerei, erzählte von einem unfreundlichen Fahrer einer Papierfirma, die für die Dreihundertdreißig-Dollar-Lieferung entweder Bargeld oder eine Barscheck haben wollte. Pat Redmond zahlte bar, nahm das Geld von einer dicken Rolle Banknoten, die er gesichert mit einer Geldklammer in der Hose trug.

Der Detektive vermerkte diesen Vorfall. Liebe und Geld sind die verbreitetsten Gründe für einen Mord. Vielleicht hatte sich der Fahrer von dem Bargeld in Redmonds Tasche beeindrucken lassen.

Ron erwähnte, daß er und Joyce geplant hatten, für zwei Tage nach Las Vegas zu fliegen und daß er Pat einen Scheck über zweitausendfünfhundert Dollar gegeben habe, den er für ihn hatte einlösen sollen. Redmond war zur Bank gegangen und hatte fünfundzwanzig Hundert-Dollar-Noten bekommen. Könnte einer der Kassierer von dem Geld angelockt worden sein? Oder ein anderer Bankkunde in der Schlange?

Ron Lukezic erklärte weiter, daß Pat Redmond stets große Geldbeträge bei sich hatte. Gewöhnlich steckten eintausend Dollar in der Geldklammer und weitere zweitausend Dollar in der Brieftasche.

Was war mit Farbigen? Die Mörder waren zwei Schwarze und ein Weißer gewesen. Vielleicht engte die Hautfarbe die Suche etwas ein.

Ron Lukezic und Pat Redmond kannten jedoch nur wenige Farbige. Ron fiel nur Claude, Claudes Sohn und Reiff ein. Er kannte keinen der Männer gut genug, um ihre Nachnamen nennen zu können. Claude und sein Sohn betrieben eine Lumpensammlung, ein Geschäft, das rund um Phoenix blühte. Reiff war ein Versicherungsagent, stets gut gekleidet, viel Geld.

Die Liste der möglichen Verdächtigen wuchs ständig.

Schließlich erwähnte Ron Chester's, eine Cocktailbar an der Kreuzung der 23. Avenue und Indian School Road. Pat und Marilyn Redmond waren Stammgäste in der Bar, einer von ihnen oder auch beide waren fast jeden Abend dort anzutreffen. Alle Stammgäste wußten, daß Pat Redmond gerne mit seinem Geld prahlte. Alle Stammgäste hatten wahrscheinlich auch die ein oder andere Geschichte von den wertvollen Besitztümern der Redmonds gehört.

Noch mehr Verdächtige. Überall, wo Pat Redmond sich aufhielt, schien er ein großes Schild mit sich herumzutragen, auf dem stand: »Raubt mich aus, ich bin reich!« Es war eigentlich ein Wunder, daß er nicht schon früher Opfer eines Überfalls geworden war.

Bindis Information war außerordentlich genau. Edward L. McCall war einer der Namen, die sie nannte. Er war ein Weißer, ungefähr fünfundvierzig Jahre alt und eins achtzig groß.

Die Farbigen waren Hooper, auch bekannt als ›Hoop‹, etwa dreißig Jahre alt, ebenfalls eins achtzig groß, und Billy Brice oder Bryce. Brice benutzte eine Reihe anderer Namen, darunter auch Billy Bounty und William Brice. Er war Anfang Dreißig und mit eins neunzig der größte der drei. Die Farbigen sollten in Chicago wohnen. Der Weiße war am 10. Dezember 1979 laut Polizei in der Kleinstadt Tempe, Arizona, wegen Körperverletzung verhaftet worden. Die Polizei wußte nicht mit letzter Sicherheit, wer die Männer waren, doch sie sollten schnell erfahren, daß sie die Redmond-Mörder geschnappt hatten.

Die Beerdigung von Pat Redmond war für alle eine emotionale Angelegenheit. Ron Lukezic galt als starker Trinker, und Alkohol verstärkte seine Empfindungen. Zeugen hatten den Eindruck, daß er am Abend des Mordes betrunken gewesen war. Später klagte er einem Freund sein Leid und meinte: »Die Neger bringen uns noch alle um.« Der Freund erinnerte sich jedoch, daß Ron während eines Überfalls von einem Schwarzen mal in den Bauch geschossen worden war, eine Tatsache, die offenbar zu seiner Aussage geführt hatte. Der Tod seines Geschäftspartners mußte die verdrängte Erinnerung an diesen Vorfall wieder geweckt haben.

Don Hume, ein Verkaufsrepräsentant für Druckerzeugnisse, der vom ersten Tag an bei Graphic Dimensions beschäftigt war, nahm auch an der Beerdigung teil. Eigentlich war es ein Gedenkgottesdienst, da die Beerdigung in Ohio stattfand. Jedoch war Pat Redmond in Phoenix derart beliebt und angesehen, daß die Kirche dicht besetzt war mit Freunden und Geschäftspartnern.

»Die Feier fand in einer kleinen Kapelle statt«, erzählte Hume später. »Ich hatte mich etwas verspätet und fand gerade noch einen Platz in der letzten Bank.«

Hume ging nach der Messe zu Ron Lukezic. »Er schien unter Schock zu stehen . . . unter einem extremen Schock. Er weinte.«

Lukezic umarmte seinen langjährigen Angestellten. »Er kam zu mir, legte seine Hände auf meine Schultern und sagte: ›Mein Gott, Don, was habe ich getan?‹« Hume konnte diesen seltsamen Vorfall nicht vergessen. Er hatte keine Ahnung, was Ron Lukezic mit diesen Worten gemeint haben konnte.

Es wurde Sommer, bis das Leben sich für Joyce und Ron Lukezic wieder normalisierte. Marilyn Redmond erholte sich langsam. Sie war verärgert und fühlte sich gestört, weil Ron Lukezic so oft im Krankenhaus erschien und sie sogar zu besuchen versuchte, als sie auf der Intensivstation lag, die er nicht betreten durfte.

Zwischen Marilyn und Ron hatte es nie freundschaftliche Gefühle gegeben. Ron war Pats Freund und Geschäftspartner gewesen, aber er war ein starker Trinker und Schürzenjäger, ein Mann, der zum viertenmal verheiratet war und neben seiner Ehefrau noch zahlreiche Freundinnen hatte. Noch schlimmer war, daß Ron, seit dem Tode Pats, eifrig darauf bedacht war, alles in die Wege zu leiten, um das Geschäft zu übernehmen.

Ron und Pat hatten gleichzeitig Lebensversicherungen abgeschlossen, worin jeder den anderen als Begünstigten einsetzte. Das Geld sollte dazu benutzt werden, den Anteil des Partners im Falle seines Todes zu kaufen.

Die Versicherungssumme galt als viel zu niedrig für den wahren Wert der Anlagen. Ein Jahr vorher waren für den Betrieb eine Million Dollar geboten worden. Aber Ron hatte, als er schließlich mit Marilyn reden konnte, nur zweihundertfünfzigtausend Dollar geboten.

Marilyn engagierte einen Rechtsanwalt, um eine Schätzung durchführen zu lassen und sich gegen Ron Lukezics Angebot zu wehren. Der Anwalt erteilte den Auftrag zu einem unabhängigen Wertgutachten und stimmte mit Marilyn überein, was den Wert des Betriebes betraf. Am Ende jedoch erklärte sie sich mit Rons Bedingungen einverstanden. Sie hatte Schwierigkeiten beim Essen und Schlucken, ein Teil ihres Kiefers war taub und gefühllos. Sie hatten ihren Ehemann verloren und befand sich psychisch in einem Tief. Sie nahm das Geld, ein Boot und ein paar andere Gegenstände von größerem Wert. Sie war zu schwach und zu erschöpft, um zu streiten.

Doch die Meinungsverschiedenheiten wegen des Geldes waren nicht der ursprüngliche Grund dafür, daß Marilyn Redmond sich ärgerte. Marilyn war zu der Überzeugung gelangt, daß Ron Lukezic irgendwie in den Mord an ihrem Ehemann verwickelt war. Sie erinnerte sich, wie Ron oft geäußert hatte, daß Pat Redmond ständig sein Geld herumzeigte und große Goldmengen besaß. Die Tatsache, daß die Mörder speziell nach Dingen suchten, von denen Ron immer sprach, machte sie mißtrauisch. So erzählte sie der Polizei, die ihre Aussage aufnahm, sobald sie reden konnte: »Er kam mit einem Schulterhalfter und einer Pistole zur Beerdigung, denn er hatte Angst und weinte sich an den Schultern von einem halben Dutzend Leute, aus und schluchzte: ›O mein Gott, was habe ich getan?‹«

Wütend fügte sie hinzu: »Er wußte in dem Moment, als es geschah, was passiert war und warum.«

Worte, die unter emotionalem Streß ausgesprochen werden, stellen nicht unbedingt einen kriminaltechnischen Beweis dar. Sicher war nur, daß die drei verhafteten Männer des Raubes schuldig waren, was durch eindeutige Identifizierung nach Fotos durch Marilyn bestätigt wurde. Keiner hatte Ron Lukezic erwähnt. Keiner hatte gesagt, jemand hätte ihnen den Tip gegeben. Und die einzige Person, die in diese Sache verwickelt war, die Frau namens ›Bindi‹ – deren richtiger Name, wie sich herausstellte, Valerie Harper war –, hatte alles erzählt, was sie wußte, als sie Hooper, Brice und McCall genannt hatte.

Es schien kein besonderer Grund zu bestehen, Ron Lukezic zu überprüfen, obgleich er offenbar durch die Morde Vorteile hatte. Die Polizei meinte, es reiche aus, sich an die Schuldigen zu halten und weitere Ermittlungen zu betreiben, wenn es sich als notwendig erweisen sollte.

Seltsamerweise riet Ron Lukezic seiner Frau, daß sie sich einen Anwalt suchen sollte, der sie vertreten sollte. Ron hatte einen Anwalt für seine geschäftlichen Angelegenheiten, aber Joyce kannte niemanden, der sie in persönlichen Dingen vertreten könnte. Sie fragte ihren Bruder, Arthur Ross, und auch er war Rons Meinung. Es kann nicht schaden, sagte er, man weiß ja nie, wann man mal einen Anwalt braucht.

Joyce wurden mehrere Namen genannt, die sie anrufen könne, darunter auch Thomas Thinnes. Thinnes erklärte, daß er vielleicht einen Mann namens Arnie Merrill vertrete, der in irgendeiner Weise mit den Redmond-Morden in Verbindung stand. Er könne daher nicht gleichzeitig der Anwalt der Ehefrau des Geschäftspartners sein.

Die anderen Anwälte hatten zuviel zu tun, um sich mit Joyce zu beschäftigen. Sie hatte keinen direkten Auftrag für die Anwälte, und so sahen sie keinen Grund, sich lange mit ihr zu beschäftigen.

Joyce empfand im Prinzip genauso. Sie war nicht in Schwierigkeiten, sie hatte mit den Morden nichts zu tun. Und die Vorstellung, einem Anwalt Geld dafür zu zahlen, daß er sie irgendwann in ferner Zukunft einmal vertreten könnte, erschien ihr als Geldverschwendung.

Sogar die Zeitungsreporter gaben sich zufrieden. Es hatte ein Raubüberfall stattgefunden, der irgendwie schiefgegangen war, was zu zwei Toten und einer Schwerverletzten geführt hatte. Die Tragödie am Silvesterabend sorgte für Schlagzeilen, aber sie wurden schnell durch andere Ereignisse abgelöst. Wenigstens war das der Fall bis zu dem Tag, an dem Joyce mit ihrer Tochter Doughnuts kaufte, und sich ihr Leben auf eine Art und Weise veränderte, wie es Frauen wie ihr einfach nicht passierte.

Das Madion-Street-Gefängnis

Es war heiß in Phoenix, als Joyce in den Untersuchungstrakt gebracht wurde, einen Abschnitt des Gefängnisses in der Madison Street, wo Frauen unter Arrest gehalten wurden, bis ihr Fall vor den Richter kam oder sie in ein anderes Gefängnis gebracht wurden. Die Außentemperatur betrug fast vierzig Grad. Im Zellenbereich schien die Luft noch heißer zu sein. Es gab keine Klimaanlage und anscheinend nicht einmal eine Belüftung. Vier große Ventilatoren waren im Korridor installiert, um die Luft in Bewegung zu halten, doch auch sie erwiesen sich als wirkungslos.

Die Hitze verstärkte den besonderen Geruch in diesem Bereich; eine Mischung aus Erbrochenem, Blut, Urin, Exkrementen, billigem Parfüm und Desinfektionsmitteln hing in der Luft und attackierte die Nasenschleimhäute eines jeden, der vorbeikam, und brannte in den Augen derer, die sich länger dort aufhalten mußten.

Vierzig Frauen befanden sich in dieser Abteilung, die eigentlich nicht mehr als einem Dutzend Insassen Platz bot. An einer Wand befanden sich zwei Etagen mit je drei Betten. Die Arrestzelle sollte eigentlich nicht länger als nur ein paar Stunden als Aufenthalt dienen, die Betten waren für jene Inhaftierte vorgesehen, die krank oder müde waren.

Vor der zweiten Wand erstreckte sich eine lange Bank. Und auf der dritten Seite gab es eine kleine Kabine mit einer einzelnen Klosettschüssel und einem Handwaschbecken. Toilettenpapier oder Papiertaschentücher standen nicht zur Verfügung. Für die persönliche Hygiene wurde kaum gesorgt, weil man davon ausging, daß die Frauen nur kurze Zeit in den Zellen zubringen mußten. Tatsächlich kam es aber nicht selten vor, daß Frauen für zwei oder drei Tage dort saßen, wenn die Bürokratie sich als schwerfälliger als erwartet entpuppte.

Die völlig überfüllte Untersuchungsabteilung war eine von mehreren im Gefängnis. In einigen hielten sich Männer auf. In anderen Bisexuelle und Homosexuelle. Die Türen waren fast alle vergittert, und durch die Gitter konnten die Insassen einander gelegentlich sehen. Immer wieder kam es vor, daß die jungen Frauen hochsprangen und die Röcke hoben, um die applaudierenden Männer ›anzublitzen‹.

Joyce betrat die Abteilung, nachdem man ihre Fingerabdrücke genommen, sie fotografiert und ihre persönlichen Besitztümer eingezogen hatte. Sie war sich der Anwesenheit der anderen Frauen bewußt, doch sie sah und hörte sie nicht richtig. Da waren Prostituierte, einige fluchend und schreiend, andere ruhig auf den Bänken sitzend, wartend. Einige hatten ihre besten Jahre längst hinter sich, ihre Körper waren von Rauschgiftinjektionen und Rasiermesserattacken vernarbt und wiesen Spuren unbehandelter Geschlechtskrankheiten auf. Ihre Kleidung war minimal und so geschnitten, daß möglichst viel nackte Haut zu sehen war. Winzig kleine Miniröcke erlaubten mehr oder weniger lange Blicke auf ihre Höschen, wenn sie sich bewegten. Blusen waren ausgeschnitten bis zum Bauchnabel und bedeckten kaum die Brüste. Haare waren gefärbt, gebleicht oder sonstwie verändert.

Andere Prostituierte waren in den besseren Hotels verhaftet worden. Sie waren elegant gekleidet, wirkten gepflegt, trugen teure Kleidung, exklusive Parfüms und hatten Gesichter, die man am Rand der Swimmingpools in den Countryclubs erwarten würde. Aus der Art und Weise, wie sie sich verhielten und gelassen warteten, wurde offenbar, daß sie nicht zum erstenmal in der Untersuchungszelle saßen. Die meisten von ihnen kannten die Gefangenenwärter bereits mit Vornamen.

Einige der Frauen waren verurteilte Mörderinnen, die in der Zelle darauf warteten, in anderen Gerichtsverfahren auszusagen. Andere waren in Schlägereien verwickelt gewesen. Ein paar waren wegen bewaffneten Raubüberfalls, Einbruchdiebstahls, Brandstiftung und Erpressung verhaftet worden. Die Mehrzahl der Frauen war gewalttätig, gleichmütig und fühlte sich in dieser Umgebung genauso wohl wie jeder Durchschnittsbürger zu Hause in der guten Stube.

Joyce saß zusammengekauert in einer Ecke auf dem Fußboden. Sie sagte und tat nichts. Um sie herum flossen Tränen, erklangen Schreie, ein wüstes Durcheinander von Stimmen. »Bekomme ich ein Aspirin?« »Weiß jemand, wie spät es ist?« »Kriege ich endlich einen Tampon?« »Hast du mal 'ne Zigarette für mich?« »Wer hat Feuer?« »War mein Freund schon hier? Er bringt nämlich die Kaution.«

Und da waren auch noch die Gefangenenaufseher, die die Namen der Frauen ausriefen, die vor Gericht erscheinen sollten: »Lopez. Jensen. O'Meara. Bender. Suarez. Botts. Das Gericht wartet!«

In einiger Entfernung war das Klappern einer Schreibmaschine in der Aufnahme zu hören. Und ständig war da das Klirren des großen Schlüssels, mit dem jede Zelle auf- und zugeschlossen wurde, dann der Klang der Gittertür, wenn sie geöffnet und geschlossen wurde, die rohen Kommentare der Männer und Frauen, die sich gegenseitig Obszönitäten zuwarfen, wenn sie über den Korridor geführt wurden.

Zwei- bis dreimal an diesem Tag wurde die Wartezelle gereinigt. Eine Kalfakterin füllte einen großen Eimer mit Wasser und Desinfektionsmittel, nahm dann einen Wischmop und begann den Korridorraum aufzuwischen. Wenn sie die Wartezelle erreichte, wurde die Tür geöffnet, und alle Insassen wurden in die nächste Zelle gepfercht, während der Fußboden gereinigt wurde. Dann wurden die Insassen wieder zurückgetrieben, und die gleiche Prozedur fand in der benachbarten Zelle statt. Das Wasser wurde nicht erneuert, bis alle Wartezellen durchgewischt waren.

Joyce hatte keine Ahnung, wann den Frauen in ihrer Zelle das Abendessen gebracht wurde. Sie hatte keinen Appetit; sie konnte nur teilnahmslos die Verpflegungstüten anstarren, die unter den Insassen herumgingen.

Jede Tüte war gleich. Ein Datum auf der Außenseite der Tüte teilte mit, wann die Tüte vorbereitet worden war. Die Lebensmittel waren offensichtlich schon mehrere Tage alt.

In der Tüte befanden sich zwei trockene Brötchen, ein Apfel oder eine Orange und ein hartgekochtes Ei. Das Brot war alt, einige Scheiben wiesen schon grüne Schimmelflecken auf, die die Frauen entweder herausbrachen oder mitaßen. Dazu gab es ein dünnes Limonadengetränk, und zwar pro Person einen

Becher. Die einzige andere Flüssigkeit erhielten sie ein- oder zweimal während der Acht-Stunden-Schicht, wenn jede Gefangene einen Trinkbrunnen aufsuchen und sich dort bedienen durfte.

Stunde für Stunde saß Joyce da, starrte vor sich hin, rührte sich nicht, empfand nichts. Sie hörte und sah nichts bewußt von dem, was um sie herum vorging und erklang. Dann, nach der Mahlzeit, wurde ihr Name aufgerufen.

Fünfzig Männer und Frauen wurden ins Parterre in einen Wartebereich gebracht, von dem aus sie zu den Anhörungen in ihrem jeweiligen Fall gebracht wurden. Ihr Anwalt, Larry Debus, war anwesend, das erste freundliche Gesicht, das sie an diesem Tag sah. Debus war groß, gut über eins achtzig, kräftig, in seiner Erscheinung immer noch eindeutig der Polizeibeamte, als der er gearbeitet hatte, um sein Jurastudium zu bezahlen. Diejenigen, die ihn schon lange kannten, waren eingenommen von seiner Bescheidenheit. Während andere Anwälte ihre Diplome von den teuren Akademien und Universitäten aufhängten, hatte Debus nur ein gerahmtes Exemplar seines GED-Zertifikats an der Wand hängen. Das GED wurde an High-School-Abbrecher verteilt, die als Erwachsene das Studium wieder aufnahmen, um ein entsprechendes Diplom zu erhalten. Daß er es geschafft hatte, bewies seinen Ehrgeiz, daß er das Zertifikat offen zeigte, bewies einen Mangel an Pomp und Prahlerei in einem Gewerbe, in dem Image häufig die Substanz ersetzt.

Debus war auch ein sehr stiller Mann, der gelegentlich geistesabwesend wirkte. Während einer Periode seines Lebens hatten er und seine Frau innerhalb von neun Monaten die Welt umsegelt, nur sie beide allein auf ihrem Boot. Es war nicht gerade eine typische Alltagsflucht für einen Rechtsanwalt, eine Profession, die häufig auffällige Showleute anlockt, die auf die Zuschauer reagierten wie Schauspieler und Entertainer auf ihr Publikum. Sein Mangel an Aggressivität wirkte beruhigend auf Joyce und irgendwie tröstend.

Er sagte ihr, sie solle sich keine Sorgen machen, ließ sie auf Unschuld plädieren und erklärte ihr dann, daß sie freigelassen würde, sobald die Kautionsfrage geregelt sei. »Keine Angst,

Joyce«, meinte er. »Sie sind im Handumdrehen wieder zu Hause.«

Joyce erwartete, wieder in die Untersuchungszelle zurückgebracht zu werden, doch das sollte nicht geschehen. Statt dessen wurde sie in eine reguläre Zelle verlegt, und zwar in einem der ältesten Gefängnisse in Phoenix. Dort wurden nur vier Frauen zusammen eingeschlossen, aber das war die doppelte Anzahl, die eigentlich für jede Zelle vorgesehen war. Betten befanden sich an zwei Wänden und gestatteten es den Gefangenen, sich hinzusetzen oder zu schlafen. Aber der Platz war so knapp, daß es schon für mehr als eine Person schwer war, sich in der Zelle zu bewegen. Es war genauso, als sei sie ein Meerschweinchen, das gemeinsam mit drei anderen Nagetieren in einen Behälter gepfercht wurde, der für ein einziges Tier kaum groß genug war.

»Keine Angst, Joyce. Sie sind im Handumdrehen wieder zu Hause«, hatte ihr Anwalt gesagt, und sie klammerte sich verzweifelt an diesen Glauben. Doch noch während sie im Geiste die Worte wiederholte, erfuhr sie, daß eine der Frauen, die wegen Mordes zweiten Grades verhaftet worden war, länger als ein halbes Jahr in dieser Enge zugebracht hatte. Sie hatte die Kautionssumme nicht aufbringen können und mußte dort bleiben und auf ihren Prozeß warten. Man hatte auch ihr gesagt, sie solle sich keine Sorgen machen, sie würde schon bald wieder in Freiheit sein.

Joyce entschied sich für eine der oberen Pritschen, denn sie nahm an, daß sie dort am meisten Privatsphäre hätte. Sie setzte sich und wickelte sich in das Laken, das man ihr ausgehändigt hatte. Sie suchte keine Wärme. Eher glaubte sie, daß der dünne Stoff sie irgendwie vor dem Lärm und den Menschen um sie herum irgendwie abschirmte. Es war eine Barriere; wenn ihr Körper von dem Laken geschützt wurde, konnte niemand ihr etwas anhaben. Sie war sicher, geschützt, und der Hintergrundlärm war nicht bedrohlicher als das zu laute Radio in der Wohnung eines Nachbarn. Und so schlief sie ein.

Die Realität des Gefängnisses holte sie erst am Morgen richtig ein. Sie wurde irgendwann zwischen fünf und sechs Uhr unsanft geweckt und in einen Tagtraum geführt. Dort stand ein langer Tisch mit Essen darauf sowie ein Fernseher, der in einer solchen Position aufgestellt war, daß der Kanal nur von einem Wärter umgeschaltet werden konnte. Der Apparat lief von dem Augenblick, wenn alle geweckt wurden, bis zum abendlichen Einschließen. Es gab drei Mahlzeiten pro Tag, wobei jede Mahlzeit gerade lang genug dauerte, daß die Frauen ihr Essen verzehren konnten. Nicht mehr als sechzehn Frauen aßen gleichzeitig in dem Raum, so daß die Zellen schichtweise geöffnet wurden. Niemand blieb zurück oder trennte sich von der Gruppe, weil immer die Gefahr bestand, daß jemand gewalttätig wurde.

Zum erstenmal wurde es Joyce bewußt, was um sie herum ablief. Die meisten der Frauen waren schon vorher im Gefängnis gewesen. Sie kannten das System, hatten gelernt, in einer Welt zu überleben, in der der Wahnsinn die Regel war.

Linda, eine Frau, gerade wegen bewaffneten Raubüberfalls verhaftet, ging zur Toilette, betätigte die Spülung, nahm dann einen Becher und begann die Klosettschüssel zu leeren. Sie schöpfte das ›saubere‹ Wasser in das Waschbecken, leerte einen Becher nach dem anderen, bis die Toilette trocken war. Dann, indem sie den Kopf tief in die Schüssel steckte, rief sie: »David, hörst du mich?« Sie lauschte einige Sekunden, dann rief sie erneut: »Hey, Leute, holt David mal ans Telefon.«

Wieder trat Stille ein, dann vernahm Joyce eine tiefe männliche Stimme, die sagte: »Was willst du, Fotze? Meinst du, dein bißchen Muschi ist mir wichtiger als eine Runde Poker?«

»Red nicht so 'n Scheiß, David. Wenn du an Muschi denkst, vergißt du sogar, deine Karten zu zählen. Also, wie geht's dir da unten?«

»Scheiße, Kleines, hab' nichts anderes zu tun, als mit Typen wie deinesgleichen zu reden.«

»Dann komm doch rauf, Baby. Sag den Wärtern, du wolltest dein Schätzchen besuchen. Wir sind hier oben zu viert. Wir werden mit allem fertig, was du zu bieten hast.«

Das Gespräch wurde immer obszöner. Dann wollte Annie, eine Frau, die wegen Prostitution, Einbruch und anderer Vergehen angeklagt war, ebenfalls das ›Telefon‹ benutzen. Sie wollte mit jemandem namens Mike reden.

Stunde für Stunde, es sei denn, eine der Frauen mußte die

Toilette benutzen, wollte jemand den Kopf in die Schüssel stecken, damit sie ›telefonieren‹ konnte. Die Rohre verliefen durch das Gebäude in einer Weise, daß sie als Verbindung zwischen den Zellen dienten. Wenn die Klosettschüssel leer war, konnte man sich auf diesem Weg unterhalten. Andere konnten zwar zuhören, doch das störte niemanden. Es war eine Kommunikation, die keiner der Wärter unterbinden konnte.

Das ›Telefon-System‹ war außerdem Joyces erste Lektion fürs Überleben im Gefängnis. Alles wurde von Gewalt, Kompromiß und/oder Anpassung bestimmt. Es gab keine Bewegungsfreiheit, also verschaffte man sich Freiheit, indem man sich gegen das System auflehnte, auch wenn es auf eine so drastische Weise geschah, indem man den Kopf in eine Klosettschüssel steckte, um mit Menschen zu kommunizieren, die man nicht sehen konnte.

Es gab andere Überlebenstricks. Einmal in der Woche, wenn sie sich gut benommen hatten und die Zellen nicht verschlossen wurden, hatten die Frauen das Recht einzukaufen. Sie konnten Schreibpapier, frankierte Briefumschläge und andere Dinge wie Schnellkaffee und Teebeutel besorgen. Ein Heißgetränk konnte in den Zellen bereitet werden, indem man einen Becher mit Wasser und Kaffee oder Tee füllte. Dann wurden unter dem Becher Zündhölzer abgebrannt, wobei das Wasser im Becher sich erwärmte und gleichzeitig dafür sorgte, daß der Plastikbecher nicht in Flammen aufging.

In einige Zellen wurde Alkohol aus Obst oder Obstsalat, Zucker und Hefe hergestellt. In anderen wurden Zigaretten gegen Sex getauscht oder man bezahlte damit die Prügel, die jemandem verabreicht werden sollte. Es war eine nach außen abgeschottete Gesellschaft, und die Gefangenen taten alles, um sich selbst das Gefühl zu vermitteln, sie hätten totale Entscheidungsfreiheit und Kontrolle über ihr Leben.

Die einzige Abwechslung, die sich Joyce anbot, war eine kleine Bibliothek. Die Bücher stammten anscheinend aus Krankenhäusern, die Einbände waren eingerissen und zerfleddert. Viele Bücher waren ramponiert, Seiten oder sogar ganze Kapitel fehlten manchmal. Doch selbst wenn es sich um Bücher gehandelt hätte, die Joyce hätte lesen wollen, so konnte sie sich nicht konzentrieren. Sie wurde von Empfindungen, Bildern und Geräuschen überschüttet, die jenseits ihrer Vorstellungskraft lagen.

Zuerst war da das ›Telefon‹-System. Der Anblick von Frauen, die mit ihren Köpfen tief in Klosettschüsseln eintauchten, um sich die Obszönitäten gesichtsloser Individuen in anderen Zellen anzuhören, verursachte ihr Übelkeit.

Dann waren da die ›918er‹, eine Zahl, die für Gemütskranke stand. Es handelte sich um Frauen, die Tag und Nacht laut schrien. Viele von ihnen wurden im Laufe der Zeit in geschlossene Anstalten verlegt. Andere saßen ihre Strafen im Gefängnis ab, mußte jedoch zeitweise von den anderen Insassen ferngehalten werden. Wieder andere blieben monatelang dort, wo man sie anfangs eingewiesen hatte. Aber ganz gleich, wie ihre Zukunft aussehen mochte, einstweilen schrien und lärmten sie unaufhörlich, und ihre Stimmen drangen in jede Zelle des Blocks, ganz gleich, wie weit entfernt von den Frauen sie waren.

Eine Frau schrie nach ihrer Mutter, bettelte und jammerte, man möge sie doch wieder ins Haus hereinlassen. Eine andere gab eine Litanei von Schimpfwörtern von sich, die zu einem unverständlichen Wortbrei wurde, der Stunde für Stunde, Tag für Tag von ihr zu hören war. Wieder andere unterhielten sich in einem fort über Männer, die sie gekannt hatten, über Verabredungen und andere Aktivitäten. Aber es gab niemanden, der zuhörte. Sie lachten, weinten und diskutierten angeregt mit imaginären Wesen.

Es sollte die Zeit kommen, als Joyce Lukezic die ›918er‹ um ihre Fähigkeit beneidete, in einer Welt des Wahnsinns zu leben. Es sollte Augenblicke in der vor ihr liegenden Zeit geben, in denen sie den Wahnsinn dem vorgezogen hätte, was sie durch andere erleiden mußte. Doch vorerst hatte sie noch genügend Hoffnung, schon bald freigelassen zu werden, so daß sie einen anderen Weg der Flucht aus dieser Situation suchte.

»Ich saß auf meinem Bett, schloß die Augen und wünschte mich auf ein Boot. Ich war allein darauf, trug ein dünnes, weißes Kleid, das sich im sanften Wind bauschte und flatterte. Ich legte den Kopf zurück und konnte spüren, wie Gischttropfen mein Gesicht benetzten. Die Sonne stand am Himmel, wärmte meinen Körper, und alles war rein und hell. Ich war allein, bis auf die Möwen, die mich umkreisten. Und ich war immer glücklich.«

Es gab auch andere Phantasien. »Ich verbrachte sehr viel Zeit bei meiner Mutter. Sie war wenige Wochen vor meiner Verhaftung gestorben, daher dachte ich sehr oft an sie.

Manchmal saß ich auf ihrem Schoß, sie wiegte mich und sagte, alles wäre in Ordnung. Dann war ich mit ihr in Manhattan, und wir kauften bei Macy's und bei Gimbel's und in all den anderen Kaufhäusern ein. Manchmal war ich erst acht Jahre alt, erinnerte mich an die Puppen, an die Puppenhäuser und all das andere Spielzeug. Manchmal war ich vierzehn, betrachtete all die bunten Kleider. Es war immer sehr schön, wenn wir nach New York kamen. Und wenn ich mich intensiv darauf konzentrierte, dann konnte ich die Stadt riechen, die Kleider spüren, die ich trug, und ich konnte genauso glücklich sein.«

Sie dachte auch an ihre Kinder. Zuerst glaubte sie, daß ihr Anwalt innerhalb von ein oder zwei Tagen ihre Freilassung erwirken würde. Sie machte sich Sorgen wegen ihrer Kinder, wie es ihnen ging, wer für sie sorgte.

Dann wurden aus ein oder zwei Tagen eine Woche, dann zwei. Sie war völlig hilflos und allein mit den Erinnerungen und den Phantasien, die durch ihr Bewußtsein zogen. Sie erinnerte sich an die schönen Zeiten im Kreis ihrer Familie, zum Beispiel an etwas so Simples wie das Zubereiten der Sandwiches für die Schule. Sie entwickelte Techniken, die Geräusche des Toilettentelefons, die Schreie der 918er, die endlosen Fernsehshows im Tagesraum, wo sie aßen, die ständigen Streitereien zwischen Wärtern und Inhaftierten aus ihrem Bewußtsein auszublenden.

Joyce konnte sich nicht erinnern, wann es begann. Es hatte natürlich gewisse Anspielungen gegeben. Ihre drei Zellengenossinnen, eine weiß, die beiden anderen schwarz, kannten ihren Fall und ihre Adresse in der Central Avenue. Diese Gegend war in Phoenix allgemein bekannt. Dort saß das Geld. Dort traf man die Familien an, die sich jeden Luxus im Leben leisten konnten. Es war eine Gegend, auf deren Lebensstil man voller Neid blickte, doch die Menschen, die diesen Stil lebten, wurden von jenen abgelehnt und gehaßt, die genau wußten, daß sie sich ein solches Ambiente niemals würden leisten können. Für eine Weile würde die Bezeichnung ›Central-Avenue-Schlampe‹ viel häufiger als ihr Name benutzt, wenn ihre Zellengenossinnen irgend etwas von ihr wollten.

Dann waren da die Berührungen. Die Betten waren ständig belegt, und zum obersten Bett hinaufzugelangen, war nicht einfach für jemanden, der so klein war wie Joyce. Oft mußte sie sich auf den Rand des unteren Bettes stellen, um sich nach oben ziehen zu können. Es gab keine anderen Möbelstücke, keinen Stuhl oder Hocker, den sie hätte benutzen können.

»Tritt ja nicht auf mein Bett, Schlampe«, warnte die weiße Insassin, Allison. Sie lächelte und beobachtete sie von unten.

»Ich sagte, tritt nicht auf mein Bett.« Sie packte Joyces Fußknöchel, hielt ihn für eine kurzen Moment fest und fuhr dann mit der Hand an Joyces Unterschenkel hoch.

Im Laufe der Zeit änderten sich die Berührungen und die Bemerkungen nach und nach in Zielgerichtetheit und Unterton. »Wenn du schon auf mein Bett steigst, dann kannst du dich auch ruhig reinlegen.« Nun wurde ihr Fuß schon etwas länger festgehalten, die Berührung ihrer Beine ausgedehnt. Allison studierte Joyces Gesicht, machte ihr unmißverständlich klar, daß sie sexuelles Interesse an ihr hatte.

»Allison trug die Haare kurzgeschnitten, wie man es vielleicht bei einem modebewußten Mann sieht«, sagte Joyce. »Heute würde man es als zu streng empfinden, aber damals war es absolut modern. Sie war eindeutig eine Lesbierin, und ich mußte mich der Tatsache stellen, daß sie sich an mich heranmachen wollte.«

»Na, komm schon, Central-Avenue-Prinzessin. Komm doch zu mir.«

Die anderen Zelleninsassinnen, Tasha und Jasmine, beide schwarz, sahen ausdruckslos zu. Sie wußten, was sich zwischen Joyce und Allison abspielte, sie wußten, daß das System es zuließ, daß eine Frau wie Allison so aggressiv wurde. Was immer passieren würde, es ging sie nichts an. Sie lebten ihr Leben nur Zentimeter voneinander getrennt, doch diese winzige Distanz war wie ein tausend Meilen tiefer Abgrund, der zwischen ihnen klaffte. Es gab unausgesprochene, ungeschriebene Regeln im Hinblick auf das, was man tut und was man nicht tun konnte, wo man half oder wo man plötzlich taub, blind und stumm zu sein hatte. Tasha und Jasmine hatten all das schon früher gesehen, und sie wußten, daß sie es wieder sehen würden. Sie würden nur zuschauen, warten und die beiden Frauen sich selbst überlassen.

Joyce hatte gar nicht die Zeit, intensiver über die Machtstrukturen in der Gefängniszelle nachzudenken. Es gab ständige rassistische Spannungen; Schwarze, Weiße, Hispanier und Indianer versuchten stets, eigene Gruppen zu bilden und sich abzugrenzen, wobei jede Gruppe die andere haßte und versuchte, ein Gefühl der Selbstachtung mittels gemeinsamer Vorlieben zu entwickeln.

Allison war die Anführerin von Joyce Zelle. Sie war stark, leicht reizbar, lüstern und auf dem Rückweg ins Gefängnis. Sie hatte im Gefängnis gesessen, war herausgekommen, hatte weitere Verbrechen begangen und wurde nun zurückgebracht. Es war das System, und sie war ein Teil davon und fühlte sich wohl. Sie wußte, wie sie überall die Kontrolle an sich riß. Ihre Führerrolle wurde von Tasha und Jasmine anerkannt. Ganz gleich, was sie insgeheim von Allison und ihren Aktionen dachten, sie unterstützten sie, denn das war der Weg, am Leben zu bleiben.

Es war Nachmittag, immer noch früh. Das Mittagessen war soeben im Tagesraum ausgeteilt worden, und die vier Frauen kehrten in ihre Zelle zurück. Wenn sich im Verhalten der Frauen irgend etwas geändert hatte, so war Joyce sich dessen nicht bewußt. Sie spürte keine Spannung, kein verstohlenes Flüstern, keine vielsagenden Blicke der anderen. Alles schien normal zu sein, als sie sich zum obersten Bett hochreckte und anfing, sich hinaufzuziehen.

Die Hand faßte nach ihrem Knöchel. Verdammt. Wieder dieser Quatsch. Sie wollte nichts anderes, als sich in ihr Bettlaken einwickeln, ihre Gedanken auf die Reise gehen lassen und zu dem See zurückkehren, sich in die friedliche Umgebung versetzen, die ihr Zuflucht geworden war.

Plötzlich spürte sie, wie sie in das untere Bett gezogen wurde.

Sie verlor den Halt und spürte, wie ihr Körper nach hinten fiel. Ihre Knie schrammten über das eiserne Bettgestell, ihre Arme suchten Halt, ihr Kopf wurde ruckartig nach hinten gerissen, dann wieder nach vorn und sie stieß gegen die Wand, als sie versuchte, ihr Gleichgewicht zu behalten.

Joyce versuchte ihren Körper zu drehen, zuzuschlagen. Eine Hand wühlte sich in ihr Haar, dann wurde ihr Kopf nach hinten gerissen. Jedes Drehen des Gesichts verursachte ihr furchtbare Schmerzen, als würden ihr die Haare ausgerissen.

Ihre Arme wurden gepackt und hochgezogen, dann brutal gepackt. Sie hatten sie zu zweit gepackt, hielten sie fest. Jasmine und Tasha. Fixierten sie. Sagten keinen Ton. Hielten sie nur fest.

Joyce spannte die Beine an, dann sah sie, daß Allison sich rittlings auf sie hockte. Allison suchte eine Position, in der sie auf Joyces Beinen kniete, so daß sie nicht mehr um sich treten konnte. Die Frau streckte die Hand aus, schob ihre Bluse hoch, zog die Hose herunter, entblößte ihre Brüste, ihren Bauch, ihre Schamgegend.

»Central-Avenue-Prinzessin. Das gefällt dir. Das hast du dir doch gewünscht . . .«

Joyce spürte Allisons Hände auf ihren Oberschenkeln, ihre Finger auf ihrer Haut, doch sie war zu sehr geschockt, um zu begreifen, was mit ihr geschah. Erst später würde ihr der Druck bewußt werden, der auf sie ausgeübt worden war. Später würde sie die Blutergüsse sehen, würde begreifen, daß sie schreckliche Schmerzen gehabt haben mußte, die ihren Geist derart betäubt hatten, daß sie sie gar nicht richtig gespürt hatte. Aber nicht in diesem Moment. Adrenalin raste zu schnell durch ihren hilflosen Körper, als daß sie in diesen ersten Sekunden überhaupt auf irgend etwas reagieren konnte.

Plötzlich spürte Joyce, wie ihre Beine mit Gewalt gespreizt wurden. Sie bäumte sich auf, wehrte sich gegen die Frauen, die sie festhielten, ehe ihr Kopf wieder nach hinten aufs Bett gestoßen wurde. Ihre Beine zitterten spasmodisch, während die Muskeln sich in dem verzweifelten Versuch anspannten, sich von dem Gewicht Allisons zu befreien, dem aufdringlichen Suchen der Hände ihrer Peinigerin.

Joyce zwang sich, auf das zu achten, was mit ihr geschah.

Vorspiel. Allison vertiefte sich in ein Vorspiel. Ihre Zunge erforschte Joyces intimste Bereiche, berührte, leckte, drang tiefer und tiefer vor, während ihr Mund zwischen Joyces Beinen saugte.

Joyce begann zu schreien, spürte, wie ihr Haar sich straffte, als sie sich aufbäumte, dann wurden ihr schmerzhaft die Arme verdreht. Sie zwang sich, still zu sein, wohl wissend, daß die Wachen ihre Runden machten und daß nur ihre Peiniger sie hören konnten.

Eine Hand griff grob in ihr Schamhaar. Finger bohrten sich tief hinein, rieben, scheuerten. Joyce verkrampfte ihren Körper, atmete heftig, versuchte, nicht an den Schmerz zu denken, nicht zu fühlen, was geschah, nicht . . .

Sie schrie plötzlich auf. Allisons Fingernägel kniffen brutal in ihre Klitoris, peitschten Schmerzwogen durch Joyces Körper. Tränen traten in ihre Augen, als sie versuchte, ihre Peinigerin anzusehen, verzweifelt bemüht, einen menschlichen Kontakt herzustellen, der Allison bewegte, ihre Aktionen abzumildern und sie von dem Alptraum zu befreien.

Aber Allison war erregt, glücklich, genoß die Attacke. Ihr Körper bewegte sich rhythmisch mit ihren Händen und der Zunge, die Aktionen wurden intensiver. Joyce hatte das Gefühl, jemand riebe mit Sandpapier über ihre Genitalen. Aber Allison schien den Schmerz nicht zu begreifen, den sie erzeugte. Es war so, als erreichte sie den Orgasmus durch Gewalt, und Joyce konnte nichts anderes tun, als durchzuhalten.

Schließlich erschauerte Allison und schien sich zu entspannen, nachdem ihre Begierde wenigstens vorerst befriedigt war. Joyce hatte keine Ahnung, ob die anderen beiden Frauen sich ebenfalls auf sie stürzen würden oder ob sie sie mit einer selbstgebastelten Waffe endgültig zum Schweigen brächten. Sie hatte keine Angst mehr davor. Sie wollte nur noch, daß diese Schmerzen ein Ende hatten, diese Erniedrigung, dieses Grauen. Es machte dabei gar nichts aus, ob es aufhörte, weil Allisons Lüsternheit sich ausgetobt hatte, oder weil die drei Frauen jedes Leben aus ihrem Körper herausquälten. Hauptsache, es war zu Ende.

Aber Jasmine und Tasha hatten kein Interesse daran, Joyce

sexuell zu mißbrauchen. Sie hielten sie fest, wobei ihre Muskeln sich mit jeder Abwehr Joyces anspannten, aber sie sahen sie nicht an, verfolgten nicht Allisons Aktionen. Sie schauten weg, in eine andere Zeit, zu einem anderen Ort. Bei Vergewaltigungen mitzuhelfen, war etwas, was man tat, um zu überleben. Dabei waren ihre Gedanken vielleicht bei einem besonders wohlschmeckenden Essen, bei einem Tag am Strand, einem Spaziergang mit dem Freund.

Joyce starrte Allison an. Da war kein Anzeichen von Haß, keine Spur von Wut. Da war nur Frieden, ein Ausdruck in Allisons Gesicht, der anzudeuten schien, daß sie gleich eine Zigarette anzünden, einen Zug nehmen, langsam ausatmen, den Rauch genießen und sich dann zu Joyce umdrehen und fragen würde: »War es für dich auch schön?«

Jasmine und Tasha kehrten zu ihren Betten zurück, ihre Augen nicht anders als vor dem Überfall. Sie sagten nichts zu Joyce. Sie sagten nichts zu Allison. Es war so, als sei überhaupt nichts passiert, und wenn doch, dann hatten sie damit nichts zu tun.

Zuerst war Joyce zu geschockt, um die Schmerzen zu spüren. Sie kletterte schwerfällig auf ihr oberstes Bett und begann haltlos zu weinen. Sie weinte wegen der Ungerechtigkeit. Dann weinte sie vor Schmerz. Sie weinte aus verletzter Ehre und Angst, aus Grauen und Hilflosigkeit. Und dann schlief sie ein, ging nicht zum Abendessen, benutzte nicht die Toilette, reagierte nicht, als das Licht gelöscht wurde.

Irgendwann gegen vier Uhr in der Frühe rührte Joyce sich wieder. Die anderen Frauen schliefen. Lädiert und wund kletterte sie vorsichtig von ihrem Bett herunter, um die offene Toilette zu benutzen. Ihr Urin brannte, als sie sich erleichterte, sich im Waschbecken säuberte, sich Wasser ins Gesicht spritzte, mit der Hand Wasser zum Trinken aufschöpfte, sich bemühte, nicht zuviel nachzudenken, und dabei ihre Gedanken nicht bremsen konnte. Dann, sorgfältig darauf bedacht, Allison nicht zu wecken, kletterte sie ins obere Bett, weinte erneut und schlief schließlich ein.

Ron Lukezic bemerkte Blutergüsse an Joyces Armen, als er sie besuchte. Sie hatte nicht versucht, ihn zu erreichen, um ihm zu erzählen, was passiert war. Sie hatte nicht versucht, den Vorfall ihrem Anwalt oder der Gefängnisverwaltung zu melden. Sie hatte genug von dem System kennengelernt, um zu wissen, daß die Erwähnung der Vergewaltigung oder eine Beschuldigung Allisons ihr nur weitere Schwierigkeiten eingebracht hätte. Vielleicht hätte Allison sich gerächt, vielleicht jemand anderer. Es gäbe keine Vorwarnung, kein Anzeichen für das, was passieren würde. Sie würde ahnungslos irgendwo entlanggehen, und plötzlich läge sie auf dem Boden, blutend, und ihr Leben würde mit jedem Schlag ihres versagenden Herzens aus ihrem Körper heraussickern. Und ganz gleich, wie viele Leute zugegen wären, niemand hätte etwas gehört oder gesehen. Niemand würde zugeben, daß er sich in der Nähe aufgehalten hatte, ganz gleich, wie eindeutig ihm das Gegenteil nachzuweisen wäre.

Aber Ron war etwas anderes. Ron war ihr Ehemann, der Mann, der beteuerte, sie zu lieben. Ron könnte sie es erzählen. Sie könnte dieses Erlebnis bei ihm abladen, sich seinen Trost holen, seine Liebe und sein Verständnis. Aber er tröstete sie nicht. Statt dessen bedrängte er sie nach Einzelheiten.

Wie hat sie es getan, Joyce, wollte er wissen. Wo war sie mit ihrer Zunge? Was hat sie mit den Händen getan? Und hat sie auf dir gesessen, dir mit ihren Beinen die Knie auseinandergedrückt, während sie sich mit dir beschäftigte?

Sein Gesicht rötete sich erregt, genauso wie das Allisons. Er hatte ihr einmal erzählt, er phantasiere davon, einmal mit zwei Frauen gleichzeitig Sex zu haben, äußerte sich aber nie darüber, ob er diesen Wunsch jemals erfüllt bekommen hatte. Nun schien er es durch Joyces Worte mitzuerleben, als seine Phantasie sexuelle Bilder erzeugte. Er schien die Blutergüsse vergessen zu haben, achtete nicht auf die Tränen seiner Frau.

Vielleicht bildete Joyce sich seine Reaktion auch nur ein. Vielleicht tat es ihm aufrichtig leid. Vielleicht verstand sie seine Reaktionen falsch, maß seinen Reaktionen eine Bedeutung bei, die gar nicht vorhanden war. Sie war sich nicht ganz sicher, was los war. Sie wußte nur, daß seine Reaktion, oder ihre eigene Antwort auf diese Reaktion, so aussah, daß sie nie mehr jene emotionale Innigkeit und Nähe erleben würden, an die sie früher geglaubt hatte.

Das Leben in der Zelle ging weiter. Allison sprach nicht von dem Vorfall. Sie hörte auf, Joyces Füße festzuhalten, hörte auf, ihr Bein zu streicheln. Es gab keine Anspielungen mehr auf die ›Central-Avenue-Prinzessin‹, keine sexuellen Andeutungen mehr. Es war, als hätte die Vergewaltigung nicht stattgefunden, bis Allison ins staatliche Zuchthaus für Frauen verlegt wurde.

Jasmine und Tasha erwähnten ebenfalls diesen Vorfall nicht. Da war noch nicht einmal ein unausgesprochenes »Nichts für ungut, Joyce. Wir stecken alle in dieser Hölle. Wir tun das meiste nur, um am Leben zu bleiben. Das mußt du verstehen.« Joyce war zutiefst verletzt, geschlagen, und versuchte abwechselnd in ihre Erinnerungen an die Vergangenheit zu entfliehen und den Drang unter Kontrolle zu bekommen, haltlos zu weinen, bis alle Tränen aus ihrem Körper herausgelaufen waren und sie zu erschöpft war, um weiterzuleben. Doch das Leben ging weiter.

Einundzwanzig Tage dauerte es, bis alle notwendigen Maßnahmen ergriffen worden waren, daß Joyce aus dem Gefängnis entlassen wurde. Ron war nicht sehr oft gekommen, um sie zu besuchen, und das bedrückte sie zusätzlich, doch er hatte veranlaßt, daß die Kaution bezahlt wurde, und sie konnte das Gefängnis verlassen. Der Prozeß sollte weit genug in der Zukunft stattfinden, so daß sie wenigstens genau in Erfahrung bringen könnte, unter welcher Anschuldigung sie stand.

Joyce kam nach Hause, ohne ihren Kindern vorher etwas mitgeteilt zu haben. Sie waren noch in der Schule, daher ging sie ins Badezimmer, zog ihre Kleider aus, stopfte sie in die Waschmaschine und stellte sich unter die Dusche.

Zuerst war alles normal. Sie seifte ihren Körper ab, wusch die Haare, spülte sie ab. Dann nahm sie die Seife ein zweites Mal und seifte sich erneut ein, diesmal heftiger und gründlicher als beim ersten Mal. Sie begann sich abzuschrubben, die Brüste, die Beine, die Schamgegend. Jeder Quadratzentimeter ihres Körpers wurde dieser Prozedur unterzogen, doch sie fühlte sich nicht sauber. Sie spülte sich ab und seifte sich ein, wieder und wieder, als ob sich der Schmutz des Gefängnisses so tief in ihre Poren eingefressen hatte, daß alles andere als eine quadratzentimeterweise Reinigung ihres Körpers dem Schmutz gestattete, sich zu vermehren und ihr Heim und ihre Familie zu infizieren. Erst als die Seife fast verbraucht, das Wasser kalt und ihre Haut regelrecht aufgeweicht war, hörte sie auf und trocknete sich ab. Dann ging sie in die Küche, setzte sich und wartete auf den Augenblick, in dem ihre Kinder zurückkehrten und sie in die Arme schlossen.

Später sollte sie erfahren, was sie noch alles erwartete. Später sollte sie von den bezahlten Morden hören, wegen denen sie mit der Todesstrafe rechnen müßte. Sie würde entdecken, daß ihr Anwalt sie im Stich ließ und betrog, daß ihr Ehemann verschwand, und sie müßte ihre Unschuld an einem unaufgeklärten Verbrechen beweisen, während sie sich hinter Gittern aufhielt. Im Augenblick war sie nur damit zufrieden, ihr Gesicht an den Schultern ihrer Kinder zu vergraben und Tränen des Glücks darüber zu weinen, daß sie, wenn auch nur kurz, mit denen wieder vereint war, die sie liebte.

Die Trickser und die Träumer

Manchmal scheint es, als sei Arizona ein Staat der Trickser, Träumer und Ruheständler. Es ist ein neuer Staat, das Land gehört erst seit 1928 zum Territorium der Vereinigten Staaten, und der Pioniergeist hat sich selbst in den zivilisiertesten Gegenden gehalten. Handfeuerwaffen dürfen offen getragen werden, gegen das Gesetz verstößt nur, wer eine Waffe versteckt trägt. Pick-up-Trucks sind die beliebtesten Fahrzeuge, sogar bei denen, die sich einen Mercedes, einen Cadillac oder einen anderen Luxuswagen leisten könnten. Obgleich die Temperaturen in den Sommermonaten gewöhnlich bis auf vierzig Grad und höher steigen, sind Gewehrhalter mit einer Schrotflinte oder einem Präzisionsgewehr als Zubehör für Pick-ups weitaus beliebter als Klimaanlagen.

Es gibt den Mythos einer besonderen Freundlichkeit unter der Bevölkerung von Arizona, ein Mythos, der von diversen Nachrichten Lügen gestraft wird. So hat es zum Beispiel in der Gemeinde St. David Bücherverbrennungen gegeben, dann wurde nach einer Volksbefragung eine Erklärung verabschiedet, die von vielen als antisemitisch beurteilt wird: Die Erklärung betont, daß die Vereinigten Staaten eine ›christliche Nation‹ sind. Im nördlichen Teil des Staates gibt es ständige Auseinandersetzungen zwischen Mormonen, die die Polygamie verteidigen, und denen, welche die Monogamie predigen. Die älteren Leute, die sich zur Ruhe setzen, ziehen sich häufig in spezielle Gemeinden wie Sun City und Green Valley zurück. Sie sprechen sich grundsätzlich gegen schulische Förderungsmaßnahmen aus, weil sie selbst keine Kinder haben, und wehren sich gegen alle jungen Leute, die in ihren Gemeinden Wohnraum kaufen oder mieten wollen. Andererseits werden die Senioren von den jüngeren angegriffen, weil sie eine unverhältnismäßig hohe Anzahl von öffentlichen Dienstleistungen in Anspruch nehmen und nur geringe Steuern zahlen.

Jedoch kann man in Arizona sein Glück machen und große

Vermögen erwerben, und viel Familien bewiesen ihren Macht- und Erfolgshunger schon ehe sie ankamen und sich niederließen. Unter den ersten Pionieren gibt es zum Beispiel eine Familie, deren Söhne ihr Vermögen damit erwarben, daß sie sich von einem reichen Geschäftsmann reichlich dafür bezahlen ließen, seine häßlichen Töchter zu heiraten. Prominente Führungspersönlichkeiten schafften ihren Aufstieg dank ihrer Beziehungen zum organisierten Verbrechen. Betrügerische Grundstücksgeschäfte schienen ebenso viel erfolgsorientierte Profis anzulocken wie der legale Landhandel. Und Arizona spielte eine Pionierrolle auf dem Gebiet der betrügerischen Bankenzusammenbrüche. Dennoch, trotz aller Notwendigkeit für Reformen, war stets eine Grundhaltung zu erkennen: Wer nicht in der Lage war, für sich selbst zu sorgen, hatte selber schuld.

Die Ruheständler folgten den Tricksern, manchmal selbst Opfer von irgendwelchen Grundstücks- und Bankbetrügereien, weitaus häufiger aber ahnungslos oder gleichgültig ob der Probleme innerhalb des Staates. Sie sahen in der Wüste und den Bergregionen einen Vorgeschmack auf das Paradies. Die Sonne scheint im Durchschnitt pro Jahr mehr als dreitausendsiebenhundert Stunden, also etwa zehn Stunden täglich, und das sieben Tage in der Woche. Es gibt kurze Perioden gemäßigter Kälte und leichter Regenfälle, doch Schnee kommt äußerst selten vor, und wenn, dann bleibt er immer nur für ein paar Stunden liegen. Und während der Straßenverkehr drastisch zugenommen hat – die Rush Hour auf den Schnellstraßen unterscheidet sich nicht mehr von denen in New York, Chicago und Los Angeles –, wohnen die Ruheständler vorwiegend in infrastrukturstarken Wohnbezirken, in denen eine Atmosphäre friedlicher Sorglosigkeit herrscht. Was heute nicht geschafft wird, das wird morgen erledigt. *Mañana* heißt das universelle Zauberwort. Und wenn es das Morgen nicht mehr geben sollte, dann hat man wenigstens den letzten Tag des Lebens in Ruhe verbracht.

Mit den Tricksern und den Ruheständlern kamen auch die Träumer. Alles schien in der Wüste neu zu sein: frisch, rein und voller Verheißung für Menschen, deren Zukunftsaussichten ziemlich begrenzt waren, ehe sie eintrafen. Bauarbeiter verdienten gute Löhne, indem sie den Wohnungsbedarf einer Gegend deckten, die früher mal die Region mit dem schnellsten Wachstum in den Vereinigten Staaten gewesen war. Die Militärbasen beschäftigten eine große Anzahl ziviler Angestellter. Tucson war Standort größerer Filmstudios und erfreute sich eines regen Zustroms von Fernseh-, Kino- und Werbefilmproduktionsfirmen. Phoenix besaß so viel Hightech-Industrien, daß es so aussah, als wollte die Stadt dem berühmten Silicon Valley in Kalifornien Konkurrenz machen. Selbst Flagstaff, fast zweieinhalbtausend Meter hoch oben in den Bergen und scheinbar von der übrigen Welt isoliert, hatte in seinen Mauern die W. L. Gore Company, Hersteller von speziellen Materialien und Werkstoffen, die in der Medizin, bei Sportgeräten und anderen Produkten verwendet wurden. Die Northern Arizona University hatte Studenten sogar aus dem fernen China, die unter anderem eine Ausbildung in Forstwirtschaft, Musik oder Ingenieurwesen suchten. Der Staat verfügte über Hochschulen für Medizin, Pharmazie, Jura, über Theater, Sinfonieorchester ... Die Liste ließe sich beliebig fortsetzen und vermittelte so den Eindruck, daß, ganz gleich, welches Ziel jemand anstrebte, Arizona eine ganze Menge zu bieten hatte.

Joyce Dow war eine seltsame Ausnahme, als sie nach Phoenix zog. Sie war weder eine Träumerin noch eine Trickserin, und sie wollte sich schon gar nicht zur Ruhe setzen, obgleich ihre Mutter sich in der Altengemeinde Sun City niedergelassen hatte. Tatsächlich hatte Joyce eigentlich niemals vorgehabt, in Arizona zu leben. Als sie sich von Dr. Ed Dow scheiden ließ, einem Facharzt für Pathologie, hatte sie zwei Kinder, und ein drittes war unterwegs. Von seiner Liebe waren nur Ehebruch und Gewalt geblieben, und Joyce meinte, nicht länger mit ihm zusammenleben zu können. Ihre Ehe endete 1971. Joyce zog mit den Kindern nach Westen in ein neues Heim in Colorado und wohnte in einem Vorort von Denver. Sie war in Biochemie und als medizinisch-technische Assistentin ausgebildet, wodurch sie Arbeit finden konnte, wo immer sie leben wollte. Sechs Monate nach dem Umzug jedoch, im Herbst 1975, erkrankte ihre Mutter an Hepatitis, als Folge einer ungewöhnlichen Körperreaktion auf Aspirin. Die Krankheit war sehr heftig, und Joyce zog mit ihrer Familie sofort um. Ihr Bruder, Arthur Ross, leitete eine erfolgreiche Firma und wohnte bereits in Scottsdale, einem Vorort von Phoenix, und die Familie wollte in dieser Krise zusammenbleiben.

Joyces Vater war viele Jahre vorher an einem angeborenen Herzleiden gestorben, unter dem auch seine beiden Kinder litten. Er war erst in den Vierzigern, als er einen Infarkt erlitt und in den Armen der soeben sechzehnjährigen Joyce starb. Sie hatte verzweifelt versucht, ihn mit Mund-zu-Mund-Beatmung wiederzubeleben.

Dieser Tod hatte die Familie regelrecht zerstört. Emotional tief getroffen, nahm Joyces Mutter keinen Anteil mehr am Leben; sogar für ihre Kinder zu sorgen, wurde ihr unmöglich. Glücklicherweise war Arthur mittlerweile schon erwachsen, und Joyce sah in ihm eine Vaterfigur. Sie schaffte es, die High-School abzuschließen und anschließend aufs College zu gehen. Sie erreichte dabei das Erwachsenenstadium sozusagen im Eiltempo.

Obwohl der Vater früh gestorben war, hatte die Ross-Familie keine finanziellen Probleme. Joyces Vater hatte in New York City Grundbesitz erworben. Seine Frau und seine Kinder erbten Anteile an Apartmenthäusern und andere Beteiligungen, die ihnen genügend Geld einbrachten, um ihre Bedürfnisse mehr als abzudecken.

Joyces Mutter überlebte die Hepatitis, und Joyce fand eine Beschäftigung bei Diagnostic Laboratories, wo sie als medizinisch-technische Assistentin arbeitete. Ihre frühere Berufserfahrung und ihre Ausbildung reichten aus, so daß die Firma ihr die Leitung ihrer Außenlabors übertrug.

Wie so viele andere Städte des Sonnengürtels war Phoenix in den siebziger Jahren eine ziemlich einsame Stadt für frisch zugezogene Singles. Obgleich im reformierten jüdischen Glauben erzogen, war Joyce nicht sehr religiös und besuchte außer an den jüdischen Feiertagen die Synagoge nur selten. Sie hatte weder Lust noch die Veranlassung, einem der Fitneßclubs beizutreten, und die meisten anderen Möglichkeiten gesellschaftlichen Lebens – das Sinfonieorchester von Phoenix, die wenigen Theater der Stadt und selbst die Museen – boten nur wenig

Gelegenheit, heiratsfähige Männer kennenzulernen. Die einzige andere Möglichkeit, als sich mit jemanden zu verabreden, den sie an ihrem Arbeitsplatz kennenlernte, bestand für sie darin, eine der besseren Bars aufzusuchen. Es war im Sahara in der Camelback Road, wo sie Ron Lukezic zum erstenmal sah.

Ron Lukezic war nicht gerade die Idealbesetzung für die männliche Hauptrolle in einem Liebesfilm. Das erste, was einem auffiel, war seine Größe. Er war groß und fett und erinnerte eher an Orson Welles als an Robert Redford. Dennoch war er sehr extrovertiert, stets vergnügt, ein starker Trinker, der nach dem entsprechendem Quantum noch umgänglicher wurde. Nach dem, was Joyce als physische und emotionale Mühsal ihrer vorherigen Ehe empfand, erschien Ron in keiner Weise bedrohlich, bot er eine sichere Alternative, die kennenzulernen sich lohnen würde. Trotzdem war sie vorsichtig, lehnte seine Einladung zu einem Drink ab, während sie im Sahara saß und ein Glas Wein trank. Sie verriet ihm lediglich ihren Namen und nannte ihm ihre Telefonnummer im Büro.

Freunde und Bekannte amüsierten sich über Rons Trinkfestigkeit. Jedoch waren bei ihm niemals negative Nachwirkungen nach seinen Trinkgelagen festzustellen. Ob er schon früh am Tag begonnen hatte oder später, stets war sein Geist wach, er war umgänglich, und er hatte sich stets unter Kontrolle. Allerdings traf er sich mit Joyce vorwiegend in eleganten Bars und Restaurants mit umfangreicher Getränkekarte.

Ihre Beziehung vertiefte sich. Ron lernte Joyces Kinder kennen, freundete sich mit ihnen an und fuhr mit ihnen nach Disneyland. Er und Joyce unternahmen Ausflüge nach Las Vegas, um dort zu spielen, doch auch dies in Maßen und niemals unkontrolliert. Er vergnügte sich gerne, verdiente sehr gut und verstand, das beste aus seinem Wohlstand zu machen.

Joyce erfuhr, daß Ron Lukezic eine Druckerei leitete, ein Gewerbe, für das sie sich nicht interessierte. Ebensowenig interessierte sie sich für seinen Geschäftspartner Pat Redmond oder Redmonds Ehefrau Marilyn. Die Redmonds tranken ebenfalls gerne und schienen ihren Freizeitbeschäftigungen nur dort nachzugehen, wo sie auch größere Mengen Alkohol konsumieren konnten.

Ein Teil der Spannungen, die zwischen ihnen herrschten, rührte sicherlich daher, daß Ron früher mal ein Verhältnis mit Marilyn gehabt hatte und sie dann fallenließ, als er andere Frauen kennenlernte. Dann begann Patrick sich für sie zu interessieren und heiratete sie.

Von Bedeutung war auch, daß Joyce eine ganz andere Herkunft hatte. Patrick war letztlich ein einfacher Arbeiter, der erfolgreicher war, als er je für möglich gehalten hatte. Er war Buchdrucker und stolz auf seine Arbeit.

Schließlich wurde Pat auf Grund seines Könnens zum Vorarbeiter der Drucker ernannt. Es war eine schwere körperliche Arbeit und erforderte viel Geschick. Dazu gehörte auch das Überprüfen der Farben unter dem Mikroskop, um sicher zu gehen, daß das Druckerzeugnis stets der Vorlage entsprach.

Ron begann als ›Stripper‹, als derjenige, der ein Bild vorbereitet, bevor es gedruckt werden kann. Dann wurde auch Ron befördert, er wurde Leiter der Vorbereitungsabteilung. Er arbeitete manchmal direkt im Verkauf und übernahm schließlich die Leitung der Firma, bei der er und Pat angestellt waren. Die Männer arbeiteten zusammen, und die Ehepaare verbrachten gemeinsam ihre Freizeit, wodurch Marilyn jede von Rons Ehefrauen kennenlernte – Mary Lou, Jeanetta und Patty.

Ron Lukezic entwickelte in dieser Zeit auch noch eine andere Fertigkeit. Er lernte es, große Druckaufträge hereinzuholen, lukrative Aufträge, die den Erfolg einer Firma bedeuten. Die Redmonds, Ron und seine jeweilige Ehefrau hielten sich außerdem häufig bei Chester's auf, einem Restaurant, in dem zweihundert Gäste Platz fanden, viele von ihnen im Druckgewerbe tätig. Dort konnte Ron trinken, sich amüsieren und gleichzeitig weitere Kunden werben.

Es war 1975, als Ron Lukezic und Pat Redmond beschlossen, sich zusammenzutun und eine eigene Firma zu gründen. Pat erledigte das Handwerkliche, bediente die Maschinen in der Druckerei. Ron kümmerte sich um die Kalkulation und die Aufträge. Sie hatten für ihren Start nur fünfzehntausend Dollar, gaben zehntausend Dollar für eine Farbpresse aus und mieteten die Räumlichkeiten für ihren Betrieb von einem gemeinsamen Freund. Als ihr Betrieb richtig florierte, zogen sie in ein neues Gebäude um, das der Eigentümer nach ihren Wünschen umbaute.

Ron heiratete Joyce, nachdem er und Pat sich als Partner zusammengetan hatten, doch die Freizeitaktivitäten der beiden Paare wurden weniger. Joyce hatte nicht nur wenig Interesse an Rons Arbeit, sie hatte auch keine Lust, bei Chester's herumzusitzen, zu trinken und sich ständig über das Druckgewerbe zu unterhalten. Dafür interessierte sie sich so wenig, daß sie bei der Heirat in eine Abmachung einwilligte, die vorsah, daß sie nicht Nutznießerin der Einnahmen der Firma wäre. Wenn Ron starb, so hätten sein Sohn aus erster Ehe und seine Mutter daraus alle Vorteile. Und Joyce, obgleich sie den Lebensstil genoß, den Rons Einkommen ihr gestattete, war finanziell hinreichend unabhängig, so daß sie sehr gut für sich und ihre Kinder aufkommen konnte, ohne irgendwelche Forderungen an Ron stellen zu müssen.

Marilyn hingegen war sehr oft im Betrieb, unterhielt sich dort mit den Angestellten, wußte über alle Einzelheiten des Geschäfts Bescheid.

Zur Zeit der Morde hatten Ron und Pat eine Auszahlungsvereinbarung getroffen. Jeder hielt zwölftausendfünfhundert Anteile an der Firma, wobei jede Lebensversicherung den Wert der Anteile des Verstorbenen darstellte und vom Begünstigten dazu verwendet werden sollte, die Anteile des Verstorbenen aufzukaufen und die Erben auszuzahlen.

Trotz ihrer Partnerschaft waren die beiden Männer sehr verschieden. Patrick Redmond schien keinerlei Ehrgeiz zu besitzen, mehr erreichen zu wollen als das, was er bereits hatte. Er war mit dem zufrieden, was er verdiente, und frönte dem Alkohol und dem Kartenspiel, wenn er nicht in der Firma tätig war. Patrick zeichnete sich durch eine Sanftheit und Umgänglichkeit aus, die Ron fehlten. Joyce erinnerte sich an eine Gelegenheit, als sie mit einem Boot zum Angeln aufs Meer hinausfuhren. Ron wurde seekrank und setzte sich unten an die Bar. Pat blieb auf Deck und fing tatsächlich einen großen Fisch. Aber er brachte es doch nicht übers Herz, einen Haken hineinzubohren, um ihn an Bord zu hieven.

Die Partner verbrachten zwar noch einen Teil ihrer Freizeit

zusammen, doch es war offenbar, daß sie sich einander entfremdeten. Ron äußerte sich ständig kritisch gegenüber Pat und schien überzeugt zu sein, daß Pat seinen Anteil an der Arbeit nicht zufriedenstellend erledigte. Zum Beispiel hatte ihr Gebäude eine Alarmanlage, auf die einer der Eigentümer reagieren mußte, nachdem der Wachdienst sich vergewissert hatte, daß sich keine betriebsfremden Personen auf dem Gelände aufhielten. Da Joyce davon überzeugt und darüber verärgert war, daß Pat sich dabei nicht ausreichend engagierte, fand sie nichts dabei zu lügen, wenn Ron gerufen wurde: Sie behauptete, er sei gar nicht da, obgleich er neben ihr im Bett lag. Dann mußte Pat gerufen werden, damit er nachprüfte, ob alles in Ordnung war. Es war gegen ihre Natur zu lügen, aber sie hatte den großen, stets zu Vergnügungen aufgelegten Mann derart liebgewonnen, daß sie sich bei jeder Meinungsverschiedenheit sofort auf seine Seite schlug und heftige Bemerkungen über Pats Fehler machte.

Ron und Joyce wurden 1977 in Winterhaven, Kalifornien, getraut und erwarben dann ein Haus für sich und Joyces drei Kinder. Jeder hatte ein sehr ausgeprägtes Unabhängigkeitsgefühl und den Wunsch, das zu bewahren und zu schützen, was sie im Laufe der Jahre erworben hatten. Deshalb wollte Joyce auch nicht an Rons Druckereibetrieb mit seinen zwei Millionen Dollar Jahresumsatz partizipieren, und Ron erwartete keinen Anteil an Joyces Einkommen aus ihrem Erbe, ihrem Job und dem Geschäft, das sie mit der finanziellen Hilfe ihres Bruders, Arthur, gründen wollte. Das Haus war gemeinsames Eigentum wie auch alles andere, was sie gemeinsam erwarben.

Zum erstenmal seit vielen Jahren schien das Leben es mit Joyce Lukezic gut zu meinen. Sie hatte einen Ehemann, den sie liebte, Kinder, die den Mittelpunkt ihres Lebens darstellten. Ihr Bruder wohnte in der Nähe, und ihre Mutter schien sich von ihrer Krankheit zu erholen. Joyce genoß ihre Rolle als berufstätige Durchschnittshausfrau, die zusehen durfte, wie ihre Kinder allmählich erwachsen wurden. Ihr Leben drehte sich nur um die Familie; nur wenig kümmerte sie sich um die übrige Gesellschaft in Phoenix, speziell ihre Gesetzeshüter und -brecher.

Dan Ryan war ebenfalls jemand, der in Phoenix eine seltsame Erscheinung war. Er war teilweise ein Träumer, was die Verbesserung der Lebensverhältnisse seiner Familie betraf. Er war auch ein Trickser, ein Intrigant, allerdings sponn er seine raffinierten Fäden im Namen von Gesetz und Ordnung.

Ryan war Marineoffizier und in Vietnam gewesen. Danach ging er zum FBI und erwarb sich den Ruf von Kompetenz, begleitet sowohl von lobenden wie auch von kritischen Stimmen. Die schwerwiegendste Klage kam von einer Frau, die sich darüber ärgerte, daß er während eines Gesprächs in ihrem Büro eine Zigarre rauchte.

Ryan verließ das FBI nach ein paar Jahren und ging zur Abteilung für Alkohol, Tabak und Feuerwaffen des Finanzministeriums in Phoenix, einer Stadt, die er mittlerweile liebgewonnen hatte. Sein vorheriger Arbeitsplatz war Chicago gewesen, wo er besonders gute Beziehungen zu den Polizeiorganen unterhielt. Dann, nach einige Jahren bei der ATF-Abteilung, wechselte er ins Büro des Bezirksstaatsanwalts von Maricopa County (Phoenix) und arbeitet dort als Ermittler. Dabei arbeitete er mit der Polizei von Phoenix und dem Büro des County Sheriffs zusammen sowie auch schon mal ganz unabhängig. Die Entscheidungen, ob bestimmte Fälle vor Gericht kamen oder nicht und wie die jeweilige Anklage aussah, wurden ausnahmslos vom Bezirksstaatsanwalt getroffen.

Ryan war als Ermittler ungewöhnlich aggressiv. Nach Aussagen verschiedener Personen, die ihn aus dieser Zeit kannten, genoß er es, Verdächtige zu jagen, zu fangen und einzusperren. Er schien wenig Ambitionen zu haben, auf der Karriereleiter aufzusteigen, sondern zog die Arbeit an der Ermittlungsfront offenbar vor. Diese Tätigkeit schien ihm das größte Vergnügen zu bereiten, und das lag zum Teil an einer Erbschaft, die ihn finanziell weitgehend unabhängig machte. Ein Detektiv, der mit ihm zusammenarbeitete, erinnerte sich später: »Wenn Dan jemanden mit fünfhundert Dollar aushalf, dann war das genauso, als würde ich jemanden einen Vierteldollar zum Telefonieren geben. Er hatte eben soviel Geld, und es bedeutete ihm überhaupt nichts.«

Joyce Lukezic wußte bis zum Tag ihrer Verhaftung nichts von

Dan Ryan. Sie hatte ihn nie kennengelernt, und, soweit sie sich erinnern konnte, auch noch nie zuvor gesehen. Doch sie sollte bald feststellen, daß er beinahe so etwas wie eine persönliche Vendetta gegen sie verfolgte. Während sie versuchte, Marilyn Redmond und den Kindern der Redmonds in der Zeit nach den Morden so gut wie möglich zu helfen, unternahm Ryan hinter den Kulissen alle Anstrengungen, um Joyce in die Todeszelle zu schicken. Obgleich sie noch nie zusammengetroffen waren, verbissen beide sich in einen tödlichen Kampf gegeneinander, der sie beide für den Rest ihres Lebens völlig verändern sollte.

Arnie Kleinfeld war ein Hansdampf in allen Gassen. Nachdem er die High-School absolviert hatte, wollte er alles – schnelle Wagen, tolle Frauen und jeden Abend Action. Er heiratete, doch er dachte weiterhin nur an Frauen und Trottel, die man hereinlegen konnte. Es gab einfach zuviel Ablenkung für einen gutaussehenden Burschen, der glaubte, es sei seine Mission, jeder Frau das Beste, also sich selbst, zu schenken.

Für seine Freunde war Arnie jemand, mit dem man jede Menge Spaß haben konnte. Er war häufig mit seinem Bruder Raymond zusammen, einem ernsthaften Studenten, ehrlich, fleißig und strebsam – Arnies genaues Gegenteil. Er war außerdem mit Artie Ross befreundet, Joyces älterem Bruder, und gleichzeitig ein guter Bekannter von Raymond. Die drei gingen gemeinsam auf die Jagd und zum Angeln, amüsierten sich, unterhielten sich über Frauen und träumten von einer Zukunft, die sie gleichermaßen beängstigend wie auch aufregend empfanden.

Für heranwachsende High-School-Mädchen war Arnie etwas ganz Spezielles. Er war der Typ Junge, vor denen ihre Eltern sie warnten. Teenager empfanden ihn aufregend und interessant, während Erwachsene die oberflächliche und lüsterne Art durchschauten, die schließlich auch den heranwachsenden Mädchen auffiel und sie später dankbar sein ließ, sich nicht ernsthafter mit ihm eingelassen zu haben. Jedoch fielen immer noch genügend Frauen auf seine scheinbar magische Fähigkeit herein, immer obenauf zu schwimmen. Er hatte einen Lebensstil, der auffällig, teuer und außerhalb der Möglichkeiten der meisten jungen Männer lag. Selbst Arnie gab später zu, daß er sein aufwendiges Leben in dieser Zeit gelegentlich nur durch unsaubere Geschäfte und auch Diebstähle aufrechterhalten konnte.

Als Arnie Kleinfeld Merills Name (er hatte mehrere Jahre vor den Redmond-Morden seinen Namen offiziell ergänzt) mit dem von Joyce Lukezic in Verbindung gebracht wurde, hatte er das Rechtssystem durchschaut. Er wußte, wie er mit ehrgeizigen Cops, mit erfolgshungrigen Staatsanwälten und den Medien umgehen mußte. Er wußte, daß die Justiz nur eine von vielen Bühnen und vor allem ein Geschäft war.

Arthur Ross, Joyce Lukezics Bruder, war das erste Mitglied ihrer Familie, das die Auswirkungen eines zu engen Kontaktes mit Arnie Merill zu spüren bekam. Ross und Merills Bruder hatten in Phoenix einen Waffenladen eröffnet und ihn zu einem florierenden Unternehmen aufgebaut, mit dem sie eine Menge Geld verdienten.

In vielen Staaten haben die Inhaber von Waffenläden unterschiedlichen Erfolg. In Gegenden, in denen die Jagd populär ist, laufen die Geschäfte besser als in Gegenden, wo nur selten Waffen gebraucht werden. Aber Arizona, und dort speziell Phoenix, ist geradezu ein Paradies für Waffenhändler. Da gibt es Käufer, die ihr Heim beschützen wollen, wie es bei Ron Lukezic der Fall war. Lukezic besaß Schußwaffen, weil er schon mal beraubt und angeschossen worden war, und er hatte Angst, noch einmal in Gefahr zu geraten. Andere Leute kauften Waffen, weil ihre Jobs von ihnen verlangten, zu denkbar zwielichtigen Uhrzeiten zu kommen und zu gehen, denn sie bewegten sich in Gegenden mit hoher Kriminalitätsrate, oder weil sie das Gefühl der Sicherheit liebten, das ihrer Meinung nach durch die Waffe verstärkt wurde.

Dann gab es noch die Jäger, die auf Rotwild, Wildkatzen, wilde Truthähne und anderes Wild Jagd machten, das im Überfluß in den Bergen und den Wüstengegenden von Arizona gedieh. Es kam sehr selten vor, daß man einen Pick-up-Truck ohne Gewehrhalter sehen konnte, und viele Leute hatten entweder ein Gewehr oder eine Schrotflinte oder beides im Wagen.

Handfeuerwaffen waren ebenfalls populär, da das Gesetz von Arizona es zuließ, daß jeder, der eine Handfeuerwaffe besaß, sie offen tragen durfte. Motorradfahrer hatten praktisch immer Hochleistungspistolen und -revolver bei sich. Niemanden überraschte es, jemanden mit einer Pistole an der Hüfte oder in einem Schulterhalfter in eine Bank gehen zu sehen. Gerüchte besagten, daß das organisierte Verbrechen in Arizona, ebenso wie Nevada, zu einem Glücksspielstaat umwandeln wollte, und zwar teilweise deshalb, weil Waffen als etwas Selbstverständliches betrachtet wurden, ein wichtiger Faktor für die Leibwächter der hohen Bandenbosse.

Infolgedessen waren Waffenläden weitaus profitabler als Autogeschäfte. Und der Laden, den Ross, Kleinfeld und Merrill leiteten, war typisch für die Erfolge, die man in diesem Geschäft erzielen konnte.

Es hätte wahrscheinlich niemals Probleme für den Waffenladen gegeben, wenn Arnie Merrill sich damit zufriedengegeben hätte, ein angesehener Geschäftsmann zu bleiben. Trotz der Liberalität in bezug auf Waffen in Arizona gab es, wie in jedem Bereich, einen schwarzen Markt für nicht eingetragene Pistolen. Kriminelle mußten Pistolen, die sie gestohlen hatten, verkaufen, oder sie mußten Waffen erwerben, die mit ihnen nicht in Verbindung gebracht werden konnten. Und die Männer, die die Beziehungen hatten, solche Waffen zu besorgen, standen bei der Unterwelt in hohem Ansehen.

Merrill führte ein ziemlich wildes Leben. Er betrog seine Frau, trieb sich vorwiegend in Bars herum, in denen regelmäßig Kriminelle anzutreffen waren. Merrill sorgte dafür, daß die anderen Gäste davon Kenntnis erhielten, daß er einen Waffenladen besaß. Er deutete an, daß man in seinem Laden auch unregistrierte Waffen kaufen oder gestohlene Waffen verkaufen konnte. Er kaufte oder verkaufte niemals derartige Waffen, zumindest nicht aus dem Warenbestand und nicht mit Wissen seiner Partner, doch Image war für Merrill schon immer wichtiger gewesen als tatsächliche Substanz, und ihm gefiel der Ruf, den er nach und nach bekam. Was Merrill jedoch nicht erkannte, war, daß dieser Ruf auch an die Ohren der Rechtsorgane drang.

Dan Ryan arbeitete für die Abteilung Alkohol, Tabak und Feuerwaffen im Finanzministerium, als Gerüchte über illegale Waffenkäufe und -verkäufe in den Bars die Runde machten. Angehörige der ATF-Abteilung und der Polizei von Phoenix wurden von ›Spitzeln‹ darauf aufmerksam gemacht, das sind Männer und Frauen, die gegen Geld oder spezielle Gefälligkeiten, wenn sie bei irgendwelchen Gesetzesübertretungen erwischt wurden, Informationen über die kriminellen Aktivitäten anderer lieferten. Die Spitzel berichteten, was sie über den Waffenladen und über die Leute, die ihn betrieben, gehört hatten. Infolgedessen führte die Polizei regelmäßige Überprüfungen der Geschäftsunterlagen und der Lagerlisten durch und veranstalteten sogar an einem Wochenende, als der Laden geschlossen war, eine überraschende Razzia. Diese war jedoch eine Blamage für alle Beteiligten, weil die Beamten ihren Durchsuchungsbefehl nicht richtig ausführten und sogar in das falsche Gebäude eindrangen, weil sie sich in der Adresse geirrt hatten.

Keine Anklage wurde gegen den Waffenladen oder seine Besitzer erhoben, weil nichts Ungesetzliches vorgefallen war. Wenn die Männer jemals eine gestohlene Waffe gekauft hatten, dann nur, weil sie keine Ahnung hatten, was ihnen angeboten wurde. Es war ein Fehler, ein ehrlicher Irrtum und auf keinen Fall eine bewußte Tat, um sich als Hehler für gestohlene Waffen zu empfehlen.

Aber Merrill redete so viel, daß man sich auf der Straße erzählte, Ross und seine Partner seien einfach ›zu clever‹ für die Cops. Sie hielten die Polizei zum Narren, erzählte man sich, und einige Angehörige der Polizei glaubten diesen Gerüchten. Laut den Aussagen anderer Polizisten war Ryan entschlossen, Material für eine Anklage gegen Arthur Ross zu sammeln. Ryan äußerste sich nicht direkt zu seinen Absichten zu dieser Zeit, jedoch hatte Ross stets den Eindruck, daß Ryan einen ganz persönlichen Rachefeldzug gegen ihn führte.

Merrill fing außerdem an, mit gesetzlich zugelassenen Drogen zu handeln. Er fand einen Arzt in Tempe, Arizona, einem Vorort von Phoenix, der ihm Rezepte für beliebte verschreibungspflichtige Drogen wie Quaalude verschaffte. Merrill verkaufte die Drogen weiter, und viele seiner Käufer nahmen an, sie seien gestohlen. Tatsächlich erwies der Arzt Merrill lediglich einen Gefallen und wußte wahrscheinlich überhaupt nicht, was Merrill mit den Medikamenten weiterhin tat. Der Arzt zog keine finanziellen Vorteile aus den Verkäufen, wenngleich er vielleicht in den Genuß gewisser Aufmerksamkeiten kam, da er Waffensammler war.

Unterdessen kümmerten Merrills Bruder und Artie Ross sich um das Geschäft und expandierten. Die beiden Freunde kauften Waffen, verkauften sie und faßten auch Fuß im Schmuckhandel. Merrill leitete den Laden und bekam sein Geld eher für seine Familienbeziehungen als auf Grund seiner Bedeutung für die Geschäfte.

Der ausschlaggebende Vorfall, der Ross und Kleinfeld dazu brachte, sich von Merrill zu trennen, ereignete sich, als Merrill und ein anderer Mann in einem Imbißrestaurant in Streit gerieten. Was genau geschah, ist unklar. Einige meinen, Gegenstand des Streits sei eine Frau gewesen, aber der Grund war unwichtig. Merrill verabredete sich mit dem Mann, mit dem er wilde Beschimpfungen ausgetauscht hatte, abends in einer Gasse hinter dem Restaurant.

Weder Arthur Ross noch Ray Kleinfeld waren Kämpfernaturen. Sie fühlten sich, in ihrer Einbildung, von polizeilichen Ermittlern bedrängt, die nach gestohlenen Waffen suchten. Sie wurden fälschlich der Beteiligung an kriminellen Aktivitäten beschuldigt. Und einige der angesehenen Bürger von Phoenix mieden jeden persönlichen oder geschäftlichen Kontakt mit ihnen aus Angst, daß die Gerüchte sich als wahr herausstellten.

Gleichzeitig gelangte Ross zu der Überzeugung, daß eine gewisse Reputation, sei sie nun gut oder schlecht, in der Öffentlichkeit von Bedeutung war, um Leute davon abzuhalten, einen übervorteilen zu wollen. So sehr er Merrills unbegründete Prahlerei verabscheute, so gut gefielen ihm die daraus erwachsenen Vorteile. Läden, in denen Schmuck auf Kommissionsbasis verkauft wurde, Personen, die große Gold- und Silbermengen für handgearbeitete Schmuckstücke lieferten, und andere, die mit seinem Schmuckhandel in Verbindung standen, wurden nicht beraubt. Andere Läden und deren Personal hatten gelegentlich kleinere Probleme, aber nicht Ross, Merrill und Kleinfeld. Sie standen bei denen, die sich auf der anderen Seite des Gesetzes aufhielten, in so hohem Ansehen, daß sie für unantastbar erklärt wurden, zumindest glaubte Ross daran. Daher war es für ihn durchaus wichtig, eine Art Image zu erhalten, sogar eins, das den Eindruck erweckte, er sei ein ›harter Bursche‹.

Merrill betrat das Büro des Waffen- und Schmuckladens und war den Tränen nahe. Er hatte furchtbare Angst vor dem Kampf am Abend. Er wußte, daß er mindestens verprügelt würde, jedoch war ihm auch klar, daß er sich dem Treffen nicht würde entziehen können, ohne auf irgendeine andere Weise Schaden zu erleiden.

Plötzlich glichen die drei gestandenen Männer kleinen Jungen, die Cowboys spielen. Ross und Kleinfeld mochten Merrill nicht besonders; ihre Partnerschaft mit ihm stand kurz vor der Auflösung, aber sie wollten ihn nicht allein zu dem Duell gehen lassen. An diesem Abend stiegen sie in ein Automobil und fuhren zusammen los, um sich dem zu stellen, was das Schicksal für Merrill bereit hielt.

Merrill stieg aus und ging die Gasse hinunter, während Ross und Kleinfeld im Wagen sitzen blieben. »Die anderen Leute erschienen am anderen Ende der Gasse, so wie in einem Film mit Clint Eastwood.«, erzählte Ross lachend. »Niemand hatte den Revolver gezogen oder so etwas, aber Gott allein weiß, was hätte geschehen können. Und dann sahen sie mich und seinen Bruder, die wir am Anfang der Gasse im Wagen mit laufendem Motor saßen. Es war wie im Kino.

Dann klärte sich alles auf. Sie kamen. Sie redeten miteinander, sie schüttelten sich die Hände, und danach war alles wieder in Ordnung.

Aber eins muß ich erzählen, nämlich daß die Geschichten, die man sich später in Scottsdale, in Phoenix und Umgebung erzählte, die reinsten Schauermärchen waren. Danach wäre es die Schießerei am O. K. Corral gewesen. Wir waren fein heraus. Uns konnte keiner. Man wagte nicht mehr, sich mit uns anzulegen.« Merrill und seine ›Bande‹ waren die Männer, die den Mob ausgetrickst hatten.

»Unglücklicherweise war das der Auslöser für seine Karriere, was immer die Karriere auch war«, sagte Ross.

Nach diesem Vorfall fing Merrill mit seinen Geschäften erst richtig an. Er konnte alles verlangen, und die schweren Jungs machten mit. Schlimmer noch, die Spitzel lieferten der Polizei scheinbar unwiderlegbare Beweise, daß seine Kompagnons in alles verwickelt waren, was Merrill unternahm.

»Man glaubt ja kaum, wie dumm man sein kann«, sagte Ross. »Dieser Mann hat kein Rückgrat, nichts dergleichen. Er hat in seinem ganzen Leben nicht einen ganzen Tag richtig gearbeitet. Er schlängelte sich immer so hindurch, oft auf Kosten anderer.«

Ross und Kleinfeld wollten mit Merrill nichts mehr zu tun haben. Die beiden Freunde waren fast wie Brüder, jeder bereit, dem anderen nach Kräften zu helfen. Aber Merrill war mittlerweile zum schwarzen Schaf des Trios geworden, der sich ein künstliches Image aufgebaut hatte und seine Wirkungsstätte auf der Straße sah.

Robert Cruz erschien wie das vom Himmel erhörte Gebet eines Geschäftsmannes, als er in Arthur Ross' Leben trat. Ross, Joyces Bruder, war jemand, der das Geld liebte, der gerne Geschäfte machte und Gewinne einstrich. »Vielleicht war nicht alles koscher, was ich getan habe«, gab er zu. »Aber es hat niemanden weh getan, und das, was bezahlt wurde, wäre auch ohne meine Beteiligung bezahlt worden.«

Ross war ein Mann, der sein Kapital streute. Im Laufe der Jahre hatte er sich an dem Waffenladen beteiligt, hatte Schmuckgeschäfte gemacht, hatte ins Immobiliengeschäft und in die Landerschließung hineingerochen. Genauso wie sein Vater war er vernünftig genug, sich in Apartmenthäuser und andere Unternehmen in Manhattan einzukaufen, ehe die Preise in den Himmel stiegen, daher hatte Ross ein Gespür für Gegenden, die sich im Umbruch befanden. Er war einer der ersten Unternehmer, der die Profitchancen in Austin, Texas, erahnte, eine Stadt mit 350 000 Einwohnern, mit der Universität von Texas und den Regierungsgebäuden. Stabile, vielschichtige

Wirtschaft, eine gesunde Bevölkerungsdichte, alle Voraussetzungen für ein schnelles Wachstum. Er sah auch die Profite voraus, die in Phoenix zu erzielen waren, als die Stadt gerade erst im Begriff war, sich zu einer der am schnellsten wachsenden Gemeinden zu entwickeln.

Obgleich Ross nach den meisten Maßstäben als reich gelten konnte, suchte er in der geldintensiven Branche der Landerschließung stets nach finanzstärkeren Partnern, um seine Projekte abzusichern. Eine dieser Firmen war ein zwei Milliarden reiches Unternehmen aus Kanada, mit dem er vereinbarte, einige Grundstücke in Phoenix zu erschließen. Jedoch gab es hinsichtlich des finanziellen Arrangements zwischen Ross und der kanadischen Firma gewisse Meinungsverschiedenheiten, die dazu führten, daß beide Parteien vor Gericht zogen. Ross war der Überzeugung, daß seine Abmachung mit den Kanadiern jeweils ein einzelnes Projekt betraf. Die kanadische Firma war der Überzeugung, daß Ross die Gewinne jeder Landerschließung, an der er beteiligt war, mit ihr teilen müsse. Obgleich eine Überprüfung der Vereinbarungen ergab, daß Ross im Recht war, hielt das die Kanadier nicht davon ab, ihn in mehreren Staaten zu verklagen, wo Ross ebenfalls arbeitete.

Ray Kleinfelds Ehefrau arbeitete gelegentlich für Robert Cruz, als Arthur Ross in finanzielle Schwierigkeiten geriet. Es war offenbar, daß die kanadische Firma das Kapital und die anwaltliche Unterstützung hatte, um Ross und seine Partner in den Bankrott zu treiben. Ross brauchte weitere Gelder, um sich gegen die Kanadier vor Gericht zur Wehr zu setzen, und Robert Cruz schien die Antwort auf seine Fragen zu sein.

Cruz erzählte, er sei Investmentberater, ein Gewerbe, das in einer Stadt wie Phoenix recht häufig anzutreffen war. Einzelpersonen und Organisationen mit größeren Geldsummen erschienen in den siebziger Jahren häufig in Wachstumsgebieten und investierten in Grundstückspartnerschaften, expandierenden Unternehmen und suchten sich andere Bereiche, in denen sie sich Gewinne erhofften. Sie verteilten ihr Kapital, ein paar hunderttausend Dollar hier, eine Million dort, bis sie sicher sein konnten, daß sie hohe Profite erzielten. Manchmal waren die Anleger reiche Einzelpersonen, die ihr Vermögen vergrößern wollten. Manchmal waren es ganze Gruppen reicher Leute, wie zum Beispiel von Ärzten aus Orange County, die ihre Vermögen zusammenlegten und Häuser in Tucson erwarben, als die Preise gerade zu steigen begannen. Die Häuser wurden vermietet, womit die Hypotheken abgetragen wurden, und wurden dann verkauft, als die Preise so weit gestiegen waren, daß sie das Zwei- bis Dreifache der ursprünglichen Investition betrugen. Und manchmal stammte das Geld auch aus Kreisen des organisierten Verbrechens.

Robert Cruz' Geldquelle interessierte Arthur Ross nicht. Ross wußte, daß er im Recht war, was seine Auseinandersetzung mit der kanadischen Firma betraf. Er wußte, daß die Geschäfte, an denen er beteiligt war, völlig legitim waren, höchstwahrscheinlich gewinnbringend, und ihm war es gleich, wer sich an dem Gewinn beteiligte, solange es sich um rechtlich einwandfreie Arrangements handelte.

Am Ende sollte sich herausstellen, daß es bei Robert Cruz zwei Seiten gab. Die eine stellte den gesetzestreuen Geschäftsmann dar, der Ross überzeugte, daß er ihm mit Geld helfen konnte. Cruz erkannte die Immobilienprobleme und auch den Erfolg, den Ross in der Vergangenheit hatte. Er war sicher, das Geld bereitstellen zu können, das Ross für seinen Streit mit der kanadischen Firma brauchte, das Grundstücksgeschäft unter Dach und Fach zu bringen und Ross' Probleme zu lösen. Er deutete außerdem gewisse ›Kontakte‹ in Chicago, seiner Heimatstadt, an. Diese ›Kontakte‹ waren Männer, die nicht nur bei der Finanzierung helfen konnten, sondern – so hieß es gerüchteweise – die die Kanadier auch beeinflussen konnten, die gerichtlichen Auseinandersetzungen mit Ross abzubrechen. Unausgesprochen blieb die Andeutung, daß die ›Kontakte‹ Teil der Mafia waren. Später sollte bekannt werden, daß Cruz mit mehreren Personen Beziehungen unterhielt, die dem organisierten Verbrechen in Illinois zugerechnet wurden. Er selbst war jedoch persönlich so gut wie gar nicht in deren Aktivitäten verwickelt, wenn überhaupt, wie aus Polizeikreisen mitgeteilt wurde.

Ross' Firma sollte Gelder für Banken in Chicago bereitstellen, die für den Handel bestimmt waren. Die Dollarsumme war sechsstellig, ein Betrag, der durchaus vernünftig erschien, gemessen an Geschäften gleicher Größe in der Vergangenheit. Viele Millionen Dollar sollten aus der Bank fließen, und die relativ niedrige Summe, die Ross überweisen sollte, schien den üblichen Sicherheiten im Kreditgeschäft zu entsprechen. Nicht bekannt war jedoch, daß Cruz innerhalb der Bank gewisse Beziehungen unterhielt, so daß das Geld, nachdem es seiner anscheinend legalen Bestimmung zugeführt worden war, wieder abgezogen und an Cruz persönlich überwiesen wurde. Das Geschäft war ein geschickter Betrug. In dieser Zeit erwarben Ross und seine Partner ein Bürogebäude. Sie bauten Teile davon für ihre eigenen Zwecke um, dekorierten alles mit indianischer Kunst und afrikanischen Kunstgegenständen, die sie von ihren Reisen mitgebracht hatten, und holten andere Unternehmen ins Haus. Sie wollten Joyce Lukezic eine Suite überlassen, damit sie dort ihr eigenes Unternehmen starten konnte. Und sie berieten mit Robert Cruz über einen Umzug in den Bau.

»Ich hielt das Ganze für phantastisch«, sagte Ross, erfreut, jemanden, der soviel finanzielle Hilfe bot, in seiner nächsten Nähe zu haben. »So hatte ich ihn praktisch unter Kontrolle.«

Zeit verstrich. Ross ging nach Chicago, traf dort mit anscheinend gesetzestreuen Bankiers und Geschäftsleuten zusammen, die ihm allesamt versicherten, daß alles so ausgehen würde, wie Ross es sich erhoffte. Dann kamen Leute aus Chicago nach Phoenix, trafen sich mit Ross und Cruz, der nun ein Büro in dem Komplex bezogen hatte. Geld floß jedoch nicht. Der Schuldendienst für die Grundstücksanteile verschlang Geld, und die Prozesse mußten weitergeführt werden. Doch die Zukunft schien gesichert. Cruz war ein gesetzestreuer Geschäftsmann mit den richtigen Beziehungen. Cruz würde das bringen, was Ross sich von ihm erhoffte.

In dieser Zeit wurde Ron Lukezic mit Pat Redmond immer unzufriedener. Die Entfremdung zwischen den beiden Männern hatte sich zu einem Fall unvereinbarer Differenzen entwickelt. Sie stritten ständig. Ron wollte die alleinige Kontrolle über das Unternehmen, wollte seinen Partner auskaufen und ungehindert expandieren.

Ron Lukezic war durchaus erfolgreich, doch wie viele erfolgreiche Unternehmer hatte er keine großen Bargeldreserven. Er hatte nicht viel Geld gespart und konnte es sich nicht leisten, seinen Partner allein auszuzahlen. Er wollte, daß sein Schwager, Arthur Ross, dies für ihn erledigte.

»Ich habe keine Ahnung vom Druckgewerbe«, erklärte Ross, dessen frühere und zukünftige Geschäfte stets in Bereichen getätigt wurden, die er verstand und bei denen er mitreden konnte. Außerdem »stecke ich, man verzeihe mir das Wort, bis zum Arsch in Grundstücksprozessen. Und für mich war das ganze kein ernstzunehmender Vorschlag.«

Ron wollte etwas anderes. Obgleich die Männer sich nicht allzu gut kannten, wußte er ein wenig über Ross' Aktivitäten Bescheid, vorwiegend durch Joyce, die ihrem Bruder ziemlich nahestand. »Was für einer ist dieser Cruz denn?« fragte Ron.

»Ich sagte: ›Ich weiß es nicht. Ich bin gerade dabei, mit ihm ein Geschäft zu machen. Wenn du willst, dann mache ich dich mit ihm bekannt.‹ Ich brachte ihn nach nebenan und stellte die beiden einander vor«, erzählte Ross.

Ron unterhielt sich mit Cruz unter vier Augen. Ross war zu sehr mit seinen eigenen finanziellen Problemen beschäftigt, um sich auch noch um seinen Schwager zu kümmern. Ross hatte Ron nie besonders gut leiden können und fühlte sich in der Nähe eines Mannes, dessen Gesellschaftsleben sich in Bars abspielte, nicht gerade wohl. Ihm waren Rons Probleme ziemlich gleichgültig.

Zeit verstrich. Ross wurde allmählich unruhig, als die versprochenen Gelder nicht auftauchten. Dann kam Ron zu ihm und meinte, daß Cruz ihm erklärt habe, Ron könne größere Geschäfte in Las Vegas machen, wenn er die Druckaufträge für die Nachtclubs übernähme.

»›Das ist ja grandios‹, sagte ich zu ihm«, erzählte Ross. Dann erwiderte Ron: »›Ich fliege mal rauf, um mir die Leute anzusehen. Kommst du mit?«

Ross war einverstanden.

Und wieder schien Cruz der richtige Mann zu sein. Als die drei Männer in Las Vegas eintrafen, zahlte das Kasino für Zimmer und Verpflegung. Dann wanderte Cruz im Saal umher, begrüßte die Tischchefs mit Namen und machte unmißverständlich klar, daß er bekannt und offensichtlich bedeutend war. Er schien zu wissen, wovon er redete.

Das Treffen fand in einem Hotelbüro statt. Ron, Cruz und der Hotelmanager, der für die Druckaufträge verantwortlich war, verhandelten miteinander. Ross nahm an der Besprechung teil, jedoch lediglich als Zuhörer.

Das Treffen schien echt zu sein, jedoch erschien Ross das Angebot unbedeutender, als Ron ursprünglich angenommen hatte. So wie Ross sich an das Treffen erinnerte, »meinte der Typ im Grunde: ›Wenn Sie diese Preise unterbieten können, dann machen Sie uns ein Angebot, und wir sehen es uns an.‹ Dieser Bursche in Las Vegas machte keinerlei Bemerkung wie: ›Kein Problem, wir geben Ihnen den Druckauftrag.‹

Als wir dann das Büro verlassen hatten, sagte Cruz: ›Kein Problem. Mach du das Angebot fertig, und wir bekommen den Auftrag.‹ Es war nicht nur dieses Hotel. Es gab auch noch ein anderes und einige Beteiligungen, ich weiß nicht, ob es in der Karibik war oder was, aber er würde für alle drucken.

Ron war begeistert. Bob war sehr glücklich. Wir blieben noch anderthalb Tage dort, dann kehrten wir nach Phoenix zurück.«

Als Ron nach Phoenix zurückkam, erwartete ihn der große Frust. Pat war nicht an Expansionen interessiert. Er wollte mit dem Las-Vegas-Geschäft nichts zu tun haben, nichts mit diesen Typen, die ihm derartige Einnahmen verschaffen konnten. Pat begriff, daß ein erfolgreiches Gebot soviel wie sechs Millionen Dollar zusätzliche Einnahmen im Jahr bedeuteten, doch er war mit dem derzeitigen Geschäftsgang zufrieden. Er wollte nichts mit den möglichen Problemen zu tun haben, die sich aus der vermuteten Auftragsquelle ergeben konnten.

Während Ross nicht beeindruckt war, schien Cruz geradezu überwältigt zu sein. Als er sich mit Ross nach der Reise unterhielt, war Cruz selig darüber, wie die Dinge liefen. Er erklärte, daß er in Rons Betrieb als Partner einsteigen würde, wenn der Las-Vegas-Vertrag an Graphic Dimensions ging.

Robert Cruz lernte Arnie Merrill durch Arthur Ross und Ray Kleinfeld kennen. Obgleich Merrill nicht mehr bei seinem Bruder und früheren Freund arbeitete, benutzte er die Beziehung, um von Cruz Arbeit zu bekommen.

Ungeachtet dessen, was er für Cruz tat, nutzte Merrill seinen Ruf als harter Bursche, um Einbrüche und Raubüberfälle zu organisieren. Er arbeitete mit den Männern, die diese Verbrechen begingen, zusammen, dann übernahm er die Rolle des Hehlers und kaufte ihnen ab, was sie geraubt hatten. Er hatte nicht den Mut, die Verbrechen selbst zu begehen. Aber er verkaufte ziemlich offen das, was er von den Kriminellen bekam. Er besaß sogar die Dreistigkeit, seinem Bruder und Ross bestimmte Teile anzubieten, nachdem sie ihre Beziehung aufgelöst hatten; die Männer wollten mit solche Ware nichts zu tun haben.

Joyce Lukezic lernte Robert Cruz im Mai 1980 kennen, als sie gerade im Begriff war, ihre eigene Firma, Diagnostic Stat, zu gründen und aufzubauen. Die Firma bot einen medizinisch-technischen Service an, ein Gebiet, auf dem Joyce sich gut auskannte. Ross stellte ihr Büroraum und Grundkapital zur Verfügung und war im Grunde ein stiller Teilhaber der Firma. Ron war ebenfalls hilfsbereit, verhalf ihr zu einem kostengünstigen Arrangement, bei dem ein Werbegrafiker namens Wally Roberts den Katalog entwarf und Ron den Druck erledigte. Der Wert der verschiedenen Hilfsdienste war nicht ganz ausgeglichen, so daß außerdem eine Neugestaltung des Gartens von Pat Redmond durch einen Landschaftsgärtner vereinbart wurde.

Arnie Merrill sah Joyce im Bürokomplex. Er war sich darüber im klaren, daß sie mit ihrem Bruder zusammen war. Er sah sie mit Cruz reden. Und er wußte, daß eine solche Information ihm eines Tage helfen könnte. Die Frage war nur wie und wann, eine Frage, die erst beantwortet wurde, als zwei Leben vernichtet waren und zwei weitere ruiniert wurden.

Die Ermittlung

Aus den FBI-Akten. Übermittlung im Januar 1981 vom Büro in Phoenix zum Direktor. Die Nachricht trug die Einstufung ›Dringend‹. Sie lautet auszugsweise:

Am Silvesterabend verschafften drei bewaffnete Männer sich gewaltsam Zutritt zum Haus der Familie Redmond in Phoenix, fesselten die Bewohner mit Klebeband, plünderten das Haus und schossen alle drei Bewohner in den Kopf. Mr. Redmond und seine Schwiegermutter, Mrs. Phelps, waren sofort tot. Mrs. Redmond überlebte und hat ausführliche Beschreibungen liefern können.

Ein Tatverdächtiger, Edward Lonzo McCall, ein früherer Polizist aus Phoenix, wurde verhaftet und der Verbrechen beschuldigt. Nach zwei anderen Verdächtigen wird zur Zeit gefahndet. Den Beschreibungen nach handelt es sich um männliche Farbige aus Chicago.

Bei Gesprächen während des Raubes benutzten die Verdächtigen die Namen ›Hooper‹, ›Bonney, und ›Billy Brice‹. Anfragen beim Chicago Police Department zur Identifizierung der Verdächtigen sind bisher negativ. Die Behörden in Phoenix kennen jetzt einen weiteren Namen, ›Daniel‹, und vermuten, daß es sich bei den Verdächtigen um Daniel William Brice oder Daniel Hooper oder möglicherweise Daniel Bonney handelt.

Nach weiteren Hintergrundinformationen, darunter auch eine Telefonnummer in Chicago und Beschreibungen von Brice (alias Bryce und Bonney), dem gepflegt wirkenden, elegant gekleideten Verdächtigen, und Hooper (alias Hoop), dem barsch auftretenden, narbigen, stämmigen Verdächtigen, hieß es in dem Bericht weiter:

Nachforschungen durch das Büro in Phoenix ergaben Verbindungen des Opfers Redmond und des verdächtigen McCall mit

Tatverdächtigen in einer anderen FBI-Ermittlungssache, worüber das Büro in Chicago bereits informiert ist. Es geht um den Fall: ›Arthur Paul Ross, alias, et al; RICO (A); co: Px.‹ Robert Rizzo (Cruz) ist ebenfalls Tatverdächtiger in einem weiteren Fall namens: ›Louis Frank Rossanova; et al.

Der Geschäftspartner des Opfers Redmond, Ron Lukezic, ist Schwager von Arthur Paul Ross, ein Partner von Arnold Merrill (TN Arnold M. Kleinfeld) und Robert Cruz alias Robert Rizzo, Neffe des in Chicago ansässigen Mobsters Joe Ferriola. Ross und Merrill betrieben früher die Sun View Development Inc. und andere Immobilienagenturen.

Außerdem leitete der Verdächtige McCall eine in der Umgebung von Phoenix tätige Inkassofirma, die von Merrill finanziert wurde.

Unbestätigte Informationen von Vertrauensleuten der Polizei besagen, daß der von Redmond und Lukezic geleitete Druckereibetrieb größere Mengen falscher US-Währung herstellte, die an der Ostküste in Umlauf gebracht werden sollte, und Redmond soll angeblich einige Geldscheine in Phoenix weitergegeben haben, ein Verstoß gegen bestehende Abmachungen, der einen ›Mordkontrakt‹ nach sich zog.

Dieser Fall hat in Arizona, wo in den vergangenen drei Wochen drei Morde in Gangsterkreisen gemeldet wurden, ein starkes Echo in den Medien gefunden. Überdies hat es im Zusammenhang mit dem Rossanova-Fall zwei weitere Morde gegeben, einen in Kanada und einen in Chicago. Aus diesem Grunde ist es erforderlich, sämtliche Spuren mit besonderem Nachdruck zu verfolgen.

In der Nachricht wurden weitere Informationen aus dem Büro in Chicago angefordert, und es wurde die Bitte geäußert, eventuell vorhandene Fotos an das Büro in Phoenix zu senden. Der Text endete mit den Worten:

Die Verdächtigen werden als bewaffnet und gefährlich eingestuft, da sie bei der Ausführung der Morde Waffen benutzten.

Auszug aus einem handschriftlichen Memo mit Datum vom 10. März 1981, erstellt von einem Spezialagenten des FBI für den leitenden Spezialagenten im Büro Phoenix:

Am 26.2.81 teilte Daniel Ryan, Ermittler im Büro des Staatsanwaltes von Maricopa County, Phoenix, mit, daß William Bracey und Murray Hooper, die am 20.2.81 vom Chicago Police Dept. wegen Mordes an William Patrick Redmond und Alice Phelps in Phoenix verhaftet wurden, beide Mitglieder der Bande namens Royal Family in Chicago sind. Hooper legte ein Geständnis ab und beschuldigte Arnie Merrill und Robert Charles Cruz und erklärte, Cruz habe ihm und Bracey für die Redmond-Morde den Auftrag erteilt. Ryan erwähnte außerdem, daß für Cruz in Chicago ein Haftbefehl vorläge. Ryan teilte weiterhin mit, daß Mrs. Redmond nach Chicago gebracht wurde und daß sie Bracey und Hooper bei einer Gegenüberstellung eindeutig identifiziert habe. Ryan empfahl, Sgt. John Volland, CIU, Chicago Police Dept., mit der Aufklärung des Falles zu betrauen.

Arnie Merrill geriet allmählich in Panik. Die Polizei von Phoenix suchte ihn. Das FBI suchte ihn. Er hatte endlich den Bekanntheitsgrad erlangt, den er sich immer gewünscht hatte, nur konnten die Folgen ihn direkt in die Gaskammer führen.

Wie üblich war Merrill standesgemäß unterwegs. Er und seine Frau, Cathy, reisten in einem bronzefarbenen Cadillac jüngsten Baujahrs. Man nahm an, sie seien unterwegs nach Miami oder Hollywood, Florida, allerdings war ihr genaues Ziel unbekannt. Eins von Merrills Kindern wurde angesprochen und zeigte sich bereit zur Mitarbeit und äußerte die Vermutung, daß sein Vater möglicherweise nach Washington, D.C. wolle. Diese Angabe wurde jedoch als Versuch gewertet, die Polizei in die Irre zu führen.

Erst am 22. April 1981, während einer gemeinsamen Polizeikonferenz wegen der Redmond-Morde, offenbarte Dan Ryan den FBI-Agenten und anderen, daß Merrill mit ihm Kontakt aufgenommen habe. Ryan erklärte, Merrill habe sich bereiterklärt auszusagen und angedeutet, er könne Robert Cruz mit den Morden an den Redmonds in Verbindung bringen. Merrill wollte nicht sagen, wo er sich aufhielt, noch gab es eine Möglichkeit, seinen Aufenthaltsort während des Telefongesprächs festzustellen. Ryan war jedoch überzeugt, daß Merrill sich kooperationsbereit zeigen würde, und hatte bereits erwogen, Merrill den Schutz des Staatlichen Zeugenschutz-Programms zu gewähren, falls Merrill sich den Behörden stellte.

Merrill gestand sich selbst gegenüber ein, daß er diesmal zu weit gegangen war. Er war in eine Sache verwickelt, aus der er nicht so einfach aussteigen konnte. Er brauchte einen Sündenbock, jemanden, auf den er alles abschieben konnte, und er hoffte, eine solche Person in Robert Cruz gefunden zu haben. Was er jedoch nicht durchschaute, war die Tatsache, daß Cruz' Verstrickung in die Morde völlig unabhängig von ihm in Erwägung gezogen wurde. Zeugenaussagen und andere Beweise brachten Cruz eindeutig mit den Mördern in Verbindung. Er wurde als der Mann genannt, der die Morde arrangiert hatte, und sein Schicksal war längst besiegelt.

Das System arbeitete nicht mehr so, wie Arnie Merrill es zu lenken und auszunutzen gehofft hatte. Er hatte seine Rolle gestehen wollen, hätte dann Cruz genannt und wäre mit einer kurzen Gefängnisstrafe als Gegenleistung dafür davongekommen, an der Auflösung der Morde mitgewirkt zu haben, in die er verwickelt war. Aber diese Information hatte längst an Wert eingebüßt, als er Dan Ryan mitteilte, er sei nach New York zurückgekehrt, um sich dort zu verstecken.

Ryan erklärte sich bereit, sich mit Merrill unweit einer Nathan's Hot-Dog-Bude in New York zu treffen. Es war ein neutraler Ort, ein Platz, an dem Merrill sich sicher fühlte. Was dann geschah, ist unklar, denn Dan Ryan versäumte es, genaue Notizen darüber anzufertigen, was ablief.

Über Dan Ryan und seine Absichten zu jener Zeit lassen sich nur Spekulationen anstellen. Die Bitte um ein Interview lehnte er ab. Daher setzen sich die weiteren Informationen aus Aussagen all derer zusammen, die mit ihm zusammenarbeiteten, und der Leute, die sich von ihm hintergangen fühlten.

Der Mordfall war für Dan Ryan sehr wichtig. Es war eine

Mediensensation und weitaus dramatischer als die meisten Fälle, die er in seiner Zeit bei den staatlichen Agenturen bearbeitet hatte. Er schien stolz darauf zu sein, als Ermittler des Bezirksstaatsanwalts den Hauptverdächtigen aufgestöbert zu haben, da die Polizei von Phoenix, das FBI und andere, die an dem Fall arbeiteten, Merrill nicht hatten finden können. Außerdem hatte er sich den Respekt von Detektiv Martinsen erworben, als die beiden Männer nach Chicago flogen, um Informationen über die Schützen zusammenzutragen. Insofern mußte die Aufklärung des Verbrechens und eine Verurteilung der Täter für ihn wichtig sein.

Die genauen Einzelheiten der Lügen Arnie Merrills gegenüber Ryan, als sie schließlich ein Verhör vor laufendem Tonbandgerät begannen, sind unbekannt. Jedoch im Widerspruch zur allgemein üblichen Prozedur stoppte und startete Ryan wiederholt das Tonbandgerät und versetzte seine Kollegen damit in Erstaunen. Außerdem war allgemein bekannt, daß Ryan gegenüber Arthur Ross eine heftige Abneigung empfand, bedingt durch das Ansehen, das Ross unberechtigterweise in der Zeit erworben hatte, als er noch den Waffenladen leitete. Wie immer Ryans Gründe ausgesehen hatten, auf jeden Fall wurde eine unschuldige Person eines Kapitalverbrechens beschuldigt. Und einige Leute fragten sich, ob es wirklich ganz in Ordnung war, Arthur Ross dazu zu animieren, seine ›Verbrechen‹ zu gestehen.

Es kann aber auch sein, daß Ryan sich ganz einfach irrte, daß er die Tatsachen nicht sorgfältig genug überprüft hatte, als daß die Wahrheit hätte ans Tageslicht kommen können.

Alles, was vom Augenblick des mitgeschnittenen Verhörs am 24. April 1981 wirklich sicher ist, dürfte die Tatsache sein, daß Joyce Lukezic im Begriff war, das ahnungslose Opfer des Strafrechtssystems zu werden. An diesem Tag beschloß Arnie Merrill, der sich verzweifelt bemühte, sich vor der Gaskammer oder einer lebenslangen Gefängnisstrafe zu retten, und erkannte, daß seine Informationen über Cruz keinen besonderen Wert mehr hatten, einen Joker auszuspielen. Er behauptete, daß Joyce Lukezic die treibende Kraft hinter den Redmond-Morden gewesen sei. Es war ein Bluff, eine glatte Lüge, was er auch wußte, doch wenn der Bluff funktionierte, wenn man ihm seine Lügen abnahm, dann winkte am Ende die Freiheit. Er müßte wohl für einige Zeit ins Gefängnis, ein paar Monate vielleicht, aber er würde bereitwillig jedes fremde Leben gegen seins eintauschen, auch das einer unschuldigen Frau.

Und so kam es, daß Arnie Merrill am 24. April 1981 Dan Ryan seine Geschichte erzählte, und Dan Ryan baute seinen Fall um eine fast unglaubliche und leicht zu widerlegende Tatversion auf.

»Okay. 1978. Joyce Ross oder Joyce Lukezic kam zu mir und wollte wissen... ob ich jemanden kenne, der ihren Mann, Ron, töten würde«, sagte Arnie Merrill. Er unterhielt sich in New York mit dem Ermittler Dan Ryan. Das Gespräch wurde auf Tonband festgehalten.

»Warum wollte sie, daß er getötet wird?« fragte Ryan.

»Sie wollte den Betrieb übernehmen.«

Es war der 24. April 1981, und Arnie Merrill, kleiner Gauner, war im Begriff, einen Mordversuch zu begehen. Seine Waffe waren Worte. Sein Opfer war Joyce Lukezic. Und das Gespräch mit Dan Ryan bot die günstige Gelegenheit.

»Wieviel wollte sie dafür bezahlen? Haben Sie über den Preis gesprochen... oder kannten Sie jemanden...?«

»Ich kannte niemanden«, erwiderte Merrill. »Ich kannte niemanden, der so etwas getan hätte.«

Merrill erzählte, wie Joyce ihn aufforderte, mit seinem Wagen Joyces Ehemann zu überfahren, wenn er mittags essen ging. Aber Merrill sagte, er könne und wolle so etwas nicht tun. Er kenne keine Mörder, und er selbst könne auch niemals einen Mord begehen.

»Hat sie versucht, ihn umzubringen?« fragte Ryan.

»Nein, sie versuchte nur, jemanden zu finden, der es für sie tat.«

Merrill erklärte, daß im September 1980 offensichtlich Patrick Redmond zum Ziel von Joyce Lukezics mörderischen Absichten geworden war, und ihr ausführendes Organ war Robert Cruz. Merrill wurde gebeten, Cruz zu Hause aufzusuchen, wo ihm ein Bild von Redmond gezeigt wurde. »Ich fragte ihn, woher er das Bild hatte, und er meinte, von Joyce.«

»Joyce, die Sie sofort als Joyce Lukezic erkannten«, sagte Ryan.

»Joyce. Joyce Lukezic und Joyce Ross.«

»Die Schwester von Artie Ross.«

»Artie Ross' Schwester. Er bot uns zehntausend Dollar für die Ermordung Mr. Redmonds.«

Erneut weigerte Merrill sich, sich selbst oder seinen Freund in die Sache zu verwickeln. Er meinte außerdem zu Cruz, er würde nicht zulassen, daß Gill den Wagen für die Mörder fuhr, auch wenn der Fahrer fünftausend Dollar bekommen sollte. Merrill behauptete, kaum über diese Angelegenheit nachgedacht zu haben, bis er sich an Thanksgiving mit Cruz traf. Cruz war gerade aus Chicago zurückgekehrt. »Und er sagte, Artie hätte versucht, ihn um dreihundertfünfzigtausend Dollar zu betrügen, während er in Chicago war. Cruz hätte ein paar Leute zu Arties Haus geschickt und ihm bestellen lassen, wenn er wolle, daß seine Kinder am Leben blieben, solle er lieber bei dem mitmachen, was er vorhabe. Und er sagte weiterhin, er wolle eine Druckerei übernehmen.«

»Cruz sagte das?«

»Ja, damals.«

»Okay.«

»An die genauen Worte kann ich mich nicht mehr erinnern. Dann sagte er wieder etwas über Redmond, und er meinte, in sechs Monaten sind wir Ron Lukezic los. Ich kannte damals noch nicht mal seinen Nachnamen.«

»Ja. Und das hat Cruz gesagt.«

»Ja. Ja.«

»Und Sie verstanden es, als sie mit ihm redeten, so, daß Redmond erschossen würde, und sechs Monate später sollte Lukezic an der Reihe sein . . .«

»Ja.«

»Und Cruz würde den Betrieb übernehmen.«

»Ja, den ganzen Betrieb als Bezahlung für . . .«

»Okay.«

»Für das, was Artie ihm schuldete.«

Merrill erzählte außerdem, wo er sich am Silvesterabend zur Zeit der Morde aufhielt.

Er und seine Frau Cathy waren zu Hause und trafen Vorbereitungen, um zur Silvesterparty im Haus seines Bruders Raymond zu gehen. Eine ganze Reihe Leute waren dort – Raymonds Frau Susan, Artie Ross, seine Eltern, Susan Kleinfelds

Eltern, ein Mann namens Joe Scocozzo und natürlich Ron und Joyce Lukezic.

Die Party sollte um halb acht beginnen, aber Arnie und seine Frau erschienen etwa eine Stunde zu spät, da Hooper und Bracey nach dem Redmond-Mord zu Merrills Haus fuhren. Ed McCall kam nicht mit, nachdem er die beiden abgesetzt hatte. Die Männer gaben zu, drei Leute getötet zu haben, und erkannten nicht, daß Marilyn Redmond am Leben geblieben war. »Und so fuhren wir rüber zur Party, und das Fernsehen lief, und ich sah alles.«

»Es kam in den Nachrichten«, sagte Cathy Merrill. »Und wir standen da wie erstarrt. Wir konnten es einfach nicht glauben.«

»Ich habe mir fast in die Hose gemacht«, sagte Merrill.

Merrill beschrieb dann, wie Joyce den Fernsehbericht verfolgte und keine Reaktionen auf das zeigte, was sie sah. Sie war völlig kalt, und ihre Verhaltensweise in Verbindung mit seinem Wissen von dem Mord verursachten Merrill angeblich körperliche Übelkeit.

Später gab es genauere Aussagen zu Joyces Reaktion. Es war eine gespenstische Reaktion, die Reaktion einer Frau, die das Verbrechen kaum fühlte, weil sie schon vorher Bescheid wußte. Er nannte Details und beschrieb, wo Joyce und Ron standen, als die Nachricht verlesen wurde, und wie sie sich auf die Party auswirkte. Was ihm nicht bewußt war, und es gibt keinen Hinweis darauf, daß Dan Ryan nachhakte, war die Tatsache, daß zu diesem Zeitpunkt die Lukezics bereits am Tatort von Detektiven vernommen wurden. Joyce konnte gar nicht auf der Party gewesen sein, denn ihr Alibi wurde von fast jedem Polizeibeamten, der mit den Redmond-Morden beschäftigt war, bestätigt. Es war eine Tatsache, sie sich leicht nachprüfen ließ. Für Merrill gehörte die Behauptung zu seinem Spiel, das er trotz aller Ungereimtheiten gewinnen sollte. Für Ryan, einen erfahrenen staatlichen und für das County tätigen Ermittler, hätte die Behauptung von Anfang an Fragen aufwerfen müssen. Statt dessen gibt es nicht den geringsten Hinweis, daß er auch nur die Polizeiberichte zu Joyce Lukezics Aufenthaltsort am Abend der Morde gelesen hatte.

In jenen Monaten, als Joyce glaubte, daß ihr Leben endlich wieder in normale Bahnen zurückkehrte, fanden weitere Ermittlungen statt, schienen sich Teile des Puzzles zu einem Bild zusammenzufügen. Die Polizei von Phoenix, Scottsdale, die Ermittler des Sheriffs von Maricopa County, FBI-Agenten und andere verfolgten verschiedene Spuren, verglichen sie mit ungelösten Verbrechen, suchten nach Übereinstimmungen und Mustern.

Während Arnie Merrill gesucht wurde, gingen neue Informationen zu Merrills krimineller Karriere ein. In Scottsdale wurde im Oktober 1980 ein Mann namens Marvin G. Spiegel überfallen und ausgeraubt. Spiegel war wohlhabend und hatte wertvollen Schmuck schätzen lassen, ehe das Verbrechen begangen wurde. Bei dem Raub wurde Klebeband benutzt, um die Opfer zu fesseln, eine Technik ähnlich der, die bei der Ermordung der Redmonds angewendet wurde.

Auf Grund der Parallelen untersuchten Detektive die Möglichkeit, daß Personen, die mit dem Spiegel-Verbrechen in Verbindung standen, auch in irgendeiner Form an den Redmond-Morden beteiligt waren. Es gab nur wenige Anhaltspunkte bis auf die Ähnlichkeiten in der Durchführung der Taten und die Art und Weise, wie man die Opfer außer Gefecht gesetzt hatte. Dennoch sind solche unbedeutenden Parallelen häufig die entscheidenden Hinweise, die zur Auflösung eines Verbrechens beitragen. Berufsverbrecher entwickeln Verhaltens- und Vorgangsmuster, die für sie besonders bequem sind, begehen ähnlich gelagerte Taten, so daß schließlich ihre Technik so etwas wie eine eigene Handschrift wird. Am Ende helfen solche Muster der Polizei, das nächste Verbrechen in einer Serie vorauszuberechnen, und in vielen Fällen kommt es tatsächlich zu Verhaftungen, während ohne solche Ähnlichkeiten ein Verbrechen ungelöst bliebe.

Dies war auch bei dem Spiegel-Raub der Fall, und am 13. Januar erfolgte die Meldung, daß Edward McCall alias ›Deacon‹ darin verwickelt war. McCall saß bereits wegen der Redmond-Morde in Untersuchungshaft, weil ein Informant den Mut gehabt hatte, den entscheidenden Hinweis zu geben. Als Tatbeteiligte an diesem Verbrechen wurden außerdem Michael Dale Gill und George Vincent Campagnoni genannt.

Weitere Teile des Puzzles kamen hinzu. Arnie Merrill wurde als möglicher Tipgeber im Fall des Spiegel-Raubs genannt, und Merrill war außerdem ein Partner von McCall.

Am 22. Januar 1981 wurde George Campagnoni in Kalifornien verhaftet. Er identifizierte Arnie Merrill als den Tipgeber und nannte außerdem den Namen eines Juweliers, der gelegentlich als Schätzer tätig war, als möglichen weiteren Tatverdächtigen.

Der Schätzer sollte nach dem Raub den gestohlenen Schmuck erhalten haben.

Campagnoni gestand weitere Verbrechen. Er berichtete von einem Einbruch in das Haus Leonard Romeros in Scottsdale und von der anschließenden Übergabe des Diebesguts an Arnie Merrill. Campagnoni arbeitete als kurzfristig engagierter Helfer und erhielt für seine Mitarbeit zweihundertfünfzig Dollar anstatt eines Anteils an der Beute.

Weil er mindestens einen der Mörder kannte, wurde Campagnoni gefragt, was er über die Redmond-Morde wisse. Er sagte aus, er habe gehört, daß Edward McCall, William Bracey und jemand, den er nur unter dem Namen Hooper kenne, die Morde begangen hätten. Er sagte außerdem aus, daß dieses Verbrechen von Artie Ross vorbereitet worden sei.

Artie Ross' Name tauchte ein weiteres Mal während der Ermittlungen auf. John Morton von Heritage Graphics, einer anderen Druckerei, sagte aus, er habe von dem Druckauftrag aus Las Vegas gehört. Er sagte weiterhin, laut seinen Informationen wäre Artie Ross der Verbindungsmann in Las Vegas gewesen. Er meinte, Ron Lukezic habe ihm erzählt, der Druckauftrag beträfe drei bis fünf Kasinos und beliefe sich auf insgesamt sechs Millionen Dollar pro Jahr. Dann fügte er hinzu, Ron habe ihm erzählt, die Leute in Las Vegas verlangten zuviel Entgegenkommen für den Auftrag, darunter Vorauszahlungen und schwarz abgerechnete Preisnachlässe.

Ron Lukezic wurde wieder im Juni verhört, diesmal um seine Reaktion auf die Informationen Merrills zu überprüfen. Diese Reaktion wurde in einem Bericht geschildert, aus dem das folgende Zitat stammt.

Die Ermittler teilten LUKEZIC mit, es gebe Informationen von einem Verdächtigen, der als Zeuge in dem Fall anzusehen ist, der LUKEZICs Ehefrau JOYCE belastete. LUKEZIC wurde erklärt, daß Ermittlern die Informationen zugetragen wurden, JOYCE LUKEZIC habe Fotos und Informationen über die Lebensgewohnheiten, die Fahrzeuge und die Stammlokale der REDMONDs an Personen weitergegeben, die an dem Mord beteiligt seien. Überdies wurde LUKEZIC mit der Aussage konfrontiert, daß sechs Monate nach Redmond auch RON LUKEZIC getötet werden sollte. Beide Morde dienten dem Ziel, Graphic Dimensions zu übernehmen. LUKEZIC erfuhr außerdem von Informationen, daß JOYCE LUKEZIC vor drei Jahren jemanden angesprochen habe, ob diese Person ihren Mann ermorden würde.

LUKEZIC war darüber deutlich erregt. Er stritt alles Wissen ab, daß REDMOND getötet werden sollte. Er wehrte sich außerdem gegen jeglichen Verdacht, daß seine Frau JOYCE in den Mord verwickelt sein könnte.

Es gab weitere Fragen und ein weiteres Verhör, das nächste am 18. Juni 1981 in Gegenwart seines Anwalts. Zu diesem Zeitpunkt wurde Ron Lukezic noch nicht als Verdächtiger behandelt. Er wurde gefragt, ob er Billy Bracey und Murray Hooper kenne oder ob er sie irgendwann im Hause seines Schwagers angetroffen habe. Er versicherte, die Männer nicht zu kennen.

Lukezic erzählte auch von Robert Cruz und erklärte, Cruz habe davon gesprochen, die Hälfte des Druckereibetriebes zu kaufen, den Ron und Pat Redmond gemeinsam besaßen. Aus dieser Vernehmung ergaben sich keine neuen Informationen.

Monat für Monat verstrich, in denen die Ermittler versuchten, ein logisches Motiv für die Morde zu finden. Bestimmte Muster waren bei den meisten Beteiligten zu erkennen. Bracey, Hooper und McCall waren die Schützen. Davon waren alle überzeugt. Robert Cruz hatte diese Mörder engagiert und dabei Beziehungen genutzt, die er wahrscheinlich in seiner Zeit im Gefängnis geknüpft hatte. Falls er selbst diese Kontakte nicht hergestellt hatte, dann nutzte er zweifellos seine Beziehungen zu Kreisen des organisierten Verbrechens.

Arnie Merrill war ebenfalls in die Sache verwickelt, indem er wahrscheinlich jeden der Beteiligten auf den Schmuck und das Gold im Haus der Redmonds aufmerksam gemacht hatte. Er sollte finanzielle Vorteile aus dem Komplott gewinnen.

Aber eine Frage blieb unbeantwortet. Wer war derjenige, der den Mord ursprünglich gewünscht und eingefädelt hatte?

Es gab nur drei Menschen, die Vorteile aus dem Las-Vegas-Geschäft zogen und die nicht der Verbrechen beschuldigt wurden. Das waren Ron Lukezic, Artie Ross und Joyce Lukezic.

Ron Lukezic hatte am meisten zu gewinnen. Ron Lukezic war seinen Partner leid. Er meinte, daß Pat Redmond in dem expandierenden Betrieb keine Rolle mehr spielen sollte. Er bezeichnete Pat Redmond als ›etwa so nützlich wie ein Kickständer an einem Pferd‹. Und er hatte auch noch drastischere Ausdrucksweisen, um die Bedeutungslosigkeit Pat Redmonds herauszustellen. Er beklagte sich, daß Pat seine Arbeit nicht mehr bewältigte, und hatte vorübergehend John Morton – der später zu Heritage Graphics ging – auf der Gehaltsliste, um Pats Arbeiten zu übernehmen. Ron ärgerte sich, daß Pat die Möglichkeiten zur Expansion nicht erkannte, die das Geld aus Las Vegas ermöglicht hätte. Pats Tod würde ihm die Freiheit bringen, mit einem Betrieb, der zu hundert Prozent ihm gehörte, nach seinen Wünschen zu verfahren.

Artie Ross profitierte wahrscheinlich ebenfalls aus dem Las-Vegas-Geschäft. Es könnte einen beachtlichen Finderlohn geben, vielleicht sogar von beiden in das Geschäft verwickelten Partnern. Es konnte sein, daß er in Zukunft regelmäßig einen Anteil von dem Las-Vegas-Geld erhielt. Und natürlich würde all das, insgesamt betrachtet, Robert Cruz in einer Zeit zugute kommen, in der man ihn noch immer als jemanden betrachtete, der mehr ›Mumm‹ hatte, als tatsächlich der Fall war.

Joyce Lukezic war bei all dem als Verdächtige sozusagen der Joker. Zusätzliche Einnahmen würden Joyce und ihrem Mann ein noch angenehmeres Leben ermöglichen. Aber es gab gewisse Hinweise, daß die Ehe zerrüttet war, daß Ron Lukezic seine Frau betrog, daß alles vielleicht auf eine Scheidung hinauslief. Die finanziellen Arrangements, die getroffen worden waren, die Testamente und die anderen Faktoren, die auf Joyce zutrafen, machten deutlich, daß der Nutzen, der sich für sie ergab, minimal war. Vielleicht bekäme sie nach der Scheidung einen Anteil am Druckereibetrieb, doch wie hoch dieser Anteil ausfallen würde, das war unbekannt. In Arizona galt das Recht der Zugewinngemeinschaft, wobei nur das als Gemeinschaftseigentum gerechnet wurde, was erst nach der Trauung geschaffen wurde. Da Ron der Betrieb gehörte, ehe er Joyce kennenlernte, gab es für sie tatsächlich nur sehr wenig oder gar nichts zu gewinnen.

Die angeblich für die Zukunft geplante Ermordung Ron Lukezics ergab ebenfalls wenig Sinn. Der Betrieb wäre für sie dann völlig verloren, da Rons Angehörige, nicht Joyce, die weiteren Nutznießer wären. Allein Arnie Merrills Aussage schien sie zu belasten, aber das ergab wenig Sinn.

Dan Ryan schien geradezu besessen an die Schuld Joyce Lukezics zu glauben, nachdem er sich mit Arnie Merrill unterhalten hatte. Die Tatsache, daß Merrill log und seine Behauptungen sehr leicht als falsch entlarvt werden konnten, schien ihm gleichgültig zu sein. Das Staatsanwaltsbüro von Maricopa County, wo Dan Ryan arbeitete und als Chefermittler im Redmond-Fall tätig war, jagte Joyce wie eine Meute Bluthunde einen Fuchs in einer Scheune, aus der es kein Entkommen gibt.

Unterdessen genoß Arnie Merrill eine Vorzugsbehandlung. Er wurde ohne Handschellen oder normale Arrestbedingungen nach Phoenix zurückgeflogen. Merrill kam in ein Gefängnis, das nicht so überbesetzt war wie das Bezirksgefängnis, in das er routinemäßig hätte gebracht werden müssen. Merrill erhielt verschreibungspflichtige Drogen, die er bisher regelmäßig genommen hatte und von denen er (zum Beispiel Valium) abhängig war. All das entsprach in keiner Weise den Behandlungsvorschriften für andere Gefangene. Cathy Merrill erhielt Unterstützung von Dan Ryan, um die Raten für ihren Wagen an General Motors weiterzahlen zu können. Einmal zahlte er für sie eine ganze Rate direkt ein. Die kriminelle Vergangenheit sowohl von Arnold Merrill als auch von George Campagnoni wurde entweder gar nicht oder nur bruchstückhaft aufgedeckt, so daß dem Gericht keine Auflistung ihrer bisherigen Vergehen vorlag. Merrill erwarteten am Ende nur ein paar Monate

Gefängnis, während er, auf Grund der speziellen Natur des Falles, normalerweise mit einer lebenslänglichen Strafe hätte rechnen müssen.

Einige Privilegien, die Merrill in seiner Funktion als Hauptbelastungszeuge der Anklage eingeräumt wurden, konnten von anderen Ermittlungsbeamten gerechtfertigt werden. Andere wurden jedoch als unentschuldbar eingestuft. Zum Beispiel wurde Merrill regelmäßig aus dem Maricopa County Jail zum Zweck ausgedehnter Besuche bei seiner Frau entlassen. Er durfte etwa zweiundzwanzig Ferngespräche vom Telefon des Staatsanwalts von Maricopa County führen, davon einige mit Billigung Dan Ryans. Und es wurde keine Meldung gemacht und kein entsprechender Bericht angefertigt, als Merrill einmal aus dem Gefängnis verschwand, um mit seiner Frau essen zu gehen.

Gravierender war jedoch, daß die Verteidigung nichts über Merrills Vergangenheit erfuhr. Nach den Regeln der Gerichtspraxis müssen alle Informationen, die dem Staatsanwalt zur Verfügung stehen, auch der Verteidigung des Angeklagten zugänglich gemacht werden. Aber Joyce stand in ihrem ersten Prozeß, ohne daß ihre Anwälte wußten, daß es über Merrill einen vorprozessualen Bericht gab, laut dem er, nach eigener Angabe, seit zehn Jahren valiumsüchtig war. Merrill nahm außerdem das stark abhängig machende Schlafmittel Seconal. Beide Medikamente dürfen nur über einen kurzen Zeitraum hinweg eingenommen werden.

Merrill und Campagnoni wurde die Möglichkeit der Immunität vor Anklagen wegen früher begangener Einbrüche als Gegenleistung für ihre Aussagen in Aussicht gestellt. Sie brauchten sich nur wegen eines Einbruchs und eines Diebstahls schuldig zu bekennen. Das hieß, daß Campagnoni, der mit den Morden nichts zu tun hatte, eine Bewährungsfrist von zehn Jahren bekam. Merrill, dem als Komplicen genauso die Todesstrafe drohte wie den Mördern, mußte mit höchstens acht Jahren Gefängnis rechnen. Letzteres Urteil bedeutete für die meisten Delinquenten mit ähnlichen Vorstrafen, daß sie vor einer routinemäßigen Strafaussetzung nur wenige Monate im Gefängnis zu verbringen hatten.

Genauso wichtig für die Verteidigung und das Ansehen und den Ruf von Artie Ross war die nicht zur Sprache gekommene Vergangenheit von Campagnoni. Er war wegen Körperverletzung vorbestraft, war lange Zeit drogen- und alkoholabhängig gewesen und hielt sich wegen extremer Verhaltensweisen, die als manisch-depressive Störung diagnostiziert worden waren, freiwillig in einer psychiatrischen Klinik auf. Als die Verteidigung jedoch Kenntnis von seiner Vergangenheit bekam, deutete der Bericht an, daß Campagnoni zum erstenmal vor Gericht stand und noch nie verhaftet oder verurteilt worden war. Schlimmer noch, die Bewährungshelfer erfuhren nicht, daß Merrill und Campagnoni nach eigenem Geständnis in das Redmond-Mordkomplott verwickelt waren.

Joyce Lukezic hatte keine Ahnung von den Vorgängen im Büro des Bezirksstaatsanwalts vor ihrer Verhaftung. Und Joyce wußte auch nichts von den Vorgängen, die nach ihrer Freilassung abliefen, während sie auf ihren Prozeß wartete. Sie betrachtete die Zeit im Untersuchungsgefängnis als Alptraum, den sie ein für allemal überwunden hatte und abschließen konnte. Sie dachte nicht über den Prozeß nach. Sie kümmerte sich nur um ihre Kinder und um ihre alltäglichen Pflichten und Aufgaben. Sie war unschuldig, und die ganze Situation erschien ihr so absurd und lächerlich, daß sie auch nicht im Traum damit rechnete, noch einmal ins Gefängnis zurückkehren zu müssen. Sie wußte, daß sie unschuldig war. Sie war sicher, daß andere die Wahrheit herausfinden würden. Sie brauchte nur abzuwarten, weiterhin für ihre Kinder dazusein und die angespannte Beziehung mit ihrem Ehemann fortzusetzen.

Weder Joyce noch ihre Anwälte wußten, daß einflußreiche Angehörige der Justiz nicht nur ihrer Meinung waren, sondern sogar eine Person gefunden hatten, die weitaus eher als tatverdächtig in Frage kam – ihren Ehemann Ron. So wurde zum Beispiel am 5. August 1981 ein Mann namens Morris Nellum von den Detektiven der Polizei von Phoenix verhört. Nellum, der seine Aussagen in Chicago machte, war ein Freund von Murray Hooper und fungierte zeitweise als Hoopers Fahrer, da Hooper keinen Führerschein besaß. Nellum war mit Hooper an dem Tag zusammengetroffen, bevor Hooper und Bracey nach Phoenix flogen, um die Redmonds zu töten. Sie unterhielten sich später über das, was vorgefallen war.

In dem von Detektiv Martinsen erstellten Bericht heißt es unter anderem:

NELLUM sagte aus, daß HOOPER ihm erzählt habe, HOOPER und BRACEY seien nach Phoenix geflogen, um einen Mordauftrag auszuführen. HOOPER meinte, jemand in Cicero habe ihre Flugkarte nach Phoenix bezahlt. HOOPER erzählte NELLUM, daß ein Mann das Ziel des Mordauftrags gewesen sei, daß jedoch, als der Mann getötet wurde, zwei weitere Personen anwesend waren und diese ebenfalls ermordet wurden. NELLUM erklärte weiterhin, HOOPER habe sich zornig über BRACEY geäußert, weil dieser gegenüber einige Leuten in Arizona geplaudert habe und außerdem bei einigen Frauen den Casanova spiele.

Die Informationen, die Nellum lieferte und die die Kleidung und den Schmuck Hoopers sowie seine Waffe betrafen, erwiesen sich als zutreffend. Er sagte auch aus, daß sie von einem Expolizisten begleitet wurden. Die Art und Weise, wie der Expolizist sich Zugang zum Haus verschafft hatte, stimmte mit Marilyn Redmonds Schilderung überein.

Nellum schilderte auch noch andere Details der Mordtat, darunter auch, daß Hooper und Bracey schon einmal nach Phoenix geflogen waren und dort jemanden namens Arnie getroffen hatten. Er erwähnte auch einen früheren Mordversuch, der sich rein zufällig ergab und ebenfalls Teil des Mordauftrags war. Laut Nellum waren Hooper und Bracey in einem Kombiwagen unterwegs, als sie Redmond in seinem Wagen begegneten. Sie wollten bis auf gleiche Höhe an in heranfahren und ihn auf offener Straße erschießen. In ihrer Begleitung befand sich jedoch eine dritte Person, und diese scheute sich vor der Ausführung der Tat, weil der Mord am hellichten Tag stattgefunden hätte und sie ein zu hohes Risiko eingegangen wären, unerwünschte Zeugen zu haben. Diese dritte Person wurde nicht näher identifiziert.

Nellum sagte aus, daß BRACEY und HOOPER für die Ausführung des Mordauftrags pro Mann fünftausend Dollar sowie monatliche Zahlungen von einer Firma in Phoenix erhalten sollten. Er erzählte, daß BRACEY und HOOPER einen Kompagnon dieser Firma ermorden sollten, damit der andere Partner die Firma ganz übernehmen könne. HOOPER und BRACEY sollten danach prozentuale Anteile der monatlichen Einnahmen des Betriebes erhalten. NELLUM beteuerte, er kenne keine Namen der in dieses Komplott verwickelten Personen.

Die einzigen Namen, die erwähnt wurden, betrafen jemanden, der als ›Der fette Mann‹, als ›Bob‹ oder ›Cruz‹ bezeichnet wurde.

Das FBI hatte Zugang zu allen Informationen, die diesen Fall betrafen, und zwar sowohl durch eigene Ermittlungen als auch durch Informationen anderer ermittelnder Stellen der Polizei, die bei der Aufklärung der Morde zusammenarbeiteten. Angesichts all der Beweise, die vorlagen, schloß John J. Hinchcliffe, leitender Spezialagent des FBI-Büros in Phoenix, die Ermittlungen im Redmond-Fall offiziell ab.

In einem Brief vom 28. September 1981 erklärte er, daß die Mörder bekannt seien und er keine Notwendigkeit mehr sehe, daß die Staatspolizei in dieser Sache weiterhin tätig sei, auch wenn die Mörder Staatsgrenzen überschritten hätten, um die Morde zu begehen. Zwar gebe es Anklagepunkte, die staatlicherseits erhoben werden könnten, jedoch wäre es weitaus billiger, wenn Arizona sich um die weitere Aufklärung und das anschließende Verfahren kümmere.

Hinchcliffe schickte seinen zweiseitigen Brief an Paul R. Corradini von der Abteilung für Bandenunwesen und Organisiertes Verbrechen im Büro des U.S.-Staatsanwalts in Phoenix und erklärte ausführlich seine Entscheidung. Das FBI hatte die Beweise begutachtet, hatte die wahrscheinlichen Mörder entlarvt und angenommen, daß es sich um die gleichen Männer handelte, die vor dem Bezirksgericht angeklagt würden. Der Brief ist insoweit erschreckend, als Joyce Lukezic bereits vor den Augen ihrer Tochter verhaftet, ins Gefängnis gebracht, öffentlich gebrandmarkt und seelisch zugrundegerichtet worden war.

Der Brief lautet:

Am Silvesterabend des Jahres 1980 verschafften sich drei Männer in Phoenix gewaltsamen Zugang zum Haus von William Patrick Redmond. Sie fesselten und knebelten Redmond, seine Frau Marilyn und ihre Mutter, Helen Phelps, dann schossen sie allen in den Kopf. Nur Mrs. Redmond überlebte. Ermittlungen des Phoenix Police Department führten zu den Tätern, die als Edward Lonzo McCall aus Phoenix und William Bracey und Daniel Hooper, beide aus Chicago, identifiziert wurden. Alle drei wurden verhaftet und unter Mordanklage gestellt. Weitere Ermittlungen ergaben, daß diese drei für die Morde an Robert Cruz sowie den beiden früheren Geschäftspartnern Redmonds, Ronald Lukezic und Arnold Merrill (Kleinfeld), engagiert wurden. Die örtlichen Polizeiorgane haben Cruz und Kleinfeld verhaftet, und letzterer hat vor der Grand Jury des Staates gegen die anderen Tatbeteiligten ausgesagt.

Der zuständige Staatsanwalt Paul R. Corradini nahm an den wöchentlichen Besprechungen zu diesem Fall mit Vertretern des FBI sowie staatlicher wie auch lokaler Behördenvertreter teil und ist mit den Ermittlungen und ihren Ergebnissen vertraut.

Am 4. August 1981 besprach Spezialagent James B. Bolenback die einzelnen Punkte des Falles mit Mr. Corradini, der daraufhin meinte, daß er, da alle an der Tat Beteiligten verhaftet und unter Anklage gestellt wurden und das Büro des Bezirksstaatsanwalts mit den Prozeßvorbereitungen bereits weit fortgeschritten sei, die strafrechtliche Verfolgung der Morde den örtlichen Behörden übertragen wolle.

Angesichts dieses Entwicklungsstandes werden von dieser Dienststelle des FBI keine weiteren Ermittlungen geführt.

Joyce Lukezics Name tauchte nirgendwo auf. Sie stand niemals ernsthaft unter Verdacht, die Tat begangen zu haben. Und Ron Lukezic, dessen Name auftauchte, wurde völlig ignoriert, als der Staatsanwalt seine Anklageschrift vorbereitete.

Der Prozeß

Ich hätte niemals geglaubt, vor Gericht um mein Leben kämpfen zu müssen. Das Ganze war für mich in keiner Weise real. Ich saß im Gerichtssaal, betrachtete das große Staatswappen von Arizona an der Wand über dem Richterstuhl und kam mir vor, als befände ich mich im Gerichtssaal irgendeiner Fernsehserie. Ich hatte den besten Platz, saß noch vor den Zuschauern und sah Perry Mason bei seinem Auftritt zu. Ich konnte das, was im Zeugenstand gesagt wurde, überhaupt nicht zu mir selbst in Beziehung bringen. Ich begriff nicht, daß die Jury mich durchaus zum Tode verurteilen konnte.

Joyce Lukezic

Die Nase des Polizeihundes, auch wenn sie lang und gerade ist, zeigt immer nur in eine einzige Richtung.

Rechtsanwalt Larry Debus zitiert Sherlock Holmes

Es gibt Erfahrungen im Leben, auf die man sich nicht vorbereiten kann – ein Feuer, das im eigenen Heim ausbricht, ein Kind, das auf dem Gehsteig von einem Auto erfaßt wird oder, in Joyce Lukezics Fall, eine Verhaftung wegen Mordes. Sie war eine Hausfrau gewesen, die an ihren drei Kindern hing, eine Geschäftsfrau, die fest an die Verantwortung der Menschen glaubte, sich ihren Lebensunterhalt selbst zu verdienen, so daß sie trotz der Erbschaft von ihrem Vater oft länger im Büro arbeitete, und eine loyale Ehefrau, die mit der qualvollen Erkenntnis lebte, daß ihr Mann sie betrog. Sie hätte jedermanns Mutter oder jedermanns Tochter oder jedermanns Nachbarin sein können. Der Gedanke, daß sie, fast in der Mitte ihres Lebens stehend, mit der Aussicht konfrontiert wurde, in der Gaskammer sterben zu müssen, überstieg ihr Begriffsvermögen. Das war etwas, das im wahren Leben unmöglich war.

»Ich betrachtete die Gerichtsverhandlung als etwas, das ich

hinter mich bringen mußte, um in Ruhe weiterzuleben. Es war für mich so etwas wie ein Verkehrsgericht«, sagte Joyce. »Man geht hinein, sie stellen ein paar Fragen, und dann begreifen sie, daß sie die völlig falsche Person vor sich haben. Sie würden sich entschuldigen und mich nach Hause schicken, und alles wäre wieder völlig normal. Ich hatte nichts Böses getan, und der Prozeß war lediglich eine Formalität. Sie würden meine Unschuld auf Anhieb erkennen, und ich könnte nach Hause zurückkehren.«

Larry Debus, Joyces Anwalt, hatte von dem Mord an Patrick Redmond keine Ahnung, als er geschah. Nachdem er ein zweites Mal geheiratet hatte, beschlossen seine Frau und er, daß er sich einen lange gehegten Traum erfüllen, ein Jahr Urlaub machen und mit seiner Frau um die Welt segeln sollte. Er hatte ein Jahr lang unbeschwert gelebt, hatte sich nicht um Verbrechen, Gesetze oder Angeklagte gekümmert. Der Tod Redmonds betraf ihn in keiner Weise, bis er nach seiner Rückkehr gebeten wurde, Joyce vor Gericht zu vertreten. Und auch zu diesem Zeitpunkt schien es ein Routinefall zu sein, den er mit nicht mehr als dem notwendigsten Aufwand erledigen müßte. Von der Brutalität der Morde, der allgemeinen Publicity vor dem Prozeß und alle anderen wesentlichen Punkten erfuhr er erst, als er seine Recherchen für diesen Fall anstellte.

Debus wollte ursprünglich die Verteidigung allein durchführen, ohne seinen Freund, den Anwalt Michael Kimerer, der ihn mit diesem Fall bekannt gemacht hatte. Ron Lukezic hatte zuerst mit Kimerer gesprochen. Er wußte, daß die Polizei Fragen stellte und daß er zu denen gehörte, denen aus dem Tod seines Partners Vorteile erwuchsen. Larry Debus meinte: »Ron tauchte einige Male bei Kimerer auf, damit jemand ihm das Händchen hielt und ihn tröstete. Doch als die Polizei anfing, sich um Joyce zu kümmern, entschied er, daß sie diejenige war, die anwaltlichen Beistand brauchte.«

Kimerer war weder ein Freund noch ein Geschäftspartner von Ron. Da Ron nicht eines Verbrechens angeklagt worden war, sondern Joyce, schien es keinen Interessenkonflikt zu geben, als Ron, nachdem Debus hinzugezogen worden war, den Wunsch äußerte, daß beide Männer Joyces Verteidigung übernehmen sollten. Debus würde jedoch als erster, leitender Anwalt tätig sein.

Die Vorbereitungen auf einen Mordprozeß sind weitaus weniger dramatisch, als man hinsichtlich der möglichen Strafe vermuten würde. Ein Hauptteil der Arbeit besteht in der Lektüre von Polizeiberichten, Zeugenaussagen, Niederschriften von Aussagen der Beschuldigten und anderer. Alles, was über den Fall bekannt ist, wird untersucht, analysiert und beurteilt.

»Das erste, was man tut, ist, sämtliche Fakten zu sammeln und nach Schwachpunkten in der Anklage zu suchen«, erklärte Debus. »Wo sind sie schwach? Wo fehlen die Beweise? Wo kann man sie angreifen?

Der eine Punkt ist, die Anklage zu Fall zu bringen. Dann, auf der anderen Seite, muß man sich mit seinem Klienten beschäftigen und herausfinden, welche Fakten er liefern kann, die die Beweise der anderen Seite zerschlagen, wertlos machen. In vielen Fällen kann man ganz einfach nachweisen, daß der Klient das Verbrechen gar nicht begangen haben kann.

Manchmal sind die Beweise negativ. Es gab Zeugen, die bereit waren, sich zum reizbaren, gewalttätigen Charakterzug von Joyce Lukezic zu äußern. Dazu gehörte auch ihre frühere Geschäftspartnerin Cathy Fox, eine Zeugin, die sehr wahrscheinlich etwas über Joyces Haß auf ihren Ehemann und über Drohungen gegen Pat Redmond aussagen würde. Es war eigentlich gleichgültig, ob sie log oder die Wahrheit sagte. Ihre Aussage und die Aussagen anderer, die Joyce feindlich gesonnen waren, könnten durchaus die Jury beeinflussen.

Wir entschieden uns in unserem Fall, keine Zeugen aufzurufen, die etwas über die Person aussagen würden. Dazu entschieden wir uns, weil wir die Absicht des Gerichts kannten, daß ihr Charakter nicht Gegenstand des Prozesses sein sollte, es sei denn, wir würden diesen Punkt zur Sprache bringen. Die Gegenseite hatte Zeugen, die sich über Dinge äußerten, die Joyce in der Vergangenheit gesagt und getan hatte, und all das hätte uns mehr geschadet als genutzt. Grundsätzlich sind Leumundszeugen in den meisten Fällen wertlos. Man legt alle Fakten vor, dann holt man einen Leumundszeugen herbei, der sagt: ›Oh, er ist wirklich ein guter Mensch‹.«

»Ich glaube, damals konnte man sagen, daß ich ein ziemlich harter Mensch war«, sagte Joyce. »Ich war dazu erzogen worden, ja nicht meine Gefühle offen zu zeigen, außer zu Hause und innerhalb der Familie. Was man empfand, ging niemanden etwas an, und ich hatte Angst, Angst, daß, sobald meine Zurückhaltung nachgab, all der Zorn, der Schmerz, der Unwille aus mir hervorbrechen würde. Dann gäbe es kein Halten mehr.«

Und es war diese Reserviertheit, diese distanzierte Haltung, die Joyce nur zu wenigen Freunden verholfen hatte. Sie war ein sehr privater Mensch, stets zum Lachen aufgelegt, bereit, in ihren Kindern aufzugehen, dabei aber unsicher im Umgang mit Fremden und nur selten aufgeschlossen gegenüber ihren Mitarbeitern. Sie wurde wegen ihrer Intelligenz und ihrer beruflichen Fähigkeiten geachtet, aber sie wurde nicht oft zum Essen oder auf einen Drink nach Feierabend eingeladen. Das wenige an Gesellschaftsleben, das sie sich erlaubte, nahm sie in Begleitung ihres Mannes wahr, dabei fühlte sie sich im Kreis seiner Freunde aus der Geschäftswelt eigentlich nie richtig wohl.

›Das eiskalte Luder‹ wurde sie von den Medien während des Prozesses tituliert. ›Kalt, anscheinend herzlos‹. Ihre Erscheinung war publikumswirksam. Es war eine Zeit, in der Fernsehserien wie ›Dallas‹ die Nation mit Geschichten über Leute begeisterten, die reich und habgierig waren und zu allem bereit, was ihnen einen persönlichen Vorteil versprach. Joyce Lukezic war in der Rolle des bösartigen Ungeheuers weitaus besser zu verkaufen als das bedauernswerte Justizopfer.

Die Aufgabe von Joyces Strafverteidigern bestand darin, jedem negativen Image zu begegnen und es zu beseitigen. Sie wollten, daß Joyce begriff, was sie erwartete. Sie wollten sie auf den Prozeß vorbereiten.

»Wir suchten Hilfe bei jemandem, der die Zusammenstellung von Jurys für Gerichtsprozesse besorgte. Wir organisierten Befragungen. Wir baten unsere Ehefrauen um Hilfe«, sagte Debus. »Kimerers Frau ist Psychologin. Meine Frau hat ein Diplom in englischer Literatur, ein Diplom in Krankenpflege und ein Juradiplom. Wir gingen Joyces Aussagen durch, sie begutachteten sie, und wir versuchten zu entscheiden, welche

Farben ihre Kleidung haben sollte, die sie vor Gericht tragen würde, und wir bemühten uns, sie zu einer Schlankheitskur zu überreden. Mit anderen Worte, wir versuchten sie weicher, einnehmender erscheinen zu lassen. Sie hat einen dunklen Teint, eine Kurzhaarfrisur, und sie war zu dick . . . sie war eine ziemlich hart und schroff aussehende Frau. Das war ihr Image in der Öffentlichkeit, und das versuchten wir etwas zu mildern.«

Der Auswahlprozeß der Jury ist ein schwieriger Vorgang. Einige Anwälte nehmen dafür professionelle Hilfe in Anspruch. Andere verlassen sich auf ihren eigenen Instinkt. Die Anzahl der Jurykandidaten ist immer ziemlich groß und wird dann durch Fragen der Anwälte und/oder des Richters auf das notwendige Maß reduziert.

Es gibt wiederholt Versuche, die Auswahl der Jury zu einer Wissenschaft zu machen, eine Methode, die Joyces Anwälte anwendeten. Jedoch ist diese Vorgehensweise durchaus einleuchtend. Wenn jemand Opfer eines Einbruchs geworden ist, dann wird er jemandem, der wegen Einbruchs angeklagt ist, nicht gerade wohlwollend gegenüberstehen. Wenn ein Geschworener fünfzehntausend Dollar im Jahr verdient, wird er nicht gerade gnädig mit jemandem verfahren, der ein Jahreseinkommen von zweihunderttausend Dollar hat und sich wegen Veruntreuung von Staatsgeldern verantworten muß. Wenn während eines Prozesses bekannt werden sollte, daß der Angeklagte sich der Teilnahme am Vietnamkrieg entzogen hat, indem er nach Kanada umgezogen ist, dann möchte die Verteidigung auf keinen Fall einen behinderten Vietnamveteranen in der Jury haben.

Es gibt andere Methoden, die von berufsmäßigen Jurygutachtern angewendet werden, darunter auch die genaue Beobachtung der Körpersprache eines Kandidaten während der Befragung. Manchmal gibt es physische Reaktionen auf die Frage, die die ausgesprochene Antwort Lügen straft. Jedoch sind die meisten Anwälte sich einig, daß ganz gleich, wie sie die Jury auswählen, die meisten Jurys zu einer fairen Entscheidung gelangen, die auf den während des Prozesses vorgelegten Beweisen basiert.

Die Hauptsorge für Debus bestand darin, daß die ausgewählte Jury positiv auf die Punkte reagierte, die zur Verteidigung Joyces angeführt würden. Er erklärte es so: »Wenn man seinen Fall und seine Argumentation auf den Schwächen der Gegenseite, also der Staatsanwaltschaft, aufbaut, darauf zum Beispiel, daß deren Zeugen Gauner sind, oder auf unzureichender Prozeßvorbereitung, was sich an vielen Punkten nachweisen ließ, dann möchte man, daß die Geschworenen mit gerechtem Zorn darauf reagieren, indem sie sagen: ›Wir wollen diese Frau nicht auf Grund eines solchen Blödsinns verurteilen! So etwas läuft nicht in Amerika!‹ Solche Geschworenen liebt man.

Man hat es vielleicht mit Minderheiten zu tun. Oder mit weniger gebildeten Menschen.

Verlassen wir mal diesen Fall und nehmen wir an, man hat einen Fall von Geisteskrankheit, und ich habe viele solche Fälle bearbeitet, dann macht das Geschlecht keinen Unterschied, sondern das Alter. Die Fünfundzwanzig- bis Vierzigjährigen reagieren normalerweise positiv auf die Verteidigung mit der geistigen oder seelischen Störung. Gebildetere Menschen gehen ebenfalls darauf ein. Man glaubt vielleicht, daß die weniger gebildeten Leute diejenigen sind, die an die ›Magie‹ der Psychiatrie glauben, doch das ist nicht der Fall. Sie stehen im allgemeinen diesem Komplex weitaus skeptischer gegenüber.

Man muß sich also entscheiden, wie man vorgehen will, und dann eine Jury auswählen, die einem auf diesem Weg folgen kann. Wir haben uns bei der Auswahl der Jury viel Zeit gelassen.«

Es wurden auch Rollenspiele durchgeführt. Joyce begab sich in Debus' Kanzlei, um auf das vorbereitet zu werden, was im Gericht ablaufen würde. Dabei spielte Larry Debus den Verteidiger. Michael Kimerer übernahm die Rolle des Anklägers. Und die Ehefrauen der Anwälte stellten die Geschworenen dar. Sie probten mit Joyce, um sich einen Eindruck davon zu verschaffen, wie sie auf Fragen reagierte.

Dieses Rollenspiel hatte für Joyce keine besondere Bedeutung. Sie stellten ihr Fragen. Sie beantwortete sie wahrheitsgemäß. Es gab keine Tricks, keine Überraschungen. Sie hatte nichts getan, und sie hatte nichts zu verbergen. Sie konnte über die zunehmende Entfremdung von Ron reden, von ihrem mangelnden Interesse am Druckgewerbe, davon, daß sie wenig Lust hatte, ihre Freizeit mit Rons Freunden zu verbringen. Sie ahnte nichts von der Wichtigkeit des bevorstehenden Prozesses. Sie tat bereitwillig das, was die Prozeßprofis von ihr verlangten.

Für Larry Debus war Joyce Lukezics Prozeß von größerer Bedeutung als üblich, und zwar weil er sie tatsächlich für unschuldig hielt. »Seien wir ganz ehrlich, nach meiner Erfahrung sind neunundneunzig Prozent aller Leute, die vor einem Gericht angeklagt werden, wirklich schuldig. Möglicherweise sind sie nicht dessen schuldig, wessen sie angeklagt wurden, weil Staatsanwälte meistens überzogene Anklagen vorbereiten. Und es mag einsehbare Gründe geben, weshalb sie taten, was man ihnen vorwirft, daher kann die Verteidigung auch häufig wirkungsvoll widersprechen. Richtig schwierig wird es erst, wenn man jemanden verteidigt, der absolut unschuldig ist. Denn dann weiß man überhaupt nicht, wie man vorgehen soll. Das ist immer eine harte Nuß.

Was Joyce betraf, so arbeiteten wir erstens auf der Grundlage, daß Joyce von vornherein unschuldig war. Und an zweiter Stelle hatten wir die Tatsache, daß die Gegenseite ihre angebliche Schuld nicht beweisen konnte. Selbst wenn die Beweise, die sie vorlegen konnten, ausreichten, um damit vor eine Jury zu treten, so würde niemand auf Grund eines solchen Unsinns und der Aussagen höchst fragwürdiger Zeugen ein Urteil wegen vorsätzlichen Mordes fällen. Niemals könnte man eine Entscheidung über Leben und Tod von einem Menschen wie Arnie Merrill abhängig machen ... Man mußte Arnie Merrill irgendwie ausschalten, um den Prozeß zu gewinnen. Im Grunde stand *er* im Mittelpunkt dieses Falles.«

Man schrieb den Juni 1982, als Joyce Lukezics Prozeß begann. Es war heiß und feucht in Phoenix. In dieser Jahreszeit blieben die Einheimischen möglichst den ganzen Tag im Haus und wagten sich erst nach Einbruch der Dunkelheit nach draußen, wenn die Wüstenluft sich auf fünfunddreißig bis dreißig Grad abgekühlt hatte. Dann nahm auch die Luftfeuchtigkeit ab, und das Klima war etwas angenehmer. Viele flohen in höher gelegene Gegenden, fuhren in die White Mountains, nach Flagstaff oder besuchten nahegelegene Kleinstädte mit so drolligen Namen wie Strawberry und Snowflake.

»Als ich vor den Richter trat, hatte ich nicht die gleichen Empfindungen wie zum Zeitpunkt meiner Verhaftung. Damals trug ich Handschellen, wurde in einem Polizeiwagen abtransportiert, ins Gefängnis gesteckt ... So etwas hatte ich in meinem ganzen Leben noch nicht durchgemacht. Ich konnte es nicht begreifen. Ich war entsetzt über das, was geschah, fühlte mich hilflos und ohne einen Halt«, sagte Joyce.

»Doch so war es nicht beim Prozeß. Der war irgendwie nicht real. Es war genauso wie damals im College, wenn die Theatergruppe ein Stück aufführte. Man saß im Zuschauerraum und schaute den *Tod eines Handlungsreisenden* oder den *Sommernachtstraum* an. Auf der Bühne lief ein dramatisches Geschehen ab, und man saß da und schaute zu. Man war kein Teil davon. Die Schauspieler agierten, und man konnte an ihren Aktionen teilhaben, ohne selbst betroffen zu sein.

Genauso war es auch im Gerichtssaal. Da waren das Wappen des Staates Arizona und der Richter und die Anwälte. Jeden Morgen zog ich mich an und fuhr zum Gerichtsgebäude. Ich setzte mich vorne auf meinen Platz, Richter Gerber kam herein, wir standen alle auf, er setzte sich, wir setzten uns, er lächelte und begrüßte uns. Ich konnte an nichts anderes denken als an die alte Fernsehserie ›Perry Mason‹. Es war genauso. Ich gehörte zum Publikum. Die Geschworenen waren ebenfalls Zuschauer, allerdings hatten sie die besten Plätze. Und der Richter, die Anwälte und alle anderen waren ebenfalls Teil der Show.

Ich stelle keinen Augenkontakt mit den Jurymitgliedern oder der Presse oder mit sonst jemandem her. Es war nicht nötig. Es war nicht real. Es war ein Spiel.

Dann traten Leute wie Arnie Merrill in den Zeugenstand und erzählten Lügen über das, was geschehen war. Ich dachte nur, wie lächerlich alles klang. Ich dachte, daß jeder die Wahrheit kannte: Der Richter wußte, daß er log; die Anwälte wußten, daß er log; die Jury wußte es; wir schauten zu, wie er sich im Zeugenstand lächerlich machte. Ich hörte nie auf zu denken, daß niemand anderer wußte, was ich wußte. Ich hörte nie auf zu denken, daß sie nicht mein Wissen teilten, meine Erinnerung. Sie kannten die Wahrheit nicht. Sie waren aufgefordert, mich nach dem zu beurteilen, was erzählt wurde, und was erzählt wurde, waren ausnahmslos Lügen.«

Es gab noch mehr, das Joyce nicht verstand. Mochte sie der Jury keine Beachtung schenken, so beobachtete die Jury sie jedoch sehr genau.

Was viele der Jurymitglieder interessierte, war die Beziehung zwischen Joyce und ihren Anwälten. Die Jury sah vor sich eine ›Frau in großer Not‹. Eine Hausfrau, eine Mutter, eine Frau wie sie selbst oder wie ihre eigenen Ehefrauen kämpfte in einem Prozeß um ihr Leben. Sie mußte Angst haben. Sie mußte sich hilflos fühlen, mußte schrecklich leiden, brauchte seelischen Beistand.

Wenn sie unschuldig war.

Und da waren ihre Anwälte, große, starke Männer. Larry Debus, der Ex-Polizist, erschien fast doppelt so groß wie Joyce, wenn er sich erhob, um das Wort zu ergreifen. Er war der Typ Mann, den man sich gut im Wilden Westen vorstellen konnte, wo er das Land urbar machte, eine Hütte baute, für Recht und Ordnung stritt, seine Frau und seine Kinder gegen jegliche Gewalt verteidigte. So ein Mann spürte die Ängste von Joyce Lukezic, wußte um ihre Bedürfnisse, ihre Not. So ein Mann säße neben ihr, stützte sie, beugte sich zu ihr und flüsterte ihr ermutigende Worte zu, wenn die Person im Zeugenstand gerade Übles über sie erzählte.

Wenn sie unschuldig war.

Aber zwischen Joyce und ihren Verteidigern herrschte eine gewisse Distanz. Und zwar sowohl räumlich wie auch emotional. Es gab Momente, da wollte Joyce sich zur Seite lehnen und ihnen etwas zuflüstern, das kommentieren, was gerade gesagt wurde, oder eine Frage stellen. Ihr erschienen diese Momente nicht wichtig. Die Fragen oder Bemerkungen würden den Verlauf des Prozesses in keiner Weise beeinflussen. Sie hatten für Joyce eine gewisse Bedeutung, aber nicht genug, als daß sie das Risiko eingegangen wäre, auf sich aufmerksam zu machen, indem sie näher an die Männer heranrückte, die miteinander arbeiteten und sie anscheinend völlig ignorierten.

Larry Debus hatte ebenfalls kein Gespür dafür, wie die Jury ihn sehen könnte. Vielleicht war das ein Teil seiner Persönlichkeit. Er war nicht sehr kontaktfreudig, hielt sich gegenüber Frauen zurück. Er lehnte sich lieber zurück und wartete ab, bis eine weinende Klientin sich etwas beruhigt hatte, dann erst reagierte er, bot ihr ein Papiertaschentuch an und legte einen Arm um ihre Schultern. Und im Gericht verhielt er sich genauso, konzentrierte sich ausschließlich auf den Gang des Prozesses, auf die jeweiligen Zeugenaussagen, auf die akuten Fragen und Probleme.

Man rechnete für Joyce auch noch mit Unterstützung von anderer Seite. Artie Ross war nach ihrer Mutter, die fast auf den Tag genau zwei Jahre vor Beginn des Prozesses gestorben war, die ihr am nächsten stehende Person. Ihre Beziehung zu ihrem Bruder war ein wichtiges Element des Prozesses. Der Name ihres Bruders fiel in Verbindung mit Merrill, mit Cruz und anderen. Artie Ross selbst war jedoch nicht anwesend.

Tatsache war, daß Artie Ross es mit der Angst zu tun bekommen hatte. Er glaubte, daß er von Dan Ryan bedrängt worden war, als er Gun Trader leitete und mit Arnie Merrill in Verbindung stand. Er hatte erfahren, daß in Arizona jemand wegen eines Verbrechens angeklagt und verurteilt werden konnte, nur weil jemand, der sich dieses Verbrechens schuldig gemacht hatte, eine entsprechende Aussage machte – auch wenn es weder Beweisstücke noch Zeugen für die Tatbeteiligung gab. Er sah sehr wohl, was mit seiner Schwester geschah, und befürchtete, das nächste Opfer dieser Racheaktion zu sein.

»Ich würde alles für Joyce tun«, sagte Ross. »Wenn sie Geld brauchte, würde ich es ihr sofort geben. Aber ich wollte nicht an dem Prozeß teilnehmen. Ich verließ Arizona, damit mir nicht das gleiche passierte wie Joyce.«

Doch die Jury wußte nur, was sie sehen konnte. Für sie sammelte sich eine Familie um das Mitglied, das in Schwierigkeiten ist. Ein Bruder hat neben seiner Schwester zu stehen und ihr zu helfen. Ein Bruder hat seine Schwester zu lieben. Ein Bruder hat seine Schwester gefälligst zu unterstützen.

Wenn sie unschuldig war.

Dann war da Ron Lukezic. Joyce war überzeugt, er werde

zum Gericht kommen und aussagen. Sie meinte, ihre Anwälte hätten ihr klar gemacht, daß er zu ihrer Entlastung auftreten wolle.

Doch während der Prozeß voranschritt, ließ Ron Lukezic sich nicht blicken. Er kam noch nicht einmal in den Gerichtssaal, um seiner Frau moralische Unterstützung zu geben.

Aber für die Jury durfte ein liebender Ehemann nicht an der Seite seiner Frau fehlen. Ein liebevoller Ehemann wäre bei ihr, um sie zu stärken, und selbst wenn diese Hilfe nur symbolisch war und er jeden Tag im Zuschauerraum säße. Ein liebevoller Ehemann würde verlangen, als Zeuge gehört zu werden, würde wahrscheinlich sogar im Gerichtssaal für Unruhe sorgen und lautstark den Zeugen widersprechen, die sich negativ über den Charakter seiner Frau äußerten.

Wenn sie unschuldig war.

Und da war Joyce selbst, ruhig, scheinbar unbewegt, gefühllos. Sie lachte nicht. Sie weinte nicht. Sie zeigte keinen Zorn, keine Empörung. Sie reagierte nicht, als sie eine Mörderin genannt wurde. Sie widersprach den Zeugen nicht, die behaupteten, sie habe ihrem Ehemann nach dem Leben getrachtet. Sie begab sich in den Zeugenstand und benahm sich kontrolliert und emotionslos und redete mit monotoner Stimme.

»Ich ließ das, was da ablief, nicht an mich heran«, erklärte Joyce später. »Es war genauso, als hätte ich in einem Verkehrsgericht gesessen und wäre wegen zu schnellen Fahrens angeklagt worden, während ich beweisen konnte, daß ich zu dem Zeitpunkt gar nicht im Wagen gesessen habe. Ich verdrängte das, was geschah, und seine Bedeutung für mich, so wie ich mich in meiner Zeit im Gefängnis in eine Phantasiewelt zurückgezogen hatte.

Als ich meine Aussage machte, tat ich es in einer Weise, von der ich glaubte, daß es so üblich war, und zwar genau so, wie man es immer bei ›Perry Mason‹ verfolgen konnte. Man wird etwas gefragt. Man beantwortet die Frage. Man sagt die Wahrheit. Man verläßt den Zeugenstand. Der Richter und die Jury bedanken sich, sie erklären einem, daß man unschuldig ist und lassen einen nach Hause zurückkehren. Ich würde auch nach Hause gehen. Ich brauchte nur noch geduldig auf das Ende des Prozesses zu warten, und dann wäre ich frei.«

Doch die Jury, ebenso wie die Presse, sah nur das ›eiskalte Luder‹. Sie konnten nicht ihre Gedanken lesen. Sie konnten die Art und Weise nicht begreifen, mit der Joyce glaubte, des Alptraums Herr werden zu müssen, in dem sie gefangen war. Sie kannten nur das Bild, das sie vor sich sahen, und sie meinten, daß sie sich nicht so verhielt, wie sie es eigentlich hätte tun müssen.

Wenn sie unschuldig war.

Und es geschahen nebenher noch weitere Dinge, Kleinigkeiten, Details, die nicht vollständig offengelegt wurden. Einer der schlimmsten Punkte war die Aussage von Cathy Fox, Joyce Lukezics Geschäftspartnerin in der Zeit, als das Mordkomplott angeblich von Joyce geschmiedet wurde. Fox äußerte sich zu Joyces Wut auf ihren Ehemann, als er mit einer anderen Frau ein Verhältnis hatte. »Sie sagte, sie würde ihn fertig machen und seinen Betrieb übernehmen«, sagte Fox aus. Sie wollte damit andeuten, daß Joyce den Druckereibetrieb an sich reißen wollte und durchaus zu einem Mord fähig war. Sie sagte außerdem aus, daß die Ross-Familie Verbindungen zum Mob unterhalte und daß ihr gesagt wurde, sie könne ihren Sohn von der Straße aufsammeln, wenn sie nicht bestimmte Forderungen erfülle.

Am 29. Juni erklärte Fox: »Sie (Joyce) drückte sich dahingehend aus, daß sie den Betrieb in ihren Besitz bringen wolle.«

Der Staatsanwalt hakte nach. »Sagte sie auch etwas über ihren Ehemann?«

»Ja.«

»Und was war das?«

»Daß sie veranlassen würde, daß man sich um ihren Mann kümmerte.«

Dann, nachdem sie ausgesagt hatte, Robert Cruz und Artie Ross seien dabei gewesen, wurde sie gefragt: »Hat Mr. Cruz zu diesem Zeitpunkt in irgendeiner Weise darauf reagiert? Vielleicht eine Bemerkung gemacht? Antworten Sie bitte nur mit ›ja‹ oder ›nein‹.«

»Ja.«

»Und beteiligte Mr. Ross sich an diesem Gespräch? Antworten Sie wiederum nur mit ›ja‹ oder ›nein‹.«

»Ja.«

Danach begann Larry Debus, Joyces Verteidiger, Cathy etwas eingehender zu befragen. »Miss Fox, ich beziehe mich auf die Gelegenheit, als Joyce davon sprach, daß sie ihren Ehemann mit einer anderen Frau ertappte; erinnern Sie sich daran?«

»Ja, das tue ich.«

»Sie haben diese Aussagen zu Detektiv Martinsen im Polizeipräsidium gemacht, nicht wahr?«

»Ja, das habe ich.«

»Sie erzählten ihm damals, daß Joyce hereinkam und meinte, sie sei sehr ungehalten und wütend, daß Ron ihr ständig fremdgehe. Waren das nicht ihre Worte?«

»Soweit ich mich erinnern kann, ja.«

»Sie war wütend und sagte, sie wolle es ihm heimzahlen, ihn fertigmachen, nicht wahr?«

»Ja.«

»Sie sagte aber nicht, sie wolle ihn erledigen lassen, oder?«

»Das stimmt«, gab Fox zu, und es war dies der erste von zahlreichen Widersprüchen, die einzuräumen sie in der Folge gezwungen wurde.

»Sie meinten vor einer Weile, sie wolle ihn erledigen lassen. Aber das ist nicht das, was Joyce gesagt hat, nicht wahr?«

»Nein, sie sagte, sie wolle es ihm heimzahlen.«

»Sie meinte weiterhin, wie viele Frauen es in einer solchen Situation tun, sie wolle ihn fertigmachen, ihm den Betrieb abnehmen, nicht wahr?«

»Ja, so in etwa drückte sie sich aus.«

Fox äußerte sich auch über Robert Cruz und erklärte zu Beginn, daß er ein Partner in dem Unternehmen war, das sie und Joyce betrieben. Später gab sie zu, daß das nicht zutraf. Sie sagte außerdem aus, sie habe eine Affäre mit Artie Ross gehabt, sei seine Geliebte gewesen und daß sie dann von ihm sitzengelassen worden sei. Sie ließ nichts über ihre Pläne verlauten, doch andere Personen, die sie in dieser Zeit kannten, meinten, Fox habe geglaubt, daß Ross sie heiraten würde, ein Millionär, bei dem sie für den Rest ihres Lebens bestens versorgt wäre. Ihre Aussage, die sich am Ende als falsch erwies, entstammte offenbar dem Bedürfnis, sich an der Familie zu rächen, die sie anscheinend abgewiesen hatte.

Aber all diese Informationen sollten erst nach und nach bekannt werden. Angesichts der wenigen Einzelheiten, die zum Zeitpunkt des Prozesses bekannt waren, hatte die Jury Schwierigkeiten, in vollem Umfang zu werten, was Fox ausgesagt hatte. Schließlich, warum hatte sie eine solche Abneigung gegenüber ihrer früheren Geschäftspartnerin . . . ?

Wenn Joyce unschuldig war.

Dann war da der seltsame Fall des Wally Roberts, eines brillanten Grafikers, einer der besten in den Vereinigten Staaten, der mit Ron, Pat, Marilyn und Joyce befreundet war. Er besuchte sie regelmäßig, hielt sich häufig bei ihnen auf und sagte aus, Zeuge geworden zu sein, wie Joyce den Plan schmiedete, Pat Redmond ermorden zu lassen. Der Staatsanwalt rief mit einem Ausdruck des Triumphes Wally Roberts in den Zeugenstand, um ihn der Jury seine Geschichte erzählen zu lassen. Er stellte Joyce als Urheberin des Mordkomplotts dar.

Roberts lieferte auch weitere Informationen, die einigermaßen verwirrend waren. Er erwähnte, daß Dan Ryan ihm Geld gegeben und ihn auf eigene Rechnung nach Phoenix habe zurückholen lassen, nachdem er die Stadt verlassen hatte. Er erzählte, er sei bei Dan Ryan gewesen, als der Ermittler erfuhr, daß Joyce im Gefängnis in der Madison Street angegriffen worden war. Er sagte, daß Ryan dazu nur geäußert habe: »Na ja, jetzt bekommt Joyce endlich, was sie verdient.«

Er sagte auch, Ryan habe gemeint, er würde ›am liebsten zuschauen, wie diese Niggerin ihr die Muschi leckt‹. Es war eine entsetzliche Äußerung, jedoch milderte sie nicht den verheerenden Eindruck von Joyce, den Roberts Aussage hinterließ. Die Tatsache, daß Ryans Verhalten, wie von Roberts beschrieben, ausnehmend unprofessionell war, hatte nichts mit der Frage zu tun, ob Joyce schuldig war oder nicht. Und Roberts stellte ihre Glaubwürdigkeit in Frage – bis er von Debus ins Kreuzverhör genommen wurde. In dessen Verlauf kamen Roberts' Drogen- und Alkoholabhängigkeit zur Sprache.

»Kann man mit einiger Berechtigung davon ausgehen, Mr. Roberts, daß Sie im fraglichen Zeitraum (als er nach eigener Aussage gehört haben wollte, wie Joyce verlauten ließ, sie wolle Redmond ermorden lassen) sich praktisch täglich in einem

Rauschzustand befanden, entweder hervorgerufen durch Alkohol oder irgendwelche Drogen?«

Roberts antwortete: »Nicht jeden Tag.«

»Was meinen Sie, wie viele Tage können wir denn in dieser Zeitspanne abstreichen? Sehr viele?«

»Vielleicht– eigentlich hatte ich immer irgendwas genommen.«

Roberts sagte weiter aus, daß die Drogen und der Alkohol seine Erinnerung an die Zeit trübten, in der er von Joyces Mordkomplott gehört haben wollte. Er gab zu, daß er schon mal Erlebnisse durcheinanderbrachte. Dabei käme es auch vor, daß er sich an Dinge zu erinnern glaubte, die eigentlich niemals stattgefunden hätten.

»Würden Sie sagen, daß Ihre Erinnerung manchmal durch Dinge beeinflußt wurde, die andere Leute Ihnen erzählten?«

»Ja.«

»Daß sie dann zu Ihren eigenen Erinnerungen wurden, oder?«

»Richtig.«

»Und wenn Sie diese Dinge erzählen, glauben Sie plötzlich, Sie hätten all das selbst erlebt; stimmt das?«

»Das stimmt.«

»Ein anderer Grund für Ihren Drogenkonsum war eine Paranoia, nicht wahr?«

»Ja.«

»Sie hatten Angstzustände, fürchteten sich vor allem möglichen.«

»Ja.«

»Und Sie konnten irgendwann nicht mehr unterscheiden, ob Ihre Ängste begründet waren oder nicht.«

»Ich habe mir meine eigenen Monster geschaffen.«

»Okay, und im Augenblick leiden Sie noch immer unter dieser Paranoia, nicht wahr, Mr. Roberts?«

Er nickte stumm.

»Stimmt es, daß die Geschichte, die Sie der Jury über eine Unterhaltung mit Joyce Lukezic im Oktober erzählten, wenn Sie ganz ehrlich sind, nicht besonders zuverlässig ist?«

»Das ist mir jetzt klar.«

»Das war doch eine Aussage, wie Sie zugeben werden, von der Sie sicherlich nicht wünschen, daß jemand ihr Glauben schenkt, wenn Sie an Joyce Lukezics Stelle wären, oder?«

»Nein, ich würde nicht wünschen, daß jemand sich in dieser Weise über mich äußerte.«

»Der Grund dafür ist doch, daß Ihnen angesichts all Ihrer Probleme durchaus klar ist, daß diese Aussage kaum der Wahrheit entspricht, nicht wahr, Mr. Roberts?«

»Das stimmt.«

Plötzlich verspürte Joyce eine große Erleichterung. Endlich kam die Wahrheit heraus. Wally Roberts gab zu, daß seine verrückte Geschichte von ihrer Äußerung, sie wollte Pat Redmond ermorden lasen, eine Erfindung, eine glatte Lüge war. Die Jury würde sich das gewiß merken. Und die Jury würde ähnlichen Aussagen viel aufmerksamer lauschen, nun, da die Wahrheit allmählich ans Tageslicht kam.

Es gab aber auch noch einen anderen Aspekt. Die Jury sah keinen logischen Grund, weshalb die Anklage so dumm sein sollte, einen Mann wie Wally Roberts in den Zeugenstand zu rufen, wenn er nicht, trotz seiner gegenteiligen Erklärungen, die Wahrheit sagte. Roberts war derart angreifbar, ein Alkoholiker und Drogensüchtiger, der seine brillante künstlerische Begabung, die ihn zu einem reichen Mann gemacht hatte, zerstörte, daß er niemals in den Zeugenstand gerufen worden wäre.

Wenn Joyce unschuldig war.

Im August schloß die Verteidigung ihren Beweisvortrag ab. »Ich nahm immer noch an, sie würden Ron in den Zeugenstand rufen. Jedenfalls hatte ich es bisher so verstanden«, sagte Joyce. »Ich hatte es die ganze Zeit erwartet.«

Aber Ron Lukezic wurde nicht vorgeladen. Ihre Anwälte hielten seinen Auftritt nicht für notwendig. Er wäre nicht mehr als ein Leumundszeuge. Er konnte ihr nicht helfen. Er konnte ihr auch nicht schaden. Es wäre ein sinnloser Schritt gewesen.

Außer für die Jury. Nach deren Auffassung würde ein Ehemann dabeisein, würde er für seine Frau aussagen wollen.

Wenn Joyce unschuldig war ...

Der Staatsanwalt stellte seinen Schlußantrag gegen Joyce. Er redete von den Mördern, von Ed McCall, Murray Hooper, Billy Bracey. Er sagte, deren Handlungen seien für die Jury nicht von Interesse, da nicht über diese Männer verhandelt werde.

»Nicht der Staat steht vor Gericht«, sagte der Ankläger Joseph Brownlee, ein Stellvertretender Bezirksstaatsanwalt. »Ich stehe nicht vor Gericht. Dan Ryan muß sich nicht verantworten. Und Mr. Jones (der Assistent des Staatsanwalts) steht nicht vor Gericht.

Sie wissen sicher, was ein Rauchvorhang ist, nicht wahr? Ein Rauchvorhang ist ein Begriff aus der Kriegstechnik. Einen Rauchvorhang legt man auf das Wasser, damit die Schiffe des Feindes nicht zu sehen sind, damit die eine Seite die Schiffe der anderen Seite nicht beschießen und vernichten kann.«

Brownlee erklärte, daß Larry Debus versuchte, die Schuld anderer zu beweisen, anstatt Joyce zu verteidigen. »Diese Art der Verteidigungstaktik ist nicht neu. In einem Buch *König des Gerichtssaales, der Verteidiger Percy Foreman,* meint Percy Foreman am Anfang des Buchs: ›Lassen Sie niemals zu, daß der Beschuldigte verurteilt wird. Suchen Sie sich jemand anderen, den Ehepartner, den oder die Geliebte, die Polizei, oder, wenn der Fall irgendwelche sozialen Elemente aufweist, die Gesellschaft allgemein, aber niemals den Beschuldigten‹.

Die Anklage präsentierte die Beweise für das, was die Beschuldigte tat, und für ihre Rolle und ihre Komplizenschaft und ihr Einverständnis in die Verschwörung zur Ermordung Pat Redmonds. Das sind die Beweise, die Ihnen vorliegen, und es ist kein Rauchvorhang, kein Tarnmanöver, nicht der Versuch, Sie von der Beweisführung abzulenken.«

Brownlee fuhr fort, erwähnte Arnie Merrills Aussagen über die Silvesterparty und die Weihnachtsfeier im Haus seines Bruders. Er wies auf die Verwirrung hin hinsichtlich der Frage, wer an der Weihnachtsparty teilgenommen hatte und wer nicht, und erinnerte gleichzeitig die Mitglieder der Jury daran, daß Joyce zugegeben hatte, an der Weihnachtsparty teilgenommen zu haben.

Die Erklärung war Brownlees eigener Rauchvorhang. Ein weiterer verhängnisvoller Beweis, der von Merrill präsentiert wurde, war sein Lüge, daß Joyce und Ron Lukezic auf der Silvesterparty im Haus der Kleinfelds waren, als die Meldung von den Redmond-Morden in den Fernsehnachrichten gesendet wurde. Merrill hatte ihre Kälte erwähnt, ihre Gleichmütigkeit angesichts einer Tragödie, die für jeden anderen ein Grund gewesen wäre, sich schrecklich aufzuregen. Das einzige Problem war, daß seine Behauptung, Joyce sei dort gewesen, eine Lüge war und daß man ihm diese Lüge als solche nachgewiesen hatte. Doch indem der Ankläger die Weihnachtsfeier erwähnte und die Jurymitglieder daran erinnerte, daß sie daran teilgenommen hatte, ergab sich für ihn die Chance, die Geschworenen zu verwirren in bezug darauf, welche der Erklärungen Merrills der Wahrheit entsprachen und welche nicht.

»Wenn Sie entscheiden wollen, ob die Beschuldigte an der Verschwörung beteiligt war, sollten Sie nur ihre persönlichen Handlungen und Erklärungen berücksichtigen. Sie haben auf der einen Seite das Mordkomplott und brauchen die Angeklagte jetzt nur noch damit in Verbindung zu bringen. Bedenken Sie, was sie tat, was sie sagte.

Die Beschuldigte sagte: ›Ich habe die notwendigen Beziehungen, um Pat Redmond töten zu lassen‹. Die Beschuldigte übergab Bobby Cruz ein Foto und verschiedene Adressen, damit Bobby Cruz versuchen konnte, Mr. Merrill dafür zu gewinnen, Pat Redmond für einen Lohn von zehntausend Dollar zu töten.

Die Beschuldigte teilte Bobby Cruz mit, wo Mr. Redmond anzutreffen war: ›In Chester's Bar, dort finden Sie ihn, denn wir haben Samstag‹.«

Die Anklage setzte ihre Angriffe fort. »Die Beschuldigte fragte: ›Wann kümmert sich endlich jemand um Redmond?‹ Dabei sprach sie nicht von der Party oder davon, ihm etwas zu verkaufen, sondern sie meinte seine Ermordung. ›Bis Weihnachten ist er tot‹, lautete die Antwort. Eine schlimme Antwort. Sie sollten sich nur vor Augen führen, was sie gesagt hat. Indem Sie sich ihre Antwort bewußt machen, erkennen Sie den vollen Umfang dessen, was sie gemeint hat, doch beachten Sie einstweilen nur das, was sie ausgesprochen hat.

Sie ist ganz eindeutig Mitwirkende der Verschwörung. Sie hat dabei mit Bobby Cruz zusammengearbeitet.«

Der Ankläger versteifte sich auf den Gedanken, daß Joyce mindestens zwei Jahre lang auf den Tod Pat Redmonds hingearbeitet hatte. Er zitierte Personen, die mit Joyce zusammengearbeitet haben, denen Joyce unsympathisch gewesen war und die bereit waren auszusagen, daß sie wiederholt Aussagen gemacht haben wie ›Ich lasse ihn umbringen. Ich habe die nötigen Beziehungen, um Pat Redmond ermorden zu lassen‹.

Er äußerte sich auch zum Charakter einer Verschwörung, zur Tatsache, schon vorher Kenntnis von einem Verbrechen zu haben, zur Teilnahme an der Planung, wodurch die Beschuldigte eigentlich die gleiche Strafe erhalten müsse wie die Personen, die dieses Verbrechen tatsächlich begingen.

»... dies ist ein Auftragsmord«, sagte Brownlee. »Sie haben als Beweis die Mörder. Jemand hat sie irgendwohin geschickt. Da sind handelnde Personen, Akteure, sie sind die Verbrecher, da sind die Planer. Laut Definition bezahlen bei einem Mordkontrakt Leute andere Leute, um etwas auszuführen. Sie distanzieren sich vom eigentlichen Verbrechen und lassen von jemand anderem die tödliche Kugel abschießen. Je größer die Distanz zum Verbrechen ist, desto schwieriger sind sie zu fassen.

Ihnen liegen außerdem Beweise vor, die Joyce Lukezics enge Verbindung zu diesem Fall aufzeigen. Sie wollte Geld. Sie wollte Einfluß. Sie war überaus habgierig. Und damit tritt ihr Motiv offen zutage.«

Brownlee sprach auch die Glaubwürdigkeit Arnie Merrills und anderer Zeugen direkt an.

»Wenn die Anklage Zeugen aufruft, dann sucht die Anklage sich diese Zeugen nicht aus. Man veranstaltet keinen Schönheitswettbewerb. Man nimmt die Zeugen so, wie man sie findet. Man nimmt sie in all ihrer Unvollkommenheit, mit ihren Mängeln, aber man nimmt sie auch mit ihrer Aussage an, wie immer diese aussehen mag.

Und dann, meine Damen und Herren der Jury, müssen Sie entscheiden: Glaube ich diesem Zeugen? Sagt dieser Zeuge die Wahrheit oder nicht?

Zeugen wie Mr. Merrill oder Mr. Campagnoni, Zeugen, die Gesetze übertreten haben, erklärten Ihnen, wie es dazu kam, daß sie straffällig wurden. Sie haben Ihnen geschildert, wie sie in Schwierigkeiten gerieten. Die Anklage präsentiert sie nicht so unschuldig wie Chorknaben oder gar Heilige.«

Brownlee fuhr fort: ». . . als Tatsache bleibt, daß, während wir uns unsere Zeugen nicht ausgesucht haben, die Beschuldigte dies sehr wohl getan hat. Wally Roberts war ein Freund von ihr. Arnie Merrill war ein Freund. Sie versuchte zwar, sich davon zu distanzieren, doch es ist und bleibt eine Tatsache. Das liegt mehrere Jahre zurück. Es gab gemeinsame Parties, Bar Mitzvahs, alles mögliche. Sie waren Geschäftspartner.«

Dann, indem er auf die Schuld zu sprechen kam, erklärte Brownlee: »Es war weder ein Raub noch ein Einbruchsdiebstahl, in keiner Weise. Es war ein kalter, kalkulierter Mord. Er wurde lange Zeit geplant, und Joyce Lukezic hatte sich zwei Jahre lang damit beschäftigt, denn mindestens zwei Jahre lang wünschte sie den Tod Pat Redmonds.

Der Grundtenor der Verteidigung war: Ich bin reich. Ich brauche kein Geld. Das alles ist einfach lächerlich, ich hatte nicht das geringste damit zu tun.

Nun, Sie haben die Aussagen einer Zeugin der Anklage gehört, daß die Beschuldigte sogar sehr an Geld interessiert war und daß sie sich nicht angemessen behandelt fühlte. Sie wurde nicht ausgeführt, sie war nicht von Luxus umgeben.«

Danach wies er auf die Zeugenaussage hin, die andeutete, daß Joyce reich würde, wenn Ron Lukezic starb, trotz der Tatsache, daß Rons Sohn aus erster Ehe der Erbe war und nicht Joyce oder ihre Kinder.

Schließlich meinte er weiter:

»Eines sollten Sie bedenken: Sie sind in diesem Fall die Jury, Sie urteilen über Joyce Lukezic. Sie sind jedoch gleichzeitig die Jury Pat Redmonds und Helen Phelps'. Sie hatten Rechte, sie hatten das sich aus dem Fünften Artikel der Verfassung ergebende Recht. Am Silvesterabend hatten sie überhaupt keine Rechte. Eine Pistole wurde auf Mr. Redmonds Kopf gerichtet. Sie können auf den Fotos die Pulverspuren sehen, die erkennen lassen, wie nahe die Pistole dem Kopf war. Sie können das gleiche auch auf dem Foto von Mrs. Phelps erkennen. Sie hatten keine Rechte.

Bedenken Sie, nicht alle Verbrechen werden auf die gleiche

Art und Weise begangen. Die Rollen der Beteiligten sind nicht alle gleich, die Beteiligung der einzelnen Personen ist nicht die gleiche, nicht alle sind in gleicher Weise in das Geschehen verwickelt, jedoch ist jeder Mitverschwörer für die Handlungen der anderen mitverantwortlich, ist er für die Aussagen anderer zur Rechenschaft zu ziehen.

Erinnern Sie sich an das Recht, das Mrs. Phelps zugestanden wurde, als sie versuchte, ihren Trauring abzuziehen und zu verstecken. Sie hatte keins. Ihr wurde keine Gnade gewährt. Doch sie leben nicht mehr, man kann Mrs. Phelps und Mr. Redmond nicht mehr helfen, aber Marilyn Redmond fordert Gerechtigkeit.

Sie können gemeinsam die Frage beantworten, die von der Verteidigung gestellt wurde: Für wen war die Botschaft gedacht? An wen richtete sie sich? Nun, es war eine Botschaft für alle Geschäftsleute und Unternehmer, und sie besagte, sie sollten lieber den Leuten aus dem Weg gehen, die glauben, Macht zu besitzen. Und Sie können jenen Leuten auch die Botschaft zukommen lassen, daß die Mafia sich in dieser Gemeinde nicht festsetzen kann und daß sie keine Unternehmen an sich reißt und auch keine Menschen tötet, die ehrliche und anständige Bürger waren und ihre Betriebe seit zwanzig Jahren untadelig führen.

Bedenken Sie alle vorgelegten Beweise. Sie werden zu dem Schluß kommen, daß Joyce Lukezic in allen elf Punkten der Anklage schuldig ist. Ich danke Ihnen.«

Es war vorbei bis auf die Beratung. Larry Debus war bei seiner Verteidigung von der Unschuld seiner Klientin ausgegangen und hatte argumentiert, daß die Morde das Ergebnis eines außer Kontrolle geratenen bewaffneten Raubüberfalls waren. Die Anklage hatte es geschafft, die Mafia in ihre Argumentation einzubeziehen, Joyce in Abwesenheit ihres Mannes und ihres Bruders zur Schuldigen zu machen und das Bild von einer Frau zu zeichnen, die für ihre Verbrechen in der Gaskammer sterben sollte.

»Ich machte mir über den Ausgang des Prozesses keine Sorgen«, sagte Joyce. »Ich wußte, daß ich unschuldig war.«

Der Streß, dem sie ausgesetzt war, erwies sich jedoch als stärker, als sie angenommen hatte. Sie und ihr Bruder hatten das gleiche Herzleiden, das den Tod ihres Vaters ausgelöst hatte, als er gerade Anfang Vierzig war. Sie nahmen beide Medikamente und wußten, daß sie sich irgendwann in ihrem Leben einer Herzoperation unterziehen mußten. Doch sie zerbrachen sich darüber nicht den Kopf.

Der Prozeß forderte jedoch von Joyce seinen Tribut, indem sie über heftige Herzschmerzen klagte. Kurz bevor die Jury mit ihrer Entscheidung aus der Beratung zurückkehrte, wurde Joyce mit einem leichten Herzinfarkt ins Krankenhaus gebracht. Sie bekam Medikamente, Beruhigungsmittel, mußte im Bett liegenbleiben und konnte weder Zeitung lesen noch fernsehen. Erst als eine Freundin sie besuchte, erfuhr sie, was geschehen war. Die Freundin weinte und schaffte es kaum, die Worte über die Lippen zu bringen. Joyce war des vorsätzlichen Mordes für schuldig befunden worden. Die Festlegung des Strafmaßes war auf Grund vorgebrachter Einsprüche ihrer Anwälte aufgeschoben worden. Aber die Strafe für vorsätzlichen Mord war in Arizona der Tod in der Gaskammer.

DURANGO

Oh, Mama, warum können wir nicht aufwachen und feststellen, daß alles nur ein Alptraum war? Ich vermisse Dich so sehr, ich wünschte, ich könnte Dich jetzt in die Arme schließen. Vergangene Nacht wachte ich plötzlich erschreckt auf, weil ich einen Alptraum hatte. Erst dann begriff ich, daß niemand da war, dem ich davon hätte erzählen können. Und ich hatte mitten in der Nacht furchtbare Angst.

Eden Dow in einem Brief an ihre Mutter, Joyce Lukezic.

Zuerst waren die Worte unmöglich zu verstehen. Joyce starrte ihre Freundin an, sah ihre Tränen, lauschte ihrer mühsam unter Kontrolle gehaltenen Stimme, als sie erklärte, daß die Jury Joyce nicht geglaubt hatte.

Gefängnis. Das einzige Gefängnis, das sie kannte, war das in der Madison Street, der Ort auf Erden, der für Joyce der Hölle am nächsten kam. Das Toiletten-Telefonsystem. Die Vergewaltigungen. Die endlosen obszönen Litaneien der Geistesgestörten.

Gefängnis.

Joyce schaute sich in dem kleinen Zimmer um, in dem sie lag. Da waren Monitore, ein EKG-Gerät, das ständig ihr Herz überwachte, intravenöse Schläuche, die Nahrung und Medikamente in ihren Körper transportierten, Sauerstoffmasken für den Notfall, eine Rufanlage, um jederzeit das Pflegepersonal alarmieren zu können. Und ein Wächter draußen vor der Tür. Ein uniformierten Polizist mit Revolver, Reservemunition, Tränengas, Schlagstock und Handschellen. Ein Mann, eingeschworen, das Gesetz zu verteidigen und die Öffentlichkeit vor der möglichen Flucht einer soeben verurteilten Mörderin zu schützen, die zur Zeit bettlägerig war.

Wiederum einmal überstieg die Wirklichkeit ihr Begriffsvermögen. Zuerst war da die Verhaftung gewesen, als sie mit ihrer

Tochter Eden vom Einkaufen nach Hause kam. Dann die schreckliche Erfahrung des Madison Street Gefängnisses. Und nun gab es einen Mann, der bewaffnet und bereit war, sie zu erschießen, wenn sie zu fliehen versuchte, und jeden anderen, ebenfalls mit Waffengewalt, daran zu hindern, ihr zu helfen.

Ron erschien mit Joyces jüngstem Sohn. Ron hatte ihn aus der Kindertagesstätte abgeholt, damit er seine Mutter besuchen konnte. Der Junge wußte nicht, was er sagen oder denken sollte, diese Erfahrung war für ein so junges Kind einfach zu verwirrend.

Ron hatte getrunken, sein Atem roch nach Alkohol. Er benahm sich weder glücklich noch traurig. Es gab bei ihm keine Reaktion, die Joyce hätte deuten können. Er war einfach da, seine Körpermasse schien den Raum auszufüllen und verstärkte in ihr das klaustrophobische Gefühl, das dieser kleine Raum ihr sowieso schon einflößte. »Ich kann nicht schon wieder ins Gefängnis zurück«, sagte Joyce. »Ich kann es nicht. Lieber sterbe ich.«

Ron reagierte nicht. Der Junge hatte das Zimmer verlassen, der Wächter war weit genug von der Tür entfernt, so daß er ihre Unterhaltung nicht hören konnte.

Die Drogen, die Schmerzen, alles trug dazu bei, die genaue Erinnerung an diese Augenblicke wegzuwischen. Joyce kann sich nicht mehr entsinnen, ob Ron auf ihre Bemerkungen mit Gleichgültigkeit, mit Zustimmung oder mit Besorgtheit reagierte. Er war durch ihre Erklärung nicht schockiert, wehrte sich nicht gegen ihren Wunsch. Sie wollte ihrem Leben ein Ende setzen. Er meinte, es gebe eine Möglichkeit, wie er ihr helfen könne, wenn sie es wirklich wolle. Er würde wiederkommen. Sie solle sich keine Sorgen machen. Er würde ihr helfen, einen Weg zu finden.

Als die Tabletten gebracht wurden, gab es keine Fragen. Sie waren weiß und etwas kleiner als Aspirintabletten. Ron schaffte es mit seiner Körpergröße und der Tatsache, daß er Joyces Ehemann war, an der Wache und der Schwester, die sich im Zimmer aufhielt, vorbeizukommen.

Er stellte sich so, daß sein voluminöser Bauch Joyces Aktionen vor jeder Sicht abschirmten. Sie trank einen Schluck Wasser, nahm eine Tablette, trank wieder Wasser und wiederholte den Prozeß, bis sie alle Tabletten geschluckt hatte.

Als die Reaktion einsetzte, war sie sehr heftig. Zuerst kam es zum Herzstillstand, als der Herzmuskel kein Blut mehr durch den Körper pumpen konnte. Früher hätte das den Tod bedeutet trotz der Tatsache, daß der Körper noch für einen kurzen Zeitraum überleben kann, ohne daß das Herz den Blutkreislauf in Gang hält. Solange das Gehirn noch uneingeschränkt funktioniert – und Joyces EEG, also die Aufzeichnung ihrer Gehirnwellen, war normal – ist eine Wiederbelebung möglich.

Die Krankenschwestern und die Ärzte eilten ins Zimmer, herbeigerufen durch einen Alarm des EEG-Monitors, der auf das Herzversagen reagiert hatte. Ihre Aktivitäten waren verschwommen, zum großen Teil aus ihrer Erinnerung gelöscht. Ein Schlag auf die Brust, laute Rufe nach verschiedenen Medikamenten, eine Injektion, Vorbereitungen für den Einsatz der elektrischen Kontaktplatten, falls ein heftiger Stromstoß notwendig würde, um das Herz wieder zum Schlagen zu bringen.

»Ich erinnere mich nur daran, daß mein Herz wie wild raste. Es schlug mindestens 150mal in der Minute, also mehr als doppelt so schnell wie normal. Ich hatte das Gefühl, als befände es sich außerhalb meines Körpers, als füllte sein Klang das ganze Zimmer aus.

Es wurde ein intravenöser Tropf mit Valium eingerichtet, aber sie pumpten mir nicht den Magen aus. Ich hatte ihnen nichts von den Tabletten erzählt. Ich habe auch Ron nicht gefragt, was für Tabletten es waren oder woher er sie hatte. Ich wußte nur, daß sie nicht so gewirkt hatten, wie ich es erhoffte«, sagte Joyce.

Eden war im Zimmer, als Joyce sich von dem Selbstmordversuch erholte. Sie hatte keine Ahnung von der Bitte ihrer Mutter und von der Tat ihres Stiefvaters. Sie wußte nur, daß ihre Mutter dem Tod nahe war, und dieser Gedanke entsetzte sie.

»Ich habe mit ihr gesprochen«, sagte Joyce. »Eden war immer an Reife ihrem Alter voraus. Sie war es, die mich so oft wie möglich in der Madison Street besuchte. Sie war es, die diese Erfahrungen verarbeitete, indem sie aufschrieb, wie es war, ihre Mutter im Gefängnis zu besuchen, und diesen Text ihrer Englischlehrerin als eine ihrer schriftlichen Arbeiten abgab. Ich wußte, daß ich ihr alles offenbaren konnte und daß sie mich verstehen würde.

Ich erzählte Eden von den Tabletten, die ich genommen hatte. Ich erklärte ihr, daß ich nicht ins Gefängnis zurück wollte, daß ich lieber sterben würde.«

Eden sah ihre Mutter an, war eher verletzt als überrascht. Ihre Worte waren leise, fragend, verlangten eine ehrliche Antwort. »Mom, liebst du mich so wenig, daß du nicht mehr bei mir bleiben willst?«

»Und dann weinte ich«, sagte Joyce. »Ich hatte einen richtigen Weinkrampf. Die Tränen liefen, und sie weinte mit mir.«

»Ich liebte meine Tochter. Ich liebte alle meine Kinder, doch in diesem Moment war meine Tochter für mich etwas ganz Besonderes. Sie war für das verängstigte Kind in mir wie eine Mutter. Ich lehnte mich an sie, und sie tröstete mich, als ich weinte. Ich konnte damals nichts anderes tun, und ich wußte auch, daß ich nie mehr versuchen würde, mir das Leben zu nehmen. Was immer auf mich zukäme, ich wußte, daß ich es ertragen könnte, denn am Ende würde ich wieder mit meinen Kindern vereint sein, und das war jede Mühe wert.«

Dan Ryan hatte recht gehabt. Wäre alles so gelaufen, wie er es gehofft hatte, dann wäre Joyce Lukezic in die Gaskammer geschickt worden. Sie war Komplizin bei einem Mord. Sie hatte den Tod des Geschäftspartners ihres Mannes und aller anderen Zeugen dieses Mordes geplant. Sie hatte für die Ausführung der Verbrechen bezahlt. Zumindest hatten die Geschworenen so entschieden, und nach dem in Arizona geltenden Gesetzen verdiente Joyce die gleiche Strafe wie die Männer, die den Auslöser betätigt und die Kehlen durchgeschnitten hatten.

Aber irgend etwas stimmte nicht bei diesem Fall. Die Aussagen waren widersprüchlich. Die Jury hatte Joyce für schuldig befunden, doch ihr Anwalt, Larry Debus, hatte genügend überzeugende Einwände vorgebracht, um den Richter zu überzeugen, daß es Revisionen geben würde. Es bestand also die Möglichkeit, daß am Richterspruch etwas geändert würde. So erkannte er nicht auf Todesstrafe, sondern auf lebenslange Haft.

In Arizona bedeutete eine lebenslange Gefängnisstrafe für eine Frau die Verlegung in das Perryville State Penitentiary. Joyce hätte eigentlich im Durango Detention Center bleiben sollen, bis ihre Verlegung möglich wäre. Bei Joyce wurde jedoch eine Ausnahme gemacht. Da ein Revisionsantrag vorlag und sie jedesmal ins Bezirksgefängnis zurückgebracht werden mußte, sobald ihr Fall zur Verhandlung käme, war es einfacher, sie die ersten Monate ihrer Strafe in Durango absitzen zu lassen.

Die Verlegung wäre eigentlich recht einfach gewesen. Joyce wäre normalerweise aus dem Krankenhaus entlassen worden, sobald sie so weit wiederhergestellt war, daß sie transportfähig war. Sie würde mit Handschellen gefesselt, in einen Wagen gesetzt, einen Kombi- oder einen Krankenwagen, je nachdem, was die Ärzte verfügten, und zum Eingang des Bezirksgefängnisses gebracht. Dort würde sie fotografiert, ihr würden die Fingerabdrücke abgenommen, sie würde durchsucht, müßte die Entlausungsprozedur über sich ergehen lassen, müßte duschen und bekäme ihre Häftlingskleidung. Alles wäre reine Routine und würde mit einem Minimum an personellem Aufwand durchgeführt.

»Das erste, was mir auffiel, war, daß ich überall Polizisten sah«, sagte Joyce. »Sie trugen ihre Pistolen und Gewehre schußbereit, überprüften die Korridore, die Fenster, das Dach. Sie schienen mein Stockwerk abzuriegeln, aber ich konnte von meinen Bett aus nicht allzuviel erkennen, und niemand kam zu mir, um mich zu informieren.«

Ein offenbar anonymer Anrufer hatte der Polizei mitgeteilt, daß Artie Ross sich einen Hubschrauber beschafft habe und Joyce Lukezic aus dem Gefängnis befreien wolle. Die Einzelheiten waren ziemlich vage. Niemand wußte, ob er es allein versuchte oder ob er einen Trupp Fluchtspezialisten der Mafia mitbrächte. Es war bekannt, daß Artie Privatpilot war und daß er mit seinem Reichtum zu jeder Art von Flugzeug Zugang hatte, das er sich wünschte. Es war außerdem bekannt, daß er als harter Bursche galt, als Mann, der aus dem Tod anderer Gewinn zog, als Mann, der bereit war, die Gesetze zu übertreten, wenn er sich davon einen Vorteil versprach. Was niemand zu beachten schien, war, daß er Arizona bereits vor dem Prozeß verlassen hatte und viel zu ängstlich war, um dorthin zurückzukehren.

»Ich mußte darüber lachen«, sagte Joyce. »Ich konnte nur an Bonnie und Clyde denken. Artie und ich würden aus dem Krankenhaus verschwinden und gemeinsam fliehen. Die Vorstellung war einfach spaßig. Wie wollte er es anfangen? Wohin sollten wir gehen?«

Sie holten Joyce am frühen Morgen ab, viel früher als üblich. Ihre Befehle lauteten: Geht kein Risiko ein. Niemand darf zu Schaden kommen.

Überall waren bewaffnete Männer postiert, sie standen untereinander in Funkverbindung, wachsame Augen suchten die Straßen ab, die Gebäude, den Himmel. Joyce wurde in einen Rollstuhl gesetzt, unter Beruhigungsmittel stehend, geschwächt. Die Aufregung und die Angst setzten ihr derart heftig zu, daß sie zwischen Bewußtsein und Ohnmacht hin und her pendelte. Durch den Flur, in den Fahrstuhl, die Fahrt nach unten und hinaus zu den Wagen.

Alles verschwamm. Da standen ein neutraler Transporter, Krankenwagen und verschiedene andere Fahrzeuge auf einem weiten Platz. Sie tauchte kurz aus ihrem Dämmerzustand auf, als man sie zu einem der Fahrzeuge rollte, konnte sich aber nicht mehr erinnern, in welchem sie zum Gefängnis gebracht wurde. Dann war sie wieder draußen, betrat das Gefängnis, und sie begriff, daß ihnen zumindest ein Fahrzeug, besetzt mit bewaffneten Beamten, gefolgt war.

Die rasende Fahrt, die Hektik, die Medikamente und ihr geschwächter Zustand sorgten dafür, daß sie die Aufnahmeprozedur vergaß. Man hatte sie sicherlich untersucht, ihr sämtliche Habseligkeiten und Kleider abgenommen, doch dieser Vorgang existierte nicht mehr in ihrer Erinnerung. Ihr erster Eindruck war der von einer Einzelzelle, in der sie sich befand, in Anstaltskleidung, und die einzige Ablenkung von ihrer Umgebung war ein vierzehnseitiger Text mit dem Titel ›Verhaltensvorschriften und Regeln – Gefängnisordnung des Maricopa County Jail‹.

»Ich hatte keine Angst«, sagte Joyce. »Ich weiß nicht warum. Ich glaube, es kam daher, daß Durango anders war, sauberer. Ich hatte gehört, daß Durango sicher war, nicht so wie die Madison Street, und obgleich ich mich in diesem Moment in einer Isolationszelle befand, schien es ein angenehmerer Ort zu sein.«

Dann waren da die Regeln.

1. Die Insassen tragen selbst die Verantwortung für ihr Verhalten, und es wird erwartet, daß sie sich gegenüber anderen Insassen und dem Personal höflich und zuvorkommend verhalten.

2. Die Insassen reden sämtliche Angehörige des Personals entweder mit ihrem jeweiligen Dienstgrad oder mit ›Mister‹, ›Miss‹ oder ›Officer‹ an.

3. Jeder Insasse erhält einen Karton zur Aufbewahrung von Schreibmaterial, Zeitungen und allem sonstigen Eigentum. Überschüssige Bücher, Papiere usw. werden aus der Zelle entfernt und im persönlichen Schließfach deponiert.

»Es war fast so wie im Studentenheim im College«, erzählte Joyce, und ihre Vermutung erfuhr eine Bestätigung, als sie nach zwei Tagen Isolationshaft in den allgemeinen Gefängnisteil gebracht wurde. Das ganze Gefängnis war in Trakte unterteilt, in Gruppen von Zellen, jede mit einer eigenen Tür, die vom Gemeinschaftsbereich durch eine weitere Tür abgetrennt waren, die verriegelt werden konnte. Der Gemeinschaftsbereich verfügte über einen Sportraum, über Bereiche zum Einnehmen der Mahlzeiten, über Räumlichkeiten, in denen man mit seinem Anwalt zusammentreffen konnte. Familien durften zu Besuch kommen. Die Leute konnten einander berühren, wurden nicht durch dicke Glasscheiben voneinander getrennt. Für Joyce, die in den sechziger Jahren zur Schule gegangen war, fehlten nur Elvis Presley, die Beatles und Pyjamaparties. Die Regeln unterschieden sich nicht wesentlich von denen für Studenten in der Zeit, als die sexuelle Revolution sich noch in ihrem Anfangsstadium befand und jedermann von der Vorstellung von gemischtgeschlechtlichen Studentenheimen schockiert wurde.

›Obszöne und anstößige Sprache und Gesten werden nicht geduldet‹.

›Mahlzeiten werden dreimal täglich serviert‹.

›Das Benehmen während der Mahlzeiten ist gesittet und rücksichtsvoll. Laute Gespräche oder andere störende Aktivitäten werden nicht geduldet‹.

›Glücksspiele jeglicher Art sind streng verboten‹.

›Das Beschriften oder Bemalen von Wänden sowie das Anbringen von Bildern ist nicht gestattet, und die Beschädigung jeglicher Gegenstände innerhalb der Anlage wird streng geahndet‹.

Die Regeln setzten sich in dieser Weise fort. Es war eine endlose Litanei von Geboten und Forderungen nach Höflichkeit und Achtung anderen und der Einrichtung gegenüber. »Ich beschloß in diesem Moment, daß ich nicht über die Tatsache nachdenken würde, daß ich mich im Gefängnis befand. Ich wollte nichts an mich heranlassen, das mich daran erinnern könnte, daß mir meine Freiheit verweigert wurde. Ich duschte (Regel 7 der Abteilung L, Äußeres Erscheinungsbild und Hygiene – ›Jeder Insasse nimmt mindestens einmal am Tag ein Duschbad‹) in der Stunde, in der jeder Ausgang auf dem Sportplatz hatte. Zu diesem Zeitpunkt war es natürlich sicherer. Wenn es Probleme mit einigen der Insassen gab, dann gewiß nicht in diesem Zeitraum, weil die Störenfriede wie alle anderen hinausgingen an die frische Luft. Aber das war nicht der wahre Grund.

Ich konnte einfach nicht hinausgehen, denn dann hätte ich die Vögel gehört. Ich hätte den blauen Himmel gesehen. Und ich sähe den Beton, den Zaun, den Stacheldraht. Ich wüßte dann, daß ich im Gefängnis war, würde ständig daran erinnert, daß man mir die Freiheit genommen hatte, und das könnte ich nicht ertragen. Ich durfte es nicht dazu kommen lassen, daß ich daran dachte, nie mehr das Gefängnis zu verlassen. Solange ich mich innerhalb des Gebäudes aufhielt, konnte ich mir einreden, ich befände mich in einem Studentenheim. Nur draußen würde die Wahrheit offenbar. Erst draußen würde ich den Schmerz kennenlernen, und ich glaube nicht, daß ich jemals damit klargekommen wäre.«

Es gab auch noch andere Hinweise darauf, wo sie sich befand, enthalten in der Liste der Gefängnisvorschriften, und die hatten nichts mit dem idyllischen Leben einer Collegestudentin zu tun. Zum Beispiel gab es eine Aufzählung von 133 verbotenen Handlungen. Einige erschienen fast spaßig. Es waren Unarten, für die man in der Schule Minuspunkte erhielt oder die mit Nachsitzen bestraft wurden. Während der Arbeit durfte nicht geschlafen werden (Regel 120), und es wurde keine Unordnung geduldet (Regel 125). Herumalbern während der Arbeit war verboten (Regel 110), und wenn man sich gegenüber dem Personal aufsässig verhielt (Regel 112), dann bekam man Schwierigkeiten.

Man konnte darüber herzerfrischend lachen, es fiel nicht schwer, die Phantasie aufrechtzuerhalten, bis Joyce unter all diesen harmlosen Regeln sah, daß sie nicht töten durfte. Es war tatsächlich eine Vorschrift. Es mußte hervorgehoben werden. Durch diese Regel schien angedeutet zu werden, daß die Insassen annahmen, daß ohne diese ausdrückliche Forderung das Vernichten eines Lebens durchaus in Ordnung war.

Sie durfte also nicht töten.

Und da waren andere Vorschriften. Über Erpressung, über Schutzgeldforderungen, über sexuelle Belästigung und Gewalt.

Erinnerungen. ›Central Avenue Prinzessin!‹ Heruntergezerrt vom oberen Bett. Eine Frau packte ihr Haar. Eine andere die Arme. Und die dritte Frau hockte sich rittlings auf ihre Beine, betastete sie, tat es mit den Händen, mit der Zunge ...

Und dann die Stimme ihres Anwalts: ›Keine Angst, Joyce. Wenn man Sie auch nur zu einem einzigen Tag Gefängnis verurteilt, dann sitze ich ihn für Sie ab‹. Aber Larry Debus, ihr Anwalt, war nicht in Durango. Er konnte für sie seine Revisionsanträge stellen, aber er konnte auch auf der Straße spazieren gehen, sich in ein Restaurant setzen, sich Musik anhören, ein normales Leben führen. Trotzdem war Durango anders. Die Einrichtung war sauber, das ganze System erschien sicherer. Aber es war ganz sicher kein Studentenwohnheim.

Und dann begriff Joyce, was sie erwartete. Diese Wände, die

Frauen, die Regeln, die Wachen, die ständige Angst wären nun ihre Begleiter für die restliche Zeit ihres Lebens. Jeder Tag wäre gleich. Sie könnte sich nie mehr richtig entspannen, dürfte nicht mehr für längere Zeit mit ihrer Familie zusammensein (Abteilung K, Besuche, Regel 2: Insassen dürfen während einer Woche drei Besuche von jeweils dreißig Minuten Dauer empfangen).

»Ich saß in der Zelle und konnte nur noch weinen, weinen, weinen . . .«

Liebe Mom,

Hallo! Wie geht's Dir? Ich hoffe, in Durango ist es besser als im Madison Street Jail. Stimmt's? Ich weiß nicht, was ich Dir schreiben soll, außer daß ich Dich liebe und mehr vermisse, als Du Dir vorstellen kannst.

Wenn Du schon nicht für Dich weiterleben willst, dann wenigstens für uns (Eric, Ron, Jason, ich) (vor allem für mich), denn wir brauchen Dich sehr. Wie Du neulich meintest, glaubst Du, daß Du ›Deinen Job‹ als Mutter erledigt hast, aber das stimmt nicht. Als Mutter vermittelst Du Deinen Kindern nicht nur ein Gefühl der Sicherheit oder lehrst sie, für sich selbst zu sorgen (was Jason und Eric noch nicht schaffen). Du mußt trotzdem immer noch in der Nähe Deiner Kinder sein, um sie zu lieben, um ihnen zu helfen, wenn sie Probleme haben, um sie zu lehren, was richtig ist, wenn sie etwas falsch machen, oder einfach nur, um da zu sein, wenn sie Dich brauchen. Dein Job ist nicht beendet, solche Situationen kommen immer wieder vor, und Du mußt bei Deinen Kindern sind, und Deine Kinder müssen wissen, daß Du da bist.

Du siehst, Mom, Dein Job ist alles andere als beendet; Du kannst Dich nicht davon befreien.

Und was ist mit Ron? Wer soll ihn abends ausschimpfen, wenn er getrunken hat? Wer ist für ihn da?

Und was ist mit all den anderen Menschen, die Dich lieben und sich wegen Dir Sorgen machen? Einige dieser Leute brauchen Dich ebenfalls dringend. Wir sind vielleicht sehr selbstsüchtig, aber die Wahrheit ist, daß wir Dich brauchen, und Du darfst jetzt nicht so einfach aussteigen. Du mußt stark sein. Du mußt!

Ich weiß, daß Du wahrscheinlich denkst: ›Ich war die ganze Zeit stark! Ich schaffe es nicht mehr!‹ Nun ja, da denkst Du falsch. Wenn Du es bis jetzt geschafft hast, dann schaffst Du es auch noch etwas länger.

Donnerwetter, für jemanden, der nicht wußte, was er sagen sollte, ist mir aber eine ganze Menge eingefallen! Das reicht einstweilen. Ich liebe Dich, und ich vermisse Dich sehr.

In ewiger Liebe,

Eden.

Das Durango Detention Center war eine riesige Halle mit Wohnräumen an den vier Ecken. Die Wohneinheiten, Trakte genannt, waren mit Buchstaben bezeichnet. Ein Trakt war für spezielle mit kurzen Strafen einsitzende Personen, wie zum Beispiel jene, die sich an Arbeits- und Hafturlaubs-Projekten beteiligten. Der C-Trakt war für die kleineren Vergehen, wo die meisten Frauen Strafen von ein paar Tagen bis zu wenigen Wochen abzusitzen hatten. Der B-Trakt war mit Schwerverbrecherinnen besetzt, und der D-Trakt enthielt die Isolationszellen.

In jedem Trakt gab es zwischen acht und sechzehn Zellen. Joyce kam zuerst in eine Einzelzelle, ein extrem kleiner Raum, wo man sich kaum bewegen konnte. Sie konnte in eine Richtung zwei Schritte gehen und fünf in die andere. Eine Stahlpritsche war an einer Wand befestigt, und eine drei Zentimeter dicke Matratze lag auf dem Bettrahmen. Sie erhielt ein Laken und eine krankenhausähnliche Wärmedecke zum Schlafen.

Die Einzelzelle enthielt außerdem eine stählerne Toilette ohne Brille. Daneben befand sich ein winziges Handwaschbecken, vielleicht zwei Handbreit groß, mit einem Druckknopf für das Wasser.

Im Isolationstrakt gab es keinen Kontakt mit anderen Leuten, außer wenn Essen oder Medikamente ausgeteilt wurden. Die Tür wurde fünfmal am Tag geöffnet und geschlossen. Zuerst war sie lange genug auf, um das Essen hineinzuschieben. Dann wurde sie wieder für die Verabreichung von Medikamenten geöffnet. Dann gab es noch das Mittagessen, das Abendbrot und ein zweites Mal Medikamente.

Alles wurde von Kalfakterinnen ausgegeben, jedoch beschränkten die Gespräche sich auf ein Minimum. Sie konnte sich nicht erkundigen, warum sie in Einzelhaft saß. Sie konnte auch nicht zu einem der Telefone gelangen, die es in Durango an verschiedenen Stellen gab und von denen Insassen Freunde, Verwandte, Anwälte oder jeden anderen anrufen konnten, vorausgesetzt, sie führten R-Gespräche.

Larry Debus kam nach Durango, um Joyce zu sehen. Es war der zweite Tag ihrer Isolationshaft. Er war geschockt, sie dort anzutreffen. Isolationshaft war überhaupt nicht gefordert und verstieß gegen alle Entscheidungen, die in ihrem Fall ergangen waren. Sie hatte sich nicht an Gewalttaten beteiligt, hatte sich nicht mit Insassen gestritten. Das Gericht hatte eine solche Behandlung nicht gefordert, und ihre Gesundheit war derart angegriffen, daß die Isolationshaft sich verheerend auswirken könnte.

Debus hatte auch noch andere Sorgen. Joyce hatte ihm im Krankenhaus gestanden, daß sie Ron gebeten hatte, ihr etwas zu besorgen, womit sie Selbstmord begehen konnte. Der Anwalt erschrak nicht nur über das Ausmaß ihrer Depression, sondern auch darüber, daß ihr Ehemann ihr irgendein Medikament besorgt hatte. Es hatte keine tränenreichen Diskussionen zwischen Ehemann und Ehefrau gegeben, keinen Versuch Rons, Joyce den Selbstmordversuch auszureden. Sie hatte ihn gebeten, er hatte zugestimmt, und sie war beinahe gestorben. Sie in einem derart deprimierten Stadium zu sehen und gleichzeitig in Isolationshaft, war sowohl grausam wie auch gefährlich. Debus hatte den Behörden nichts von dem Selbstmordversuch erzählt, weil Joyce nicht wollte, daß es an die Öffentlichkeit drang. Aber er ließ nicht zu, daß seine Klientin in Isolationshaft blieb. Sie wurde sofort in den C-Trakt zu den Insassen mit den leichten Vergehen verlegt. Die Urteilsverkündung stand noch aus, allerdings war davon auszugehen, daß sie in einen höheren Sicherheitsbereich verlegt würde, sobald der Richter das Strafmaß festgesetzt hätte.

»Es war wie in einer Kleinstadt auf dem Land«, sagte Joyce. »Die meisten Frauen schienen einander zu kennen, und viele waren schon früher in Durango gewesen. Sie schienen in der

Großstadt nicht in ihrem heimischen Element zu sein und mit den Verhältnissen nicht zurechtzukommen.

Es waren nette Frauen, die meisten jedenfalls. Nicht besonders intelligent und nicht gerade gebildet.

Sie stammten zum Teil aus ärmsten Verhältnissen. Für sie war das Gefängnis fast so etwas wie ein Zuhause. Andere lebten dort an einem hübscheren, saubereren Ort, als sie ihn vorfinden würden, wenn sie wieder nach Hause zurückkehrten.

Die Mahlzeiten waren furchtbar. Zum Frühstück bekamen sie Haferschleim, aber der war dick und zähflüssig wie Kleister. Und wir hatten Toast, manchmal eine Tasse Kaffee und ›Saft‹. Was sie Saft nannten. Es war eher wie Kool-Aid, aber stark verdünnt.

Zum Mittagessen und zum Abendbrot gab es stets das gleiche. Fast immer bekamen wir etwas, das sie Hühnchen nannten. Es war einer von diesen Sojaklopsen. Ich habe keine Ahnung, ob überhaupt eine Spur Fleisch darin war. Sie ertränkten den Klops in irgendeiner Sauce, manchmal war es Tomatenketchup, dann wieder irgendeine klumpige Suppe. Wenn man viel Glück hatte, bekam man einmal in der Woche oder noch seltener ein Stück Käse.

Wir aßen auch etwas, das sie Kartoffelbrei nannten, und dazu irgendein Gemüse. Gewöhnlich stammte es aus diesen Dosen, in denen man jede Menge Mais, ein paar Bohnen und was sonst noch findet. Nichts davon hatte besonders viel Geschmack. Dieses Zeug gab es mittags und abends.

Dazu kam eine Tasse dünnen Kaffees. Manchmal eine Tüte Milch. Einmal in der Woche erhielten wir zum Frühstück ein Ei. Und dann kam es gelegentlich vor, daß jemand dem Gefängnis Obst spendete, dann gab es eine Orange für jeden oder etwas anderes. Aber darauf konnte man sich nicht verlassen. Es hing davon ab, was geliefert wurde. Einmal in der Woche, manchmal auch seltener, gab es tatsächlich Fleisch.

Es war schrecklich, aber viele der Frauen aßen im Gefängnis besser, als sie je in ihrem bisherigen Leben gegessen hatten. Meine Zähne begannen durch die schlechte Ernährung zu faulen, während die Verpflegung für andere das beste war, was sie je bekommen hatten.

Sie schienen mich irgendwie zu mögen. Ich glaube, sie betrachteten mich als ein bißchen naiv. Sie taten Dinge, von denen ich keine Ahnung hatte, und ich glaube, daß ihr Leben mich faszinierte.

Da waren Prostituierte, die mit fünfundvierzig Tagen bestraft worden waren und diese Zeit als Urlaub betrachteten. Da waren illegale Einwanderer, die auf die ›Federales‹ warteten, damit sie sie über die Grenze zurückbrachten. Da gab es Falschparker, die schon so viele Strafzettel erhalten hatten, daß der Richter fünfundvierzig Tage Haft verhängte. Und es gab welche, die waren verhaftet worden, weil sie sich in einem Gebäude aufgehalten hatten, in dem sie nichts zu suchen hatten. Es war offensichtlich, daß sie einen Einbruch verübt hatten, aber aus irgendeinem Grund reduzierte das Gericht die Tat auf Hausfriedensbruch, wodurch die Strafe sich deutlich verkürzte.

Meistens lagen sie in ihren Betten, schliefen, oder sie sahen sich im Fernsehen die Seifenopern an, hörten die Nachrichten. Das war etwas, das mich sehr überraschte. Sie interessierten sich lebhaft für die Nachrichten. Sie verfolgten sie aufmerksam, wollten über die Ereignisse in der Welt auf dem laufenden sein. Ich denke, sie interessierten sich mehr für die lokalen Nachrichten als für die nationalen Meldungen, aber sie verfolgten die Ereignisse aufmerksam. Natürlich achteten sie weitaus intensiver auf alles, was einen ihrer Fälle betraf.

Die Räume waren etwas größer als im Isolationstrakt. Pritschen waren an den Wänden befestigt, dann gab es die Toilette und das Waschbecken. Doch der Unterschied war nicht sehr groß. Wenn man sich auf die Bettkante setzte und aufstand, dann stieß man schon nach einem Schritt gegen die Wand. Jedoch waren die Türen zu jeder Zelle offen, nur der Trakt als solcher war abgeschlossen.

Jeder Trakt hatte die Form eines L mit sechzehn Zellen und einem Waschraum. Im Waschraum befanden sich zwei Stahlwaschbecken, zwei Duschkabinen aus Stahl ohne Vorhänge oder irgendwelche anderen Sichtblenden und zwei Toiletten hinter den Duschen. Die Offenheit war keine Schikane für die Insassen. Sie sollte die Frauen nur daran hindern, die Abgeschlossenheit für Sex, Drogen oder Gewalt auszunutzen.

Auf der einen Seite des allgemeinen Aufenthaltbereichs befanden sich drei große vergitterte Fenster, eine verriegelte Hintertür und die Tür, die in die große Halle führte. Die Insassen jedes Traktes hatten pro Tag eine Stunde Ausgang, doch die Halle wurde zum Essenholen, für Besucher und zum Aufsuchen des Arztes benutzt.

Im Aufenthaltsbereich des Traktes lagen Bibeln, religiöse Magazine und unvollständige Damespiele aus. Es gab zwei Stahltische mit acht Stahlhockern, alles auf dem Fußboden festgeschraubt. Insgesamt ergab das sechzehn Sitzgelegenheiten bei einer Besatzung von zweiunddreißig Personen. Es gab auch einen Fernsehapparat, der um halb elf Uhr vormittags eingeschaltet und um neun Uhr abends ausgeschaltet wurde. Es war ein Schwarzweißgerät, doch es bot Ablenkung.

Man mußte sich auf den Fußboden setzen, um das Programm verfolgen zu können, doch das bremste den regen Zuspruch nicht. Die einzelnen Programme waren durchaus bekannt und wurden von vielen Frauen geradezu verschlungen. An den Werktagen liefen Seifenopern, allesamt Endlosserien, die einige Frauen sich schon seit Jahren ansahen. Die Show ›Star Search‹ am Samstagabend versammelte praktisch jeden vor dem Apparat. Ich weiß nicht, ob es an ihrer Intelligenz lag oder einfach nur an dem ständigen Wunsch, etwas Beständiges zu sehen, das sie an die Welt draußen erinnerte, doch der Fernseher war für viele der Mittelpunkt ihres Gefängnislebens.

Wir alle hatten in unserem Trakt Putzdienst. Immer zwei Zellen erledigten das und wechselten nach jeder Mahlzeit, so daß jeder alle drei Tage putzen mußte. Der Putzdienst bestand im wesentlichen daraus, nach jeder Mahlzeit den Boden aufzuwischen, was eigentlich wenig dazu beitrug, Sauberkeit zu schaffen. Im D-Trakt gab es einen Bodenbelag, der sowohl für draußen als auch für drinnen geeignet war, und die Insassen bekamen einen dieser Mops, wie man sie bei der Marine kennt. Sie wischten den Bodenbelag dreimal am Tag mit dem Mop ab, und er wurde immer schmutziger, da er auf diese Weise nicht gereinigt werden konnte.

Dann, alle zwei Wochen, kamen sie mit einem Karren mit alten Illustrierten als zusätzlichen Lesestoff. Man konnte auch einmal in der Woche in den Laden gehen und Süßwaren, Gebäck, Schreibpapier und andere Dinge kaufen.

Die Wachen patrouillierten durch die Trakte, kontrollierten die Insassen und brauchten für eine Runde gewöhnlich achtundzwanzig Minuten. Es gab auch Anlässe, da mußten wir alles, was wir gerade taten, unterbrechen und uns in unseren Trakten aufstellen, um durchgezählt zu werden. Manchmal geschah das völlig willkürlich. Meistens hielten sie jedoch einen festen Plan ein. Aber am wichtigsten für die Frauen waren die achtundzwanzig Minuten, die die Wachen brauchten, um die Runde durch die verschiedenen Trakte zu machen.

Immer achtundzwanzig Minuten lang waren die Frauen allein und ungestört. Dann konnten sie sich unterhalten, ohne belauscht zu werden. Sie konnten Sex haben oder Alkohol aus Obst herstellen, das sie bei den Mahlzeiten eingesteckt und mitgenommen hatten. Einige nutzten die Zeit, um eine Messerschneide aus einem Löffel oder einem anderen Stück Metall zu schleifen. Einige stritten sich, andere vergewaltigten schwächere. Und wir alle wußten, daß die Wachen achtundzwanzig Minuten brauchten, um durch die Trakte und die Halle zu gehen und daß in dieser Zeit niemand etwas hörte, wenn man jemand um Hilfe schrie.«

Die Frauen mit den Kleindelikten staunten über Joyces Naivität in bezug auf das, was auf den Straßen passierte. Sie erfuhr schnell, daß sie in ihren Augen viel zu hart gearbeitet und viel zuviel für die Waren bezahlt hatte, die sie erworben hatte, da sie völlig weltfremd war.

Eine Frau besaß einen Videorecorder, für den sie fünfundzwanzig Dollar bezahlt hatte. Eine andere Frau berichtete von teuren Geräten und Stereoanlagen, die sie für nicht einmal zehn Prozent des niedrigsten Preises bekommen hatte, der in normalen Läden verlangt wurde. »Sie bekommen dieses Zeug in den Übergangshäusern. Lastwagen tauchen dort auf, und da kann man alles kaufen, nagelneu und noch in der Originalverpackung«, erzählte Joyce.

»Ich dachte dabei noch immer wie die praktische Hausfrau. ›Was ist denn mit der Garantie?‹ fragte ich sie. ›Wie und wo läßt man denn Reparaturen ausführen, falls mal etwas defekt ist?‹«

»Die Frauen sah mich an, als wäre ich der dümmste Mensch der Welt. Und erst in diesem Moment begriff ich, daß alles, was sie auf diese Art kauften, gestohlen war.«

Die Frauen erklärten, wie sie sich freie Mahlzeiten in einem Restaurant erschlichen. Mehrere von ihnen gingen hinein und suchten sich einen Tisch in der Nähe von Leuten, die anscheinend zusammengehörten. Dann, nachdem sie gegessen hätten, stünden sie nacheinander vom Tisch auf. Sie wären zu fünft oder zu sechst, und die letzte Person, die hinausging, erklärte dem Kellner, daß jemand am Nebentisch die Rechnung bezahlen würde. Wenn der Kellner dann erkannte, daß die betreffende Person die anderen überhaupt nicht kannte, wären die Frauen längst verschwunden.

Ich erfuhr, daß die Pferderennbahn der günstigste Ort für Taschendiebstähle ist. Dort herrscht immer dichtes Gedränge, und wenn man Mittel- und Zeigefinger benutzt, dann kann man jemanden die Brieftasche aus der Gesäßtasche ziehen, ohne daß es bemerkt wird. Die Leute stoßen sich gegenseitig an, weil soviel Betrieb ist, und das reicht aus, um jemanden abzulenken.

Sie brachten mir außerdem bei, wie ich mit Hilfe einer Kreditkarte ein Türschloß öffnen kann. Und ich lernte Alkohol herzustellen.

Die Frauen lehrten mich auch, wie ich das Gefängnissystem überlistete. Sie zeigten mir, wie ich während des Saubermachens einen Plastikmüllsack stahl und ihn dann in einen Duschvorhang verwandelte. Die Wachen zerrissen ihn, wenn sie einen damit erwischten, aber man konnte ihn gewöhnlich ein paar Tage lang benutzen, ehe sie ihn fanden.

Der Duschvorhang vermittelte einem eine gewisse Privatsphäre. Er diente nicht nur der Schicklichkeit. Selbst unter den allgemein nicht gewalttätigen Frauen im Trakt für Kleindelikte gab es seltsame Typen. Sie gingen an einem vorbei und machten ihre Bemerkungen. Manchmal setzten sie sich auch einfach vor die Duschkabine und unterhielten sich mit einem.

Eine der Frauen im Tagesraum, dem allgemeinen Aufenthaltsbereich in jedem Trakt, zeigte mir, wie ich die elastischen Bänder, mit denen die Post zusammengehalten wurde, benutzen konnte, um den Duschvorhang zu basteln. In den Duschkabinen gab es Schrauben, die aus den Wänden ragten. Man spannte dazwischen die Bänder auf und hängte eine Ecke des Plastiksacks darüber, und schon hatte man seine eigene Kabine.

Ich erfuhr auch, wie man von den Kalfaktorinnen zusätzliche Kleidung zum Wechseln bekam. Sie gaben uns heimlich Blusen und Hosen und boten uns die Chance, sie zu tauschen, bis wir die Sachen gefunden hatten, die uns am besten paßten. Die Kleidung wurde uns zwar wieder abgenommen, wenn sie ihre gelegentlichen Durchsuchungsaktionen in den Zellen durchführten, aber dann sorgten wir nur dafür, daß mehr hereingeschmuggelt wurde. Niemand kam in Isolationshaft, weil er zusätzliche Kleidung besaß. Es gehörte zum System, daß man mal gewann und mal verlor.

Während Joyce sich allmählich ans Gefängnis gewöhnte, kämpfte Larry Debus um ihr Leben. Sie hatte ihren Mann überredet, ihr bei ihrem Selbstmord zu helfen, eine Tatsache, die für Debus die Frage aufwarf, ob sie es noch einmal versuchen oder emotional völlig zusammenbrechen würde.

Das Gefängnis war ein tiefer Schock für jeden, der noch nie eingesperrt gewesen war. Joyce hatte bereits die Hölle des Gefängnisses in der Madison Street kennengelernt. Sie war vergewaltigt und seelisch angeschlagen worden. Debus wußte, daß sie dazu neigte, sich zurückzuziehen, und es bestand die Chance, daß sie diese Technik derart intensiv anwendete, daß er sie am Ende völlig verlor.

Alle Strafverteidiger, die schon längere Zeit in diesem Gewerbe tätig sind, kannten die Folgen der Einkerkerung auf Menschen, für die die Vorstellung, in einem Gefängnis zu sitzen, bisher völlig abwegig gewesen war. Einige reagierten, indem sie wütend, gewalttätig wurden und dadurch andere Gefangene und die Wachen herausforderten. Andere wiederum zogen sich in sich selbst zurück bis zu einem Punkt, der dem Autismus glich. In diesem Zustand aßen und schliefen sie, ihre Körper zeigten die normalen Funktionen, doch sonst nichts. Sie saßen stundenlang da, starrten die Wände, den Fernseher oder die umhergehenden anderen Insassen an. Oder sie schliefen tagsüber immer mehr, bis sie nur noch wenige Stunden im wachen Zustand verbrachten. Ihre Körper wurden aufgeschwemmt und schwammig von zu wenig Bewegung, und schließlich litten sie unter Herzbeschwerden oder anderen streßbezogenen Krankheiten.

Joyce hatte ein schwaches Herz. Sie hatte sich auch innerlich zurückgezogen und abgekapselt. Larry Debus war von ihrer Unschuld überzeugt und entschlossen zu beweisen, daß sie nicht ins Gefängnis gehörte. Er ließ einen Therapeuten zu ihr ins Gefängnis kommen und sie gewisse Praktiken erlernen, wie sie mit ihrer Situation am besten fertig wurde.

Der Therapeut erwies sich für Joyce als hilfreich. Er schirmte sie vor den anderen Insassen ab, als er sie aufsuchte. Er redete mit ihr, hörte ihr zu und half ihr bei der Umstellung.

»Er brachte mir bei, wie ich das Gefängnis in meinem Geist verlassen konnte«, erklärte Joyce. »Es war so ähnlich wie das, was ich in der Madison Street versucht hatte.

Ich mußte die Augen schließen und irgendwohin gehen, wo es ruhig und friedlich war, wo ich sicher und frei war und reine Luft atmen konnte. Einmal wanderte ich durch den Wald, dann ging ich durch hohes Gras, blickte zum blauen Himmel empor, sah die vorbeiziehenden Wolken. Ich bückte mich, um mir die wilden Blumen genauer anzusehen, und atmete ihren Duft ein. Es waren keine anderen Leute in der Nähe, nichts, was mich hätte ablenken können. Alles war ruhig, entspannt, und die einzigen Geräusche waren das Rascheln der Blätter im Wind, der Gesang der Vögel und meine Füße im Gras. Ich spürte die Sonnenstrahlen auf meinem Gesicht und genoß die Wärme.

Und ich war in Sicherheit. Mir konnte nichts passieren.«

Bei jedem Besuch arbeitete der Therapeut mit Joyce. Die Techniken waren die gleichen wie bei der Selbsthypnose, und sie lernte es, sie bei sich anzuwenden. Schließlich stellte er seine Besuche ein, als seine Arbeit beendet war. Danach war Joyce in der Lage, sich innerlich vor der tiefen Depression zu schützen, die sie empfunden hatte.

»Ich lernte es, nur in meinem Kopf zu leben. Ich konnte stundenlang dasitzen, nicht reden und mich stumm mit mir selbst unterhalten. Ich führte ein aktives Leben, wenn auch nicht nach außen. So schaffte ich es, die Tage herumzubringen, ohne mich von allem behelligen zu lassen, was sich um mich herum abspielte.«

Arthur Ross versuchte ebenfalls, Joyce in dieser Zeit einen gewissen Rückhalt zu geben. Er wollte noch immer nicht nach Arizona zurückkehren, hatte immer noch zuviel Angst, daß ihm selbst etwas zustoßen könnte wie seiner Schwester. Aber er veranlaßte, daß ein gemeinsamer Freund Joyce einen Brief zukommen ließ. Es war eine Nachricht, die aufmuntern sollte, kurz nur und auf ein Blatt Papier geschrieben, das von einem Notizblock einer Title Insurance Company in Chicago abgerissen worden war. Doch die Worte waren wichtig für sie. Sie machten ihr klar, daß sie von der ihr am nächsten stehenden Person in ihrer Familie nicht aufgegeben worden war.

Liebe Joyce,

ich werde Dich nie in meinem Leben im Stich lassen. Ich werde Dich nicht dort zurücklassen. Über Nacht wirst Du bestimmt nicht herauskommen. Du mußt nur geistig durchhalten. Ich habe darüber mit vielen Leuten gesprochen. Sie meinen auch, daß es seine Zeit dauern wird.

Ich weiß, daß ich Dich auf Deinem Platz nicht ablösen kann, aber wir kommen aus einem starken Geschlecht. Wir sind zum Überleben geboren. Ich versuche alles zu verkaufen, was ich entbehren kann, um Bargeld zusammenzubringen. Und ich werde Deine Revision unterstützen, egal, was es kostet.

Mir geht es soweit gut. Ich bin bei Max (Max Kugler, ein Geschäftspartner), aber auch er hat im Augenblick einige Probleme, und so sind uns zur Zeit etwas die Hände gebunden.

Ich bete jeden Tag für Dich. Wir werden gewinnen.

Wie oft liest man von irgendwelchem Unrecht, das geschieht. Unglücklicherweise bist Du es zur Zeit, die mehr als genug davon durchleben muß.

Ich werde mich bis zu meinem letzten Atemzug um Dich und um Deine Kinder kümmern. Todd (ein Freund) teilte mir mit, Du wolltest noch immer mit Debus zusammenarbeiten, und das ist Deine Entscheidung. Ich glaube nicht, daß er Deine Revision angemessen vertreten kann. Soweit ich es hörte, hat er Deinen Prozeß völlig vermasselt. Hinzu kommen die Bemerkungen, die Gerber (der Richter) nach dem Prozeß machte und die Gründe, die er nannte, weshalb er den Fall nicht verworfen hatte, nämlich wegen des öffentlichen Drucks. Er ist eine Memme, aber er weiß auch, daß das Urteil keinen Bestand hat. Ich hoffe, daß es Ryan und Brownlee am Ende gründlich erwischt.

Ich bleibe mit Dir in Kontakt. Ich liebe Dich, und ich kann Dir nur raten, Dich innerlich zu festigen und Dir stets vorzusagen, daß Du herauskommst. Es hängt allein von Dir ab, körperlich und physisch, ob Du durchhältst. Laß Dich nicht von ihnen unterkriegen. Das ist das, was alle mir sagen.

Unsere Gebete sind mir Dir.

Dein Dich liebender Bruder,

Arthur

TEIL ZWEI

RECHT UND GESETZ IN ARIZONA

Häftlingsspiele

Das Gesetz von Arizona gestattet einem Anwalt die Forderung nach einem neuen Prozeß in der Zeit zwischen Urteilsspruch und Strafmaßfestsetzung. Ungeachtet der kritischen Bemerkungen über ihre Strategie während des ersten Prozesses waren Larry Debus und sein Partner entschlossen, um Gerechtigkeit zu kämpfen. Und die Gerechtigkeit war nach ihrer Auffassung nicht, Joyce in eine Todeszelle einziehen zu lassen, das einzige Strafmaß, das für die Vergehen festgesetzt werden konnte, derer sie angeklagt war.

Nach den in Arizona geltenden Gesetzen hat der Antrag auf ein neues Gerichtsverfahren den Vorschriften für Strafverfahren, Paragraph 2401, zu entsprechen. Diese lauten:

1. Der Urteilsspruch widerspricht dem Gesetz oder dem Gewicht der Beweismittel.
2. Dem Staatsanwalt sind Verfahrensfehler unterlaufen.
3. Ein Mitglied oder mehrere Mitglieder der Jury haben sich eines Fehlverhaltens schuldig gemacht, indem sie Beweise gewürdigt haben, die nicht ordnungsgemäß im Prozeß zugelassen waren, indem sie das Urteil per Losentscheid gefällt haben, indem sie einen Meineid geleistet oder sich geweigert haben, ausreichend auf eine direkte Frage zu antworten, indem sie sich der passiven Bestechung schuldig gemacht haben, indem sie auf Grund des Genusses von Rauschmitteln den Verhandlungen in einem Zustand eingeschränkter Zurechnungsfähigkeit beigewohnt haben, indem sie sich vor der Urteilsfindung zum Verfahren geäußert haben.
4. Dem Gericht ist in einer Entscheidung ein Rechtsirrtum unterlaufen, oder es hat die Jury in einer Rechtsfrage falsch instruiert.

Es gab auch noch andere Vorschriften, doch alle drückten im Grunde aus, daß der Angeklagte keinen fairen und unparteilichen Prozeß bekommen hatte aus Gründen, die sich seinem oder ihrem Einfluß entzogen.

»Davon gab es in unserem Fall eine ganze Reihe von Punkten«, erklärte Larry Debus. »Zuerst einmal hatten wir die mangelhafte Verfahrensführung der Staatsanwaltschaft. Und wir hatten eine Anhörung. Wir verlangten die Herausgabe der Telefonaufzeichnungen aus dem Büro des Bezirksstaatsanwalts.

Als wir deren Ermittler aufrufen wollten, sagten sie, sie wüßten nicht, wo er sich aufhalte, er sei nicht in der Stadt. Wir bewiesen, daß er doch anwesend war und daß sie logen. Und derartige Dinge mehr.

Wir wiesen nach, daß der Ermittler dafür gesorgt hatte, daß ihr Hauptzeuge im Gefängnis Drogen erhielt.« Debus erklärte, daß sie, nachdem einige Informationen während des Prozesses bekannt wurden, vor allem die meineidliche Zeugenaussage von Arnie Merrill, nicht lockerließen, nachdem der Prozeß abgeschlossen war. »Wir wußten, daß es noch einige Ungereimtheiten gab, und wir hörten nicht auf zu bohren. Und dabei fanden wir mehr und mehr. Als wir schließlich unseren Antrag auf Prozeßwiederholung stellten, hatten wir jede Menge Material zusammen. Es war so schlimm, daß der Richter sie alle wegen Mißachtung des Gerichts bestrafte.«

Die Aktivitäten führten zu einem neuen Prozeß, doch es gab keine Chance, daß Joyce vor Ende des Prozesses entlassen würde. Sie war sich auch darüber im klaren, daß sie, wenn der neue Prozeß zu ihren Ungunsten ausginge, die Todesstrafe erwartete. Erst dann würde man in die Berufung gehen.

Die Nachricht, daß ein neuer Prozeß zugelassen wurde, war für Joyce wenig tröstlich. Sie saß im Gefängnis, war von ihren Kindern, ihren Freunden getrennt, hatte all die Freiheiten nicht, die sie bisher in ihrem Leben als selbstverständlich betrachtet hatte.

Joyce befürchtete, daß eine neue Jury nicht anders reagieren würde als die erste. Der neue Prozeß war vielleicht nur ein kurzer Aufschub, der jedoch das Unvermeidliche nicht aufhalten konnte.

Joyce ging mit der Überzeugung ins Gefängnis, daß sie Wochen, Monate, Jahre hinter Gittern zubringen würde. Sie konnte nicht sagen, wann sie, falls überhaupt jemals, wieder frei wäre. So schrecklich und verzweifelt sie sich auch fühlte, sie würde sich damit abfinden müssen. Sie mußte sich in die Position des Beobachters begeben, müßte bewußter und aufmerksamer auf die Leute um sie herum achten, als sie es getan hatte, als sie zum erstenmal verhaftet worden war. Wenn sie das nicht tat, dann erwartete sie der sichere Tod.

Rosemary war eine der ersten Insassinnen, die Joyce bewußter wahrnahm, vielleicht wegen Rosemarys Alter – neunzehn, nicht viel älter als Joyces ältere Kinder. Das Mädchen war gepflegt, etwa einssechzig groß, schlank und sehnig. Sie schien eine bessere Herkunft zu haben als die anderen Inhaftierten. Sie schien nicht auf der Straße gearbeitet zu haben, war noch nicht von einem Leben in der Halbwelt hart gemacht worden. Sie war faul und eingebildet, jener Typ von Mädchen, wie Joyce sie in Edens High-School kennengelernt hatte, ein Kind, dessen Eltern meinen, daß sie ihre Liebe damit zeigen, es mit materiellen Gütern zu überschütten und es nicht mit irgendwelchen Verantwortungen zu belasten.

Rosemary war offenbar noch nie im Gefängnis gewesen. Zumindest nicht für einen längeren Zeitraum. Sie war eine Einzelgängerin, die ihre Feindseligkeit offen zur Schau trug, eine Einstellung, die, wie erfahrene Insassinnen wußten, sie schnell in Schwierigkeiten bringen konnte.

»Als ich sie das erste Mal sah, rauchte sie eine Zigarette«, sagte Joyce. »Zigaretten sind im Gefängnis ein wertvoller Schatz. Sie werden als Währung benutzt, sogar von denen, die nicht rauchen. Mit Zigaretten kann man Sex kaufen oder Schutz vor tätlichen Angriffen. Zigaretten können benutzt werden, um eine Rache zu beenden und um jemanden anzuheuern, der eine andere Insassin töten soll. Zigaretten sind so wertvoll wie Gold, und ihr Besitz oder ihr Nichtbesitz kann ein wesentlicher Teil der ständigen Machtkämpfe sein, die ein typisches Merkmal des Gefängnislebens sind.

Eine schwarze Frau, groß, vierschrötig, vom Leben gezeichnet und frühzeitig gealtert, sah, daß Rosemary eine Packung Zigaretten besaß, und fragte, ob sie ihr eine leihen könne. Alle Inhaftierten erhalten Tabak und Zigarettenpapier, um sich Zigaretten zu drehen, doch die schmecken gewöhnlich furchtbar. Frauen, die genug Geld besaßen, um im Laden einkaufen zu gehen, kauften schon mal Zigarettenpackungen und teilten sie mit denen, die sie sich nicht leisten konnten. Fast keiner mißbrauchte dieses Privileg, einige Frauen gingen sogar soweit, nur um die nicht ganz aufgerauchten Stummel in den Aschenbechern zu bitten.

Rosemary betrachtete die farbige Frau herablassend. ›Verpiß dich, Schlampe. Kauf dir deine eigenen Zigaretten‹. Dann, um zu zeigen, wie überlegen sie war, holte Rosemary die restlichen paar Zigaretten aus der Packung und zerdrückte sie, verstreute Tabak, Papierfetzen und Filter, so daß man keine mehr aufsammeln konnte. Es war genauso, als bäte ein Bettler einen Millionär um etwas Kleingeld, was ihm nicht nur versagt wurde, sondern als müßte er auch noch mitansehen, wie der Millionär vor den Augen des Verhungernden ein Bündel Hundertdollarscheine verbrennt.«

Joyce war schockiert, teils als Mutter, die vor sich ein verzogenes Kind sah, dessen Eltern es versäumt hatten, es richtig zu erziehen, teils auch als Mitinsassin, die spürte, daß Rosemary ein tödliches Spiel trieb. Sie begann das Mädchen zu beobachten, verfolgte, wie sie sich gegenüber den anderen Inhaftierten verhielt. Sie ahnte, daß es eine heftige Reaktion auf diesen Vorfall gäbe, obgleich sie keine Ahnung hatte, wo, wann oder wie es passieren würde.

»Später sah ich Rosemary draußen am Telefon, als gerade jemand anderer es benutzte. Die Telefone waren ein Segen und ein Luxus, unsere Verbindung zur Außenwelt, zu denen, die uns nahestanden und deren Nähe uns bis auf neunzig Minuten pro Wochen versagt wurde. Man konnte unbegrenzt lange telefonieren, solange man R-Gespräche führte und niemand anderer das Telefon benutzen wollte. Die Zeit war wertvoll, und wir respektierten einander, nahmen Rücksicht, hielten unsere Gespräche so kurz wie möglich, wenn jemand anderer das Telefon benutzen wollte. Jedoch dachten wir auch nicht daran, ein Gespräch anderer zu unterbrechen, die Betreffende aufzufordern, Schluß zu machen. Wir wahrten genügend Distanz, um nicht mitanhören zu müssen, was gesagt wurde. Es war ein ungeschriebenes, aber wirksames Gesetz der Höflichkeit. Es war genauso wie bei den Geldautomaten, vor denen jedermann sich in die Schlange der Wartenden einreiht und zu der Person, die gerade den Apparat benutzt, hinreichend Abstand hält. Die Telefonregeln im Gefängnis wurden ebenfalls von allen beachtet, von allen außer von Rosemary.

›Hör endlich mit dem Gequatsche auf‹, forderte sie und drückte die Gabel nieder. ›Ich muß dringend telefonieren‹.

Die Inhaftierte, die so barsch unterbrochen worden war, reagierten total geschockt. Ich konnte nicht genau feststellen, ob sie gleich wegen der abrupt unterbrochenen Verbindung zu weinen beginnen würde oder ob sie einen Wutanfall bekam und Rosemary mit dem Hörer, den sie noch in der Hand hielt, schlagen würde. Sie tat nichts dergleichen. Nach einem kurzen Aufblitzen in ihren Augen ließ sie den Hörer los, so daß er an der Schnur bis auf den Fußboden herabbaumelte, und entfernte sich. Mit triumphierendem Gesicht wählte Rosemary die ›0‹ und dann die Nummer, die sie anrufen wollte.

Ich fühlte mich von ihrer Handlungsweise abgestoßen. Sie hatte kein Mitgefühl für andere. Sie war selbstsüchtig und faul.

Die meisten von uns ignorierten Rosemary, ließen sie unbehelligt gewähren. Man konnte natürlich nicht umhin, sie zu hören. Wir wohnten alle im gleichen Trakt und wir aßen alle im gleichen Saal. Sie geriet mit anderen in Streit, stieß wüste Beschimpfungen aus und ließ jedermann wissen, daß sie sich allen überlegen fühlte.

Irgend jemand hätte Rosemary anständig Bescheid sagen sollen. Wenn sie zum Beispiel an der Reihe war, nach dem Essen den Boden aufzuwischen, dann nahm sie den Mop, wischte damit ein paarmal halbherzig hin und her und stellte ihn wieder zurück in den Behälter. An der Waschraumreinigung beteiligte sie sich auch nicht.

Das hatte eine weitaus größere Bedeutung, als man auf den ersten Blick annehmen könnte. Der Raum, in dem wir unsere

Mahlzeiten einnahmen, war gleichzeitig unser Freizeitbereich. Wir machten es uns auf dem Fußboden bequem, um fernzusehen, uns zu unterhalten und sogar um Karten zu spielen. Es waren zu wenig Stühle da für die Anzahl von Frauen, die den Raum täglich benutzten, daher war der Fußboden die einzige Möglichkeit, sich auszustrecken.

Einige der Frauen hatten neuere und bessere Kleider im Gefängnis, als sie sie normalerweise auf der Straße trugen. Andere, so wie ich, hatten draußen einen Menge anständige Kleider, mußten sich aber im Gefängnis auf die Anstaltskleidung beschränken. So oder so konnte nicht allzuoft gewechselt werden, und daher waren wir alle etwas schmuddelig. Wir gaben uns alle Mühe, unsere Kleidung so sauber wie möglich zu halten, und waren natürlich verärgert über Rosemarys Weigerung, sich an den Reinigungsarbeiten zu beteiligen.

Es gab auch noch andere Verhaltensregeln, an die Rosemary sich nicht halten wollte. So wurde Essen immer geteilt. Einige Frauen hatten mit den mageren Mahlzeiten, die ausgeteilt wurden, nicht genug. Manche aßen sehr viel, sie hatten auch die entsprechende Körperfülle. Manchmal hatten sie draußen dicht vor dem Verhungern gestanden. Häufig hatten sie Gewalttaten begangen, um sich Geld für Lebensmittel zu verschaffen. Das Gefängnis, so schlimm es auch sein mochte, bot eine bessere Ernährung. Wir achteten darauf, daß nichts vergeudet wurde. Niemand war besonders gierig und versuchte, auf Kosten anderer satt zu werden, aber diejenigen, die ihre Mahlzeiten nicht teilten, wurden physisch unter Druck gesetzt, bis sie es auch taten.

Außer Rosemary. Was sie nicht aß, das warf sie in den Abfall. Sie gab kein Obst entweder für die Alkoholherstellung des Traktes oder den Frauen ab, die es gerne gegessen hätten. Sie vernichtete alles, was sie nicht selbst verbrauchte.

Draußen mochte ich selbst vielleicht auch recht überheblich gewesen sein, doch wenn man nach Durango kam, dann begriff man die unausgesprochenen Verhaltensregeln sehr schnell. Zum Beispiel konnte ich meine Lieblingsspeisen im Laden bestellen. Das waren Grandma's Oat Meal Cookies, eine bestimmte Sorte Kekse, und Mars-Riegel. Ich hatte pro Woche zwanzig Dollar, die ich für solche Dinge ausgeben konnte, das erlaubte Maximum, und ich brachte sehr oft Dinge für die anderen Frauen mit. Manchmal revanchierten sie sich bei mir; manchmal konnten sie es nicht. Es machte nichts. Die Kekse wurden mit denen geteilt, die darum baten, der Mars-Riegel wurde fein säuberlich in Scheiben geschnitten, damit möglichst viele etwas davon hatten.

Als ich anfing, meine Zähne wegen der schlechten Ernährung zu verlieren, veranlaßte der Zahnarzt, daß ich eine besondere Diät bekam. Auf meinem Tablett gab es dann Sellerie, Erdnußbutter und Hüttenkäse, Köstlichkeiten, die anderen vorenthalten wurden. Ich aß dann vielleicht drei Viertel von der Erdnußbutter, ein echter Luxus, und gab den Rest derjenigen, die ihn haben wollte. Ich freute mich über den Hüttenkäse und brauchte das darin enthaltene Kalzium für meine Zähne, aber auch den teilte ich mit anderen. Deshalb wurde ich auch von allen in Ruhe gelassen.

Vielleicht ergaben sich einige Probleme auch aus Rosemarys unreifem Quengeln. Sie war wie ein kleines Mädchen, das sich mit dem älteren Bruder oder der älteren Schwester wegen Kleinigkeiten herumstritt. Wenn sie sah, daß jemand, den sie nicht leiden konnte, gegen irgendwelche Regeln verstieß, dann drohte sie: ›Ich sag's den Wachen. Ich verrate dich‹.

Ich weiß nicht, ob Rosemary eine Informantin war, ein Spitzel, die niedrigste Lebensform innerhalb der engbegrenzten Gefängnisgesellschaft. Am besten war es immer, nichts zu hören, nichts zu sehen und nichts zu sagen. Prügel, Morde, Drogengeschäfte ... Draußen wäre man ein Held, wenn man Verbrechen anzeigte, damit die Straßen von der Gewalt befreit wurden. Im Gefängnis war Gewalt eine ganz normale Alltagserscheinung, nämlich eine Methode, Differenzen mit anderen Insassinnen zu regeln, anstatt sich willkürlich mit einer anzulegen, die auch eingesperrt war und sich in der gleichen Situation befand. Alles war ein Spiegelbild der Freiheit, die Wärter waren der Feind, und eine Informantin galt als verabscheuungswürdiges Wesen.

Das Problem mit Rosemary war ihre Zeiteinteilung. Acht- oder zehnmal im Jahr gab es richtiges Hühnerfleisch. Und zwar

Fleisch am Knochen, nicht die Sojaklopse mit Hühnerfleischgeschmack, die unsere tägliche Verpflegung waren. Und das Hühnerfleisch war in doppelter Hinsicht eine Köstlichkeit, eine Tatsache, derer die Wachen sich bewußt waren.

Zuerst war da der Geschmack. Es ist schwierig, den Geschmack von echtem Hühnerfleisch zu überdecken. Ganz gleich, wie es zubereitet wird, das Fleisch ist so typisch und unterscheidet sich derart von jedem anderen Essen, daß es allein schon deshalb eine Delikatesse war.

Dann gab es noch einen zweiten Punkt, der das Hühnerfleisch zu einer beliebten Abwechselung machte. Man kann Hühnerknochen sehr gut zurechtschleifen und mit gefährlichen Spitzen versehen. Die Knochen sind spröde, splittern sehr leicht, und sie zerbrechen, wenn sie in einen Körper gebohrt werden. Selbst wenn sie nicht lang genug sind, um zu töten, wenn sie jemandem in die Brust gerammt werden, so verursachen sie jedoch heftige Schmerzen und Infektionen, und oft ist ein chirurgischer Eingriff nötig, um die Splitter zu entfernen.

Die Wärter hatten genug Messer aus Hühnerknochen gesehen, um zu wissen, daß nach einer solchen Mahlzeit eine Durchsuchung der Zellen notwendig war. Eines Tages hatten wir Hühnerfleisch, als Rosemary sich gerade im Trakt aufhielt. Sie beobachtete, wie eine der Frauen einen Knochen unter ihrer Kleidung versteckte, offenbar mit der Absicht, sich daraus eine Waffe zu basteln. ›Ich verrate das‹, keifte Rosemary daraufhin. ›Ich sag's der Wache‹.

Zu diesem Zeitpunkt waren keine Wachen in der Nähe, niemand war da, der ihre Bemerkung hören konnte, außer uns, die mit ihr zusammenleben mußten. Wir alle hatten den Diebstahl des Hühnerknochens gesehen, aber wir sagten nichts. Wir taten so, als sei gar nichts passiert, und wir hätten auch niemals zugegeben, irgendwas gesehen zu haben, wenn die Insassin den Knochen im Zellenbereich zu einer Waffe verarbeitete.

An diesem Abend gab es eine Razzia. Die Zellen wurden durchsucht, persönliche Habseligkeiten wurden verstreut, alles wurde auf Schmuggelgut kontrolliert. Das Hühnerknochenmesser wurde versteckt in der Matratze in der Zelle der Insassin gefunden, und sie kam in Isolationshaft. Rosemarys Zelle wurde ebenfalls durchsucht, und sie war über diese Aktion genauso entrüstet wir wir alle.

Keiner von uns wußte, ob Rosemary den Wachen etwas verraten hatte, wie sie immer androhte. Ich glaube nicht, daß es etwas ausgemacht hätte. Wir alle wußten aus früheren Erfahrungen, daß sehr oft Zellenkontrollen nach Hühnerfleischmahlzeiten durchgeführt wurden. Doch in der Vergangenheit war niemand dumm genug gewesen, vorher zu sagen: ›Ich werde es verraten! Ich sage alles!‹

An diesem Dienstag war alles anders. Es hatte vielleicht mit der Suche nach dem selbstgebastelten Messer zu tun oder resultierte aus anderen Vorgängen. Keiner von uns fragte die daran beteiligten Frauen. Niemand wollte etwas wissen.

Die Zeiteinteilung bei der Suche war die gleiche wie sonst im Gefängnis. Die Wachen hatten soeben den B-Block kontrolliert, ein Zeichen, daß für die nächsten achtundzwanzig Minuten niemand vom Personal irgendeine Ahnung hätte, was in unserem Trakt ablief. Die Lesbierinnen konnten dem Sex frönen. Die Schnapsbrenner konnten sich um ihr Obstgebräu kümmern. Und Rosemary konnte ihre Zelle aufsuchen, sich aufs Bett setzen und lesen.

Ich weiß nicht mehr, ob ich sah, wie die Frauen in Rosemarys Zelle verschwanden und die Tür schlossen. Ich will mich nicht daran erinnern. Bis heute habe ich Angst, daß, wenn ich zugebe, zuviel gesehen zu haben, dies meinen Tod bedeuten kann, und ich habe die Identitäten der Angreifer aus meinem Gedächtnis gelöscht, falls ich sie wirklich einmal wiedersehen sollte.

Zuerst war da der dumpfe Aufprall eines Körpers. Unwillkürlich krümmte ich mich, unterdrückte einen Schrei, der in meiner Kehle hochstieg, als ich mich an die letzte Gelegenheit erinnerte, bei der ich dieses Geräusch gehört hatte. Es schien zuerst aus größerer Entfernung zu kommen, doch das rührte nur von dem emotionalen Filtereffekt meines Schocks und meines Entsetzens her. Es war das Geräusch eines Körpers, der aus dem oberen Bett gezerrt und gegen die Wand geschleudert wird, so wie es mir bei meiner Vergewaltigung zugestoßen war. Diesmal war es Rosemary, die angegriffen wurde.

Und ein anderes Geräusch war in der Luft, wie das Heulen eines riesigen Tiers, das inmitten seiner Qual noch stark genug ist, seine Schmerzen hinauszuschreien. Ich hörte einen dumpfen Laut, einen Schrei und sah einen Kopf hinter der Glasscheibe der Zellentür auftauchen.

Die Trakte waren so gebaut, daß wir unsere Zellentüren abschließen konnten und daß die Tür, die zu den anderen Trakten führte, ebenfalls gesichert werden konnte. Die Zellentüren waren sicher und massiv und wiesen im oberen Drittel ein großes Fenster auf. Die Stabilität der Tür sicherte einem einen gewissen Grad von Privatheit. Die Fenster gestatteten es den Wachen, jeden Trakt zu betreten und auf einen Blick zu sehen, was in den Zellen getrieben wurde. Diese teilweise Privatheit war immer noch besser als das, was die Zellen im Gefängnis in der Madison Street zu bieten hatten, und wir wußten das durchaus zu würdigen. Außer wenn es gewalttätige Aktionen gab.

Rosemary war zur Tür gerannt, um ihren Angreiferinnen zu entkommen, hatte ihr Gesicht gegen die Glasscheibe gepreßt, als sie verzweifelt versuchte, jemanden auf sich aufmerksam zu machen. Ihre Nase blutete, und in ihrem Mundwinkel klaffte ein tiefer Schnitt. Mehr Blut sickerte aus ihrer Lippe, und es sah so aus, als seien ein paar ihrer Zähne angeschlagen oder gar herausgebrochen. Aber es waren keine Wachen da, die ihr geholfen hätten, keine Insassinnen, die zugegeben hätten, irgendwas gesehen zu haben.

Plötzlich wurde Rosemarys Kopf zurückgerissen, als hätte ihr jemand ins Haar gegriffen und gleichzeitig ein Knie in die Nieren gerammt. Sie verschwand außer Sicht, nur die blutigen Spuren auf der Glasscheibe erinnerten an das, was stattfand.

Die Geräusche waren deutlich und furchtbar. Kurze Schreie wurden von Stöhnen und qualvollem Ächzen abgelöst.

Ich zwang mich, nicht daran zu denken, was hinter mir geschah.

Ich hätte einschreiten können. Ich hätte versuchen können, die Aktion abzubrechen. Ich hätte mich vergewissern können, ob jemand bereit gewesen wäre, mir zu helfen. Ich hätte sogar zu den Wächtern gehen können, obgleich dieser Schritt wahrscheinlich zur Folge gehabt hätte, daß man mich verprügelt oder gar getötet hätte, wenn ich mich nicht freiwillig in Isolationshaft begab.

Ich tat nichts. Ich wußte, was sie wahrscheinlich durchmachte, doch ich hatte kein Mitgefühl. Später sollte ich mich über mich selbst und meine Handlungsweise wundern. Später fragte ich mich auch, ob ich genau so ein Straßentier geworden war wie einige der Frauen, mit denen ich eingesperrt war. Später wunderte ich mich darüber, wie tief wir sinken können, nur um unser Leben und unsere Normalität zu retten. Ich diesem Moment tat ich so, als hörte ich nichts, als wüßte ich nicht, was im Gange war.

Plötzlich wurde die Zellentür geöffnet und wieder geschlossen, als die Angreiferinnen herausschlüpften und im Waschraum verschwanden, um das Blut aus ihren Kleidern herauszuwaschen. Erneut sah ich ihre Gesichter nicht und verdrängte sie gezielt aus meinem Bewußtsein.

Und dann sah ich die Hände. Blutig. Wie aus einem Schlitzer-Film. Zwei Hände, die gegen das Glas gepreßt wurden, und für einen Moment sah es so aus, als seien sie abgeschnitten und dann mit Superkleber auf die Scheibe gepappt worden.

Rosemarys Gesicht erschien für einen kurzen Moment. Dort, wo ihre Zähne gewesen waren, klafften Lücken. Ihr Haar war zerzaust und strähnig, ihr Gesicht war zerschlagen und voller Blut, die Augen waren verletzt, die Haut um sie herum begann anzuschwellen. Ich dachte für einen kurzen Moment, daß sie schreien würde, doch ihr Gesicht war beinahe leblos. Ihr Mund stand offen, der Unterkiefer war schlaff herabgesackt. Ihre Augen waren leer, als sehe sie nicht mehr, was um sie herum passierte.

Und dann sank ihr Kopf herab, wenige Augenblicke später gefolgt von ihren Händen, die an der Scheibe abwärts rutschten. Alles, was übrig blieb, waren zwei leicht verschwommene, blutige Handabdrücke und die Spuren von Rosemarys Gesicht am Glas.

Rosemary wurde während des nächsten Rundgangs der Wachen durch Joyces Trakt gefunden, achtundzwanzig Minuten, nachdem sie verprügelt worden war. Rein physisch würde sie sich wieder erholen. Niemand hatte sie töten wollen. Niemand hatte ihr bleibende Schäden zufügen wollen. Sie sollte nur Schmerzen erleiden, stundenlang, tagelang, wochenlang. Sie hatte sich allen gegenüber gemein verhalten, und jemand meinte, sie brauche eine Lektion, um zu wissen, wie sie sich benehmen mußte.

Was niemand erwartete und was wahrscheinlich, auch niemanden interessierte, war, was mit ihrer Seele passiert war. Rosemary war nicht straßenerprobt. Sie war zornig, vielleicht ausgelöst durch ständigen Mißbrauch zu Hause, wo sie gelernt hatte, daß ein abweisendes Verhalten die Leute davon abhielt, einen zu genau zu beobachten und seine Schwächen zu erkennen. Sie war wie ein Kind, reagierte mit Wutanfällen und wollte nur ihren Willen durchsetzen. Ihre Handlungen waren verzweifelte Versuche, wenigstens ihr eigenes Leben selbst zu steuern, auch wenn sie es im Gefängnis verbringen mußte. Und daß sie verprügelt worden war, bewies ihr, daß sie überhaupt keine Kontrolle darüber hatte, daß sie hilflos war, der Willkür von Frauen ausgeliefert, denen es Spaß zu machen schien, sie zu schlagen.

Die Wachen sagten nichts, als sie Rosemary auf dem Fußboden ihrer Zelle fanden. Sie weinte, redete wirres Zeug und spuckte Blut. Ihre Augen hatten einen wilden Ausdruck, zuckten hin und her, als sie aus dem Gebäude getragen wurde. Sie sah aus und klang, als sei sie verrückt.

Schließlich erfuhr Joyce, daß Rosemary in eine psychiatrische Klinik verlegt worden war. Gerüchte ließen verlauten, daß sie geisteskrank war und nie mehr die Klinik verlassen könne. Aber das konnte auch typisches Knastgerede sein, denn alle wußten, ganz gleich, was mit Rosemary geschah, sie würde nie mehr nach Durango zurückgebracht. Verrückt oder normal, Joyce hörte nie mehr etwas von Rosemary.

Aber sie blieb irgendwie in Joyces Gedanken. Die Tracht Prügel war nach den Maßstäben von Durango und seiner Inhaftierten durchaus verdient. Joyce wußte, daß sie diese Tatsache akzeptieren müßte, wenn sie überleben wollte. Sie mußte sich mit ihrer eigenen Tatenlosigkeit abfinden, um durchzuhalten und zu ihren Kindern zurückzukehren. Sie war entschlossen, keinen weiteren Selbstmordversuch mehr zu unternehmen. Sie würde alles Nötige versuchen, daß ihr Herz so gut wie möglich gestärkt wurde. Aber sie mußte irgendwie rauskommen.

Vielleicht wäre ihr die Anpassung leichter gefallen, wenn sie schuldig gewesen wäre. Dann könnte sie die Ursache und die Auswirkung der Vernichtung menschlichen Lebens besser begreifen.

Obwohl unschuldig, befand sie sich in der Hölle. Sie lebte nur für ihre Kinder und für das Versprechen ihres Anwalts, daß er sich um einen neuen Prozeß bemühte.

Joyce bemühte sich gerade, sich mit der Realität abzufinden, der sie sich gegenübersah, als sie erneut erschüttert wurde. Larry Debus zog sich aus ihrem Fall zurück. Er hatte für sie den ersten Prozeß geführt. Er hatte einen zweiten Prozeß für sie erkämpft. Sie blieb vorerst im Bezirksgefängnis, anstatt ins Zuchthaus verlegt zu werden, ein Zustand, der ihr ermöglichte, ihre Familie zu sehen. Aber sie war plötzlich allein, ohne Anwalt, anscheinend auch ohne eine Person, die auf ihrer Seite stand und für sie kämpfte. Und sie war allein in einer Gesellschaft, in der sich niemand dafür interessierte, ob man lebte oder starb.

Zum erstenmal erkannte Joyce, daß sie praktisch um ihr Leben kämpfte und daß sie es wohl allein tun mußte. Solange Larry Debus ihr Anwalt war, glaubte sie, daß sie einen Fürsprecher hatte, eine Vaterfigur, die für sie sorgte, die stark war, die sie vor ihren Alpträumen bewahrte. Sie hatte nicht darüber nachgedacht, daß ihre einzige Verbindung mit ihm ein Vertrag zwischen Anwalt und Klientin war, aus dem er sich jederzeit zurückziehen konnte. Er konnte einen anderen Fall übernehmen. Er konnte frei entscheiden, ihren Bitten, sie im Gefängnis zu besuchen, nicht mehr nachzukommen. Er war frei.

Joyce versuchte sich darauf zu konzentrieren, aus dem Gefängnis herauszukommen, die Erinnerung an Rosemary zu unterdrücken, die ständige Anspannung, das Wissen, daß das Gefängnisleben dauernde Gefahr bedeutete, zu verdrängen. Larry Debus hatte Beweise für eine fehlerhafte Prozeßführung der Staatsanwaltschaft gefunden. Larry Debus hatte dafür gesorgt, daß sie einen neuen Prozeß bekam. Doch niemand glaubte einem schuldig gesprochenen Kriminellen, auch wenn die Urteilsverkündung noch nicht stattgefunden hatte. Sie mußte einen Weg finden, wieder die Möglichkeit zu erhalten, ihre Sicht dessen darzustellen, was vor Gericht passiert war. Sie brauchte einen neuen Anwalt, und sie brauchte ihn sofort.

Ron. Joyce wollte sich an Ron wenden. Er kannte sich in der Stadt aus, kannte Anwälte. Er könnte jemanden finden, der ihr half. Er konnte ... Aber sie gelangte mehr und mehr zu der Erkenntnis, daß ihre Ehe vorbei war. Er besuchte sie nur selten; er entschuldigte sich damit, daß er sehr viel zu tun habe. Er hatte einen Druckereibetrieb, den er nun ganz allein leiten mußte, da sein Partner tot war. Er schaffte neue Aufträge heran. Aber sie wußte, daß er trank und vielleicht sogar Schlimmeres tat ...

Ihr Kopf und ihr Herz taten ihr weh. Da waren drei Kinder, tief verletzt, die Liebe und Schutz brauchten. Sie waren nicht Rons Kinder, aber er hatte sie angenommen, als er sie heiratete. Er brauchte sie nicht zu lieben. Er mußte nur seiner Verantwortung nachkommen. Sie waren doch nur Kinder. Sie waren vielleicht schon etwas älter, waren reifer geworden und brauchten mehr Freiheiten und weniger Beaufsichtigung, aber man konnte sie auf keinen Fall sich selbst überlassen. Sie brauchten eine Vaterfigur. Sie brauchten Ron.

Joyce brauchte Ron ebenfalls, aber für sie war er auch nicht da. Sie konnte ihm nicht von Rosemary erzählen. Sie konnte ihm die Schrecken nicht schildern, die sie mitansehen mußte, die Angst nicht beschreiben, die ein fester Bestandteil ihres Lebens geworden war. Was sie nicht wußte war, daß es Ron völlig egal gewesen wäre. Er traf sich mit anderen Frauen, nahm sie mit nach Hause, beabsichtigte, Arizona zu verlassen.

Eden war diejenige, die mit der Last von Rons Frauengeschichten fertig werden mußte. Sie konnte ihrer Mutter nicht erzählen, was im Gange war, durfte nicht den emotionalen Schock riskieren, den eine solche Enthüllung ausgelöst hätte. Statt dessen mußte sie die eindeutigen Geräusche des Liebesspiels, das im Bett ihrer Mutter stattfand, ertragen. Ihre Zimmerwand war wie ein Lautsprecher, der die Leidenschaft auf der anderen Seite aus dem Zimmer übertrug, das ihre Eltern einst geteilt hatten. Und am Morgen sah sie die Frau, eine Fremde, die in Joyces Kleidern im Haus herumlief. Die beiden Frauen waren etwa von gleicher Statur, und die Freundin Rons freute sich über die fremden Kleider wie ein Kind, das sich in einem Spielzeugladen nach Herzenslust austoben darf. Auch dies war eine schlimme, quälende Erfahrung für Eden, die sie niemandem offenbaren konnte.

Im Dezember erklärte Ron den Kindern und Joyce, daß er für zwei oder drei Tage geschäftlich nach Kalifornien fliegen müsse, wie es im Laufe der Jahre bisher schon häufiger geschehen war. Was er jedoch nicht sagte, war, daß er nicht mehr zu seiner Familie zurückkehren würde.

Unterdessen bemühte Joyce sich weiterhin, sich an das Gefängnisdasein zu gewöhnen und nicht ständig in Angst zu leben. Sie war entschlossen durchzuhalten, so gut es ging. Während sie sich mit der Frage auseinandersetzte, wie sie einen neuen Rechtsvertreter finden könne, und das Problem zu lösen versuchte, in der feindseligen Atmosphäre ihres Traktes nicht völlig den Verstand zu verlieren, schuf sie sich ihre eigenen Ablenkungen. Eine davon war das ›Große Amerikanische Bowling-Turnier‹.

Joyces Aktivitäten waren überhaupt nicht ungewöhnlich. Wenn das Leben zur Hölle wird, neigt man dazu, sich auf alles zu stürzen, was kurzfristige Zerstreuung verspricht. Im Gefängnis herrschte eine Atmosphäre der Hoffnungslosigkeit, so daß Joyce, die in eine solche Hölle hineingestoßen worden war, nicht nur zu überleben lernte, sondern sich auch dieser Hölle anpaßte. Dies war einer der Gründe, weshalb Joyce das Bowling-Turnier ins Leben rief.

»Bewahrt eure Pappbecher auf«, flüsterte Joyce und achtete darauf, daß die Wachen nichts davon bemerkten. »Spült sie aus und wischt sie trocken. Und behaltet eine Orange zurück. Wir wollen bowlen.«

Die Becher wurden wie Bowlingpins am Ende eines fast zehn Meter langen Flurs aufgestellt. Dann versammelten sich die Insassinnen ihres Traktes am anderen Ende mit einer Orange, die besonders hart war. Sie rollte recht gut und wurde während des Spiels weich und konnte anschließend besser zur Alkoholherstellung benutzt werden. Sie brauchten die Fruchtschale ebenfalls, allerdings mußten sie die harten Früchte weichklopfen, um sie verwenden zu können. Das ständige Rollen der Orange während des Bowling-Turniers bewirkte im Grunde dasselbe.

»Jeder war zweimal an der Reihe, während eine Insassin die Becher, die umgeworfen worden waren, wieder aufstellte. Der Bodenbelag war reichlich uneben, und selbst die am sorgfältigsten gezielte Orange kullerte auf die Seitenwand zu, prallte ab und sprang zwischen den Wänden hin und her, bis sie schließlich die Becher erreichte. Ich war eigentlich immer eine schlechte Bowlerin gewesen; meine Leistungen bei den Pappbechern waren genauso schlecht wie im Leben draußen. Einige der Frauen waren allerdings recht geschickt, merkten sich die Unebenheiten des Fußbodens und nutzten sie zu ihrem Vorteil aus.

Das Spiel dauerte etwa eine Stunde, die alle achtundzwanzig Minuten stattfindenden Pausen nicht mitgerechnet, die wir einlegten, damit die Wachen uns nicht erwischten. Eine Stunde war im Gefängnis eine lange Zeit, und wir alle waren glücklich über die Ablenkung. In den folgenden Monaten wiederholten wir unsere Bowling-Turniere noch des öfteren, und ich vermute, die Wachen wußten, was wir taten, doch auch die strengsten Wärter erkannten die Notwendigkeit einer solchen harmlosen Ablenkung. Sie sagten nichts.«

Es gab auch noch andere Motive für die Bowling-Turniere und für ihr Verdrängen schrecklicher Erlebnisse wie die Mißhandlung von Rosemary. Joyce gewann Vertrauen zu den anderen Inhaftierten, lernte es, auf deren Erfahrung mit der Justiz zu vertrauen. Ihre Herkunft, ihre Vergehen, ihr instinktives Gespür für Menschen machte sie zu hervorragenden Menschenkennern. Mochten sie auch im Hinblick auf ihr eigenes Leben wiederholt die falschen Entscheidungen getroffen haben, so wußten sie doch im Umgang mit den Gerichten bestens Bescheid. Sie kannten die Spieler, die Gauner und die guten Leute unter den Strafverteidigern und den Richtern. Joyce wußte, daß deren Erfahrung ihr helfen konnte.

Ein neuer Anwalt

Joyce schlug das Telefonbuch auf und begann die Liste der Strafverteidiger zu durchsuchen. Einige Namen kannte sie aus verschiedenen Prozessen, über die in den Zeitungen geschrieben worden war. Andere waren ihr fremd. Sie sah auch bei den Anwälten aus Tucson nach, die sie kannte, da viele von ihnen auch in Phoenix Klienten vor Gericht vertraten. Hinzu kam der Name eines rechtskundigen Spezialisten, der des öfteren in den Zeitungen auftauchte und der in Fällen tätig war, in denen krasse Fehlurteile gefällt worden waren, um deren Korrektur er sich bemühte.

Mit einem Gefühl zunehmender Verzweiflung begann Joyce zahlreiche R-Gespräche zu führen, die einzigen, die ihr gestattet waren, und redete mit den Strafverteidigern, die sie aus dem Telefonbuch herausgeschrieben hatte. Sie wandte sich auch brieflich an Rechtsanwälte, darunter auch einen der prominentesten der Vereinigten Staaten, der an der Harvard University lehrte. Er antwortete, forderte sie auf, ihm Unterlagen über ihren Fall zuzusenden, und versprach, sich umgehend bei ihr zu melden. Sie kam seiner Bitte nach, hörte aber danach nichts mehr von ihm trotz wiederholter Bemühungen, ihn zu erreichen.

Die meisten Anwälte saßen in Phoenix oder in Tucson, das etwa hundert Meilen weit entfernt war. Sie verabredete mit ihnen, daß sie nach Durango kamen, um sich mit ihr zu treffen. Sie ließ sie in schneller Folge kommen, um mit ihnen ihren Fall zu besprechen und festzustellen, wer bereit wäre, sie zu vertreten.

Dann nannte sie den anderen Insassinnen die Namen der Anwälte und ließ sich über ihre Qualitäten unterrichten. Was sie dabei erfuhr, war entmutigend.

Die Mehrzahl der Strafverteidiger, die sie benannte, galten als geldgierig, korrupt und unmoralisch. Obgleich mehrere Anwälte für ihre hohen Honorare bekannt waren, etwas, das

Joyce bereits hatte erfahren müssen, traf sie des öfteren auf solche, die bereit waren, etwas anderes als Geld als Gegenleistung für ihr Dienste anzunehmen. Sex war dabei die übliche Tauschware, und nicht nur bei den Prostituierten. Der Umfang und die Qualität der Vertretung hing manchmal nicht nur von der Bereitschaft der Frau ab, mit einem Anwalt ins Bett zu gehen, sondern auch von ihrer Bereitwilligkeit zu gewissen bizarren Praktiken, die der betreffende Verteidiger wünschte.

Dann gab es Anwälte, die Drogenhändler und -konsumenten vertraten und als Bezahlung Kokain und andere illegale Stimulanzien erhielten. Manchmal waren sogar die Anwälte selbst Konsumenten. Oder sie stellten es auf ihren Parties zum allgemeinen Verbrauch bereit. Es gab Gerüchte, daß die Drogen auch eingesetzt wurden, um Richter zu bestechen, damit sie günstige Urteile fällten. Niemand wußte genau, wie die Drogen benutzt wurden, doch die Anwälte betrachteten sie als angemessene Bezahlung für die Leistungen, die sie ihren Mandanten boten.

Es gab Anwälte, die man als unfähig ansah, und andere, die zuerst den Honorarscheck zur Bank brachten. Einige traten als Dandys auf und interessierten sich mehr für die modische Kleidung als für ihre Klientin im Gefängnis. Andere waren stolz auf ihr solides, etwas zerknautschtes Erscheinungsbild a la James Stewart, von dem sie glaubten, daß sie damit die Jury beeindruckten, während sie in Wirklichkeit mit ihren Mercedes-Limousinen, ihren Jaguars oder Ferraris vor dem Gerichtsgebäude vorfuhren.

Einer der Anwälte, der sie besuchte, war landesweit bekannt für seine auffälliges Auftreten im Gerichtssaal und seine Bereitschaft, unpopuläre Fälle anzunehmen. Er genoß die Gunst einer Reihe junger Frauen, mit denen er seine Freizeit verbrachte. In seinem ungewöhnlichsten Fall verteidigte er einen Mann, der seine Frau im Bett erstochen hatte, indem er die Frau zur Beschuldigten machte. Er überzeugte die Jury davon, daß die verstorbene Ehefrau ihre Tage damit verbrachte, einkaufen zu gehen, was sie mit regelrechter Besessenheit zu tun pflegte und womit sie den Mann am Ende dazu brachte, sie zu töten. Dieser Schritt erschien nach Abschluß des Plädoyers der Verteidigung durchaus berechtigt, und einige Zeugen betrachteten ihn voller Staunen, während andere entsetzt und mit Abscheu reagierten.

Der Anwalt war außerdem dafür bekannt, daß er Leute verteidigte, die bedrängt wurden, weil sie illegale Einwanderer schützten, die aus unterdrückten Nationen geflohen waren. Joyce meinte, es sei sein Rechtsgefühl und der aufrichtige Wunsch, ihr zu helfen, daß er zu ihr kam.

»›Zahlen Sie mir fünfzehntausend Dollar Vorschuß, und ich nehme Ihre Prozeßunterlagen mit an den Strand und lese sie über das Wochenende‹, hatte er tatsächlich den Nerv, mir zu erklären«, sagte Joyce. »›Wenn ich interessiert bin, dann komme ich zurück, und wir können uns über mein Honorar unterhalten‹.«

Es gab noch einen anderen Mann, still, mit einer leicht zerknitterten Erscheinung, sehr ruhig und außerordentlich beruhigend. Ich konnte ihn besser leiden als alle anderen. Aber ich glaubte nicht, daß er meinen Fall vor dem Gericht vertreten konnte. Er schien für das, was mich erwartete, kaum hart genug zu sein.«

Joyces Tage waren mit einem ständigen Strom von Anwälten ausgefüllt, doch die Treffen in dem kleinen Raum über dem weiten Hofbereich bewirkten kaum eine Verbesserung des traurigen Gefängnislebens. Ihr Waschraum lag an einer Stelle, von der aus jeder, der ihn benutzte, die Geräusche aus der Isolationsabteilung in der Nähe hören konnte, wo sie die ersten beiden Tage verbracht hatte. Es war außerdem die Abteilung, wo sie die Verrückten festhielten, und zwar sowohl die gemeingefährlichen wie auch jene, deren Aktionen eigentlich harmlos, wenn auch unangenehm waren.

Die Wachen schienen sich kaum um die Verrückten zu kümmern, da sie sich in einem Sicherheitsbereich befanden. Alles, was auch nur entfernt als Waffe eingesetzt werden konnte, war entfernt worden. Die Geräusche, die aus dieser Abteilung herausdrangen, waren oft die Schreie der Verdammten, jedoch wurden sie durch innere Qualen ausgelöst und nicht durch etwas, das mit ihnen geschah. Als Folge lernten die Wachen, sie die meiste Zeit zu ignorieren. Ab und zu wurde versucht, jemanden zu beruhigen, der in schrecklicher Angst vor den Monstern in seiner Phantasie lebte. Andere behandelten die Schreienden wie Säuglinge, die aus keinem anderen Grunde klagten und jammerten als dem, daß sie sich in den Schlaf weinen wollten. Sie ließen sie in Ruhe und dachten, daß sie irgendwann schon von allein aufhörten.

An einem Nachmittag begannen die Schreie etwas anders als sonst. Zuerst schien in der Stimme der Frau Wut mitzuschwingen. Dann war es ein Ausdruck der Angst. Und dann wurden die Schreie rhythmisch und von Minute zu Minute lauter.

Zeit verstrich, und viele der Inhaftierten wurden unruhig. Obgleich die Verrückten in ihrer eigenen Welt lebten, hatten sie Hemmungen, sich an die Wärter zu wenden. »Sie hörten genausoviel wie wir«, sagte Joyce mit Bitterkeit in der Stimme, als sie sich an den Vorfall erinnerte. »Und es gab keinen Grund für sie, soviel Rücksicht auf uns zu nehmen, um zu versuchen, die geistesgestörte Insassin zu beruhigen, die eigentlich niemandem etwas zuleide tun konnte.«

Eine Stunde verstrich. Eine zweite. Am Ende der dritten Stunde wurde die Schreiende allmählich heiser, jedoch schien sie keine Anstalten zu machen, ihr Geschrei einzustellen.

Schließlich schauten die Wachen nach ihr, und plötzlich brach eine allgemeine Hektik aus. Sicherheitspersonal. Sanitäter. Polizisten in Uniform. Deputies.

Auch draußen herrschte plötzlich Betrieb, wie Joyce und die anderen Insassinnen in ihrem Trakt durch die Fenster beobachten konnten. Blinklichter, ein Krankenwagen.

Und dann erfuhren sie, was passiert war. Die Frau war schwanger gewesen und auf der Toilette niedergekommen. Niemand hatte etwas von ihrer Schwangerschaft bemerkt oder erfahren, daß sie vor oder nach ihrer Verhaftung schwanger geworden war. Die Schreie rührten von den Wehen her, von den rhythmischen Schmerzwellen der werdenden Mutter bei der Geburt.

Mutter und Kind wurden schnellstens ins Krankenhaus gebracht, doch es war für das Neugeborene schon zu spät. Es war in der Toilette ertrunken.

»Und in dieser Nacht, wie auch in allen anderen Nächten, saß ich auf meinem Bett, und die Tränen rannen über meine Wagen. Ich weinte, jammerte nicht laut, klagte nicht, sondern meine Nase lief, und ich trauerte stumm.«

Die Gespräche mit den Anwälten halfen Joyce, so etwas wie eine Perspektive zu behalten. Sie brauchte es, den Tag in der gleichen Weise zu verplanen, wie sie es tun würde, wenn sie in der ›freien‹ Welt ihrer Arbeit nachging.

Die wichtigste Frage, auf die Joyce eine Antwort brauchte, war, ob der Anwalt, mit dem sie verabredet war, an ihre Unschuld glaubte oder nicht. Sie könnte nicht mit einem Anwalt zusammenarbeiten, der von ihrer Schuld überzeugt war, ungeachtet seines Könnens und seiner Entschlossenheit, sie vielleicht auf Grund irgendeines Formfehlers freizubekommen. Sie wollte ihre Freiheit, aber sie wollte auch einen Freispruch in allen Punkten. Zu ihrer Freude hatte sie den Eindruck, daß jeder Anwalt, der sich mit dem Fall vertraut gemacht hatte, auch überzeugt war, daß sie nicht schuldig war. Viele der Anwälte entsprachen nicht ihren Anforderungen für eine Vertretung, doch alle waren überzeugt, daß ein neuer Prozeß durchaus zu gewinnen war.

Joyce Lukezic war eingeschüchtert, zornig und verzweifelt, als sie das erste Mal mit Thomas Thinnes und seinem Partner, Craig Mehrens, zusammentraf. Ihr erster Anwalt hatte ihr gesagt, sie solle sich auf ihn verlassen, sie brauche nicht einen einzigen Tag im Gefängnis zu verbringen, und wenn doch, dann würde er die Zeit für sie absitzen. Ihr Mann hatte beteuert, er stünde ihr zur Seite, dann war er mit einer Frau weggegangen, mit der er in Joyces Bett geschlafen hatte. Ihr Bruder hatte sie seiner Unterstützung versichert, jedoch war er aus dem Staat geflohen und hatte sie kein einziges Mal besucht. Sogar ihre geliebte Tochter hatte die Absicht, für ein Jahr nach Boston zu gehen, zu sehr belastet von dem Leben, das Joyce führte und das sie selbst zu führen gezwungen war. Joyce fühlte sich von allen verlassen und hatte Hemmungen, überhaupt noch jemandem ihr Vertrauen zu schenken.

Doch schließlich entschied sie sich für Thinnes und Mehrens. Sie wollte, daß nur Thinnes sie vertrat, doch er wollte ihren Fall nur zusammen mit seinem Partner übernehmen oder gar nicht. Die Tatsache, daß der Partner sehr modebewußt war und sich mehr mit seiner äußeren Erscheinung als mit ihren Problemen beschäftigte und daß er von einer Insassin empfohlen worden war, die, wie Joyce vermutete, eher ihre sexuelle Gunst verschenkte, als daß sie mit Geld für anwaltliche Dienste zahlte, störte sie. Doch Thinnes gefiel ihr, und sie gewann den Eindruck, daß dieser Mann sich nicht mit Nichtskönnern umgeben würde. Sie war überzeugt, einen Anwalt gefunden haben, obgleich Thinnes darauf bestand, erst alles Material zu sichten, ehe er seine Entscheidung traf. Thinnes' erster Eindruck von Joyce war genauso gemischt. »In ihrem ersten Prozeß sah Joyce etwas seltsam aus ... Ich glaube, Frank Sinatra benutzte diesen Ausdruck mal, um die Zeitungskolumnistin Dorothy Kilgallen zu beschreiben: ›Sie hat einen Mund wie eine aufgerissene Hosentasche‹,« sagte Thomas Thinnes, als er sein erstes Zusammentreffen mit Joyce Lukezic im Gefängnis beschrieb.

»Ich erinnere mich noch genau an Joyce. Sie hatte das Haar derart straff zurückfrisiert, daß es ein Wunder ist, daß die Haut in ihrem Gesicht nicht riß. Und ihr Gesicht wirkte völlig kalt. Die Jury beim ersten Prozeß hat das natürlich gesehen. In einem Zeitungsinterview meinte ein Geschworener, es schien, als hätten die Anwälte mit ihrer Klientin wenig im Sinn. Also, ich berühre meine Klienten schon mal. Ich lege ihnen eine Hand auf die Schulter. Ich reiche ihnen zur Begrüßung und zum Abschied die Hand. Ich stelle den Kontakt zu meinen Klienten her, damit die Jury sie nicht als Aussätzige betrachtet.

Immer wenn vom ersten Prozeß Fernsehaufnahmen gezeigt wurden, saßen sie um sie herum. Sie sahen aus wie Indianer, die einen Wagenzug belauern. Und damit gewann die Jury den Eindruck, daß diese Frau schuldig sein mußte.

Bei ihrem ersten Prozeß war sie nicht im Gewahrsam. Sie war auf Kaution freigelassen worden. Ich weiß nicht, wer sie beraten hat ... aber wahrscheinlich hat Frankenstein persönlich sie geschminkt, so furchtbar sah sie aus. Und schuldig. Und das war etwas, das wir ändern wollten.

Als wir sie im Gefängnis besuchten, da sah sie ganz gewiß nicht mehr hart aus. Sie wirkte geschlagen. Am Boden zerstört. Und sie wußte, daß sie zum Tode verurteilt würde.«

»Ich wollte die Kontrolle über meinen Fall behalten. Ich hatte vorher immer auf die anderen gehört, und als Folge landete ich im Gefängnis. Diesmal wollte ich alles steuern, wollte ich dem Anwalt klarmachen, daß er für mich arbeitete.

Thomas wollte davon nichts hören, aber er verstand mich. Ich sollte seiner Führung vertrauen, sollte mich entsprechend seiner Strategie verhalten. Ich glaube, er ärgerte sich ein wenig über meine Einstellung, obgleich er wußte, woher ich kam«, sagte Joyce.

»Joyce erzählte uns, ihr sei versprochen worden, sie brauche nicht einen einzigen Tag im Gefängnis zu verbringen«, sagte Thinnes. »Das hatte Debus ihr versichert. Und ich sagte: ›Wo sind Sie denn jetzt?‹ Und sie antwortete: ›Offensichtlich im Gefängnis, und offensichtlich hat es nicht gestimmt, was er prophezeit hat‹.«

»Thomas tat genau, was ich von ihm verlangte«, sagte Joyce. »Er informierte mich stets vorher, mit wem er sich unterhalten würde. Er teilte mir mit, welche Zeugen er aufrufen wolle und weshalb er sie vor Gericht zitierte. Er brachte mir Niederschriften der Prozeßprotokolle, die ich lesen sollte, und er forderte mich auf, nach Punkten zu suchen, die nicht zur Sprache gekommen waren, nach Dingen, auf die ich etwas erwidern oder die ich hinzufügen konnte. Er nannte mir außerdem Daten, wann bestimmte Dinge stattfinden würden. In drei Wochen stellen wir diesen Antrag. In fünf Wochen wird das Gericht jene Entscheidung treffen.

Ich weiß nicht, ob er dazu verpflichtet war, das zu tun, oder ob er es einfach nur für mich tat. Ich brauchte es. Ich brauchte es, auf etwas warten zu können. Ich mußte wissen, daß die ganze Zeit irgend etwas geschah. Das hielt mich aufrecht. Immer ein Ziel zu haben, ein Datum, an dem irgend etwas passierte.«

Joyce bewunderte Thinnes und empfand gleichzeitig etwas Furcht vor ihm, als sie ihn zum erstenmal traf. Er schien etwas reserviert zu sein, allerdings wirkte er aufrichtig. Beide Männer hatten unter den Inhaftierten einen guten Ruf.

Thinnes war von Anfang an auf Grund dessen, was er in der Zeitung gelesen und was er im Fernsehen verfolgt hatte, der Meinung, daß Joyce unschuldig war. Richtig überzeugt davon war er schließlich nach Lektüre der Prozeßprotokolle.

Gleichzeitig schienen Thomas Thinnes auch noch andere Aspekte wichtig zu sein. Zum Teil gehörte auch so etwas wie Konkurrenz dazu.

Die Justiz- und Anwaltskreise in Phoenix, Arizona, sind eine geschlossene Gesellschaft. Da gibt es auf der einen Seite die, welche als Teil des Establishments angesehen werden, und auf der anderen Seite stehen die Rebellen. Oft schützen die Anwälte einander, sei es, indem Beschwerde gegen einen Anwalt auf Grund mangelnder Prozeßvorbereitung erhoben wird und sie diese nicht überprüfen oder indem sie den Erfolg einer Praxis begünstigen, indem sie sie so oft wie möglich weiterempfehlen. Strafverteidiger gehören innerhalb der Bruderschaft in eine eigene Kategorie auf Grund ihrer Egos. Sie sind sozusagen die Chirurgen, die Stars des Anwaltsgewerbes, die Männer und Frauen, die mit den größten Risiken arbeiten. Ihre Klienten leben oder sterben je nach ihrem Geschick. Ein Irrtum in einem Immobiliengeschäft mag den Klienten Grundbesitz und Geld kosten. Ein Fehler in einem Strafprozeß kostet den Klienten vielleicht die nächsten dreißig Jahre seines Lebens. Infolgedessen verfügen diese Anwälte über ein übersteigertes Selbstbewußtsein, das manchmal abstoßend wirken kann.

Larry Debus war unter den Strafverteidigern eine etwas seltsame Erscheinung. Er war ein ruhiger Mann, reserviert, scheinbar unsicher im Umgang mit Fremden. Es darf bezweifelt werden, daß die meisten anderen Strafverteidiger mit der Einsamkeit fertig geworden wären, in der er gelebt hatte, als er mit seiner Frau ein Jahr lang auf Segeltour gewesen war. Sie wären wahrscheinlich vor Ruhe und aus Mangel an der ihr Leben bestimmenden Hektik verrückt geworden.

Deshalb war Debus in den Anwaltskreisen von Phoenix weitaus beliebter als die meisten anderen Spezialisten in seinem Gewerbe. Er brauchte den Raum, in dem er sich aufhielt, nicht zu beherrschen. Er war nicht aufdringlich. Er war damit zufrieden, in aller Ruhe einer Versammlung beizuwohnen und interessierte sich entweder für das, was stattfand, oder er unternahm Ausflüge in seine Phantasie, während er einen aufmerksamen Eindruck machte.

Manchmal arbeitete Debus' zurückhaltende Art auch gegen ihn. Eden Dow, Joyces Tochter, empfand den Anwalt als ›schleimig, kalt, gefühllos‹. Die Jury schien die Distanz, die er zu Joyce wahrte, als Zeichen für die Ablehnung seiner Klientin zu werten, nicht als normales Verhalten eines introvertierten Menschen. Aber trotz dieser Unzulänglichkeiten war er bei anderen Anwälten beliebt.

Thinnes war aggressiver, selbstsicherer, konfliktfreudiger. Er haßte außerdem Larry Debus und hielt den Mann bestenfalls für inkompetent. Er machte zu Joyce öfter ärgerliche Bemerkungen über Debus, und die Prozeßprotokolle, die er durchlas, tragen gelegentlich bissige Randbemerkungen, mit denen er eine Erklärung oder andere Äußerungen kritisierte, die Debus gemacht hatte. »Ich wußte nicht, ob Thinnes nur deshalb gewinnen wollte, weil er etwas erreichen wollte, das Larry Debus nicht geschafft hatte, oder ob er sich bemühte, weil er an meine Unschuld glaubte. Ich denke, es waren wohl beide Punkte, wenngleich ich nicht ausschließen möchte, daß ihm Debus' Niederlage wichtiger war als ich«, sagte Joyce später.

Aber Thinnes hatte auch eine mitfühlende Seite. Eden meinte, daß Thinnes voller Fürsorge war, wo Debus Kälte gezeigt hatte. Sie spürte, daß er sich aufrichtig um ihre Mutter und den Fall kümmerte. Er wollte, daß die Familie wieder vereint würde, und sie vertraute auf seine Fähigkeiten, ihre Mutter freizubekommen.

Größer noch als der Antrieb, einen langjährigen Rivalen zu überflügeln, drängte ihn die Zeit, Joyce zu befreien. Es gab da noch einen anderen Fall, über den er eigentlich nicht reden wollte. Es war der Fall der Jean Holsinger, einer ehemaligen Englischdozentin an der Arizona State University, ein Fall, der am Obersten Bezirksgericht von Maricopa County vor der Richterin Sandra Day O'Connor verhandelt worden war (die später an den Obersten Gerichtshof der Vereinigten Staaten berufen wurde).

Es gab interessante Parallelen zwischen dem Holsinger-Fall

und dem Redmond-Morden. Sie wurde beschuldigt, wegen einer möglichen Erbschaft den Tod von Dr. Henry Schornick geplant zu haben. Auf den Arzt wurde geschossen, und er wurde schwer verletzt, während seine einundachtzigjährige Haushälterin getötet wurde. Ausführende des Komplotts waren ihr Ehemann, W. G. ›Buster‹ Holsinger und zwei gedungene Mörder, Gary Cagnina und James Arnold. Die beiden schuldig gesprochenen Mörder wurden zu fünfundzwanzig Jahren bis Lebenslänglich verurteilt, und ›Buster‹ Holsinger erhielt die Todesstrafe. Jean Holsinger bekam die gleiche Strafe zudiktiert wie die Mörder, obgleich sie unschuldig war.

Der Fall war dem von Joyce sehr ähnlich, da Jean Holsinger eine angesehene, gebildete Frau war, die in eine Situation geriet, die mit nichts zu vergleichen war, was sie je erlebt hatte. Eine fehlerhafte Prozeßführung von seiten des Staatsanwalts lag sozusagen in der Luft. Der Vorwurf ging dahin, daß der Stellvertretende Bezirksstaatsanwalt Teile einer Zeugenaussage der Verteidigung vorenthalten hatte, so daß ihr bestimmte Äußerungen erst vor Gericht zur Kenntnis gelangten. Eine solche Handlungsweise verstieß nicht nur gegen das Gesetz, sie hatte auch zur Folge, daß Thinnes keine Zeugen oder andere Beweise beibringen konnte, die das widerlegten, was ausgesagt worden war.

Thinnes schaffte es, Holsinger vor dem Gefängnis zu bewahren, bis sie sich in einem neuen, fairen Prozeß verantworten konnte. Doch Holsinger war zutiefst verletzt, emotional angeschlagen und konnte sich nicht mit der Möglichkeit abfinden, am Ende vielleicht doch noch ins Gefängnis zurückkehren zu müssen. Sie geriet auch an eine andere Frau, die einen Kreditkartenbetrug durchführte, um ihnen das notwendige Geld für die Verteidigung zu verschaffen. Holsingers Karriere war ruiniert, und die Honorare für ihren Anwalt waren extrem hoch. Als sie wegen des Kreditkartenbetrugs festgenommen wurde, wuchs die Vorstellung, wieder ins Gefängnis zurückkehren zu müssen, zu einer elementaren Bedrohung aus. Ehe sie seelischen Beistand finden konnte, beging Jean Holsinger Selbstmord, ein Vorfall, den Thinnes nicht vergessen konnte. Er wollte nicht, daß Joyce eine zweite Jean Holsinger wurde.

Es war dieser unterbewußte Druck, eine nach Lage der Dinge unschuldige Klientin zu vertreten, die Herausforderung, Larry Debus in den Schatten zu stellen, und die Erinnerung an Jean Holsinger, unter dem Thinnes seine Verteidigung begann. Aber es waren die Fakten des Falles, aus denen er seine Taktik entwickelte. Dazu meinte er:

»Als Debus und Kimerer an Richter Gerber ihren Antrag auf ein richterliches Urteil (Freispruch) stellten, waren sie so sicher, daß sie schon gewonnen hatten, daß sie während der Mittagspause zu Durant's (ein Restaurant mit Bar) gingen und ein Bier bestellten. Und zwar während sie mitten im Prozeß standen.

Debus hat im Grunde keine Ahnung von Stil und Verfahrenstechnik. Er konnte den Mund nicht halten und verbreitete sich lautstark darüber, daß Gerber keine andere Wahl habe, als das Urteil wie gewünscht zu fällen. Aber Gerber tat es nicht, und die Jury erklärte sie (Joyce) für schuldig. Und das kam in die Presse.«

Thinnes fuhr fort: »Es gab Interviews mit den Jurymitgliedern, nachdem sie ihren Schuldspruch gefällt hatten, und sie meinten, daß sie, wenn sie sich jemals wegen eines derart schweren Verbrechens verantworten müßten, sich Anwälte wünschten, die etwas mehr Interesse an ihren Klienten zeigten. Und diese Anwälte konzentrierten sich viel mehr darauf, einen fehlerhaften Prozeß zu erreichen, als sich den tatsächlichen Fakten des Falles zuzuwenden. So sah es jedenfalls aus.«

Danach gefragt, wie er mit seiner Vertretung begann, meinte Thinnes, seine ersten Informationen stammten aus den Zeitungsberichten über Joyces ersten Prozeß. »Nachdem wir uns entschlossen hatten, ihre Vertretung zu übernehmen, gingen wir die Prozeßprotokolle durch. Craig Mehrens und ich besorgten uns von Debus alle Akten, zumindest glaubten wir, daß wir alle Akten bekamen. Damals fragten wir ihn auch nach seinen Eindrücken über den Fall. Er sagte, er meine, sie könne möglicherweise etwas gewußt haben, sei aber nicht beteiligt gewesen. Mit anderen Worten, sie wußte etwas, aber Wissen allein macht einen nicht zum Komplizen oder zu einem Mitverschwörer.«

Thinnes fuhr fort: »Wir studierten die Protokolle, und es war für uns offensichtlich, daß die Leute, die sie, so wenig das Wort auch paßt, vertreten haben, den geradezu ins Auge springenden Verdächtigen völlig übersahen, und das war Ron Lukezic. Sie hatten ihn ignoriert, und ich dachte mir, daß dahinter eine Absicht steckte, denn es war so offensichtlich.

Was in diesem Fall so seltsam erschien, war nicht nur, daß sie die am wenigsten wahrscheinliche Verdächtige, ihr Mann aber als Verdächtiger geradezu ideal war, sondern die Tatsache, daß Debus ihren Mann, Ron Lukezic, vertrat. Er arbeitete für sie beide.

Ich weiß nicht, was zum Teufel er (Debus) im Sinn hatte, doch ich erinnere mich an den ersten Prozeß, wie ich in den Protokollen nachlesen konnte, als einer der Leute von Graphic Dimensions aussagte ... Er hat weiße, lockige Haare und ein rötliches Gesicht. Er trinkt ziemlich viel. Ich habe ihn ziemlich oft bei Durant's gesehen ... Er sagte, daß Ron Lukezic während der Trauerfeier für Redmond zu ihm kam, ihn schluchzend umarmte und meinte: ›O mein Gott, was habe ich getan‹.

Debus benutzte das gesamte Kreuzverhör dieses Zeugen, um der Jury klarzumachen, daß Ron seine Bemerkung nicht ernstgemeint hatte. Sie hätte nichts mit Joyce zu tun. Er wies nicht darauf hin, daß nicht Joyce das sagte, daß nicht Joyce so reagierte. Sondern nur, daß Ron es nicht so gemeint habe. Und das beschäftigte mich, während ich die Passage las.

Später fanden wir dann heraus, daß Debus Zeuge in einem Fall war, in dem McCall verwickelt war – er war von Ron Henzie, einem anderen Anwalt, benannt worden –, und zwar bereits im Dezember 1981. Ich glaube, in dieser Zeit fand der Prozeß statt. McCall und Cruz standen vor Gericht.

Henzie benannte Debus als Zeugen, und Debus sagte unter Eid aus, daß er Joyce und Ron Lukezic vertrete. Er sagte wörtlich: ›Ja, wir vertreten sie‹. Mit ›wir‹ meinte er, wie ich annehme, sich selbst und Kimerer.

Wir lasen also die Prozeßprotokolle, erhielten diese Information und meinten: ›Moment mal. Wer zum Teufel hat in diesem Fall denn das beste Motiv? Ganz offensichtlich doch der überlebende Geschäftspartner, und das ist Ron Lukezic. Hinzu kam die Information, die auch Debus und Kimerer während des ersten Prozesses bekannt gewesen sein mußte, nämlich daß im Falle von Rons Tod Joyce den Betrieb gar nicht erben würde. Damit war uns völlig klar, daß sie überhaupt kein Motiv hatte, Redmond aus dem Weg zu räumen. Demnach mußte es jemand anderer sein.

Unsere Verteidigungstaktik in diesem Fall sah vor, daß wir der Jury vorführten, wer auf der einen Seite die Schuldigen waren und wer diejenigen, die scheinbar in den Fall verwickelt waren, aber in Wirklichkeit nichts damit zu tun hatten. Eine der Instruktionen, die der Jury gegeben worden waren, besagte, daß die Kenntnis von einem Verbrechen jemanden noch lange nicht zum Komplizen oder aktiven Mitwisser mache. Und daß es als entlastendes Moment anzusehen ist, daß irgendein Dritter für die Tat verantwortlich gemacht werden muß. Das war das, was wir herausgefunden hatten.

Nachdem ich die Protokolle des ersten Prozesses und die Ermittlungsunterlagen durchgearbeitet hatte, gelangte ich zu der Überzeugung, daß diese Frau von ihrem ersten Anwalt ans Messer geliefert worden war, und genau das erklärte ich den Geschworenen im zweiten Prozeß. Und als wir nach dem Prozeß mit der Jury zusammentrafen, lautete eine der Fragen, die sie uns stellten, ob diese beiden Figuren noch immer als Anwälte tätig seien. Und wir erwiderten, unglücklicherweise ja. Und Richter Gerber schaltete sich ein und meinte: ›Nun, diese beiden sind angesehene Vertreter ihres Berufsstandes‹.

Danach wurde von Debus gegen uns vor der Anwaltskammer Beschwerde erhoben, weil wir gesagt hatten, er habe seiner Klientin geschadet. Am Ende wurde die Beschwerde von der Kammer verworfen, jedoch löste die Verteidigung einige unschöne Reaktionen aus. Und ich hörte von anderen Anwälten, daß niemand für Joyce die Verteidigung übernommen hätte. Wenn wir uns nicht dazu bereit erklärt hätten, dann säße sie jetzt in der Todeszelle, nur weil Debus den Geschworenen während des ersten Prozesses weiszumachen versucht hatte, daß das Ganze ein Raubüberfall mit blutigem Ende gewesen war.

Das waren auch seine Worte in seinem Plädoyer. Aber es war kein Raubüberfall. Es war genau das, wonach es aussah. Es war ein gedungener Mord. Und ich frage mich nur, weshalb der Bezirksstaatsanwalt bis heute darauf besteht, daß Ron Lukezic nichts damit zu tun hatte. Ich hätte auf jeden Fall Ron Lukezic angeklagt.«

Während Thinnes den Fall durcharbeitete und sich eine Strategie zu Joyces Verteidigung zurechtlegte und dazu die Schwachpunkte suchte und seinen Zorn über seinen Vorgänger nur mühsam unterdrückte, mußte Joyce sich ebenfalls mit dem Fall auseinandersetzen. Auch sie erhielt die Niederschriften der Protokolle, um sie durchzulesen und nach Stellen zu suchen, wo sie Behauptungen widersprechen konnte, oder wo Andeutungen gemacht worden waren, die weitere Erläuterungen bedurften.

Thomas Thinnes hatte auch den Wunsch, Joyces Ängste im Gefängnis zu zerstreuen, doch es gab keine direkte Verbindung zwischen Insassen und ihren Anwälten. Die Anwälte riefen im Gefängnis an, dann erhielt Joyce eine Mitteilung mit der Bitte, zurückzurufen. Sie mußte dann den Münzfernsprecher benutzen, um ein R-Gespräch zu führen.

Für die meisten Leute war allein schon die Tatsache, daß Joyce unter Anklage gestellt wurde, ein ausreichender Beweis dafür, daß sie eine Verbrecherin war. Thinnes meinte später:

»Die Mentalität der Ankläger war schon immer so gewesen, und sie hat sich seit 1966, als ich anfing, nicht geändert. Sobald sie jemanden wegen eines Verbrechens anklagen und die Anklage zugelassen wird, sind sie überzeugt, daß der Betreffende der Täter ist, und es gibt nichts, was sie von dieser Haltung abbringen kann. Und diese Überzeugung verteidigen sie bis zum Ende.

Das beste Beispiel dafür ist die Haltung gegenüber Ron Lukezic. Selbst als sie mitten in ihren Ermittlungen waren, als sie die Einzelheiten kannten, boten sie dem Kerl totale Immunität an, wenn er nur irgendeine Aussage machte, denn sie nahmen an, daß er beeiden würde, Joyce wäre für die Morde verantwortlich. Ich halte das für verrückt. Das ist Ermittlungsarbeit in ihrer schlimmsten Form.«

Der Bezirksstaatsanwalt hat sein eigenes Ermittlungspersonal. »Die Blauröcke werden zum Tatort gerufen«, erläuterte Thinnes. »Sie rufen dann die Detektive. Larry Martinsen übernahm den Fall. Er ist ein hochqualifizierter Kriminalbeamter, ein intelligenter Bursche und ein gründlicher Ermittler.

Sobald die Angelegenheit im Büro des Bezirksstaatsanwaltes landet, was innerhalb weniger Tage geschieht, setzen die ihre eigenen Ermittler in Gang, und das war in diesem Fall Dan Ryan. Also beschäftigte er sich jetzt damit, und ihm zur Seite standen die stellvertretenden Ankläger Brownlee und Jones, zwei Personen, mit denen ich schon in anderen Fällen Kontakt hatte, denen ich jedoch noch nie in einem Prozeß gegenübergestanden habe. Sobald sie den Fall übernehmen, liefern die Detektive der Polizei vielleicht noch ein paar weitere Informationen, doch im wesentlichen liegt die Verantwortung für die weiteren Untersuchungen im Büro des Bezirksstaatsanwalts. Und in diesem Fall schnappte Ryan sich Merrill und fiel total auf ihn herein, und schon hatten sie Rückenwind.

Merrill schilderte ihnen, wie es sich ›tatsächlich‹ abgespielt hatte, und das machten sie zu ihrer Theorie, an der sie auf Biegen und Brechen festhielten.

Es gab in unserem Fall so viele Punkte, an denen er (Ryan) in schlechtem Licht dastand, daß man deutlich erkennen kann, daß er als Ermittler mindestens genauso schlecht oder gut war wie ich früher in Mathematik. Man blättert im Buch nach hinten, sucht sich das Ergebnis und bemüht sich dann, die notwendigen Schritte dorthin rückwärts nachzuvollziehen. Und genauso führt er seine Ermittlungen. Er wird von Arnie Merrill angerufen. Arnie Merrill erzählt ihm einen Haufen Unsinn. Er trifft mit Merrill eine Vereinbarung, kommt zu ihm nach New York, sie gehen zusammen essen, und schon läuft alles wie geschmiert. Und so hat es angefangen.

Dann schnipseln sie an den Teilen des Puzzles herum, damit sie zueinander passen. Und am Ende erhalten sie ein mehr als schiefes Bild. Es ist eine derart verrückte, schlimme Sache, daß jede Jury sie durchschauen kann.«

Nur traf das in diesem Fall nicht zu. Joyce saß im Gefängnis, und man stand vor dem Problem, wie man sie dort wieder herausbekäme.

Niemand wußte, was Thinnes tun würde. Niemand wußte, was er sagte. Alles was Joyce wußte, war, daß sie eine vorsichtige Entscheidung getroffen hatte, die erste, die allein von ihr kam. Dabei wollte sie bleiben, sie wollte selbst über ihre Zukunft entscheiden.

Doch angesichts dessen, was sie erwartete, war ihre erste Sorge das Überleben und ihre zweite, bedingt durch ihre ererbte Herzschwäche, dabei gesund zu bleiben.

Überleben

Im Gefängnis gibt es nur wenige Möglichkeiten der Freizeitgestaltung. Durango hatte sehr viel Platz inner- und außerhalb seiner Bauten, aber da die Insassinnen nur kurze Zeit dort blieben und entweder entlassen oder ins Zuchthaus verlegt wurden, hatte niemand sich die Mühe gemacht, für die Inhaftierten ein Trainingsprogramm zu entwickeln. Sie nahmen ihre Mahlzeiten ein, aßen zusätzlich, was sie im Laden kauften, und saßen ansonsten herum und taten so gut wie gar nichts.

Joyce ging dazu über, den größten Teil des Tages im Bett liegenzubleiben, sobald die Anwälte sie nicht mehr zu Gesprächen aufsuchten. Thinnes hatte noch sehr viel zu lesen, bevor er weitere Schritte in dem Fall tun konnte. Joyce und die anderen Frauen wurden schon früh zum Frühstück geweckt, mit dem sie manchmal bereits vor 6 Uhr fertig waren. Dann gab es nichts zu tun bis zum Mittagessen, das fünf Stunden später stattfand.

Einige der Frauen hatten sich sehr gut auf diesen Zeitplan eingestellt und spielten Karten oder saßen stundenlang vor dem Fernseher. Joyce brauchte etwas mehr Anregung als das, oder sie mußte völlig diesem Ort entfliehen. Schließlich fand sie diese Fluchtmöglichkeit, indem sie nach dem Frühstück und nach dem Mittagessen jeweils zweieinhalb Stunden schlief. Sie brauchte diesen Schlaf zum Teil, da sie nachts wenig Ruhe fand, ständig den Geräuschen des Gefängnisses lauschte, nachdachte, weinte. Aber die meiste Zeit ihres Schlafs bot ihr die Chance, aus dem Gefängnis zu fliehen, die Gedanken an den Prozeß und das Gefühl der Hilflosigkeit angesichts der Lebensbedingungen ihrer Kinder zu verdrängen.

Als Joyce schließlich begriff, daß es gefährlich war, so depressiv und untätig zu werden, entschied sie schließlich, sie müsse wenigstens etwas für eine Verbesserung ihrer äußeren Erscheinung tun, wenn sie am Leben bleiben wollte, eine Überzeugung, die von mehreren anderen Frauen im Trakt geteilt wurde. Daraufhin beschlossen sie, eine Gymnastikgruppe zu gründen.

»Jeden Morgen stellten wir uns zum Training für mindestens fünfundvierzig Minuten in der Halle auf«, erzählte Joyce. »Ich war zuerst die Leiterin, weil es meine Idee gewesen war. Später kam eine Inhaftierte aus einem anderen Gefängnis zu uns, die meine Funktion übernahm, weil sie auch die entsprechende Figur hatte. Sie war groß, schlank und in guter Form. Wenn ich sie ansah, kam ich mir vor wie eine fette Zwergin neben Jane Fonda. Aber ich war es, die alles ins Leben gerufen hatte.

Das erste, was wir brauchten, war Musik, ein Luxus, der im Gefängnis versagt wurde. Niemand hatte ein Radio oder einen Kassettenrekorder. Trotz unserer unterschiedlichen Herkunft fanden wir schließlich heraus, daß wir alle insgesamt einundachtzig Songs kannten, was zumindest nach unserer Auffassung eine erstaunliche Entdeckung war. Wir brauchten nichts anderes zu tun, als einen davon anzustimmen, dann summte jeder die Melodie, während ich der Gruppe meine Turnanweisungen gab.

Später, nachdem die neue Insassin die Leitung übernahm, sollten die anderen den Wechsel schnell bedauern, da ich nun mit den anderen mitsingen mußte, etwas, das ich vorher nicht getan hatte. Ich wollte schon immer Sängerin werden, und ich singe voller Begeisterung. Ich muß aber auch meiner Tochter recht geben, die, nachdem sie mich einmal Klavier spielen und dazu singen hörte, zu mir sagte: ›Mom, du bist wirklich wunderbar. Du spielst in einer Tonart und singst in einer anderen‹.

Die Frauen, die trainierten, und es waren stets rund ein halbes Dutzend, begannen den Song zu summen, auf den wir uns geeinigt hatten. Ich sagte dann an, was getan wurde. ›Rumpfbeuge links und jetzt und jetzt. Das gleiche nach rechts und los damit. Jetzt gerade aufrichten, Hände über den Kopf und den Rücken strecken. Dann mit den Fingerspitzen an die Zehen‹. Und so weiter; bei jeder Sitzung sangen wir mehrere Lieder aus unserem Repertoire. Wir wollten nichts anderes, als unsere Körper bewegen, sie geschmeidig und schlank halten. In einem Fitneßclub hätte man das Ganze wohl Aerobic für Anfänger genannt.

Viele Frauen sahen uns zu, hatten keine Lust mitzuschwitzen, amüsierten sich jedoch über unsere Aktivitäten. Wahrscheinlich waren darunter auch ein paar Lesbierinnen, die einfach nur Freude daran hatten, andere weibliche Körper in Bewegung zu sehen. Andere waren einfach nur froh über jede Abwechslung, und wir sahen wirklich aus wie ein Damenkränzchen, das für die Laienaufführung eines Musicals probte. Immerhin hielten mich diese Aktivitäten davon ab, einen Teil meines Lebens zu verschlafen, und ich bewahrte mir dadurch meine Gesundheit.«

Während des Prozesses hatte Joyce sich in einem Schockzustand befunden. Sie hatte nicht aktiv an der Behandlung ihres Falles teilnehmen können. Nun bekam sie jedoch die Möglichkeit, an ihrer eigenen Verteidigung mitzuwirken, die Aufzeichnungen zu lesen und die Wahrheit über das zu erfahren, was wirklich passiert war. Thomas Thinnes und Craig Mehrens versorgten sie mit Dokumenten; die Informationen, die sie las, erschütterten sie zutiefst.

Aussagen, die bereits am 20. Mai 1983 vor dem Obersten Gerichtshof von Arizona gemacht wurden, zeigten, wie abwegig die Anklage gegen Joyce Lukezic gewesen war. Während die Aussagen sie nicht vor dem Gefängnis hatten bewahren können, enthüllten sie die alptraumhafte Wirklichkeit von Lügen und Täuschungen, von Bestechung und Nötigung, die schließlich zur Folge hatte, daß eine unschuldige Frau eingekerkert wurde. Der Bericht, begleitet von genauen Verweisen auf vorliegende Dokumente und Gerichtsbeschlüsse und Zeugenaussagen, vermerkte auszugsweise folgendes:

1. Ermittler Ryan gab in seiner Zeugenaussage zu, daß er dem Zeugen der Anklage Wally Roberts Geld geliehen hatte. Diese Zahlungen wurden, laut Ryan, mindestens in einem Fall in Form einer Zahlungsanweisung getätigt. In gleicher Weise wurde auch die Zahlung der Raten für das Automobil Merrills vorgenommen.

2. Ermittler Ryan gab in seiner Aussage zu, daß er sich mit Angehörigen der Familie Arnold Merrills in Verbindung gesetzt und ihnen mitgeteilt habe, daß sie, wenn Merrill nicht bereit sei, mit den Vertretern der Anklage zusammenzuarbeiten, aller Wahrscheinlichkeit nach von der Mafia getötet würden.

3. Ermittler Ryan gab in seiner Zeugenaussage zu, daß er Arnold Merrill zwecks Besuchen bei seiner Frau aus dem Gefängnis herausgeholt habe. Während der Besuche blieb Ermittler Ryan vor dem Haus, wodurch Merrill Gelegenheit hatte, seine Frau ungestört zu treffen.

4. Ermittler Ryan gab in seiner Zeugenaussage zu, daß er dem Zeugen der Anklage Wally Roberts, einem Drogensüchtigen mit schizophrenen (sic) Tendenzen, eine Handfeuerwaffe beschafft habe, die dieser während eines Treffens mit einem Zeugen der Verteidigung in einem öffentlichen Restaurant versteckt bei sich trug.

5. Ermittler Ryan gab außerdem zu, daß er dem Zeugen Wally Roberts mitgeteilt habe, er würde verfolgt. Dies war ein offensichtlicher Versuch, Roberts, eine Person mit paranoiden Tendenzen, zu erschrecken und einzuschüchtern. Ryan wußte, daß Roberts nicht verfolgt wurde, und er wußte auch, daß es sich bei der Person, die sich vorher mit Roberts in dem Restaurant getroffen hatte, um einen lizenzierten Privatdetektiv und ehemaligen FBI-Agenten handelte.

6. Die Frage, ob er zwei mögliche Zeugen der Anklage bedroht habe, um sich ihrer Mitarbeit zu versichern, verneinte Ryan. Als Entgegnung auf den Vorwurf, Ryan habe zu Raymond Kleinfeld gesagt, er würde ihm die Beine brechen, wenn er sich nicht kooperationsbereit zeige, sagte Ryan aus, er habe zu Raymond Kleinfeld gesagt: ›Ich werde Ihnen schon nicht die Beine brechen, wenn Sie nicht mitmachen‹. Als Entgegnung auf den Vorwurf, er habe damit gedroht, Mrs. Kleinfelds Kinder abholen und in einem Heim einweisen zu lassen, sagte Ryan aus, er habe zu Mrs. Kleinfeld gesagt: ›Ich werde Ihnen Ihre Kinder schon nicht wegnehmen, wenn Sie nicht mitmachen‹.

7. Ermittler Ryan und der stellvertretende Bezirksstaatsanwalt Joseph Brownlee sagten bei der Anhörung für den neuen Prozeß, daß Zahlungen, die für die Merrills geleistet wurden, nicht als Teilleistung des Zeugen-Schutzprogramms angesehen wurden.

8. Der stellvertretende Bezirksstaatsanwalt Joseph Brownlee sagte aus, er habe keine Ahnung von ›Darlehen‹ oder andere Zahlungen von seiten des Ermittlers Ryan.

In diesem Zusammenhang wurden anläßlich der Anhörung Aussagen über Zahlungen an die GMAC gemacht, die Ryan für Arnold und Cathy Merrill getätigt hatte.

Aus einem Memorandum der Anklage geht hervor, daß Mr. und Mrs. Merrill ihre Ratenzahlungen über den Ermittler Ryan leisteten, beginnend zu dem Zeitpunkt, als sie den Zeugenschutz in Anspruch nahmen. Das Gegenteil geht aus den Akten der General Motors Acceptance Corporation hervor.

Diese Akten enthalten eindeutige Hinweise, daß Mrs. Merrill Ratenzahlungen unter verschiedenen Namen leistete, lange bevor Ermittler Ryan tätig wurde. Tatsächlich sind in den Akten der GMAC sogar Fotokopien von Schecks enthalten, die Mrs. Merrill unter ihrem neuen Namen sowie mit neuer Adresse und Telefonnummer in Las Vegas ausgestellt hat. Es ist offensichtlich, daß kein Versuch unternommen wurde, ihre neue Identität und ihren Aufenthaltsort vor der General Motors Acceptance Corporation geheimzuhalten.

Offenbar litt Mrs. Merrill von Zeit zu Zeit unter Geldknappheit und konnte daher die Raten für ihren Wagen nicht zahlen. Bei diesen Gelegenheiten übernahm Ermittler Ryan die Zahlungen. Der beste Beleg für diese Verfahrensweise ist ein Scheck über den Betrag von vierhundertundacht Dollar, ausgestellt von Mrs. Merrill unter dem Namen Rhonda Montana mit ihrer Adresse in Las Vegas, der wegen mangelnder Deckung nicht eingelöst werden konnte. Sie telefonierte offenbar mit Ermittler Ryan und informierte ihn, daß sie nicht über das Geld verfüge, die Rate zu zahlen. Ermittler Ryan bezahlte den fälligen Betrag umgehend aus eigener Tasche.

Bei der Anhörung zum Antrag auf Prozeßwiederholung

konnte Ermittler Ryan Darlehensvereinbarungen weder in schriftlicher oder anderer Form vorlegen, aus denen hervorging, daß die für den Zeugen Wally Roberts und die Zeugen Arnold und Cathy Merrill aufgewendeten Geldbeträge tatsächlich ›Darlehen‹ waren.

Die Vorwürfe setzten sich fort:

In jedem Fall, in dem der Anklage nachgewiesen werden konnte, Geld für Zeugen bezahlt oder ihnen andere Vorteile verschafft zu haben, versucht sie sich hinter dem Zeugen-Schutzprogramm zu verstecken. Es gibt jedoch kein einziges Dokument, keine Aufzeichnung und auch keinen anderen Beweis, wodurch belegt werden kann, daß diese Leistungen in irgendeiner Form als Teil des Zeugen-Schutzprogramms angesehen werden können. Wie zuvor bereits erwähnt, sagte der stellvertretende Bezirksstaatsanwalt Brownlee aus, daß er von diesen Vorgängen keinerlei Kenntnis habe.«

Es gab weitere Erklärungen, darunter auch eine kurze Erwähnung der Mengen Valium und Seconal, beides Beruhigungs- bzw. Schlafmittel, die Arnie Merrill, einem Tablettensüchtigen, geliefert wurden, während er sich im Gefängnis aufhielt. Außerdem gab es Hinweise auf bewußte Falschbeurteilung von Merrill durch Vertreter der strafverfolgenden Behörden.

»Während des Prozesses kam auch die Rede darauf, daß Arnold Merrill zahlreiche Einbrüche und Raubzüge geplant hatte, zu deren Opfer sogar Personen gehörten, mit denen er befreundet war oder zusammengearbeitet hatte. Er verkaufte sogar als Hehler die Beute aus diesen Straftaten, in deren Verlauf den älteren Opfern häufig Verletzungen zugefügt wurden. Er war außerdem in starkem Maße in die Planung und Vorbereitung der Redmond-Morde verwickelt. Er gab zu, daß er in dem Jahr vor den Redmond-Morden seinen Lebensunterhalt mit dem Verkauf von Drogen und durch verschiedene Einbrüche bestritten hatte. Seine Bereitschaft zur Mitarbeit ersparte ihm in der Folge mehrere hundert Jahre Zuchthaus und zwei Todesstrafen. Als direkte Folge des fehlerhaften Ermittlungsberichts erhielt Arnold Merrill eine Strafe, die ihm bereits in vier Jahren die Möglichkeit bieten würde, auf Bewährung vorzeitig entlassen zu werden.«

Die Aufzählung umfaßte etwa dreißig Seiten, wobei die beigefügten Beweise noch umfangreicher waren. Die Frage nach einem anderen Verdächtigen wurde gar nicht aufgeworfen. Der Punkt, daß Joyce überhaupt kein Mordmotiv haben konnte und die Frage nach dem möglichen Motiv anderer wurden nicht behandelt. Aber es gab genügend Fakten zur Fehlinterpretation, zu Verfahrensfehlern und anderen Ungereimtheiten, so daß das unerhörte Unrecht des ersten Prozesses offenbar wurde. Außerdem kamen zahlreiche Punkte zur Sprache, auf die die neuen Anwälte eingehen würden. Das Tragische war nur, daß Joyce im Gefängnis saß und durchaus mit der Möglichkeit rechnen mußte, nie mehr die Freiheit wiederzusehen.

Und in dieser schlimmen und demoralisierenden Zwangslage ging ihr Leben weiter.

Das Gefängnis war eine einzigartige Gesellschaft, eine Subkultur, die nicht zu fassen war, die man erleben und ertragen mußte, die niemals beherrscht werden konnte und stets jene zu vernichten drohte, die in ihr lebten. Doch sogar in dieser seltsamen und gewalttätigen Welt gab es Momente, die von frappierender Normalität waren, wenn Beziehungen eine pervertierte Parodie dessen waren, was jene erlebten, die sich in Freiheit befanden.

»Ich hatte im Gefängnis aus einer ganzen Anzahl von Gründen einen guten Ruf, der unter den Gefangenen mit der Zeit immer besser wurde«, erzählte Joyce. »Ich war nicht mehr die Central-Avenue-Prinzessin, denn niemand interessierte sich für meine Vergangenheit. Ich war eine Inhaftierte, gehörte dazu, und meine Bildung, meine Freundschaften und meine Vergangenheit waren völlig bedeutungslos.

Es gab nur einen einzigen Anlaß, als jemand mir in einer Weise begegnete, die in Gewalt hätte enden können. Was die betreffende Frau nicht begriff, war, daß ich einerseits feige bin und andererseits überhaupt keine Ahnung habe, wie ich mich wehren soll. Ich bin mit Worten leicht aufbrausend. Jedesmal, wenn meine Kinder über die Stränge schlugen, begann ich zu schimpfen und zu zetern. Ich drohte dann: ›Wenn ihr nicht sofort aufhört, bring' ich euch um‹, aber das bedeutete überhaupt nichts. Sogar meine Kinder lachten mich aus. Ich wußte nicht, wie man kämpft, hatte auch keine Lust, es zu lernen. Ich dachte nur, wenn es zu einer Prügelei käme, könnte ich dabei verletzt werden, und Schmerzen hatte ich im Gefängnis schon genug erdulden müssen.

Aber als die Frau mich bedrohte, reagierte ich nicht so, wie ich es normalerweise tat. Ich hatte Angst, schaffte es aber, sie nicht zu zeigen. Statt dessen funkelte ich sie an und sagte: ›Ich bin wegen zwei Morden hier. Ein dritter würde mir nichts ausmachen‹.

Die Frau nahm mir das ab und wich zurück. Ich weiß nicht, ob sie irgend jemandem erzählte, was passiert war, auf jeden Fall wurde ich nicht mehr belästigt.

Vielleicht lag es an meiner Drohung. Vielleicht aber auch an der Aufmerksamkeit, die mein Fall in den Zeitungen und im Fernsehen erregte. Alles, was ich weiß, ist, daß mein Name plötzlich bekannt war, und das wurde mir erst richtig klar, als ich eine ›Beziehung‹ mit einem Mann begann.

Männer, Frauen und Sex

»In der Küche arbeitete ein Mann. Ich hatte ihn nie gesehen. Ich hatte auch keine Ahnung, weshalb er im Gefängnis war. Ich weiß nur, daß er mir Geschenke schickte, die nur von Häftlingen richtig gewürdigt werden können.

Es fing an, als der Zahnarzt verlangte, daß ich im Gefängnis eine spezielle Diät erhalten sollte. Ich erhielt überwiegend die gleiche Verpflegung wie alle anderen, allerdings kam bei mir noch Hüttenkäse und Sellerie hinzu. Deswegen bekam ich zu jeder Mahlzeit ein Tablett, das mit meinem Namen, Lukezic, gekennzeichnet war.

Eines Tages bemerkte ich, daß irgend etwas am Boden des Tabletts befestigt war. Ich wußte nicht, was es war, vielleicht nur etwas Schmutz oder so was, doch ich war schon lange genug im Gefängnis, um gelernt zu haben, daß man niemals Aufmerksamkeit erregte, wenn irgend etwas aus dem Rahmen des Normalen fiel. Ich schob vorsichtig meine Hand unter das Tablett, bis ich einen Zettel ertastete. Ich versteckte ihn in meiner Hand und las ihn später. Er kam von dem Küchenhelfer, einem Mann namens Fred, der mir alles Gute wünschte.

Ein paar Tage später kam etwas anderes mit dem Tablett. Diesmal war es echter Kaffee, der in einem Plastikbeutel unter dem Tablett klebte. Viel war es nicht, aber es reichte für einen Becher Wasser, das ich mit mehreren Zündhölzern erhitzte. Es war der reinste Luxus.

Die Nachrichten hießen Kassiber, ein Begriff, der für jede Art von Gefängniskommunikation benutzt wird. Eine Beschwerde an die Verwaltung, ein Liebesbrief, eben alles, was durch das Gefängnis wanderte, sei es legal oder illegal, war ein Kassiber.

Fred und ich begannen über das Tablett miteinander zu korrespondieren. Ich hatte keine Ahnung, wer er war, und es war mir auch irgendwie gleichgültig. Wir alle waren wie ausgehungert nach Trost und Unterstützung, ganz gleich woher, und wenn es von einem Mann kam, auch einem Mithäftling, dann freuten wir uns darüber. Das einzige Problem war, daß Freds Liebesbeweise mich in Schwierigkeiten brachten.

Die Wachen achteten auf jeden einzelnen im Trakt, auf seine Gewohnheiten und auf alles, was davon abwich. Ein Häftling, der sich plötzlich anders verhielt, war sofort verdächtig.

Die meisten Frauen waren durch ihr Leben auf der Straße clever genug, sich zu verstellen. Ich war völlig naiv und hatte nie wie jemand denken müssen, der mit den Gesetzen auf Kriegsfuß lebt.

Es war an einem Freitag, als ich von Fred einen ganz speziellen Kassiber erhielt. Er teilte mir darin mit, daß er draußen auf dem Hof eine Überraschung für mich habe. Die Männer und Frauen benutzten den Sporthof, allerdings niemals gemeinsam. Beide Zellenbauten hatten Zugang zu dem Bereich, und es war möglich, daß Männer und Frauen Nachrichten und Geschenke füreinander dort versteckten und so ihre Romanzen auf Distanz ausleben konnten. Fred hatte während seines Hofgangs ein Geschenk für mich vergraben.

Mein Kassiber enthielt genaue Instruktionen, wohin auf dem Hof ich mich begeben mußte, um die Überraschung zu finden. Die Zeichnung war außerordentlich detailliert, und ich prägte mir jeden Schritt ein, den ich machen mußte. Eigentlich war die Vorstellung, auf dem Hof etwas zu suchen, beängstigend, doch ich dachte, wenn ich einfach hinausging, fand, was für mich hinterlegt worden war, und wieder in den Zellenbau zurückkehrte, dann wäre alles in Ordnung. In brauchte nicht auf die Vögel, die Sonne, den Himmel und den hohen Zaun zu achten, der mir den Weg in die Freiheit versperrte.

Ich verriet meiner Zellengenossin, was ich vorhatte, und sie meinte, ich sei verrückt. Sie erklärte mir, daß jedesmal, wenn sie auf den Hof ging, ihr Name aufgeschrieben und den Wachen weitergemeldet wurde, die Posten bezogen hatten, um den ganzen Hof überschauen zu können. Sie würden meinen Namen hören, sofort wissen, daß ich vorher noch nie draußen gewesen war, und mich genauestens beobachten. Es gäbe wirklich keine Möglichkeit für mich, das System zu überlisten. Wenn ich jedoch darauf bestünde, die Sache durchzuziehen, dann wäre sie bereit, mich zu begleiten.

Ich ging hinaus auf den Hof, sah mich vorsichtig um und ging dann direkt zu der Stelle, wo Fred mein Geschenk vergraben hatte. Die Erde war locker, und ich begann sie mit dem Fuß beiseitezuschieben. Als ich einige in Plastik eingewickelte Päckchen freigelegt hatte, bückte ich mich und hob sie betont lässig auf. Zwei der Päckchen enthielten Kaffee; in zweien befand sich Kool-Aid. Auf Grund der Tatsache, daß Getränke rationiert waren, war das Geschenk wertvoller als Gold. Es waren Dinge, die man genießen mußte. Dinge, die man teilte. Dinge, für die Häftlinge verprügelt oder gar getötet wurden, so wertvoll waren sie.

Ich gab ein Päckchen an Sandra, meine Zellengenossin, weiter, das sie bei sich versteckte. Dann verstaute ich ein Päckchen in meiner Kleidung, ein zweites zwischen meinen Beinen und das dritte an meinem Rücken. Stolz auf mein Können als Schmugglerin, kehrte ich zum Eingang zum Zellenbau zurück.

Das Gehen war sehr schwierig, denn ich mußte die Oberschenkel zusammenhalten, so daß ich etwas steifbeinig auf die Tür zuging. Ich hielt dabei eines der Päckchen derart krampfhaft fest, daß ich nur noch trippeln konnte, als trüge ich einen dieser engen Röcke, wie sie in den fünfziger Jahren modern waren. Ich mußte winzigkleine Schritte machen, die im krassen Kontrast zu der Gangart standen, mit der ich mich sonst vorwärtsbewegte. Ich hatte außerdem die Hände auf dem Rücken verschränkt, um das Kaffeepäckchen zu verstecken. Ich sah aus wie ein übergroßer Vogel mit gestutzten Flügeln, der unfähig war zu laufen oder zu fliegen. Als ich in den Trakt kam, wurde ich schon von einer der Aufseherinnen erwartet. ›Gib schon her, Joyce‹.

›Was denn?‹ fragte ich und lächelte nervös. Mein Körper nahm eine seltsame Haltung an, während ich mich bemühte, das Päckchen zwischen meinen Beinen festzuhalten. Meine auf dem Rücken verschränkten Hände fühlten sich ähnlich unbehaglich an.

›Das, was du da draußen aufgehoben hast‹.

›Ich?‹ fragte ich mit brüchiger Stimme.

›Her damit, Joyce‹.

Ich lächelte niedergeschlagen und holte das Päckchen an meinem Rücken hervor. Dann entspannte ich die Beine und ließ das zweite Päckchen fallen. Wahrscheinlich hätte ich das dritte hineinschmuggeln können, aber ich begriff, daß aus mir niemals ein Krimineller würde. Ich gab alles ab. Nur Sandra schaffte es, ihr Päckchen bis in unsere Zelle zu bringen.

Es gab auch noch andere Männer in meinem Leben. Jede Woche erschien eine Zeitung der sogenannten Gegenkultur, *The New Times*, die kostenlos in den Gefängnissen verteilt wurde. Darin standen zahlreiche Artikel und Meldungen und es gab einen Annonceteil, in dem Häftlinge Briefpartnerschaften suchten. Ich schrieb nie an jemanden, doch wenn eine der Frauen es tat und meinen Namen erwähnte, dann schrieb entweder der angeschriebene Mann auch an mich oder einer seiner Freunde tat es.

Die meisten von uns führten im Gefängnis ein überaus reges Phantasieleben. Es war eine Abwechslung, eine Beschäftigung, auch wenn es zu nichts führte.

Zum Beispiel gab es Ben. Er war mit einer der Frauen im Gefängnis verwandt, und ich erklärte mich bereit, ihm ins Staatsgefängnis in Florence, Arizona, zu schreiben, wo er gerade einsaß. Keine der Frauen kannte Männer, die nicht vorbestraft waren, oder, wenn sie einen kannten, dann verrieten sie uns nicht, wie man mit ihm Verbindung aufnehmen konnte. Wir mußten uns mit der männlichen Version unserer geschlossenen Gesellschaft zufriedengeben.

Die Menschen passen sich an ihre Umgebung an. Diese Erkenntnis kann man im Gefängnis weitaus deutlicher beobachten als sonstwo. In Phoenix, Arizona, wie auch sonst überall im Lande gibt es starke rassische Vorurteile. Es gibt Weiße, Schwarze, Hispanier und Indianer, die alle darum kämpfen, ein Stück vom Amerikanischen Traum zu erhaschen. Die Leute bewerben sich um dieselben Jobs, wollen ihren Kindern dieselbe Zukunft ermöglichen. Die meisten arbeiten hart und wollen nichts anderes, als das zu erreichen, was ihren Fähigkeiten entspricht.

Eines der Probleme der Gesellschaft besteht darin, daß Menschen, die sich um die gleiche Arbeitsstelle bewerben, für sich das gleiche Fortkommen suchen, im Laufe der Zeit verunsichert werden. Einige haben Angst, daß sie nicht befördert werden, weil sie nicht genauso gut sind wie ein Arbeitskollege, der im gleichen Bereich tätig ist wie sie. Einige sehen überall Diskriminierung, glauben, daß sie von einer Minderheit beherrscht werden, auch wenn sie weitaus höher qualifiziert sind, weil bestimmte Quoten eingehalten werden müssen. Viele sind so unsicher, daß sie, wenn sie Leute lachen und in einer fremden Sprache reden hören, gleich meinen, daß man sich über sie lustig macht.

Die meisten Menschen im Gefängnis sind entweder nicht besonders intelligent oder ungebildet. Man hat sie immer abgeschoben, hat ihnen immer nur Handlangerjobs angeboten, als sie noch einer legalen Arbeit in der Freiheit nachgingen. Wenn sie nun hinter Gittern sitzen, können sie erst recht nicht mehr über ihr eigenes Schicksal bestimmen, und sie suchen verzweifelt nach einem winzigen Zipfelchen persönlicher Macht.

In größeren Gefängnissen gewinnen die Insassen Macht, indem sie sich zu Banden zusammenschließen. Die Banden können aus Weißen bestehen, die gegen Schwarze oder Spanier kämpfen oder umgekehrt. Sie unterscheiden sich auch in ethnischer Hinsicht anstatt nach Rassen. Es gab Gruppierungen wie die Aryan Nation, die Black Guerilla Family, die Crips und andere. Zwischen ihnen gibt es Krieg und Blutrache. Wenn sie die Gelegenheit bekommen, bringen sie sich gegenseitig um, egal was für Auswirkungen das auf ihre Strafe hat. In einigen Fällen ist das Gefängnis ein derart erstrebenswerter Ort zum Leben, daß ein junger Mensch stolz darauf ist, alt genug zu sein, um in ein Zuchthaus zu kommen, wo er sich einer der Erwachsenenbanden anschließen kann.

Gewöhnlich stehen die Wärter diesem Verhalten hilflos gegenüber. Sie sind immer in der Minderzahl. Sie werden als Feind betrachtet, oder sie werden zum Schmuggeln oder zum Austausch von Nachrichten benutzt. So oder so genießen sie nur wenig Achtung und begreifen, daß sie über kriminelles und gewalttätiges Verhalten hinwegsehen müssen, um zu verhindern, daß das Gefängnis explodiert. Es ist besser, daß die Häftlinge die Regeln innerhalb ihres Lebensraums selbst festlegen, als daß die Wachen ständig Krieg mit ihnen führen. Solange sie sich nur gegenseitig umbringen, leben die Wachen etwas sicherer.

In den unteren Bereichen des Gefängnissystems ist das Leben ein wenig anders. Es gibt zu wenige Frauen in zu kleinen Wohngruppen, als daß Haß untereinander zu einem ernsten Problem werden kann. Weiße, Schwarze, Mulattinnen, Hispanierinnen und Indianerinnen werden alle im gleichen Trakt zusammengebracht. Die Rassen sind derart gut gemischt, daß sich kaum die Chance bietet, Banden zu bilden, und diese Strategie hat Erfolg. In der Zeit, die ich in Durango einsaß, begegnete mir nur ein einziges Mal heftiger, rassisch bedingter Haß. Und zwar bei einer Weißen, die stets einen Wutanfall bekam, wenn sie eine Schwarze sah. Sie attackierte sie dann sowohl verbal als auch physisch, schrie wüste Beschimpfungen wie ›Nigger‹ und Schlimmeres und griff jede Schwarze an, die in ihre Nähe kam. Sie mußte von den Schwarzen getrennt gehalten werden, und niemand, weiß oder schwarz, schien Sympathien für sie zu haben. Sie war die seltsamste Erscheinung im Bezirksgefängnis.

So überraschte mich Bens üble Sprache überhaupt nicht. Er redete von den Bullen, den Niggern, den Itakern und anderen Gruppen, die er haßte. Er gehörte zu einer der weißen Herren-Gruppen und war sehr stolz auf eine Bandentätowierung.

Ben hatte eine romantische Vorstellung von Frauen. Wir waren hilflose Wesen, die vor der rauhen Wirklichkeit des Lebens geschützt werden müssen. Als ich in den folgenden Monaten Briefe von immer mehr Männern bekam, erkannte ich, daß wir für die meisten von ihnen reine Phantasiewesen waren. Sie stellten sich vor, wir wären Jungfrauen oder wir wären ordnungsgemäß verheiratet, so daß man uns immer noch als tugendhaft betrachten konnte. Wir glaubten an Liebe auf den ersten Blick (oder den ersten Brief, um genau zu sein) und machten uns gegenseitig Bekenntnisse, die genauso heilig waren wie das Ja-Wort vor dem Traualtar. Die Tatsache, daß die Frauen Lügnerinnen, Diebinnen, Einbrecherinnen, Räuberinnen, Prostituierte, Schwindlerinnen, Betrügerinnen waren oder sich nicht gerade moralisch einwandfrei betätigt hatten, zählte nicht. Wir waren etwas Besonderes, das umsorgt und umhegt werden mußte, selbst wenn der jeweilige Brieffreund sich des Massenmordes oder des Totschlags schuldig gemacht hatte.

Ben schrieb mir von dem Drogenhandel, den er im Gefängnis betrieb. Drogen schienen ganz nach Belieben hinein- und hinausgeschmuggelt zu werden. Es wurden Geschäfte abgeschlossen, und wer seinen Verpflichtungen nicht nachkam, der wurde verprügelt, verstümmelt und/oder ermordet. Ben berichtete von Bestrafungen und Morden, die er aus dem Gefängnis organisierte. Seine Sprache war roh, seine Schilderungen waren erschreckend lebendig, und ich war naiv genug anzunehmen, daß er mir damit nur imponieren wollte.

Ich mochte Ben trotz der brutalen Macho-Haltung in seinen Briefen. Ich kam mir vor wie ein kleines Schulmädchen, das mit dem stärksten Jungen der Klasse reden darf. Ich reagierte mit ähnlicher Bewunderung auf seine Geschichten vom Schmuggeln, von Bestechung und Drogen und Gewalt hinter Gittern. Wenn er mir schrieb, er habe veranlaßt, daß ›irgendeinem Dreckschwein der Schädel eingeschlagen wird‹, dann hatte ich Verständnis für seine Probleme, die eine solche Aktion ›notwendig‹ machten. Wenn er behauptete, eine Ladung Heroin durch das Kontrollsystem gebracht zu haben, dann war ich voller Bewunderung, denn ich wußte, wie schwierig ein solches Unternehmen durchzuführen war.

Es war alles ein Spiel und eine Phantasie, jedoch war irgend etwas an Ben, das dem Bild widersprach, das er von sich selbst zu vermitteln versuchte, irgendeine Art von verborgener Güte trotz der für mich eindeutigen Lügen, mit denen er seine Briefe füllte. Das war der Grund, weshalb ich beschloß, ihn zu besuchen, sobald ich aus dem Gefängnis entlassen wurde.

Ben zu besuchen, war ein Fehler. Tatsächlich ist es so, daß die überwältigende Mehrheit der Menschen, die im Gefängnis sitzen, es auch verdienen. Und wenn man viele von ihnen kennengelernt hat, dann wünscht man sich plötzlich, daß die meisten von ihnen niemals mehr freikommen. Ihre Taten lassen die schlimmsten Alpträume wahr werden.

Genauso war es mit Ben. Er tat nichts anderes als mit Gewichten zu trainieren, jeden Tag stundenlang, so daß sein

Körper aussah wie ein fleischgewordener Berg. Er war massig, und mit seinem Temperament erinnerte er mich an einen Vulkan, der jeden Moment ausbrechen konnte.

Bens Gesicht und Oberkörper waren mit Narben übersät. Er war offenbar des öfteren mit Messern traktiert, mit Knüppeln geschlagen und mit bloßen Fäusten verprügelt worden. Ein Blick auf seine Fingerknöchel reichte, um zu erkennen, daß er wahrscheinlich in Schlägereien noch mehr austeilte, als er einstecken mußte. Sein Auftreten, seine Einstellung, seine Worte... Ich begriff, daß dieser Mann überhaupt nicht versucht hatte, mir zu imponieren. Es machte ihm Spaß, Menschen weh zu tun. Das Töten von Menschen bereitete ihm Vergnügen. Er hätte wahrscheinlich ohne lange Nachzudenken auch einen Wärter umgebracht, nur weil dieser mehr Freiheit hatte als er selbst.

Aber dieses Zusammentreffen lag damals noch in ferner Zukunft. Zu Beginn war alles reine Phantasie. Ich war unschuldig, eine Mutter, versuchte, ein guter Mensch zu sein, und ich saß im Gefängnis. Warum sollten meine Briefpartner da nicht ebenso die Ausnahmen sein?

Das waren sie natürlich nicht, und je mehr man verschiedenen Männern im Gefängnis schreibt, desto eifersüchtiger und besitzergreifender werden sie. Es waren Männer, die einen nie kennengelernt hatten, die gewöhnlich nicht wußten, wie man aussah. Trotzdem gehörte man ihnen.

Zum Beispiel war da William, ein Halbwüchsiger im Körper eines erwachsenen Mannes. Typisch für seine Briefe waren Erklärungen wie diese:

›Ich habe an nichts anderes gedacht als an die Liebe, die ich für Dich empfinde, und dabei frage ich mich, was ich von Dir erwarten kann. Ich meine, Liebe ist Teilen, Geben und vor allem füreinander dasein und für einander sorgen. Liebe heißt sich vereinigen und in allem, gut oder schlecht, eins werden, und genau das ist die Art von Liebe, die ich für Dich empfinde.

Und ich erwarte das auch von Dir, aber wenn ich sie nicht bekomme, dann bin ich wütend auf Dich, und ich glaube, das ist nicht richtig, denn wie Du sagtest, sollte ich für Dich mehr Verständnis haben, und ich versuche es, und wenn ich richtig sauer bin, dann behalte ich das für mich, denn ich möchte nicht, daß Du denkst, ich wäre irgendein Tier. Kannst Du das verstehen?‹

Seine Briefe endeten dann meistens mit Sprüchen, wie man sie in Poesiealben finden kann. Sehr oft standen auf der letzten Briefseite Dinge wie:

Du bist alles für mich
Und noch viel mehr
Für immer und ewig
liebe ich dich
Ich gehöre ganz Dir
Es grüßt Dein Mann
William

Und dann fügte er schon mal hinzu:

Du und ich
Bill und Joyce
Tarzan und Jane
Für immer ...

Und auch schon mal:

Ich brauche liebe ersehne verehre bewundere und liebe Dich und nur Dich!
Aufrichtig

Oder:

Du bist so gut
und immer da
aber dabei bist Du
immer mein.

Einige Häftlinge äußerten sich besonders gern über Sex. Die meisten versuchten nur, auf diese Weise den Kontakt zu erhalten, ein gewissens Interesse zu wecken. Sie waren eifersüchtig (›. . .aber nachdem ich Dir vor einer Woche geschrieben habe, hatte ich noch immer keine Antwort, und als Du endlich geschrieben hast, mußtest Du mir von irgendeinem Arschloch erzählen, und das hat mich erst recht sauer gemacht‹.) auf andere Männer, obgleich sie einander alle fremd waren. Es war eine Methode des Überlebens für uns alle; eine Möglichkeit, die Tage in einer Gesellschaft hinter uns zu bringen, bei der wir nicht unter Kontrolle standen.

Seltsamerweise gab es widersprüchliche Vorschriften in bezug auf den Schriftverkehr zwischen Gefängnisinsassen. Jeder Insasse in einem Staatsgefängnis konnte uns ohne Einschränkungen schreiben. Die Männer schrieben so freizügig über geplante oder stattfindende Verbrechen, daß die Briefe entweder nicht zensiert wurden oder daß es ein Hinweis auf die Dummheit war, auf Grund derer sie geschnappt worden waren.

Die Frauen in Durango konnten nicht direkt an das Männergefängnis schreiben. Wir mußten die Briefe an jemanden außerhalb des Gefängnisses schicken, der sie dann ans Gefängnis weiterleitete. Jedermann wußte, daß wir das taten, und niemand hatte Einwände dagegen. Wir durften es eben nur nicht direkt versuchen.

Jetzt mache ich meine Scherze über diese Beziehungen, aber man kann eigentlich ihre Bedeutung in der damaligen Zeit gar nicht richtig beschreiben. Da waren Erwachsene, die einander zu stützen versuchten, die mir mitteilten, ich solle durchhalten. Da war jemand, der an mich glaubte. Ein Fremder, der wenig von meinem Fall wußte, betrachtete mich als unschuldig, machte sich Sorgen um mein Wohlergehen, glaubte an meine Zukunft. Mir wurde Hoffnung gemacht, emotionale Unterstützung geboten. Ich bekam wieder ein Gefühl für menschliche Würde, die von den Umständen, unter denen ich leben mußte, beinahe zerstört worden wäre.

Die Männer waren trotz ihres Alters und ihrer Reife wie halbwüchsige Jungen. Viele von ihnen hatten den größten Teil ihres Erwachsenenlebens im Gefängnis zugebracht. Sie gehörten zu einer geschlossenen Gesellschaft, in der man, ganz gleich, wieviel Macht man durch Prügel, Bestechung und Mord errang, immer noch ein Gefangener war. Hinter Gittern mochte man ruhig ein kleiner König sein, aber draußen war man nicht mehr als eine Kakerlake, die damit rechnen mußte, jeden Moment zertreten zu werden. Obwohl sie das wußten und mit diesem Bewußtsein leben mußten, konnten diese Männer etwas vermitteln. Es war irgendwie altmodisch und naiv. Es war eine Phantasie, von der ich mir heute nicht mehr vorstellen kann, sie jemals gehegt zu haben. Doch in vieler Hinsicht hielten meine ›Freunde‹ mein Gefühlsleben in Bewegung. Ich glaube, die Beziehungen, die andere Frauen mit anderen Männern innerhalb des Systems hatten, vermittelten ihnen in ähnlicher Weise Kraft und Ausdauer.«

Während Joyce zwischen Phantasie und Wirklichkeit hin und her pendelte, um sich ihr emotionales Gleichgewicht zu erhalten, arbeiteten ihre neuen Anwälte an ihrem Fall. Der Psychologe, den Larry Debus für sie engagiert hatte, lehrte sie, sich in Gedanken von der Umgebung abzuschotten, die sie manchmal zu überwältigen drohte. Jedoch war das keine richtige Flucht aus dem Gefängnis. Dies war ihr Zuhause. Es würde auch noch länger ihr Zuhause bleiben. Sie war keine Ehefrau mehr. Ron hatte das bewirkt. Sie war auch keine Mutter mehr, obgleich ihre Kinder, die nun über das ganze Land verstreut lebten, die wertvollsten Elemente ihrer Existenz waren. Um sie herum herrschte ansonsten nur Gewalt, Wahnsinn, Wut und Qual.

Dennoch bot das Gefängnis einen gewissen Rückhalt. Es gab eine bestimmte Routine. Die persönliche Verantwortung war begrenzt. Sie konnte nichts für ihre Familie tun. Sie konnte auch nicht für ihre Zukunft sorgen. Es gab keine anderen Anforderungen an sie, als den wenigen einfachen Regeln zu folgen, die für alle Insassen von Durango galten. Es wäre so einfach aufzugeben, sich in sein Schicksal zu ergeben, den Kampf abzubrechen, zu sterben. Und sie war von Leuten umgeben, die für einen bestimmten Preis die Substanzen beschaffen würden, die sie brauchte, um sich das Leben zu nehmen.

Es war vermutlich einfacher, im Gefängnis an Drogen heranzukommen, als auf der Straße. Nicht Crack oder andere Allerweltsdrogen, über die man in Zeitungen und Illustrierten lesen kann, sondern harte Drogen – wie Heroin.

Joyce lernte nie sämtliche Wege kennen, auf denen diese Stoffe in die Gebäude geschmuggelt wurden. Die Wachen mußten bis zu einem gewissen Grad daran beteiligt sein, aber es empfahl sich aus Gesundheitsgründen, nicht zu viele Fragen zu stellen.

Die Frauen hatten es leichter. Joyce hatte keine Ahnung, welche Menge sich in einem weiblichen Körper unterbringen ließ. Insassinnen bewahrten ihr ›Besteck‹ (ein Spritzenkolben und eine Nadel zum Injizieren von Heroin) entweder in der Vagina oder im Anus auf. Das Heroin selbst wurde in den gleichen Körperteilen oder im Mund hereingeschmuggelt. Männer und Frauen konnten entweder Luftballons oder Kondome verschlucken, die mit Drogen gefüllt waren, und sie dann aus den Exkrementen herausfischen, ehe sie in der Toilette weggespült wurden.

Auch Besucher gaben Drogen weiter. »Wir hatten Besuche, bei denen wir mit Familienangehörigen und Freunden zusammensitzen durften. Gewöhnlich packte jemand das Heroin in eine Plastiktüte oder einen ähnlichen Behälter, dann verstaute man es im Mund. Sie nahmen es dann aus dem Mund in die Hand, verabschiedeten sich mit einem Händedruck und gaben die Drogen auf diese Weise weiter«, sagte Joyce.

Die Insassen sollten eigentlich nach jedem Aufenthalt auf dem Hof und nach jedem Besuch durchsucht werden. Die Durchsuchung nach dem Hofgang war ziemlich lässig, nicht mehr als ein Abtasten oberhalb der Gürtellinie und eine Überprüfung auf irgend etwas Ungewöhnliches. Offenbar war es möglich, irgendwelche Dinge auf den Hof zu schmuggeln, wie Fred bewiesen hatte. Männer konnten auf die gleiche Weise Waffen an Frauen weitergeben.

Im Gegensatz dazu sollten nach Besuchen stets sorgfältige Durchsuchungen stattfinden. Die Aufseherinnen zogen sich Gummihandschuhe über und untersuchten mit den Händen alle Körperregionen. Es war erniedrigend, abstoßend und schmerzhaft. Es gab keine Möglichkeit zu verhindern, daß gelegentlich geschmuggelte Drogen gefunden wurden. Dennoch war Heroin für die Häftlinge stets zu beschaffen.

»Ich habe niemals Drogen genommen, wollte es auch nie, und das machte mich unter den Frauen ziemlich populär. Die Wachen kannten die Konsumenten und führten gelegentliche Durchsuchungen in ihren Zellen durch. Die Konsumenten verließen sich auf Leute wie mich, um für sie die Drogen aufzubewahren, wohl wissend, daß es ziemlich unwahrscheinlich war, daß jemand mich überprüfte.

Da war eine Frau, Liz, die nach Perryville ins Frauengefängnis geschickt wurde. Sie war eine größere Drogenhändlerin und hatte die Absicht, ihre Geschäfte im Staatsgefängnis fortzusetzen. Sie wußte jedoch, daß sie in Perryville nur sehr wenige Kontakte hatte, und sie brauchte eine gewisse Menge Drogen sowohl für den eigenen Konsum als auch zum Verkauf, bis sie ihr Handelsnetz aufgebaut hätte. Deshalb sorgte sie dafür, daß ihre Familie ein Päckchen Heroin hereinschmuggelte, das so groß war wie ein Hühnerei. Es war groß genug und rein genug, so daß ein Durchschnittsjunkie mehrere Wochen damit auskam.

Liz hatte Angst, durchsucht zu werden, und bat mich, das Heroin für sie aufzubewahren. Manchmal versteckte ich es im Schlüpfer, manchmal im Büstenhalter. Gelegentlich versteckte ich es sogar in meiner Zelle. Dort hatte ich es dann drei oder vier Tage, bis sie es sich holte und ihre Zelle wiederholt durchsucht worden war.

Mein Anwalt machte mir heftige Vorwürfe, als er erfuhr, was ich getan hatte. Er erinnerte mich daran, daß ein solcher Vorfall ganz schlecht für meine Akten sei und sicherlich negative Auswirkungen auf den Antrag auf Wiederaufnahme des Verfahrens haben würde. Aber das war mir egal. Die Alternative zur Hilfsbereitschaft, wozu auch das Verstecken von Drogen gehört oder daß man einfach wegsah, wenn irgendwelche Verbrechen begangen wurden, war eine Tracht Prügel oder etwas noch Schlimmeres. Die Vorgänge zu dulden, war der einzige Weg, wie man überlebte.

Was mich bei den Drogenkonsumenten, die meisten von ihnen seit Jahren süchtig, am nachhaltigsten betroffen machte, war die Art und Weise, wie sie bereit waren, praktisch alles zu tun, um das Heroin in ihren Körper zu bekommen. Abends hielt ich mich manchmal mit einigen Frauen aus unserem Trakt in einer der Zellen auf. Dort saßen wir auf dem Fußboden und auf den Betten und unterhielten uns, während sie sich selbst oder gegenseitig ihre Dosis Heroin injizierten.

Die Bestecke waren knapp. Oft besaßen nur ein oder zwei von mehreren Konsumenten eines, und die Nadeln waren stumpf und abgenutzt. Nichts war sauber, und niemanden störte es. Es gab keine Möglichkeit, die Bestecke zu sterilisieren, ohne daß die Wachen etwas merkten. Alles, was die Konsumenten interessierte, war, wie sie schnell zu ihren Drogen kamen.

Eines Abends saß ich in einer Zelle und beobachtete eine große Frau, die immer ungeduldiger wurde, weil sie keine Möglichkeit fand, sich eine Injektion zu geben. Die meisten ihrer Venen waren zusammengefallen. Diejenigen, die noch intakt und erreichbar waren, reagierten nicht auf ihre wiederholten Versuche, die stumpfe Nadel hineinzustechen. Schließlich reichte sie die aufgezogene Spritze einer anderen Süchtigen und ließ sie sich von ihr in den Hals stechen. Es war ein furchtbarer Anblick.

An einem anderen Abend beobachtete ich das, was die Süchtigen das ›Dösen‹ nennen. Ich unterhielt mich mit einer Frau, als die Droge ihre Wirkung entfaltete. In dem einen Moment war sie noch hellwach, aufmerksam und redete lebhaft. Im nächsten Moment brach sie mitten im Satz ab, und ihr Gesicht hatte plötzlich einen Ausdruck, als sei sie Tausende von Meilen weit weg. Kein Laut drang über ihre Lippen. Es war so, als sei sie schlagartig stumm geworden.

Sekunden verstrichen, wurden zu Minuten. Plötzlich ließ die Wirkung nach, und sie begann wieder zu reden, fuhr mitten im Satz fort, wo sie aufgehört hatte, als das Heroin in ihre Blutbahn gelangte. Sie hatte den Faden der Unterhaltung nicht verloren. Für wenige Minuten schien jegliches Leben aus ihrem Körper gewichen zu sein.«

Es gab auch mildere Arten von Rauschmitteln in Durango, von denen einige sogar Joyces Zustimmung fanden, denn ihre Herstellung war eher wie ein studentischer Schabernack als eine kriminelle und destruktive Aktion. Als Joyce Ende der fünfziger und Anfang der sechziger Jahre zur Schule ging, hielten die Mädchen sich für sehr schlau, wenn sie einen Diabetiker um eine Spritze mit Nadel baten mit der Absicht, sich in der Cafeteria in einen Rauschzustand zu versetzen. Sie füllten die Spritze mit Wodka, den sie ihren Eltern gemopst hatten, dann injizierten sie den Alkohol in Orangen, so daß sie sich in der Mittagspause betrinken konnten, indem sie die Orange schälten und den Saft auslutschten. Diejenigen, die sich nicht derart raffinierte Hilfsmittel besorgen konnten, mischten Wodka in die Milch in ihren Thermosflaschen. Aber das waren eigentlich Kinderstreiche. In Durango stellten die Frauen sich ihren Alkohol selbst her, auf dessen Genuß sich sogar Joyce freute.

Es gab strenge Regeln für die Herstellung von selbstgebrautem Alkohol. Jeder, der einen Teil davon zu trinken bekam – und alle erhielten die gleiche Menge –, mußte etwas beisteuern. Die Hauptzutaten waren frisches Obst, das mit den wenigen Werkzeugen, die sie basteln oder stehlen konnten, so gründlich wie möglich zerkleinert wurde, Brot, flüssiges Kool-Aid, Babypuder, Zündhölzer und Plastikbeutel.

Zuerst bereiteten sie die Plastikbeutel vor, steckten mehrere ineinander. Dann füllten sie den inneren Beutel mit dem zerkleinerten Obst, Brot (wegen der darin enthaltenen Hefe) und mit Kool-Aid, das die nötige Flüssigkeit und den Zucker lieferte. War der Beutel voll, dann wurde er verschlossen, so daß er wasser- und luftdicht war. Dann steckten sie ihn in weitere Plastikbeutel und füllten diese mit Babypuder, um die Gerüche zu binden, die ansonsten aus dem Beutel herausdrangen. Wenn die Flüssigkeit zu gären begann, war der Geruch, der dabei entstand, etwa genauso angenehm wie der einer toten Ziege, die auf dem Asphalt eines Highway bei vierzig Grad im Schatten vor sich hinfault, nachdem sie drei Tage vorher von einem Truck überfahren worden war.

Diese ziemlich abscheuliche Mixtur machte einen Gärungsprozeß von sieben bis zehn Tagen oder mehr durch, um die größtmögliche Wirkung zu bekommen. Alle vierundzwanzig Stunden wurde der Beutel in den Waschraum geschmuggelt und kurz geöffnet, um einen Teil der Gase herauszulassen, die sich darin gebildet hatten.

Dieses ›Rülpsen‹, wie es genannt wurde, war ein umständlicher Vorgang. Ein oder zwei Frauen standen Wache und hielten Ausschau nach Aufseherinnen. Wenn es so aussah, als würden sie erwischt, wurde der Beutel in den Müll geworfen, und alle stritten ab zu wissen, wer an der Affäre beteiligt war. Ansonsten öffnete eine Frau vorsichtig den Beutel, während die andere über der Öffnung ein Streichholz nach dem anderen anzündete, um die Gerüche zu binden, die aus dem Beutel aufstiegen.

Nach dem Rülpsen wurden die Beutel wieder zugebunden und in eine der Zellen zurückgebracht. Jeder der an der Alkoholproduktion Beteiligten behielt den Beutel, der etwa so groß war wie ein Basketball, für vierundzwanzig Stunden in der Zelle bei sich. Auf diese Weise war das Risiko, entdeckt und bestraft zu werden, gleichmäßig verteilt.

Weil alle vor den Wachen Angst hatten und weil sie begierig waren, den Stoff so bald wie möglich zu kosten, warteten sie nur selten länger als drei Tage, bis sie meinten, daß sich das notwendige Minimum an Alkohol gebildet hatte. Sie wußten nicht, ob das Zeug bereits trinkbar war oder ob sie sich das nur einbildeten, auf jeden Fall waren sie überzeugt, daß sie davon einen herrlichen Rausch bekamen.

»Die Brühe roch und schmeckte natürlich grauenvoll. Und sie brannte in der Kehle, wie es sich für guten (schlechten?) Whisky gehört. Aber wir meinten, daß wir etwas Schlimmes getan hatten und nicht erwischt worden waren. Wir glaubten, wenigstens einen winzigen Zipfel der Welt draußen geschaffen zu haben, auch wenn niemand von uns eine Bar aufgesucht hätte, in der ein derartiges Teufelszeug serviert wurde. Und wir waren stolz darauf, das System wenigstens ein bißchen überlistet zu haben.

Tatsache ist, daß die Verwaltung genau wußte, daß wir den selbstgebrannten Fusel herstellten, und sie erwischten uns immer. Wir bekamen nicht oft frisches Obst im Gefängnis, und die Aufseherinnen wußten, daß wir den Alkohol nur dann herstellen konnten, wenn wir Obst zur Verfügung hatten. Daher veranstalteten sie stets eine Suchaktion, zwei Tage nachdem das Obst an uns ausgeteilt worden war. Deshalb wurde uns der

Fusel, den wir hatten, praktisch regelmäßig abgenommen«, erzählte Joyce.

Der einzige Grund, daß die Insassinnen manchmal das System überlisteten, war der, daß die Wachen gewöhnlich die Suche nach dem ersten Beutel voller Gärmasse abbrachen. Häufig waren mehrere Gruppen innerhalb des Traktes mit der Alkoholproduktion beschäftigt. Sie alle gingen nach dem gleichen Muster vor. Jede Frau in der jeweiligen Gruppe nahm für eine Nacht den Beutel zu sich ins Bett, als wolle sie einen Säugling beschützen. Die übrige Zeit wurde der Beutel in der Zelle versteckt, bis er an die nächste Frau weitergegeben wurde. Sie riskierten, in ihren Zellen eingeschlossen zu werden, wenn sie mit dem Beutel erwischt wurden, doch wenn er nur in ihrer Zelle lag, dann log die Insassin und beteuerte, nicht zu wissen, wie er dorthin gelangt war. Die anderen Frauen, die an der Fusel-Aktion beteiligt waren, bestätigten die Schilderung, wobei sie sich alle unschuldig gaben und sich wütend über den untergeschobenen Alkohol äußerten. Die Aufseherinnen wußten, daß sie logen, konnten es aber nicht beweisen und daher keine Strafe über die verdächtige Person verhängen.

»Ich glaube schon, daß unsere Aktionen ziemlich kindisch waren, doch in der geschlossenen Gesellschaft von Durango machte uns das alles großen Spaß. Und auch diesmal konnte ich mir vorgaukeln, daß ich mich in einem Studentenwohnheim befand, daß die Aufseherinnen die Hausmütter waren und daß das Leben kein Alptraum aus Gewalt und Tod war, der die Trakte einhüllte wie ein schwarzer, erstickender Kokon.«

Das Problem war, daß Joyce die Tatsache nicht verdrängen konnte, daß die Fusel-Aktion nur einen anderen Aspekt des ständigen Bemühens darstellte, sich in einen Rausch zu steigern, die Flucht vor der Realität mit Hilfe aller möglichen chemischen Hilfsmittel zu vollziehen. Joyce hatte sich in dieser Hinsicht unter Kontrolle und spielte im Grunde nur die Rolle der trickreichen Schwarzbrennerin. Doch das meiste von dem was normalerweise geschah, war weder harmlos noch gesund noch ungefährlich.

»Das Schlimmste am Drogenkonsum war, daß nichts dagegen getan werden konnte. Es gab für jemanden wie mich keine Chance, dem zu entgehen, wenn man mittendrin lebte. Man konnte sich nicht weigern, Drogen aufzubewahren, wenn jemand einen darum bat. Es ging nicht anders, als den fremden Lebensstil zu akzeptieren, ohne aktiv daran teilzuhaben. Alles andere hätte zu Schwierigkeiten geführt, die einem drohten, wenn man sich als Spitzel erwies.«

In allen Gefängnissen und Zuchthäusern gibt es festgefügte Rangeinteilungen für den Wert einer Persönlichkeit. Bankräuber und Polizistenmörder genießen das höchste Ansehen. Kinderschänder und Sittlichkeitsverbrecher finden keine Achtung. Aber ganz gleich, welchen Vergehens sie sich schuldig gemacht haben, die niedrigste Form menschlicher Existenz ist in den Augen der Gefangenen derjenige, der den Aufsehern über Vergehen berichtet, die andere begangen haben. Einem solchen Menschen – dem Spitzel – wird im Gefängnis des Leben zur Hölle gemacht.

»Meine Anwälte wunderten sich immer, warum ich das Risiko einging, für andere Drogen aufzubewahren. Sie wunderten sich, daß ich zusehen konnte, wie jemand halbtot geprügelt wurde, ohne darüber zu reden. Ich wußte, was passiert war, als eine Mulattin, eine Schwarze und eine Weiße Rosemarys Zelle verließen, kurz bevor Rosemary zusammengeschlagen auf den Fußboden liegend gefunden wurde. Aber als ich über diesen Vorfall befragt wurde, behauptete ich, nichts zu wissen. Ich war bereit, die Darstellung zu glauben, daß Rosemary gestürzt war, denn den ganzen Tag über sei niemand auch nur in der Nähe ihrer Zelle gesehen worden.

Sich den anderen Insassinnen gegenüber loyal zu verhalten, fiel mir oft sehr schwer. Ihr Interessen beschränkten sich auf Dinge, die ihre natürlichen Triebe befriedigten und ihnen Lust vermittelten – Sex, Drogen, Essen. Sie verfolgten zwar die Fernsehnachrichten, doch sie lasen nur selten Bücher, Magazine oder Zeitungen, und einige von ihnen konnten nicht einmal lesen.

Die Aufseherinnen kamen aus allen möglichen Lebensbereichen. Einige unterschieden sich nur unwesentlich von den Frauen, die sie bewachten, wobei der größte Unterschied darin bestand, daß sie entweder wenigstens ehrlich waren oder daß man ihnen erst hätte beibringen müssen, wie man ein Verbrechen begeht. Andere kamen vom College, strebten eine Karriere innerhalb des Strafvollzugs an oder benutzten den Job, um praktische Erfahrungen zu sammeln, ehe sie sich der Psychologie, der Sozialarbeit oder anderen Bereichen zuwandten. Zu deren Interessen gehörten Musik und andere Aktivitäten. Sie lasen sowohl Belletristik als auch Sachbücher. Sie unternahmen Reisen. Sie wußten, was in der Welt passierte, und unterhielten sich ausgiebig über die weitergehenden Folgen dessen, was sie in den Nachrichten gehört hatten. Sie waren die Leute, mit denen ich sehr viel leichter umgehen konnte.

Ich hatte den innigen Wunsch, mit dem Personal auf einer mehr persönlichen Ebene Kontakt zu haben. Ich wollte mit den Frauen reden, suchte nach einer Möglichkeit, einerseits das Vertrauen meiner Mithäftlinge zu genießen und andererseits mit den Wachen reden zu können. Doch falls es jemals zu einem freundlichen Umgang mit den Aufseherinnen gekommen wäre, hätten die Insassinnen angenommen, ich wäre auch ein Spitzel. Und ich erfuhr sehr schnell, was mit solchen Leute geschieht.

Karens Schicksal war typisch für das, was ich Woche für Woche und Monat für Monat erleben würde, wenn jemand als Spitzel entlarvt würde. Karen hatte den Streit zwischen zwei Frauen beobachtet, in dessen Verlauf eine mit einem Messer schwer verletzt wurde. Alle behaupteten, zu diesem Zeitpunkt woanders gewesen zu sein, alle außer Karen.

Wenn es bei einem Streit keine Zeugen gab, geschahen gewöhnlich ein oder zwei Dinge. Wurde der Kampf nicht von den Aufseherinnen abgebrochen und wurde am Ende nur eine der Beteiligten verletzt und blutend aufgefunden, dann lautete der offizielle Bericht, daß die Betreffende gestürzt war. Rosemary zum Beispiel hatte sich laut Bericht in ihrer Zelle bei einem Sturz verletzt. Zahlreiche Frauen kamen im Duschraum zu Fall, wo die meisten Prügeleien stattfanden.

Wenn beide Parteien gefunden wurden, dann betrachtete man sie als zu gleichen Teilen schuldig an dem, was geschehen war. Man steckte beide zur Strafe in Isolationshaft, wobei keine der anderen die Schuld zuschob.

Karen verstieß gegen die Regel und nannte die Täterin. Es

gab dafür keine besondere Belohnung. Sie kam nicht in den Genuß von Sonderrechten. Die Aufseherinnen bedankten ich bei ihr und bestraften die Frau, die den Streit angefangen hatte. Sie veranlaßten auch, daß das Opfer medizinisch versorgt wurde, und ließen die Frau wieder zu den anderen Inhaftierten zurückkehren, sobald sie aus der Krankenstation entlassen wurde. Und Karen war als Spitzel gebrandmarkt.

Die Strafe für Karen kam von allen Frauen im Trakt. Viele beteiligten sich aktiv. Andere, wie ich selbst, verfolgten nur das Geschehen und redeten nicht über das, was wir sahen.

Zuerst war da das Abendessen. Karen ging mit ihrem Tablett zu ihrem Platz, als jemand sie anrempelte, so daß alles herunterfiel. Es gab im Gefängnis keinen Nachschlag und auch kein zweites Tablett, wenn man sein Essen fallen ließ. Karen hatte die Wahl, entweder die Speisen vom Fußboden aufzuheben oder zu hungern. Sie hungerte lieber.

Bei der nächsten Mahlzeit geschah das gleiche. Diesmal kratzte Karen das Essen zusammen, setzte das Tablett auf den Tisch, von wo es von einer anderen Frau wieder hinuntergestoßen wurde.

Karen säuberte die Speisen so gut es ging, dann aß sie langsam. Sie haßte, was geschah, jedoch war sie zu hungrig, um anders reagieren zu können. Sie war sicher, daß diese Schikanen lange Zeit anhalten würden, und sie wappnete sich offenbar für die unausweichliche Situation, in Zukunft jeden Tag ihr Essen vom Boden aufkratzen zu müssen, um es dann erst zu verzehren.

Dann kamen die Gelegenheiten, wenn Karen den Waschraum aufsuchte. Wie alle anderen hängte sie ihren Duschvorhang auf, jedoch wurde er heruntergerissen. Sie setzte sich auf die Toilette, und drei oder vier Frauen kam zu ihr herüber und sahen sie eindringlich an, während sie auf der Klosettschüssel saß.

Karen besaß genug Geld, um sich Lebensmittel aus dem Laden zu bestellen, doch die kamen nie bei ihr an. Sie bezahlte sie, dann wurden ihre Sachen vom Karren gestohlen.

Laken und Decke auf Karens Bett waren naß von Urin, wenn sie schlafen gehen wollte. Später wurde auch die restliche Bettwäsche zerrissen oder beschmutzt. Persönliches Eigentum wurde gestohlen oder zerstört.

Es gab für Karen keinen Frieden. Niemand redete mehr mit ihr. Niemand wollte mit ihr etwas zu tun haben. Sogar ihre Zellengenossin war blind, taub und ahnungslos in bezug auf das, was geschah. Wenn Karen wissen wollte, wer in ihrer Zelle gewesen war und ihre Habseligkeiten beschädigt hatte, dann sah und hörte ihre Zellengenossin nichts, obgleich sie es ganz gewiß mitbekommen haben mußte.

Gelegentlich gab es auch Prügel. Karen wurde festgehalten und während der achtundzwanzig Minuten, in denen die Aufseherinnen ihre Runde machten, in den Duschraum gezerrt. Die Prügel waren nicht besonders schlimm. Ein paar Schläge ins Gesicht, in den Magen, auf die Brüste. Gerade schnell und schmerzhaft genug, um Karen daran zu erinnern, daß man sich jederzeit mit ihr befassen konnte. Es gab kein Versteck und keine Hilfe für sie. Wenn sie sich an die Aufseherinnen wandte, steckte man sie sofort in Isolationshaft, denn das war die einzige Möglichkeit, sie zu beschützen. Und das bedeutete auch, daß sie sich das Geschrei der Verrückten anhören mußte, daß sie gelegentlich Zeugin eines Selbstmordes wurde und schließlich ohne Kontakt zu den anderen war und ohne Abwechslung auskommen mußte, die den anderen half, die Zeit im Gefängnis zu ertragen.

Später erfuhr ich, daß Karen ihre Handlungsweise auch später bereuen mußte. Sie wurde schließlich in ein Gefängnis verlegt, in dem längere Strafen abgebüßt wurden, die nicht wegen irgendwelcher Gewaltdelikte verhängt worden waren, also ein Ort, an den die meisten Frauen aus dem B-Trakt niemals kommen würden. Trotzdem wußten die Frauen dort durch Freundinnen, daß Karen ein Spitzel war. Ihre Aktionen waren nicht so persönlich und gemein wie die in Durango. Sie hatten ja mit ihr keine persönliche Rechnung zu begleichen. Aber sie straften sie mit Schweigen und deutlich demonstriertem Haß. Sie fand nirgendwo Vertrauen, hatte keine Freundinnen.

Seltsamerweise mußte ich auch erleben, daß die Aufseherinnen für Spitzel nicht viel übrig hatten, auch wenn sie sich ihrer bedienten. Ein Spitzel wurde mit der gleichen Kälte und Abneigung behandelt wie jemand, der versucht, sich beim Chef einzuschmeicheln. Sie wurden geduldet, weil sie einen Zweck erfüllen. Sie wurden benutzt, weil sie sich benutzen ließen. Aber sie wurden nicht geachtet, und man traute ihnen nicht. Sie waren der Ausschuß des Systems, dazu verdammt, von beiden Seiten gemieden und verstoßen zu werden.«

Inmitten eines solchen Systems ist Einsamkeit etwas Bedrückendes und Qualvolles. Es ist ein Zustand, der Joyce zu der Überzeugung brachte, daß jeder, wenn er nur lange genug im Gefängnis ist, sich am Ende einer gleichgeschlechtlichen Beziehung zuwendet. »Ich weiß, daß dies auf mich zutrifft«, gestand Joyce, »ein Bekenntnis, das meine Kinder wahrscheinlich schockieren wird.

Es begann für mich mit einem Gefühl der Hilflosigkeit, nachdem ich ins Gefängnis eingeliefert wurde. Monatelang kam ich mir vor wie eine Marionette. Gelenkt wurde ich von Ron, und ich leugnete vor mir, daß er ein verlogener, gemeiner, den Frauen nachstellender, alkoholsüchtiger Betrüger sein konnte. Larry Debus übernahm dann die Schnüre und ließ mich im Gerichtssaal tanzen, und ich akzeptierte alles, was gesagt und getan wurde, selbst wenn ich mit seiner Behandlung meines Falles nicht einverstanden war. Die Ärzte, die sich um meine schlechten Zähne und um mein krankes Herz kümmerten, zogen an den Schnüren, und ich änderte meinen Lebensstil, soweit das hinter Gittern möglich war. Die Aufseherinnen zogen, und ich stand in strammer Haltung da, während sie mich durchsuchten, gestattete ihnen, mein Eigentum zu zerstören, weil sie nach verbotenen Dingen suchten, gestattete ihnen, sich widerwärtige Gummihandschuhe überzuziehen und in meinen Körperöffnungen auf der Suche nach Drogen herumzutasten. Ich war höflich, ich war kooperativ. Ich wurde beschwindelt, manipuliert und mißbraucht. Und ich verlor alles, das mir wertvoll war.

Mein Heim war weg. Meine Erbschaft war zerschmolzen. Fast alle meine Wertgegenstände waren dahin. Mein älterer Sohn schien mich zu hassen. Mein jüngerer Sohn war verwirrt und fühlte sich im Stich gelassen. Eden war gezwungen, ihre Gefühle zu verbergen. Und Ron machte sich mit einer anderen Frau aus dem Staub.

Dann wurde ich zornig und faßte den Entschluß zu kämpfen. Ich nahm mir einen neuen Anwalt. Ich fürchtete und bewunderte seine Stärke, sein Können, aber ich wehrte mich dagegen, daß er eine solche Kontrolle über mein Leben hatte, auch wenn es keine andere Möglichkeit gab. Ich stellte Forderungen, denen er häufig nachgab, womit er mir die Illusion von Macht vermittelte. Und ich errang die Achtung einiger Mithäftlinge, die mich nicht mehr wiedererkannten, als ich die Bemerkung machte, daß ein weiterer Mord mir nichts ausmachte, nachdem ich schon wegen zwei Morden im Gefängnis saß.

Aber der Mut, die Kraft und die Kampfbereitschaft waren nicht echt. Ich steckte in einem Zwiespalt, einerseits von dem Wunsch beseelt, meine Freiheit zurückzugewinnen, und andererseits mit dem Drang aufzugeben, meine Situation anzuerkennen und mich ihr zu ergeben und zu sterben. Ich lache jetzt über vieles, was ich sah. Ich erinnere mich an einiges nur bei völliger Dunkelheit, wenn die Erinnerung an diesen Zustand ins Bewußtsein aufsteigt. Und einige Eindrücke von damals habe ich völlig verdrängt, wohl wissend, daß sie einfach zu entsetzlich für mich sind, als daß ich zulassen kann, sie noch einmal zu durchleben. Dennoch erinnere ich mich deutlich, daß ich jede Nacht, ob ich allein war oder mich mit anderen Frauen unterhielt, vor dem Einschlafen bitterlich weinte. Die Tränen rannen über mein Gesicht, wenn die Trübsal des Tages mich überfiel und all meine Bemühungen vereitelte, mich zusammenzureißen.

Ich ertrug es nicht, ständig die Harte und Selbstsichere zu spielen. Ich stritt mich mit Eden, stellte aus dem Gefängnis heraus Forderungen an sie, versuchte die Mutter eines Mädchens zu sein, das in einer Weise auf sich selbst gestellt war, wie keiner von uns beiden es je gewünscht hat. Ich schrieb meinen Söhnen, wollte ihr Leben in jener positiven Weise beeinflussen und formen, wie alle Eltern es wünschen. Und ständig war ich mir bewußt, daß mein derzeitiges Leben ein Kampf war, den ich nicht gewinnen konnte, ich aber dennoch auf dem Schlachtfeld stand, umgeben von unüberwindlichen Mauern.

In den sechziger Jahren, als ich erwachsen wurde, wurden Frauen nicht gelehrt, stark zu sein. Wir befanden uns am Beginn der Periode Büstenhalter verbrennender Rebellion, während unsere Rollenvorstellungen immer noch aus den Jahren kurz nach dem Zweiten Weltkrieg stammten. Es waren die Hauptpersonen der Familienserien im Fernsehen, an denen wir uns orientierten. Mädchen besuchten Colleges und Universitäten und machten Karriere, jedoch hämmerte man uns ein, daß ganz gleich, welches berufliche Ziel uns vorschweben mochte, der wichtigste Teil das MRS. vor unserem Namen zu sein hatte.

Selbst an den Universitäten wußte die Mehrzahl der Studentinnen nicht, was ihnen lieber war, ein akademischer Titel oder die Mutterschaft.

Ich gehörte zu jener letzten Generation von Frauen, für die das Dasein einer Ehefrau und Mutter das höchste Ziel war. Wir sollten etwas unterwürfig sein, nicht unbedingt dumm oder grundsätzlich unfähig, die Schwierigkeiten des Lebens genauso zu meistern wie die Männer. Wir fragten nicht, weshalb so viele Freunde unserer Väter, aufgerieben vom Streß des Lebens, so jung starben, einem Streß, über den sie mit niemandem reden konnten, weil so etwas als unmännlich angesehen worden wäre. Wir fragten nicht, weshalb so viele Mütter gezwungen waren, in untergeordneten Positionen zu arbeiten, weil sie es versäumt hatten, Fertigkeiten zu erwerben, die außerhalb des Schlafzimmers, der Küche und der Waschküche liegen. Wir sahen zu, wie Frauen ihre Büstenhalter verbrannten und davon sprachen, neue Rechte zu erstreiten, doch selbst die militantesten unter ihnen nahmen am Ende Diktate auf, bedienten die Fotokopierer und standen den männlichen Führungspersönlichkeiten zu jedem erdenklichen Vergnügen zur Verfügung.

Ich war ein Produkt meiner Kultur, ein Produkt meiner Zeit. Ganz gleich, was ich errungen hatte, ganz gleich, wieviel ich allein dadurch geleistet hatte, daß ich mein Leben gemeistert hatte, ich wollte wieder in meine alte, vertraute Rolle zurückkehren. Ich wollte für jemanden da sein, der stark, fähig und bereit war, einen Schutzschild zwischen mich und das Chaos zu schieben, das um mich herum tobte. Ich wollte einen Ehemann.

Ich war auch noch einem zweiten Drang unterworfen, einer Sehnsucht, die zum Menschsein gehört. Ich wollte geliebt werden, ich wollte Zärtlichkeit, wollte, daß man sich um mich sorgte. Das Gefängnis war ein Bereich, in dem man von allen sinnlichen Erfahrungen isoliert war, die der Mensch lebensnotwendig braucht. Wir können nicht in emotionaler Abgeschiedenheit leben. Zwar können wir auch auf uns allein gestellt überleben. Und ganz gewiß hatte ich es gelernt, in mich zu gehen, mich mit meinen Erinnerungen zu beschäftigen und stundenlange innere Dialoge zu führen. Jedoch verändern solche Fähigkeiten nicht die ursprüngliche menschliche Natur. Ohne die Fürsorge und Zuneigung eines anderen menschlichen Wesens, ohne die Unterstützung durch seine Liebe verkümmern und sterben wir. Sogar in meiner Phantasie gedachte ich glücklicherer Zeiten mit meiner Mutter und mit anderen und genoß eine Beziehung in der Erinnerung, die mir in der realen Gegenwart versagt wurde.

Meine Kinder besuchten mich nicht. Meine Freunde kamen nicht ins Gefängnis. Mein Onkel erschien zweimal, doch er war schon alt, und die Reise war zu anstrengend für ihn. Und Arthur versteckte sich noch immer, hatte berechtigterweise Angst, betrog mich aber gleichzeitig um seine dringend gebrauchte Nähe und Unterstützung.

In der realen Welt wäre ich mit meinen Kindern zusammen gewesen, um zu lieben und wiedergeliebt zu werden. Ich hätte neue Menschen kennengelernt, hätte mich mit Männern getroffen, hätte ihr Werben und ihre Nähe genossen und all die kleinen Aufmerksamkeiten, die einer tieferen, engeren Beziehung vorausgehen. Selbst wenn ich nicht auf Anhieb den richtigen Mann fürs Leben fand, selbst wenn ich jahrelang nach dem Partner hätte suchen müssen, den wir alle irgendwann und irgendwie brauchen, hätte mich allein die Gewißheit getröstet, daß ich mich fortbewegte, daß ich einem Ziel zustrebte.

Im Gefängnis gibt es solche Gelegenheiten nicht. Im Gefängnis gibt es keine Vergangenheit, keine Zukunft, sondern nur das Überleben in der Gegenwart. Aber unsere Bedürfnisse verändern sich unter solchen Umständen nicht.

Meine Emotionen waren deshalb in furchtbarer Unordnung.

Ich wollte Gemeinsamkeit, Liebe, Unterstützung. Ich wollte einen Ehemann, einen Beschützer, einen Freund.

Nadine trat zur rechten Zeit und in der richtigen Weise in mein Leben, um mir einen der Gründe zu zeigen, weshalb Frauen im Gefängnis so oft eine gleichgeschlechtliche Beziehung eingehen. Sie war groß, gutaussehend, physisch und emotional stark. Sie sollte nur vier Monate in Durango bleiben, ehe sie ins Staatsgefängnis verlegt wurde, wo sie eine fünf- bis siebenjährige Strafe wegen Unterschlagung zu verbüßen hatte. Sie hatte in dem Betrieb, in dem sie arbeitete, Geld gestohlen und hatte die Reife, die Strafe anzunehmen, die ihr, wie sie genau wußte, von dem Moment an drohte, als sie gegen die Gesetze verstieß.

Nadine war eine intelligente Frau, die sich im Hinblick auf das Weltgeschehen stets auf dem laufenden hielt. Sie hatte viele Interessen, war humorvoll und hatte die Fähigkeit, das Leben so zu nehmen, wie es kam. Sie war mit sich im reinen, wie man es im Gefängnis sein kann, da sie wußte, daß sie ihre Strafe ›verdient‹ hatte, daß sie sie völlig zu Recht absitzen mußte.

Wir freundeten uns auf Anhieb an, da wir uns so grundlegend von den anderen Frauen in Durango unterschieden. Wir waren beide gebildet, brauchten einen gewissen Grad von Luxus und waren, wenn man unsere Vergangenheit miteinander verglich, in Durango völlig fehl am Platz.

Es ist eigentlich ein abgedroschenes Klischee, daß jeder Gefängnisinsasse unschuldig ist, doch Nadine wußte, daß es auf mich zutraf, daß ich eigentlich nicht eingesperrt sein durfte. Sie hatte Mitgefühl, auch dies ein völlig anderer Charakterzug gegenüber der selbstsüchtigen und selbstgerechten Haltung der meisten anderen Inhaftierten. Sie freute sich aufrichtig, daß ich einen neuen Prozeß bekam, und hoffte, daß ich ihn gewann. Sie bot mir sogar an, mir zu helfen, die Tausende Seiten Protokolle zu lesen, die ich durcharbeiten mußte.

Am Ende wurde Nadine ein wesentlicher Teil meiner Vorbereitungen auf den Prozeß. Thomas Thinnes hatte Passagen in den Niederschriften unterstrichen, wo er weitere Informationen brauchte, wo meine Kommentare, meine Entgegnungen auf gemachte Aussagen oder meine Bestätigung hinsichtlich der

Richtigkeit dessen nötig waren, was vor Gericht zur Sprache gekommen war. Thinnes erwartete von mir, daß ich diese Passagen studierte und mich an Fakten erinnerte, wie sie mir bekannt waren und/oder die ihn zu den Leuten führten, die bestätigen konnten, was im jeweiligen Fall die Wahrheit war und was nicht.

Nadine hörte mich diese unterstrichenen Passagen regelrecht ab. Ich hatte viele Erinnerungen verdrängt, und sie sorgte dafür, daß ich mir Dinge ins Bewußtsein rief, an die ich mich eigentlich nicht erinnern wollte. Sie drängte mich, sie bohrte, sie hielt sich zurück und brachte die Rede zu einem späteren Zeitpunkt wieder auf den jeweils strittigen Punkt. Wir arbeiteten ständig zusammen, etwas, das niemand anderer jemals getan hätte. Sie half mir, damit ich meinem Anwalt und damit mir selbst half.

Ich fing an, mich auf die Stunden mit Nadine zu freuen. Vorher hatte ich Frieden im Schlaf und in meinen inneren Dialogen gesucht. Ich hatte meine ›Geistreisen‹ in Waldlandschaften mit Vögeln und Bäumen und Blumen unternommen, Wälder, die nur in meiner Phantasie existierten, wie der von Larry Debus engagierte Psychiater es mich gelehrt hatte. Doch nun, da Nadine in mein Leben getreten war, wurde die Welt der real lebenden Menschen wichtiger für mich. Vor die Wahl gestellt, entweder zu Bett zu gehen und den Tag zu verschlafen oder mich mit Nadine zu unterhalten, hätte ich es auf jeden Fall vorgezogen, mit ihr zu reden. Wir nahmen gemeinsam unsere Mahlzeiten ein. Wir bereiteten meinen Prozeß vor. Wir tauschten Informationen über unsere Vergangenheit, unsere Familien, unser Leben aus. Wir wurden die besten Freundinnen.«

Selbsterkenntnis

»Ich begann mich in einer Weise zu betrachten, wie es mir bisher nie in den Sinn gekommen war«, meinte Joyce, als sie über die Prozeßvorbereitungen mit Nadine sprach. »Die beiden Zeugenaussagen gegen mich, die am wenigsten Sinn ergaben, waren die von Cathy Fox und Sandy Perez. Sie logen ganz offensichtlich oder übertrieben Äußerungen, die ich gemacht hatte, und ich wußte nicht, warum sie mich so sehr haßten.

Cathy Fox sollte ich bald verstehen. Zuerst nahm ich an, sie wollte es Arthur und mir irgendwie heimzahlen, weil er sie sitzengelassen hatte. Ich hatte ihn nie nach den näheren Umständen ihrer Beziehung gefragt. Ich weiß nur, daß sie zusammen waren, miteinander schliefen, daß sie annahm, sie würde die nächste Mrs. Arthur Ross, und ich ging ebenfalls davon aus. Dann war es plötzlich vorbei, und sie war wütend und verletzt. Ihre Attacken gegen mich bekamen unter diesem Aspekt durchaus einen Sinn.

Später erfuhr ich mehr: Die Detektivin, die Thinnes engagiert hatte, Mary Durand, ermittelte, daß Cathy häufig über ihre Herkunft log. Sie war für den Job, den sie innehatte, nicht angemessen ausgebildet. Sie war eine hervorragende Verkäuferin, hatte aber nicht das technische Wissen, das sie immer vorgab. Sie hatte nicht den Collegeabschluß, den sie in ihrem Personalbogen angegeben hatte. Sie hatte überhaupt kein Studium ordnungsgemäß beendet.

Mit Sandy Perez war es etwas anderes. Sie war eine fleißige Arbeiterin, brauchte dringend Arbeit, und ich hatte ihr einen Job gegeben. Ich nahm an, dafür wäre sie dankbar gewesen. Ich hätte nie gedacht, daß sie gegen mich aussagen würde.

Dann begann ich über mich selbst nachzudenken, wer ich war, wie ich mich verhalten hatte. Ich erkannte, daß ich ein arroganter Snob gewesen war, eine Heuchlerin, ein Ekel.

Sandy Perez war eine junge Frau, die vom Pech verfolgt wurde und schon als Kind in Schwierigkeiten geraten war. Sie stammte aus einem weißen, angelsächsisch-protestantischem Haushalt, hatte also eine Herkunft, die einen normalerweise ohne große Probleme durchs Leben gehen läßt. Doch als Teenager begann sie ein Verhältnis mit einem Amerikaner mexikanischer Herkunft, wurde schwanger, brachte mit fünfzehn das Kind zur Welt und heiratete den Jungen.

Mexikaner sind in Arizona verhaßt. Hier herrschte gegenüber jedem ein tiefes Mißtrauen, der eine Sprache sprach, die der Durchschnittsamerikaner nicht verstehen konnte. Es gab sogar einen Antrag in dem Staat, Englisch zur offiziellen Staats- und Nationalsprache zu erklären, um zweisprachigen Kindern die schulische Ausbildung zu erschweren.

Die allgemeine Meinung über Mexikaner besagte, daß sie schmutzig, dumm, ungebildet und wertlos seien, da sie jeden Hilfsarbeiterjob annahmen, der ihnen angeboten wurde. Tatsache war, daß es oft die besten und intelligentesten Mexikaner waren, die den Schritt über die Grenze wagten. Sie nahmen jeden Job an, während sie Englisch lernten und ihre Lebenssituation zu verbessern suchten, damit ihre Kinder die gleichen Möglichkeiten hatten wie die Amerikaner. Sie flohen aus bitterer Armut und aus Gegenden, wo die einzigen Jobs, die angeboten wurden, mit dem Drogenhandel zu tun hatten. Mittlerweile hatte der Anbau von Marihuana und anderen verbotenen Drogen die Produktion von Obst und Gemüse fast völlig verdrängt, weil mit Drogen mehr Geld zu verdienen war. In den USA nahmen sie jede Arbeit an, sie wohnten teilweise zusammen, um Geld zu sparen und ihre Familien zu Hause zu unterstützen. Aber die Wirklichkeit hatte nichts mit Schauermärchen zu tun, an die Heuchler wie ich damals glaubten.

Ich machte es Sandy Perez ziemlich deutlich klar, daß ich sie für dumm und wertlos hielt. Die Vorstellung, daß jemand mit ihren Möglichkeiten sich als Teenager hatte schwängern lassen und dazu noch von einem Mexikaner, empfand ich als widerwärtig. Ich hatte keine Achtung vor ihr, kein Mitgefühl für eine Jugendliche, die ein Kind großziehen mußte. Ich meinte, sie habe eine kriminelle Tat begangen, indem sie den Mann heiratete. Ich machte ihr das Leben sehr schwer. Daß sie mich so sehr haßte, um mir die Worte im Mund zu verdrehen, damit ich im Gefängnis landete, war eigentlich verständlich.

Ich begann mich und mein Leben in einer Weise zu betrachten, wie ich es nie zuvor getan hatte. Ich war geschockt von der Erkenntnis, wie viele Menschen ich vor den Kopf gestoßen hatte. Noch mehr überraschte mich, daß ich mich nicht einmal selbst als besonders angenehmen Menschen empfand. Die Prozeßprotokolle in Verbindung mit den Schrecken des Gefängnisses funktionierten wie ein Spiegel; das Bild, das ich darin sah, wollte mir überhaupt nicht gefallen.

Ich begann außerdem, mich an andere Details im Zusammenhang mit dem Fall zu erinnern, von denen einige sehr wichtig waren. Wally Roberts war eigentlich immer mein Freund gewesen. Ich bewunderte sein Können als Künstler, und er wußte, daß ich Hochachtung vor ihm hatte. Wir haben stundenlange Gespräche geführt, und ich fühlte mich wohl in seiner Gesellschaft, wenn er nüchtern war. Die Vorstellung, daß er sich vor Gericht gegen mich stellte, ergab für mich keinen Sinn, auch wenn er später erklärte, man solle ihm nicht jedes Wort glauben.

Dann fielen mir einige Dinge ein, die ich vergessen hatte. Wally setzte sich nach meiner Verhaftung für mich ein, versuchte mir zu helfen, auch nachdem er gegenüber Dan Ryan seine Aussagen gemacht hatte. Ich erfuhr, daß Wally für eine Weile verschwinden wollte; daher arrangierte Ron es, daß er zum Haus seines Vaters fahren konnte, das ziemlich abgelegen und ein gutes Versteck ist. Ich erinnerte mich auch, daß Ron wiederholt den Kofferraumdeckel des Wagens öffnete, mit dem Wally fahren wollte. Als ich mich umdrehte, sah ich, wie Ron Hundert-Dollar-Scheine hochhielt. Erst rückblickend gelangte ich zu der Erkenntnis, daß er Wally offenbar für irgend etwas bezahlte.

Ich mußte mir eingestehen, daß Ron ein Mensch mit ernsten Problemen war. Ich dachte an die Mengen Alkohol, die er regelmäßig konsumierte. Ich erinnerte mich, daß er immer sehr lange schlief und erst gegen Mittag aufstand, so daß er den ersten Drink, den er sich beim Rasieren leistete, rechtfertigen konnte. Seine Leber streikte, und der Arzt riet ihm, seinen

Alkoholkonsum aufzugeben, doch Ron stieg lediglich auf etwas Schwächeres um und trank danach Wodka, den er mit Orangensaft oder Coca Cola mischte. Ron aß nur eine richtige Mahlzeit am Tag, und zwar abends, die übrige Zeit nahm er nur Alkohol zu sich. Nach dem Trinken hatte er keinen Appetit. Und vor dem Abendessen rauchte er schon mal einen Joint, damit sein Hunger geweckt wurde.

Ich erinnerte mich auch an die Mengen Marihuana, die Ron kaufte. Er besorgte sich immer ziegelsteingroße Pakete, an deren Gewicht ich mich aber nicht entsinnen kann. Ich glaube, es waren immer mindestens fünf Pfund auf einmal, und ich weiß noch, daß er das Marihuana stets im Garten versteckte. Er verbrauchte es selbst oder bot seinen Freunden davon an. Ob er es auch verkaufte, weiß ich nicht. Das bezweifle ich aber. Ich glaube, er hatte es, verbrauchte es und gefiel sich in der Rolle dessen, der Freunde wie Wally Roberts damit versorgte.

Vorher hatte ich nie über diese Punkte nachgedacht. Zum Teil war ich darüber zu wütend, es war mir auch peinlich, und ich war zu egoistisch. Ich war mit dem Mann verheiratet, hatte aber keine Gefühle mehr für ihn. Und wenn sich ernste Probleme abzeichneten, ging ich ihnen aus dem Weg oder verdrängte sie.

Ich hatte aber auch Angst, mich ihnen zu stellen. Es gab nämlich noch ernstere Probleme als Rons Trinken und Drogenkonsum. Ron schien von meiner Tochter sexuell angezogen zu werden. Ich konnte es nicht mit Sicherheit sagen, aber ich spürte es irgendwie. Ich versuchte, diesen unerhörten Gedanken aus meinem Bewußtsein zu verbannen, versuchte so zu tun, als existiere er nicht, war einfach zu unsicher, der Wahrheit auf den Grund zu gehen und mich mit ihr auseinanderzusetzen. Niemals wäre ich auf den Gedanken gekommen, daß mir einmal der Tod in der Gaskammer drohen könnte, bevor ich anfing, mich selbst und die Welt zu verstehen, in der ich gelebt hatte. Ich war geschockt, zutiefst traurig, aber hilflos, die Vergangenheit zu ändern.«

Es war diese eindringliche Betrachtung ihres Lebens, die bei Joyce Veränderungen auszulösen schien, die einer Jury helfen würden, ihre andere Seite zu erkennen. Sie vertiefte auch ihre Beziehung zu Nadine, mit der sie über ihre Selbstprüfung und ihre Reaktionen darauf sprach. Doch während Joyce sich in einer Weise Nadine emotional näherte, wie sie es in den vorhergehenden Jahren bei keinem anderen Erwachsenen getan hatte, »spielte sich zwischen Nadine und mir nichts ab. Wir wurden kein Liebespaar, das im Duschraum miteinander herumschmuste, wie viele andere Frauen es zu tun pflegten. Aber, bei Gott, wären wir länger zusammen gewesen, hätten wir ein Liebespaar werden können. Nicht, weil ich mich zu Frauen hingezogen fühlte. Diese Vorstellung fand ich abstoßend, ehe ich ins Gefängnis kam, und ich kann mir auch heute so etwas nicht vorstellen. Ich fühlte mich zu ihr hingezogen, weil sie ein überwältigendes menschliches Bedürfnis bei mir befriedigte, das auf keine andere Weise in jener abnormen Gesellschaft hätte befriedigt werden können. Es war eine Beziehung, die aus emotionaler Verzweiflung entstand, eine Beziehung, die ich nicht wünschte und die ich unter anderen Umständen abstoßend empfunden hätte. Doch genauso wie ein Schiffbrüchiger auf hoher See einen Fisch fängt, ihn tötet, indem er ihn mit dem Kopf gegen die Kante seines Rettungsfloßes schlägt, und ihn dann roh verschlingt, genauso kann die Isolation in einem Gefängnis einen auf eine Art und Weise handeln lassen, die ansonsten unfaßbar erscheinen mag. Ich überschritt die Grenze nicht, aber ich war in dieser Hinsicht anfällig wie kaum je ein anderer Mensch.

Von der sexuellen Seite habe ich keine Ahnung. Das war für mich so fremd, daß ich nicht einmal weiß, ob ich es gewollt hätte, und wenn ja, ob ich damit fertig geworden wäre. Vielleicht, um ganz ehrlich zu sein, hätte ich es zugelassen, wenn sie es gewünscht hätte, nur um ihr etwas Schönes zu schenken, weil sie in meinem Leben so wichtig geworden war. Ich weiß es nicht, und ich bin froh, daß ich es niemals habe herausfinden müssen. Ich weiß nur, daß wir uns so nahe waren, wie man sich nahe sein kann, ohne einen physischen Kontakt herzustellen, und ich bin sicher, daß sexuelle Einheit der nächste Schritt gewesen wäre, wenn sie noch länger in Durango geblieben wäre oder wenn wir beide ins Zuchthaus verlegt worden wären.

Damit will ich nicht behaupten, daß das Gefängnis mich zur Lesbierin machte. Es ist auch nicht so, daß sie für mich mehr als Mann fungierte als alle anderen bisherigen Männer in meinem Leben. Hätte es jemanden gegeben, den ich hätte lieben können und der an meiner Seite gestanden und mich regelmäßig besucht und mir geschrieben hätte, dann wäre diese Beziehung niemals entstanden. Nadine und ich waren Freundinnen. Wir konnten miteinander sehr viel besser kommunizieren als mit Prostituierten, Drogensüchtigen und gewalttätigen obdachlosen Frauen, deren Existenz außerhalb des Gefängnisses für mich genauso fern und fremd war wie ein kleines Dorf im tiefsten China.

Nadine vermittelte mir einen Eindruck davon, wie Frauen und, ich nehme an, auch Männer sich an abnorme Situationen anpassen. Wir alle sind Menschen. Wir alle haben unsere Bedürfnisse. Durch Nadine verstand ich, weshalb lesbisches Verhalten eine Realität des Gefängnislebens ist. Es ist nicht der Sex. Es ist nicht die Folge von Mißhandlungen durch Männer. Es geschieht nicht, weil die Frauen sündig und böse sind. Es gibt sicherlich mehr Anlässe, als wir uns eingestehen wollen, bei denen die lesbische Liebe die einzige Möglichkeit bietet, die Innigkeit und Nähe zu erreichen, die wir so verzweifelt suchen. Die Tatsache, daß die Frauen noch immer lieben, noch immer für einen anderen Menschen da sein können, ist für mich ein Triumph des Geistes. Ganz sicher sollte es nicht idealisiert werden, doch ich erfuhr auch, daß es nicht von denen verdammt werden sollte, die die Umgebung schaffen, in der die einzige Alternative das Absterben der Gefühle sein kann.«

Die Zeit verstrich. Die Anwälte kämpften sich durch die Prozeßprotokolle und begutachteten die Arbeit, die Larry Debus hinterlassen hatte. Joyce und Nadine beschäftigten sich mit dem gleichen Material, fügten Kommentare hinzu, die den Anwälten oder irgendwelchen Ermittlern bei der Suche nach der Wahrheit helfen konnten. Tage und Nächte gingen ineinander über, beherrscht von den Schreien und der Gewalt, die stets unter der trügerischen Ruhe von Durango lauerten. Und ständig war da der Gedanke an Flucht, an Freiheit, an das Leben außerhalb des Traktes und des Tagesraums.

»Es gab Zeiten in Durango, da dachte ich, daß die Chance, aus der Enge des Traktes hinauszugelangen, um besseres Essen zu bekommen, andere Gesichter zu sehen, eine herrliche Flucht wäre. Ich wollte meine Freiheit. Ich wollte zu Hause bei meiner Familie sein. Aber wenn mir das versagt wurde, dann schien es schon etwas geradezu Himmlisches zu sein, wenn ich überhaupt einen anderen Ort aufsuchen dürfte.

Diese Gelegenheit erhielt ich unter ziemlich unschönen Umständen. Ich rutschte auf dem glatten Fußboden aus, landete auf dem Rücken und hatte danach große Schmerzen, die sich später als Folge einer eher harmlosen, wenn auch unangenehmen Verletzung entpuppten. Eine weitere Gelegenheit ergab sich, als ich einen Anfall von Angina pectoris hatte und mein Herz untersuchen lassen mußte. Beide Male wurde ich ins Bezirkskrankenhaus von Maricopa County gebracht, eine Einrichtung, die auf Grund ihrer intensiven Versorgung schwerer Fälle einen hervorragenden Ruf hat, trotz der hohen Zahl von Patienten, die täglich dort behandelt werden.

Ich weiß gar nicht mehr, was ich dachte, als mir gesagt wurde, ich käme in ein Krankenhaus. Ich hatte in Krankenhäusern gearbeitet. Ich hatte im Krankenhaus gelegen, als das Urteil im Gerichtssaal verkündet wurde. Ich dachte an die Ärzte und die Krankenschwestern, und ich wußte, daß ich dort wahrscheinlich einen gewissen Frieden finden würde, verglichen mit dem, was ich täglich in unserem Trakt erlebte.

Ich fürchtete mich ein wenig davor, aus dem Gefängnis weggebracht zu werden. Ich war mir nicht sicher, ob ich es ertragen konnte, wenn ich zu oft daran erinnert wurde, daß ich mich im Gefängnis befand. Die Vorstellung, die Welt draußen zu sehen, zu beobachten, wie andere Leute sich frei bewegten, mich in einem Gebäude aufzuhalten, das jeder normale Patient nach seinem Gutdünken verlassen und wieder betreten konnte, ohne

Angst haben zu müssen, daß jemand auf ihn schoß, und dann wieder in die Festung zurückkehren zu müssen, die mein Zuhause war, verursachte mir Unbehagen. Aber Krankenhäuser achten auf die Erhaltung der menschlichen Würde. Krankenhäuser waren Orte, wo Patienten nicht erniedrigt wurden. Wenn ich schon nicht zu meiner Familie zurückkehren konnte, dann war das Krankenhaus vielleicht ein Ort, wo ich etwas Ruhe fand. Zumindest nahm ich das an.«

»Sie kamen mit Ketten zu mir. Wenn man verhaftet wird, dann fesseln sie einem die Hände mit Handschellen auf dem Rücken, eine ungemütliche Position, gedacht, die Bewegungsfreiheit und die Fähigkeit zur Gegenwehr einzuschränken. Bei einem verurteilten Gefangenen benutzten sie Fesseln, wie man sie für gefährliche Tiere bereithält, deren harmloseste Aktion tödlich sein kann.

Meine Hände wurden nach vorn gezogen und mit einer Kette um meine Taille gefesselt, so daß ich sie nicht heben oder wenigstens zum Abstützen einsetzen konnte. Andere Ketten wurden um meine Füße geschlungen. Ich konnte nur noch winzige Schritte machen und schlurfte auf diese Weise zum Transporter. Ich war dabei ständig in Gefahr, das Gleichgewicht zu verlieren, da ich ja meine Hände nicht benutzen konnte.

Die Aufseherinnen befahlen mir, in den Wagen zu steigen. Ich glaubte, sie machten einen Scherz. Ich nahm an, sie würden mir helfen oder wenigstens meine Beine befreien. Statt dessen blieben sie abwartend stehen.

Ich schlurfte zum Wagen, drehte mich und versuchte, mich auf die Kante des Wagenhecks zu setzen. Meine Bewegungen waren unbeholfen, und ich hatte Angst, auf den Asphalt zu stürzen. Ich riß mich zusammen, drückte die Knie gegeneinander, dann hob ich sie an bis in Brusthöhe, so daß ich die Beine hereinziehen konnte, dann rollte ich halb und kippte nach drinnen, stieß meinen Ellbogen und schürfte die Knie auf, bis ich mich hochstemmen und auf einen Sitz fallen lassen konnte.

Niemand machte Anstalten, mir zu helfen. Niemand zeigte so etwas wie Anteilnahme.

Einfacher war es, aus dem Wagen zu steigen, als wir das Krankenhaus erreichten. Ich konnte mich setzen und vorwärtsrutschen und mich über die Kante schieben, bis meine Füße den Boden berührten.

Zuerst nahm ich an, wir würden durch einen speziellen Sicherheitseingang gehen, da Gefangene aus dem Gefängnis regelmäßig ins Bezirkskrankenhaus gebracht werden. Dann, als ich begriff, daß wir den normalen Eingang benutzten, vermutete ich, daß sie mir wenigstens die Fußfesseln abnehmen würden. Aber keine meiner Hoffnungen bewahrheitete sich. Ich mußte in Ketten durch das Krankenhaus gehen, zum Fahrstuhl und dann nach oben zu dem Zimmer fahren, in dem ich untergebracht wurde.

Wir alle haben Erinnerungen an emotionale Qual und Erniedrigung. Meistens erleben wir so etwas in der Grundschule, wenn man zum Beispiel an einem Theaterstück teilnahm und plötzlich den Text vergaß oder wenn man zur Wandtafel gerufen wurde und zugeben mußte, daß man die Antwort auf die Frage des Lehrers nicht wußte. Wir hören das Gelächter der anderen, darunter auch jene, die im stillen Gott danken, daß sie nicht in die gleiche Lage geraten sind, denn dann wäre es ihnen genauso ergangen.

Man schämte sich, spürte die Schande, und es wurde zu einer unauslöschbaren Erinnerung, die irgendwann aus dem Bewußtsein wich, jedoch eine Narbe hinterließ, die zu unserer Überraschung immer noch schmerzt, wenn sie Jahre später zufälligerweise berührt wird.

Keine meiner Erinnerungen war so erniedrigend wie das, was ich erlebte, als ich durch die Krankenhauskorridore ging. Ich kam an Kindern vorbei und versuchte möglichst lässig zu sein, zwang mich zu einem Lächeln. Ich entsinne mich eines kleinen Mädchens, das mein Lächeln scheu erwiderte, dann die Hand hob, als wolle sie mir zuwinken.

Plötzlich packte die Mutter das Handgelenk des Kindes, riß es zurück und umschlang das Kind schützend mit den Armen. Der Ausdruck im Gesicht der Mutter war der eines Menschen in einem Horrorfilm, wenn er voller Entsetzen miterleben muß, wie die freundliche Nonne aus dem Kloster nebenan sich plötzlich in einen blutgierigen Vampir verwandelt, der im Begriff ist, dem geliebten Baby in den Hals zu beißen.

Dann bemerkte ich, wie andere Kinder von ihren Eltern zurückgezogen wurden und wie Erwachsene sich so dicht wie möglich an die Wand drückten. Gelegentlich starrte mich jemand an, als wolle er bis in meine Seele schauen, um zu ergründen, was für eine Art von abgrundtief bösem Menschen ich denn war.

Ich wollte ihnen zurufen, daß die Ketten nicht nötig seien. Daß ich ein Opfer war, in eine Situation geraten, die ich nicht ganz begriff. Ich bin harmlos, wollte ich schreien. Ich bin genauso wie ihr. Ich liebe meine Kinder. Ich möchte sie vor allem Bösen beschützen. Ich bin ein guter Mensch, kein Monster. Versteht ihr das denn nicht? Könnt ihr das nicht erkennen?

Aber natürlich sahen sie es nur zu deutlich. Ich war in Ketten und wurde von Wachen begleitet. Gott sei Dank lief ich nicht frei auf der Straße herum, wo ich vielleicht Kinder geschändet, alte Damen ausgeraubt oder unschuldige Bürger gefoltert hätte.

Das Zimmer, das sie mir für meinen Krankenhausaufenthalt zugewiesen hatten, war fast noch schlimmer als die Isolationszelle. Die Wände waren aus nacktem Klinker, und die Tür war massiv. Ein Wächter stand vierundzwanzig Stunden am Tag davor. Manchmal blieb die Tür offen. Dann wieder wurde sie geschlossen, vielleicht sogar verriegelt. Es gab ein Bett und die übliche Überwachungsanlage. Kein Radio. Kein Fernsehen. Kein Lesestoff. Nichts außer einem Fenster, das einen Blick auf Phoenix bot.

Der Wächter kam herüber und befestigte eine Fußschelle an meinem Fußgelenk, damit ich an einen Bettpfosten gefesselt werden konnte. Ich konnte das Badezimmer aufsuchen, konnte mich halbwegs in dem engen Raum bewegen, doch alles andere war mir versagt. Ich mußte eine Bettpfanne benutzen, die mir erst gebracht wurde, wenn ich danach klingelte. Und selbst dann dauerte es seine Zeit, bis jemand erschien. Da ich mich nicht in einem kritischen Zustand befand, sahen die Angestellten keinen Grund zur Eile. Ich konnte ja solange warten oder ins Bett machen. Ihnen war es gleichgültig. Weglaufen konnte ich sowieso nicht.

Angehörige des Personals kamen von Zeit zu Zeit ins Zimmer, überprüften meine Körperwerte, gaben mir Medizin, überprüften eventuelle Veränderungen meines Zustands. Ich erhielt mein Essen, und es war besser als die Mahlzeiten im Gefängnis. Während einer meiner Krankenhausaufenthalte erschien sogar mein Anwalt und brachte mir einen Karton Pralinen, die ich mit dem Personal teilen wollte. Doch niemand war freundlich zu mir. Niemand redete mit mir mehr als unbedingt nötig.

Der einzige Vorteil war die Lage des Zimmers. Der Sicherheitsbereich, in dem ich lag, befand sich in einem oberen Stockwerk. Das Bett war hochgestellt, und durch das Fenster konnte man auf die Stadt hinabsehen. In der ersten Nacht in dem Zimmer versuchte ich gar nicht erst einzuschlafen. Ich schaute hinaus auf die Lichter, die Gebäude, die Sterne. Ich versuchte mich als Teil einer Welt zu fühlen, von der ich schon viel zu lange verbannt war.

Niedergeschlagen, an mein Bett gefesselt, unfähig, die elementarsten Körperfunktionen ohne fremde Hilfe zu vollziehen, vermittelte mir dieser Anblick trotzdem einen gewissen Hauch von Freiheit.

Doch als die Minuten sich zu Stunden dehnten und die Stunden zu Tagen, überwältigten mich die Einsamkeit, die Qual, die Isoliertheit. Zum erstenmal seit meiner Verhaftung verlor ich völlig die Kontrolle über mich. Ich rief nach meiner Mutter, schrie jämmerlich. Ich brauchte sie, wollte, daß sie mich tröstete. Ich kreischte ihren Namen, war wie ein verirrtes Kind auf der Suche nach dem einzigen Menschen, der alles wieder in Ordnung bringen konnte.

Aber meine Mutter war tot. Sie war wenige Wochen vor meiner ersten Verhaftung gestorben. Ich befand mich in einem Hochsicherheitsraum eines Häftlingsflügels in einem Bezirkskrankenhaus. Ich war allein. Vielleicht blieb ich für immer allein. Und wieder weinte ich.«

»Ich würde gerne sagen, daß diese Gelegenheit, mich selbst zu erkennen, mich völlig veränderte, aber das war nicht der Fall.

Es war nur noch ein Mensch übrig, auf den ich mich verlassen konnte – meine Tochter. In meiner Verzweiflung stützte ich mich weiterhin auf Eden, forderte von ihr, daß sie mir half. Ich war eingesperrt. Sie war frei. Jeder Tag im Gefängnis war ein Tag ohne Sonnenschein, ohne Vögel, ohne Lachen, ohne gutes Essen, ohne einen sicheren Schlafplatz. Nichts war wichtiger als meine Wünsche. Nichts war von Bedeutung, außer es brachte mich dem Ziel näher, das Gefängnis zu verlassen. Weder Edens Arbeit in der Schule noch ihre Hobbys und sonstigen Aktivitäten. Auch nicht Edens Träume von Weiblichkeit, Träume, wie fast jedes Mädchen im Teenageralter sie hat, das an der Schwelle zur Volljährigkeit steht. Nicht ihre Hoffnungen, ihre Ängste oder was immer sie beschäftigte. Sie konnte zur Schule gehen. Das war sozusagen ihr Job. Sie konnte sich um ihre Brüder kümmern, wenn sie zusammen waren. Aber die übrige Zeit gehörte mir. Sie war mein Verbindungsglied zu den Anwälten, dem Gericht, den Ermittlern. Sie war die einzige, der ich vertrauen konnte. Es war unrealistisch, unfair, egoistisch und grausam. Aber Eden tat, worum ich sie bat, und mein Leben hing von ihren Aktionen und denen meiner neuen Anwälte ab.«

Die Beziehung zwischen einer Mutter und ihrer heranwachsenden Tochter ist sehr kompliziert. Sehr oft sieht das eigene Kind, wenn es volljährig wird, so aus wie man selbst, als man genauso alt war. Die Persönlichkeit ist sicherlich anders, desgleichen die Interessen und Wertvorstellungen. Dennoch ist es ein Spiegel einer Vergangenheit, die man nie mehr durchleben wird und an die die meisten Frauen sich als an eine Zeit voller Aufregungen, aber auch tiefer Verwirrung erinnern.

Töchter scheinen innerhalb der Gesellschaft verletzlicher zu sein. Sie müssen mit sexuellen Attacken sowohl von Fremden als auch von den Männern rechnen, mit denen sie zur Schule gehen, mit denen sie in einem Büro zusammenarbeiten, sogar von Männern innerhalb der eigenen Familien. Sie sehen sich der Diskriminierung einer Männerwelt gegenüber und müssen eine der schwersten Lebensentscheidungen treffen, wenn sie über die Elternschaft nachdenken, denn ganz gleich, wie hilfreich Beziehungen auch des eigenen Vaters sein können, wenn es zu einer Schwangerschaft kommt, muß die berufliche Karriere zumindest unterbrochen werden. Und Frauen, die in der Justiz, in der Wirtschaft und in anderen Bereichen im Aufstieg begriffen sind, können es sich wahrscheinlich kaum leisten, ihren Weg für einige Monate zu unterbrechen, wenn sie ihre Ziele erreichen wollen.

Frauen haben für diese Probleme viel mehr Verständnis als Männer, denn sie haben sie am eigenen Leibe erfahren, haben Entscheidungen treffen müssen, haben mit diesen Entscheidungen schließlich leben müssen. »Die Beziehung zu Eden entwickelte sich, zum Teil jedenfalls, durch diese Dinge wie auch durch Zufälle«, sagte Joyce. »Meine Söhne, der eine älter und der andere jünger als Eden, hatten selbst ihre emotionalen Probleme, als mein Unglück über unsere Familie hereinbrach.

Ein Teil des Problems war meine Scheidung von ihrem leiblichen Vater, obgleich sie durchaus verstanden, warum ich ihn verließ. Er war jemand, der auf seine Söhne stolz war, sich aber nicht um sie kümmerte. Nach und nach erkannten sie diesen Mangel bei ihm und lernten, die Scheidung zu akzeptieren und sich bei mir wohl zu fühlen. Ich bin sicher, daß sie, wie alle Kinder, mehr als einmal das Gefühl gehabt haben, daß sie die Ursache für die Scheidung waren. Vielleicht haben sie gedacht, daß wir, wenn sie irgendwie besser gewesen wären, wenn sie sich in vielem anders entschieden hätten, zusammengeblieben wären. Solche Empfindungen, so falsch sie auch sein mögen, sind die natürliche psychologische Folge der Scheidung.

Doch mitzuerleben, wie die Mutter wegen Mordes eingesperrt wird, zu sehen, wie der Name der Familie die Schlagzeilen beherrscht und ständig im Fernsehen genannt wird und von meinem zweiten Mann verlassen zu werden, waren Krisen, die noch viel schlimmer waren als die Scheidung. Meine Kinder waren zornig, verängstigt, entschlossen, durchzuhalten, wobei sie sich aber fragten, ob es überhaupt noch jemanden gab, der sich um ihr Wohlergehen sorgte. Und jeder mußte auf die Situation auf seine Art und Weise reagieren.

Mein ältester Sohn zeigte Wut. Während er einerseits ein erfolgreicher Wissenschaftler ist, ist er zugleich ein guter Musiker, der seine eigene Band hatte. Er war sechzehn, als ich ins Gefängnis mußte, ein wichtiges Alter, um sich über Beziehungen und Sexualität klarzuwerden und die Grenzen der Erwachsenen zu prüfen. Er war außerdem Songschreiber und ließ seine Energie in die Musik einfließen. Vieles war von Gewalt geprägt, haßerfüllt und spiegelte den inneren Aufruhr wider, der in ihm tobte.

Als ich im Gefängnis war, schickte er mir ein Werbeblatt seiner Band, einer Gruppe, die ironischerweise den Namen ›Terminal Justice‹ trug und deren Logo ein großes ›J‹ war, das sich mit einem Schwert kreuzte. Die Songs drückten seinen Protest aus, und in der Musik kam deutlich die Qual meines Kindes zum Vorschein.

Selbst jetzt, wo ich draußen bin, nun, da ich mit ihm reden kann, versuchen kann, ihm zu helfen, herrscht immer noch eine gewisse Spannung. Der große Druck hat nachgelassen, doch es ist noch genug da, so daß ich genau weiß, daß noch viele Jahre vergehen werden, bis er seine inneren Konflikte gelöst hat.

Mit zehn Jahren war mein jüngerer Sohn kaum mehr als ein Kind. Er wurde völlig von dem überrumpelt, was geschah. Seine Welt war voller Verwirrung und Angst. Er zog sich emotional zurück, bremste sich in seinen Handlungen, seinen Bedürfnissen und Forderungen. Er schien sich verraten und betrogen zu fühlen, obgleich es ihm viel leichter fiel als seinem älteren Bruder, über seine Gefühle zu reden.

Am beständigsten war Eden, ein Kind, das seine Teenagerzeit wegen mir nie hatte richtig auskosten können.

Eden legte eine Reife an den Tag, die mich zugleich beunruhigte und erfreute.

Sie hatte immer eine abgeklärtere Einstellung zum Leben und zu Gefühlen, als ihrem Alter entspricht. Schon als Kind, wenn sie sich über jemanden ärgerte, war sie fähig, zwischen dem zu unterscheiden, was jemand tat, und dem, was der Betreffende war, anstatt das Leben nur in Schwarzweiß zu sehen wie die meisten jungen Leute.

Außerdem begriff Eden die Dinge auf Anhieb sehr viel besser als ihre Brüder. Sie hatte immer die Mehrheit ihrer Mitschüler auf ihrer Seite, nur ein einziges Mädchen lehnte sie ab wegen ihrer Beliebtheit. Sie ahnte, daß ihre Rolle sich ändern mußte, daß sie nun die Führung innerhalb der Familie übernehmen mußte, da ich nicht da war. Sie übernahm Verantwortung während der Krise, ohne sich verantwortlich zu fühlen. Und Eden wurde meine beste Freundin, meine Vertraute und mein Blitzableiter, eine Kombination, die sie am Ende zwang, aus Phoenix zu fliehen und in jenem Jahr bei ihrem leiblichen Vater zu leben, dem schlimmsten Jahr ihres Lebens.

Ich erkannte die Kraft meiner Tochter zum erstenmal, als Ron die Familie verließ und es nötig wurde, Geld aufzubringen, um die Anwälte zu bezahlen. Die Anwaltshonorare waren höher, als ich es mir je ausgemalt hatte. Ich mußte alles verkaufen, was ich besaß. Allein die Gebühren für meinen ersten Anwalt, Larry Debus, verschlangen mein Haus und den größten Teil meines Barvermögens. Um meinen zweiten Anwalt, Thomas Thinnes, zu bezahlen, verkaufte ich die Immobilien der Familie in Manhattan, einigen Schmuck und bediente mich von dem noch verbliebenen Bargeld. Die gesamte Verteidigung kostete mich mindestens siebenhundertfünfzigtausend Dollar.

Das war der Preis für mein Leben.

Manchmal bin ich stolz darauf, daß meine Eltern in uns Kindern ein gewisses Arbeitsethos verankerten, trotz der Tatsache, daß wir genügend Geld besaßen, so daß wir eigentlich nicht hätten zu arbeiten brauchen. Ich hatte meine Arbeit immer geliebt, gewann ich doch einen Teil meiner Identität daraus. Nicht produktiv sein zu können, war eine der unangenehmeren Seiten des Gefängnislebens, und ich arbeitete wieder, ganz gleich, wieviel Geld ich besaß. Daher ist der finanzielle Druck, unter dem ich mich jetzt befinde, nachdem mir alles genommen wurde, nicht so stark, wie ich ihn unter anderen Umständen empfinden würde.

Gleichzeitig verspüre ich jedoch eine große Bitterkeit. Es kommt mir fast so vor, als hätten sogar die mich ausgenommen, die auf meiner Seite standen.

Ich denke auch an die Menschen, die kein Geld haben. Wer

hilft ihnen, wenn sie unschuldig sind? Ich wäre beinahe in der Todeszelle gelandet, nachdem ich von einem der besten Strafverteidiger in Phoenix vertreten wurde, zumindest hatte er diesen Ruf. Was geschieht mit den Menschen, die sich auf einen jungen Anwalt, frisch von der Universität, verlassen müssen, der im Büro eines Pflichtverteidigers arbeitet? Oder mit den Leuten, die sich finanziell keinen eigenen Ermittler leisten können? Oder mit den Leuten, die an einen guten Pflichtverteidiger geraten, deren Mittel aber zu gering sind für eine angemessene Verteidigung? Müssen sie sich gefallen lassen, daß ihr Leben vernichtet wird, nur weil sie nicht mit meinen Privilegien geboren wurden?

Dieser Punkt macht mich bitter und wütend. Dabei ist mir schon klar, daß ich wirklich Glück hatte, mir einen fähigen Verteidiger leisten zu können.

Aber es kostete mich alles, was ich besaß, und war für Eden eine große Belastung.

›Verkauf alles‹, trug ich Eden auf. Sie war gerade sechzehn Jahre alt. Wir besaßen ein großes Haus, das voll war mit wertvollen Gegenständen, von Kristall bis zu den Möbeln. Es gab einige Dinge, die einen sehr persönlichen Wert hatten. Es gab andere, deren Schönheit und Wert eigentlich verlangten, daß wir sie behielten. Aber ganz gleich, was es war, alles mußte verkauft werden, und es war Eden, die alles zusammenstellen und die verschiedenen Händler anrufen und versuchen mußte, den besten Preis herauszuschlagen.

Ich bin überzeugt, daß einige Händler sie übervorteilten. Sie war noch ein Kind und mußte mit Leuten verhandeln, die sehr oft ahnungslose Erwachsene ausnutzten. Es gab keinen Grund, weshalb sie sich ihr gegenüber anders verhalten sollten. Andere zahlten ihr vermutlich durchaus faire Preise. Es war eigentlich nicht recht, von Eden zu erwarten, daß sie eine derartige Verantwortung auf sich nahm. Ich hatte jedoch niemanden, an den ich mich hätte wenden können, und manchmal stritt ich mich in meiner Angst und Verzweiflung mit ihr, doch Eden beklagte sich niemals.

Das meiste von dem, was ich zu ihr sagte, habe ich vergessen, jedoch werden meine Aktionen in ihren Briefen an mich sehr deutlich. Nach einem unserer Telefongespräche schrieb Eden mir einmal:

›Was hast Du damit gemeint, als Du am Telefon sagtest, Du hofftest, ich würde mich nicht irgendwann als ein zweiter Onkel Arty oder Ron entpuppen? Bezog sich das darauf, daß sie Dich im Stich gelassen haben? Meinst Du wirklich, daß ich das je tun könnte? Das hat mich sehr verletzt, Mom, daß ausgerechnet Du mir das vorwirfst. Daß Du allen Ernstes denkst, ich würde Dich vergessen, nicht mehr an Dich denken, mir keine Sorgen mehr wegen Dir zu machen, Dich nicht mehr lieben. Ist das wirklich Deine aufrichtige Überzeugung? Ich liebe Dich sehr. Wie lange muß ich Dir das noch beteuern, ehe Du es endlich glaubst?

Ich dachte, Du erkennst, wie sehr ich Dich liebe, so wie ich Deine Liebe zu mir erkannt habe; ich glaube, ich habe mich getäuscht.‹

Ich benahm mich wie ein eifersüchtiges Huhn, dabei war ich nur auf Edens Freiheit eifersüchtig. Ich konnte mein Gefühl der Verzweiflung nicht unterdrücken; ich habe niemals jemanden umgebracht, war niemals gewalttätig gewesen, hatte niemals auch nur an Gewalt gedacht. Doch ich wußte, daß ich bereitwillig töten würde, um Eden vor der Hölle zu bewahren, die ich im Gefängnis erlebte. Aber trotz der Tatsache, daß ich sie so heftig liebte, war ich eifersüchtig auf ihre Möglichkeit, ein normales Leben zu führen, und ich ärgerte mich über jeden ungenutzten Moment, in dem sie nicht alles versuchte, meine Entlassung zu erwirken.

Es war eine irrationale Haltung, und irgendwie war sie weise genug, sich dieser Tatsache bewußt zu sein. Sie akzeptierte die kindischen Reaktionen der Frau, die ihre Mutter war, die in dieser Krise eigentlich die reifere Frau hätte sein müssen. Nur ihre Handschrift verriet ihre intensiven Empfindungen in dieser Zeit, wie ich später von einem Experten auf diesem Gebiet erfuhr. Immer wenn ich Eden tief verletzte, wenn sie versuchte, meine unentschuldbare Haltung zu verstehen, spiegelte ihre Handschrift den verzweifelten Versuch wider, ihre Emotionen unter Kontrolle zu halten. Erst später, als sie sich in psychiatrische Behandlung begab, bekam ihre Handschrift wieder das alte Bild der emotional gefestigten Menschen. Ich bedrängte mein Kind mit einer Mischung aus Liebe und Verzweiflung, jedoch hatte das Mädchen die Reife, mich als das zu nehmen, was ich war, und mir deswegen keine Vorwürfe zu machen.

Obgleich Eden in dieser Zeit für mich sicherlich eher die Mutterrolle spielte als ich für sie, war sie so einfühlsam, mir das Gefühl zu vermitteln, daß ich trotz allem ein Teil ihres Lebens war. Es gab eine Periode, in der ich nicht mehr aß und mein Leben zu hektisch wurde, während ich auf Informationen über meinen zweiten Prozeß wartete. Eden, die sich wegen mir große Sorgen machte, schrieb:

›Wenn Du nicht stark bleibst, auf wen soll ich mich dann verlassen? Du darfst mich nicht so einfach fallenlassen! Ohne Deine Kraft würde ich nämlich genau das tun – abstürzen. Ich wette mit Dir, daß ich Dich, selbst wenn ich verheiratet sein und Kinder haben sollte, ständig anrufen werde, um Dich um Rat oder um Hilfe zu bitten oder auch nur, weil ich jemanden brauche, mit dem ich reden kann. Es mag sein, daß ich in vieler Hinsicht unabhängig bin, doch wenn es um Dich geht, dann bin ich sehr abhängig. Ohne Dich wäre ich verloren. Also bitte nicht verhungern, ja?‹

Edens Gespür für meine Empfindungen in dieser Zeit waren meine einzige Freude. Ich lernte im Gefängnis neue Leute kennen und erzählte ihnen von meiner wunderbaren Tochter. Ich sagte ihnen, sie sollten sich mit ihr in Verbindung setzen, wenn sie Hilfe brauchten. Kaum eine Woche verstrich, in der nicht irgendein Fremder zu unserem Haus kam und um Edens Unterstützung bat. Einige waren Kriminelle und Obdachlose. Sie versuchte, ihnen allen zu helfen, und wußte dabei nicht, ob es immer richtig war, oder was ich von ihr erwartete. Ich verlangte zuviel von ihr, überforderte sie, und es gab keine Möglichkeit, wie sie mir dieses Problem hätte plausibel machen können.

Am Ende wurde es ihr wirklich zuviel, und sie beschloß, ein Jahr bei ihrem leiblichen Vater in Massachusetts zu leben. Sie wollte dort die High-School besuchen und sich einer Operation unterziehen, die durch ein Leiden nötig geworden war, das sich bei ihr herausgebildet hatte. Er war Arzt und kannte die dortige Ärzteschaft, und ich wußte, daß man sich in hervorragender Weise um sie kümmern würde. Der Druck auf sie würde nachlassen, vor allem, da sie dort endlich den Zeitungsschlagzeilen entging, die es sicher geben würde, wenn der neue Prozeß begann.

Es war alles sehr logisch, sehr vernünftig, einleuchtend und sinnvoll. Und ich haßte ihre Entscheidung. Alles, was ich erkennen konnte, war, daß ich endgültig im Stich gelassen wurde. Ron hatte mich verlassen. Arthur hatte zwar Kontakt zu mir, doch er war für mich nicht erreichbar, er konnte mich nicht besuchen. Und jetzt löste sich auch Eden von mir, meine wesentliche Verbindung zur Außenwelt.

Ich weinte. Ich erging mich in Selbstmitleid, Angst und Zorn. Aber ich konnte ihr die Bitte nicht abschlagen. Es hätte auch keinen Sinn gehabt, ihr zu widersprechen, da sie wirklich tun mußte, was sie für sich am besten hielt. Schlimmer noch, ich konnte ihr noch nicht einmal eine vernünftige Alternative nennen. Sie hatte die ganze Zeit bei einer Freundin gewohnt, da sie auch kein Zuhause mehr hatte.

Ich machte mir Sorgen, wie sie mit ihrem Vater zurechtkäme. Mein Ex-Ehemann war ein Mensch, dem es schwerfiel, sich gefühlsmäßig zu binden. Er hatte während der letzten neun Jahre eine Beziehung zu einer Frau gehabt, lebte jedoch nicht mit ihr zusammen, und heiraten wollten sie auch nicht. Er war vernarrt in unseren jüngsten Sohn, war stolz auf ihn, verhielt sich ihm gegenüber jedoch manchmal sehr feindselig. Die beiden hatten im Grunde ständig Streit.

Ich hatte keine Möglichkeit, in Erfahrung zu bringen, was sich zwischen Eden und ihrem Vater in der Zeit abspielte, die sie dort wohnte. Er war so nett, mich alle zwei Tage mit unserer Tochter telefonieren zu lassen. Gleichzeitig hielt er sich jedoch im selben Zimmer auf, und seine Anwesenheit hatte eine bedrückende Wirkung auf Eden. Sie konnte es nicht vertragen, und sie ärgerte sich über das Jahr, das sie in Massachusetts lebte. Sie stürzte sich kopfüber in die Schularbeit und versuchte, sich durch andere Aktivitäten abzulenken. Sie verabredete sich mit Jungen. Sie schloß Freundschaften mit anderen

Mädchen. Sie schrieb mir ständig. Aber sie war überzeugt, daß ihr Vater keine Gelegenheit ausließ, sie verbal zu treffen, und daß er sich gegenüber ihrem Bruder sogar zu Tätlichkeiten hinreißen ließ. Sie haßte den Aufenthalt dort, obgleich sie überzeugt war, daß diese Flucht nötig war.

Ich wollte ihrem Vater die Schuld an Edens Problemen geben. Das ist eigentlich natürlich für jemanden, der geschieden ist. In meinem Fall hatte ich noch einen gewichtigeren Grund für den Wunsch, ihm alle Schuld zuzuschieben, denn ich wußte, daß ein Großteil von Edens innerem Aufruhr daher rührte, daß ihre Mutter im Gefängnis saß, von ihr getrennt war, und daß ich, obwohl unschuldig, weder ihre noch meine schlimme Lage ändern konnte.

Wenn ich ganz objektiv bin, dann weiß ich, daß dieses Jahr auch für meinen Ex-Ehemann schwer war. Ich hatte die Kinder mitgenommen, als sie noch klein waren, hatte sie großgezogen, war vierundzwanzig Stunden am Tag für sie dagewesen. Er sah sie, schien sie so innig zu lieben, wie er konnte, doch ihm fehlte das Gefühl der Zugehörigkeit, das ich hatte, und wenn auch nur deshalb, weil er in der ganzen langen Zeit vorher keine Verantwortung für sie hatte tragen müssen. Nun standen ihm plötzlich zwei verstörte, verletzbare, leicht rebellische Teenager gegenüber, die versuchten, ihre Gefühle unter einer brüchigen Schale zu verstecken. Seine Ex-Frau saß wegen Mordes im Gefängnis. Seine Freundin konnte nicht mehr soviel Zeit mit ihm verbringen, wie sie es gewöhnt waren. Alles war neu, anders, unerwünscht, aber nicht zu ändern.

Wenn ich all das bedenke, weiß ich, daß er sich wirklich Mühe gab. Trotzdem war es für uns alle eine schwierige Zeit.

Zuerst versuchte ich, in der Phantasie eine Beziehung zu meiner Tochter zu erhalten. Manchmal war sie mein kleines Mädchen, und ich erzählte stolz von den Zensuren, die sie in der Schule bekam, ihren Erfolgen in anderen Aktivitäten und der Art und Weise, wie sie ihre Mutter emotional unterstützte. Manchmal war sie meine Freundin, der ich alles anvertrauen konnte und die, so stellte ich mir vor, mir alles offenbarte. Und manchmal war sie meine Angestellte, mein ›Mädchen für alles‹, die Person, die ich beauftragte, sich um die Angelegenheiten meines Antrags auf einen neuen Prozeß zu kümmern, obgleich sie mehr als zweitausend Meilen weit weg lebte und meine Forderungen reichlich unrealistisch waren. Mein kleines Mädchen wurde eine Frau.

Ich hätte die Veränderungen sehen müssen, die sich bei Eden vollzogen. Sie war eine normale, gesunde Jugendliche mit einem ganz normalen, gesunden Sexualtrieb. Aber sie benahm sich nicht wie eines dieser stereotypen, kichernden, nach Jungen verrückten Teenagergirls, und ich sah sie immer noch als Kind an.

Aber Eden war offen und ehrlich zu mir. In ihrem ersten Monat in der Schule in Massachusetts schrieb sie: ›Es gibt sogar einen neuen Jungen, von dem ich diese Woche erzählen kann. Bruce war das Thema der vergangenen Woche, und jetzt steht Michael zur Diskussion. Er ist groß, hat dunkle Haare und dunkle Augen und ist der beste Typ, wenn man die Mädchen hier fragt. Er ist genau das Gegenteil von Bruce. Bruce hat ein übersteigertes Ego und benutzt die Mädchen nur, während Mike eher scheu ist und die Mädchen mit Respekt behandelt. Ich habe noch nicht soviel mit ihm geredet (genaugenommen sogar kaum), doch er scheint furchtbar nett zu sein, und die Leute, mit denen ich über ihn gesprochen habe, meinen das auch.‹

Es war ein schöner Brief, und ich mußte lachen, als ich die Passage über ihren neuen Freund las. Es war die typische Teenagerliebe aus der Ferne, mehr in der Phantasie als in der Wirklichkeit, denn mein kleines Mädchen hatte Hemmungen, sich ihm zu nähern.

Im Oktober fand ein Schulfest mit Tanz statt, an dem Eden teilnahm. Sie ging mit einigen Freundinnen hin, lernte einen neuen Jungen kennen und machte die gleichen Leiden durch wie alle Teenager. ›Wir haben eng getanzt, und ich war einfach furchtbar! Er hielt mich ganz komisch im Arm, denn es war unheimlich schwierig, dabei zu tanzen. Nachher meinte er: »Das war viel zu kurz.« Ich hatte eine Erwiderung auf der Zunge: »Ja, und du bist sicher froh, daß du mich endlich los bist!« aber ich brachte sie nicht über die Lippen. Ich habe mich so geschämt.‹

Die späteren Briefe in diesem Monat handelten wieder von Bruce und Mike. Bruce, der die ›Mädchen nur ausnutzt‹, war plötzlich unheimlich freundlich und zuvorkommend zu ihr, was Eden nicht verstehen konnte. Gleichzeitig entschied sie, daß Mike gar nicht schüchtern war, sondern er entpuppte sich als Snob, und sie schimpfte nur noch über ihn. Sie war jedoch überzeugt, daß einige ihrer Probleme sich vielleicht durch Zauberei lösen ließen.

›Erinnerst Du Dich, wie ich Dir mitteilte, ich hätte mir diesen Liebestrank im Hexenladen in Salem gekauft? Nun, ich habe alles getan, was in den Anweisungen verlangt wurde, und bis jetzt ist nichts passiert. Ich hoffe, es wirkt. Ich brauche wirklich jede Hilfe, die ich kriegen kann.‹

Ich lachte und weinte, erzählte einiges von dem, was sie geschrieben hatte, den anderen. Ganz gleich, welche Herkunft ein Häftling hat, ein Teenager, der zur Frau heranreift, ist etwas Universelles. Wir alle erinnerten uns an die Intensität unserer Gefühle, als wir uns das erste Mal verliebten, oder daran, daß wir meinten, wir seien viel zu häßlich, um jemanden zu finden, der uns haben will.

Wenn ich die Briefe las, hatte ich den dringenden Wunsch, bei Eden zu sein. Ich wollte sie trösten, wenn sie traurig war, und wußte gleichzeitig, daß sie ganz gewiß nicht verstehen würde, daß sie noch viele Freunde haben, viele Freuden erleben und oft zurückgewiesen würde, ehe sie den richtigen Mann für sich fand. Ich wollte ihr die Geschichten meiner eigenen Jugend, meiner eigenen Enttäuschungen erzählen. Ich wollte mich an ihren Jungmädchengesprächen beteiligen, wolle, daß ihre Erfahrungen unseren Altersunterschied, die Verschiedenheit unserer Rollen, überbrücken sollten, um endlich zu dem Grad von Freundschaft zu gelangen, die der Idealzustand ist, den jede Mutter mit ihrer Tochter anstrebt. Ich wollte ... Aber alles, was mir blieb, war, ihre Briefe zu lesen, ihre Leiden zu teilen, mich nach ihr zu sehnen und mir vorzustellen, wie sie so fern von mir heranwuchs.

›Im Augenblick bin ich in niemanden verliebt. Bruce ist schon wieder vergessen. Er ist wirklich reizend und alles, aber ich habe Angst, ihn näher kennenzulernen wegen seines schlimmen Rufs. Ich brauche keinen Mann, der mich nur benutzt und mich dann sitzenläßt. Unglücklicherweise begreift Bruce nicht, was ich meine. Er flirtet mit mir, aber ich versuche nur, freundlich, aber reserviert zu sein ...

Dieser Mike scheint sich nicht für mich zu interessieren. Er ist ein furchtbarer Snob, eingebildet und hochnäsig. Er gehört zur ›Clique‹ und ich nicht, deshalb würdigt er mich keines Blickes ...

Da ist noch ein anderer Typ, mit dem ich sicher gerne mal ausgehen würde, und er ist auch in der ›Clique‹, aber er redet in der Klasse mit mir und grüßt mich, wenn wir uns auf dem Flur begegnen. Er kitzelt mich schon mal und flirtet sogar während des Unterrichts mit mir. Hoffentlich verabredet er sich mal mit mir. Aber ich kann warten – ich habe es nicht eilig. (Zumindest nicht bis zum Schulfest.)‹

Im Dezember war da ein Jay und schließlich ein Eric. Letzterer besuchte die St. John's Prep School und lud sie zu seinem Schulfest ein. Im Januar war Eric der absolute Favorit des Monats, und Eden schrieb mir:

›Ich bin so glücklich mit Eric (mein ›Freund‹). Er ist so nett. Ich wünschte, Du könntest ihn mal kennenlernen. Ich weiß, daß er Dir gefallen würde. Er ist einfach süß. Und er hängt sehr an mir. Er beteuert mir immer, wie sehr er mich mag und daß er mir niemals weh tun wird. Und weißt Du, was er mir noch sagt? Es ist richtig peinlich! Er sagt, ich sei schön und etwas ganz Besonderes! Ich weiß nie, was ich antworten soll, wenn er das sagt, deshalb entgegne ich nur: »Vielen Dank, aber das bin ich gar nicht.«‹

Dann kamen Gary und eine ganze Reihe anderer, aber keiner war der Richtige für das große Fest am Ende des Schuljahrs. ›Ich suche immer noch nach dem richtigen Tanzpartner. Ich wage nicht, Ed zu fragen, diesen Jungen, der in Buchhaltung neben mir sitzt. Ich glaube, es liegt daran, daß ich nicht so richtig weiß, ob es mir Spaß machen würde, mit ihm zu gehen. Er ist so schüchtern und so still, deshalb werden wir wahrscheinlich den ganzen Abend nur herumsitzen und gar nichts sagen.

Das Schulfest kommt jetzt mit Riesenschritten näher! Ich werde Ed Burke fragen, ob er mit mir hingeht, wenn ich allen

Mut zusammennehme. Er ist wirklich schüchtern, aber so nett und süß. Er hat blonde Haare, blaue Augen, lange Wimpern und kann unheimlich reizend lächeln. Ich habe solche Angst, daß er nein sagt. Und wenn er das tut, dann ist es ganz furchtbar, denn im Buchhaltungsunterricht sitze ich genau neben ihm. Wenn er ja sagt und wenn wir zusammen hingehen, dann brauche ich mir kein neues Kleid zu kaufen, denn ich kenne ein Mädchen, das ein wundervolles Kleid besitzt. Sie hat mir schon so oft gesagt, daß ich es ruhig mal tragen kann, denn wir haben etwa die gleiche Größe. Sie hat es im vergangenen Jahr zu ihrem ersten Fest getragen, und wenn ich es dieses Jahr trage, dann hat keine andere so ein Kleid. Das Schulfest findet im Sheraton (sic) in Boston statt. Es wird sicher wunderbar. Sue und ich mieten für den Abend eine richtige Limousine. Ich kann es kaum erwarten. Hoffentlich sagt Ed ja.‹

Und im Mai: ›Ja, Du hast es am Telefon richtig verstanden, ich habe tatsächlich diesen Lincoln zum Schulfest eingeladen. Morgen will er mir Bescheid sagen. Ich hoffe, daß er ja sagt. Er ist so süß, und ich fände es ganz toll, wenn ich mit ihm hingehen könnte.‹

Einen Monat später: ›Ich treffe mich schon seit ein paar Wochen mit Mike. Ich habe Dir ja schon von ihm erzählt. Er ist unheimlich nett. Es wird sicher schlimm, wenn ich ihn verlasse. Ich habe versucht, ihn nicht zu oft zu sehen, damit ich ihn nicht zu sehr mag, aber ich glaube, es ist schon zu spät. Ich mag ihn viel zu sehr. Und ich weiß, daß er eine andere finden wird, sobald ich abgereist bin, und dann ist alles zu Ende. Damit muß ich mich einfach abfinden.‹

Es war eine bittersüße Zeit für Eden, und für mich war es die schwerste Zeit. Eine Mutter sollte das Frauwerden ihrer Tochter nicht aus der Ferne miterleben, eingekerkert hinter Gefängnismauern. Eine Mutter sollte an Freude und Leid nicht nur durch Briefe teilhaben. Ich beneidete meinen Ex-Mann um seine Nähe zu unserer Tochter und haßte die Umstände, die ihm gestatteten, bei ihr zu sein, während ich nicht richtig ermessen konnte, was sie gerade durchmachte. Aber die volle Realität meiner Lage stürzte erst richtig auf mich ein, als Eden mir Fragen über Geburtenkontrolle stellte. Der Brief war in einem völlig anderen Ton gehalten, viel zu reif, und es war offenbar, was passiert war. Der Abend, der Junge und das sexuelle Sehnen waren in diesem Alter so intensiv, so übermächtig geworden, daß sie keine Jungfrau mehr war. Es war für sie beide eine Überraschung gewesen, jedoch müssen sie sehr zärtlich miteinander umgegangen sein, denn Eden erkannte sofort, daß es für sie nicht das letzte Mal sein würde und daß sie dabei auch nicht unbedingt immer das Glück haben würde, einer Schwangerschaft zu entgehen. Sie war verliebt und wollte es sorglos auskosten, daher wandte sie sich an ihre Mutter mit der Bitte um einen Rat.

Ich war nicht naiv. Niemand mit zwei Ehen, drei Kindern und kriminellen Frauen als Wohngenossinnen ist naiv.

Ich wußte, daß Eden alt genug war. Ich wußte, daß Eden eine Beziehung suchte. Ich hatte monatelang in ihren Briefen von ihrem Liebesleben erfahren. Ich hatte über ihre Bemühungen gelacht, hatte mit ihr gelitten und mich dabei an meine eigenen jugendlichen Romanzen erinnert und gewußt, daß meine Tochter all das nun zum ersten Mal durchlebte.

ABER MEINE TOCHTER FRAGTE MICH NACH VERHÜTUNGSMETHODEN.

Na schön. Es war wunderbar. Meine Tochter vertraute mir. Meine Tochter hatte eine tiefe Beziehung und wollte ihren Teil dazu beitragen. Und sie wandte sich an mich, ihre Mutter, ihre Freundin.

Ich war so stolz. Ich erzählte es meiner Zellengenossin. Ich schickte Eden die Informationen, die sie brauchte, war stolz auf unser Verhältnis zueinander. Ich ...

ABER MEINE TOCHTER FRAGTE MICH NACH MÖGLICHKEITEN DER GEBURTENKONTROLLE.

Und erneut wurde mir bewußt, wieviel ich versäumte. Ich war nicht einverstanden, daß meine Tochter Sex hatte. Es ist irgendwie unbehaglich zu wissen, daß das eigene Kind solche Erfahrungen macht, selbst wenn das Kind schon dreißig ist. Doch es war nur ein weiteres Zeichen dafür, daß Eden eine Frau geworden war, daß sie sich mit Gefühlen und Problemen auseinandersetzte, die zur Erwachsenenwelt gehörten. Und ich nahm an diesen Erfahrungen nicht teil. Ich glaubte, daß sie sicherlich noch gewartet hätte, wäre es uns möglich gewesen, ausführlich über alles zu reden. Ich wußte, daß meine Anwesenheit im Grunde nichts geändert hätte, aber ich fand es furchtbar, daß mir ein wichtiger Abschnitt im Leben meiner Tochter versagt blieb auf Grund gemeiner, hinterlistiger Taten anderer Menschen.

Und auch in dieser Nacht weinte ich.«

Der Wiedergebuts-Kult

Sobald Eden nach Massachusetts abgereist war, senkten sich die Einsamkeit und die Isoliertheit von Joyces Situation wie ein Witwenschleier über ihr Gesicht und schnitten sie noch klarer von der Außenwelt, von ihrer Zukunft, von der Hoffnung ab. Niemand konnte voraussagen, wie über den Wiederaufnahmeantrag entschieden würde. Es gab das große Risiko, daß sie zum Tode verurteilt wurde, daß Thomas Thinnes mit seinen Bemühungen scheiterte, so wie es Larry Debus beim ersten Prozeß passiert war.

Abgeschnitten von allen, die sie kannte und an die sie je geglaubt hatte, suchte sie Zuflucht bei der einzigen Gemeinschaft, zu der sie noch Verbindung hatte, zur geschlossenen Gesellschaft von Durango.

»Das Gefängnis ist nicht immer der von Einsamkeit geprägte Alptraum, als den ich es bisher empfunden hatte. Es gibt einige Frauen, für die ist das Gefängnis eine Zuflucht – Frauen, die auf der Straße lebten und wirklich alles getan hätten und auch taten, um am Leben zu bleiben. Sie stahlen, verkauften ihre Körper jedem Mann, der sie haben wollte. Einige hatten keinen festen Wohnsitz, deponierten ihre wenigen Habseligkeiten bei Freunden, suchten sich Männer für eine Nacht, ein Wochenende oder auch mehrere Wochen und zogen von einem Ort zum anderen. Andere wohnten in Apartments, deren Existenz noch nicht einmal die Baubehörden zugeben würden. Es waren die reinsten Höllenlöcher mit verdreckten Gemeinschaftstoiletten, mit nur selten funktionierender Installation, mit einer einzigen Kochplatte für die Zubereitung ihrer Mahlzeiten und, wenn sie Glück hatten, mit einem altersschwachen, ramponierten Kühlschrank, der entweder alles, was hineingepackt wurde, einfror oder nicht kalt genug wurde, um die Lebensmittel vor dem Verderben zu bewahren.

Für Frauen, die bisher nur Armut kennengelernt hatten, war das Gefängnis ein Ort der Zuflucht. Eine oder mehrere ihrer

Freundinnen saßen meistens ein, und so hatten sie stets Gesellschaft. Sie bekamen jeden Tag ihr Essen gebracht, die sanitären Anlagen funktionierten, und sie hatten ein Bett. Einige von ihnen betrachteten ihre Zeit im Gefängnis so wie andere einen Urlaub in einem feudalen Ferienclub.

Mein Leben war etwas anders gewesen. Meine Kämpfe hatten sich mehr im emotionalen Bereich abgespielt. Der Tod der Eltern, die Qualen der Scheidung, der Kummer, die Freude und die Unruhe, die durch drei Kinder ausgelöst wurden, die ich abgöttisch liebte. All das gehörte zu mir und meiner Vergangenheit. Ich hatte niemals Not und Mangel kennengelernt. Ich hatte keine Ahnung von Einsamkeit. Und ich war niemals gezwungen gewesen, einen Überlebenskampf zu führen.

In meiner Welt enden Freundschaften, wenn man im Gefängnis ist. Es war schon schlimm, als ich verhaftet wurde. Unser Rechtssystem basiert auf der Vorstellung, daß jemand unschuldig ist, bis seine Schuld zweifelsfrei bewiesen wird. Jedoch ist der Glaube an die Justiz in diesem Land dergestalt, daß niemand wegen eines Verbrechens verhaftet wird, wenn er unschuldig ist. Die Guten werden nun mal nicht verhaftet. Das ist der Mythos, an den die meisten von uns glauben, sogar ich, nach allem, was ich durchgemacht habe.

In jeder größeren Stadt gibt es bestimmte Viertel, die von Eingeweihten gerne als die ›Szene‹ bezeichnet werden. Es sind dies die Gegenden, in denen es Apartments, Häuser, verrufene Bars, Drogenhändler, Pornoschuppen und/oder Prostitution und ausufernde Gewalt gibt. Die Menschen, die dort leben, gewöhnen sich schnell an den Lärm von Pistolenschüssen, an Schreie in der Nacht, das Geheul von Polizeisirenen und den Geruch und Anblick von getrocknetem Blut, Urin und Erbrochenem in den Hauseingängen und auf der Straße.

Die meisten von uns leben nicht so. Ob mit bescheidenem Einkommen oder reich, unser Leben verläuft meistens sehr ruhig. Wir lesen in den Zeitungen von Vergewaltigungen, Raubüberfällen und anderen Verbrechen, weil es ›Nachrichten‹ sind. Sie unterscheiden sich grundlegend von dem, was wir in unserem Alltagsleben sehen. Wir wollen nur in Frieden leben, genauso wie unsere Nachbarn. Da die meisten von uns dieses Ziel erreichen, ganz gleich, welche persönlichen Schwierigkeiten wir haben, lesen wir gespannt von den Alpträumen der Welt, weil sie anders sind. Sie sind ›Nachrichten‹.

Im Gefängnis hingegen kommt irgendwann der Zeitpunkt, da hört man auf, von Verbrechen und Gewalt lesen zu wollen, denn es ist langweilig. Man hat die Gesichter von Mördern gesehen, und man kennt ihre Opfer. Es ist eine derart vertraute Welt, daß man ihr nicht entfliehen kann, indem man über sie liest.

Statt dessen sucht man nach dem, was sie meisten Zeitungen und Magazine als Lückenfüller veröffentlichen. Man ist gerührt von einer Geschichte über eine Familie, in der es keinen Inzest gibt, in der nicht die Ehefrau verprügelt wird, in der Kinder nicht mißbraucht werden, denn diese Familien sind in der eigenen Welt so selten, daß die Meldungen einem vorkommen wie Märchen. Man ist bewegt von einem kurzen Artikel über einen Akt der Fürsorge, der Freundlichkeit, der Selbstlosigkeit. Man bleibt am Bild von einem lächelnden Gesicht hängen, denn es ist schon mehrere Monate her, seit man jemanden gesehen hat, der wirklich glücklich ist.

Im Gefängnis ist das alles ganz anders. Das Gefängnis ist ein Ort, wo der Wahnsinn und das Chaos alles beherrschen. Gewalt oder die Möglichkeit, daß sie jeden Moment ausbrechen kann, ist ein Teil des Alltagslebens. Man ist höflich und freundlich, nicht weil eine solche Haltung die richtige ist, sondern weil man niemals genau erkennen kann, wann man einen Psychopathen zu einem Wutanfall reizt, der in einer Orgie der Vernichtung münden kann.

Die einzige Freude, die man erlebt, ist die, wenn jemand freundlich auf einen zukommt, ganz egal, warum.

Als Nancy meine Zellengenossin wurde, war ich auf meinem Tiefpunkt angelangt. Sie war eine große junge Frau, etwas grobknochig und, in der Zeit, die ich mit ihr zusammen war, sehr sanft, freundlich und friedliebend. Ihre Eltern gehörten einer Evangelistensekte an, und Nancy erklärte mir, sie sei in Jesus wiedergeboren.

Ich interessierte mich nicht für Nancys Religionszugehörigkeit. Sie war für mich nicht so wichtig.

Ich bin Jüdin. Ich wuchs in einer jüdischen Familie auf, und weil es allgemein üblich ist, daß die Religion immer von der Mutter weitergegeben wird, sind meine Kinder ebenfalls jüdischen Glaubens.

Das heißt nicht, daß ich sehr religiös bin. Ich glaube an Gott. Selbst in meinen düstersten Momenten habe ich seine Existenz niemals in Frage gestellt. Aber ich kümmerte mich nicht um die zahlreichen strengen Regeln und Gesetze, die im orthodoxen Glauben gelten.

Ich selbst und meine Familie wuchsen als reformierte Juden auf. Ich schickte die Kinder bis zu ihrem dreizehnten Geburtstag in die Sonntagsschule und absolvierte mit ihnen auch die Riten des Erwachsenwerdens, die in meiner Religion üblich sind. Der bekannteste Ritus sind sicherlich die Festlichkeiten des Bar Mitzvah für Jungen. Danach lag es allein an ihnen, ob sie jeden Freitagabend am Gottesdienst teilnahmen. Natürlich taten sie es nicht. Aber ich kenne keinen Teenager, der, wenn es ihm selbst überlassen ist, freiwillig am Gottesdienst teilnimmt.

Ich achtete auch zu Hause nicht darauf, daß in unserem Haushalt alles vorschriftsmäßig koscher war. Ich aß Schweinefleisch und Schellfisch. Ich hielt die Essensregeln nicht für wichtig in einer modernen Gesellschaft, die über die Essenszubereitung besser Bescheid weiß als unsere Vorfahren.

Meine recht laxe Einstellung änderte jedoch für mich nichts an der Bedeutung bestimmter Feiertage. Die Feiertage im Herbst und im Winter und die anderen besonderen Anlässe waren für die Familie reserviert. Bei diesen Gelegenheiten versammelten wir uns, aßen die symbolischen Speisen wie Matzes und gingen zum Gottesdienst. Das alles war für mich wichtig. Und die Tatsache, daß ich im Gefängnis an der Wahrnehmung dieser Anlässe gehindert wurde, löste bei mir ein Gefühl der Traurigkeit aus. Ich sehnte mich plötzlich danach, die Traditionen meines Glaubens auszuüben, obgleich ich früher dem Ganzen etwas zurückhaltend gegenübergestanden habe.

Als ich im Gefängnis war, wünschte ich, daß der Rabbiner

meiner zuständigen Synagoge mich aufsuchte. Ich wollte, daß ein Mitglied der jüdischen Gemeinschaft sich um mich kümmerte, mich in der gleichen Weise tröstete wie der Priester es bei den Insassinnen tat, die katholisch waren. Aber in jener Zeit unterhielt die jüdische Gemeinde von Phoenix keine Beziehungen zum Bezirksgefängnis. Es war, als hätten diejenigen unter uns, die jüdischen Glaubens waren, eine unverzeihliche Sünde begangen, indem sie sich verhaften ließen. Wir schienen überhaupt nicht zu existieren, waren weggeschlossen und vergessen, eine Tatsache, die das Gefühl der Leere in mir unerträglich werden ließ.

Damit will ich nicht behaupten, daß die Juden besonders gefühllos oder daß Gefängnisse ihnen völlig fremd sind. Das Alte Testament ist voll von Berichten über große Männer, die in Gefängnissen hatten leiden müssen. Oft waren es große Verliese, aus denen eine Flucht ohne fremde Hilfe unmöglich war. Dann wieder waren es richtige Gefängnisse oder spezielle Zellen, die sich in Häusern oder Burgen befanden. Aber immer wieder war erkennbar, daß viele Menschen trotz ihrer Unschuld bestraft wurden.

Es gibt Gemeinden im Lande, in denen die Rabbiner auch die Gefängnisse aufsuchen. Später erfuhr ich, daß eines der Staatsgefängnisse in Texas sogar regelmäßige Mittwochsveranstaltungen und spezielle Speisen für jüdische Häftlinge anbot. Aber nicht in Phoenix; und nicht in jener Zeit.

Die Christen halten sehr viel von Gefängnisbesuchen, wahrscheinlich, wie ich später erfuhr, weil Paulus, der bekannteste der frühen Evangelisten und Lehrer, der nach Jesu Tod die Lehre weiterverbreitete, so viel Zeit im Gefängnis verbracht hatte. Soweit ich weiß, erwähnt Jesus auch im Evangelium des Matthäus das Besuchen von Gefangenen. Infolgedessen gibt es in jeder Stadt, wo zahlreiche Glaubensgemeinschaften die Gefängnisse meiden, stets einige Vereinigungen, gewöhnlich unter den Christen, die Häftlingsbesuche durchführen. Das Tragische ist nur, wie ich herausfand, daß ihre Botschaft oft verzerrt wird.

Es ist sehr leicht, über Religion zu spotten, wenn man im Gefängnis sitzt. Es gibt dort nicht nur die Einsamkeit, die ich beschrieben habe, sondern die Insassen werden auch von den Fernsehpredigern heimgesucht. Entweder schreiben sie oder sie setzen sich direkt mit den Gefangenen in Verbindung. Viele dieser Fernsehevangelisten erreichen auf diese Weise eine im wahrsten Sinne des Wortes ›gefangene‹ Hörerschaft. Sie sind sich auch im klaren darüber, daß wenigstens ein Teil der Häftlinge in Verbrechen verwickelt war, bei denen große Geldsummen aufgehäuft wurden. Die konnten durch Drogenhandel, Einbrüche, bewaffnete Raubüberfälle oder ähnliche Delikte zusammengekommen sein. Sogar die Insassen, die sich aufs Armenrecht berufen, haben manchmal einen ansehnlichen Geldvorrat für die Zeit zurückgelegt, wenn sie wieder auf die Straße zurückkehren. Und wenn sie auch nicht direkt an das Geld herankommen, dann tut jemand es für sie, der draußen ist. Er kann ihnen dann schicken, was die Gefangenen gerade brauchen.

Einer dieser bekannten Prediger, mit dem ich in jener Zeit Kontakt hatte, schrieb mir einen Brief, der in einer Weise begann, die mich tief bewegte. Er schrieb:

›Je länger ich Gott in meinem Amt diene und seine heilende, schützende und seligmachende Kraft erkenne, begreife ich, wie sehr es darauf ankommt, daß wir gemeinsam glauben und arbeiten ... und zwar füreinander und für die Werke Gottes. Gott sei Dank haben Sie mir mitgeteilt, was Ihnen fehlt. Ich werde Sie in mein Gebet einschließen, und Gott wird seinen Heiligen Geist auch auf sie herabkommen lassen. Ich bete auch für jedes Ihrer Kinder.

Herr, ich komme zu Dir im Namen Jesu, dem ich diene, um für meine Freundin, Schwester Lukezic, zu bitten. Mögest Du sie segnen, ihr helfen, ihr Leben bereichern, ihre Gesundheit erhalten, ihren Glauben an Dich nähren und ihr zu einem größeren Verständnis dessen führen, was Du bist und wie Du in ihr und durch sie wirkst und wer sie durch Dich ist. Herrgott im Himmel, segne Schwester Lukezic und die, die ihr am liebsten sind. Im Namen Jesu, Amen.‹

Er fuhr fort, wünschte mir Glück und ermutigte mich, ›Gottes Wort‹ zu studieren. Es war ein bewegender Brief, der sehr persönlich klang, doch als ich ihn später noch einmal las, war mir klar, daß es ein Formbrief war, der an viele Menschen geschickt wurde und nicht nur an mich persönlich. Es gab darin nichts so Persönliches, daß er speziell für mich und meine Situation geschrieben worden sein konnte. Aber es war die zweite Seite, die mich richtig mit Zorn erfüllte.

Die zweite Seite war ein Vordruck, trug eine Adresse und war an mich als ›Partner‹ gerichtet. Darin wurde der Prediger aufgefordert, sich um meine speziellen Bedürfnisse zu kümmern. Ich brauchte ihm diese nur anzugeben und den Vordruck zusammen mit einer Spende an ihn zu senden.

Die Bitte um Geld war überaus raffiniert formuliert. Es gab einen Kasten und einen freien Platz für den Dollarbetrag sowie die Erklärung: *Ich lege ——————Dollar als Spende bei und verweise im Namen Jesu auf Malachias 3:10,11.*

Da viele Häftlinge, denen die Religion ernst war, die Bibel lesen, war das Zitat einfach perfekt. Sehr oft empfanden die Frauen sehr große Schuld über ihre Handlungen und wollten sich aufrichtig ändern. Sie versuchten, stets richtig und christlich zu handeln, doch sie waren außerordentlich arm. Häufig war das bißchen Geld, das sie besaßen, lebenswichtig für ihre Strafverteidigung oder für irgendwelche Käufe im Gefängnisladen oder einfach nur als Startkapital für den Zeitpunkt, wenn sie wieder entlassen wurden. Sie wußten, wie schlecht es ihnen ergangen war, und wünschten sich die Liebe Gottes, darum waren die Worte aus dem Buch Malachias geradezu ideal, um sie zu überreden, Geld zu spenden, das sie lieber für sich selbst hätten verwenden sollen. Die Passage lautet:

> *Bringet aber die Zehnten ganz in mein Kornhaus, auf daß in meinem Hause Speise sei, und prüfet mich hierin, spricht der Herr, ob ich euch nicht des Himmels Fenster auftun werde und Segen herabschütten auf die Fülle.*
>
> *Und ich will für euch den Fresser schelten, daß er euch die Frucht auf dem Felde nicht verderben soll und der Weinstock im Acker auch nicht unfruchtbar sei, spricht der Herr.*

Hätte ich auf ihn gehört, wie es so viele andere taten, dann wäre mein ›Segen‹ nur eine Spende für den seltsamen Evangelisten gewesen. Und er war natürlich nicht allein. Es gab viele andere ›Prediger‹, von denen eine ganze Reihe vor kurzem in Sex- und Veruntreuungsskandale verwickelt waren, die auf die gleiche Weise arbeiteten.

Im Gegensatz dazu war da Nancy, meine Zellengenossin. Nancy und ich standen uns sehr nahe, weil sie, genauso wie ich, anders war. Sie war gebildet, stammte aus einer anständigen und anteilnehmenden Familie, und sie versuchte, sich im Gefängnis für sich zu halten. Sie nahm keine Drogen, trank nicht von dem selbstgebrauten Fusel und rauchte nicht einmal. Sie fluchte nie und mied jegliche Gewalt. Ihre Familie nannte sich ›Wiedergeborene Christen‹. Sie verstießen ihre Tochter nicht, als sie in Schwierigkeiten geriet. Sie stellten sich ihren Problemen, liebten sie auch weiterhin und akzeptierten die Tatsache, daß sie gegenüber der Gesellschaft eine Schuld abzutragen hatte.

Die meiste Freizeit verbrachte Nancy mit Lesen, manchmal Gedichte, etwas, das wir beide gern taten, und manchmal die Bibel. Oft bat sie mich, ihr vorzulesen, und suchte Passagen aus, die sich an Gefangene und Bedürftige wendeten. Die Passagen kamen sowohl aus dem Alten wie auch dem Neuen Testament, und sie nahm immer Texte, die von der Hoffnung und von Gottes Verheißung sprachen.

Typisch für Nancys Auswahl waren Abschnitte wie der Psalm 146, aus dem sie auszugsweise vorlas:

Wohl dem, des Hilfe der Gott Jakobs ist;
des Hoffnung auf dem Herrn, seinem Gott, steht;
Der Himmel, Erde, Meer und alles,
was darinnen ist, geschaffen hat;
der Glauben hält ewiglich;
der Recht schafft denen, so Gewalt leiden;
der die Hungrigen speist.
Der Herr erlöst die Gefangenen.
Der Herr macht die Blinden sehend.
Der Herr richtet auf, die niedergeschlagen sind.
Der Herr liebt die Gerechten.

Nancy führte mich durch Tausende von Jahren des Leidens der Menschen, als sie die verschiedenen Passagen las, und zeigte mir immer die positive Seite, den Triumph am Ende. Ich glaube nicht, daß ich meine Situation auf das bezog, was sie las, doch ich fühlte mich besser durch das, was ich hörte.

Oft schloß ich die Augen und ließ die Worte Bilder in meinen Kopf holen, die die Phantasiebilder ergänzten, die der von Debus engagierte Psychiater mir beigebracht hatte. Ich war glücklich, im Frieden mit mir selbst und freute mich über das, was ich hörte, und über die Freundschaft, die mir gezeigt wurde.

Die Sitzungen gestatteten mir, meine Umgebung für ein paar Minuten zu vergessen. Verschwunden waren die Gewaltdrohungen. Verschwunden waren auch die Gedanken an unvollständige Mahlzeiten, die Erinnerung an den täglichen Horror, wie zum Beispiel an die Entdeckung einer Kakerlake mitten auf einem Teller Spaghetti, an die zerschlagenen Frauen, die unter der Dusche ›gestürzt‹ waren, die miterlebte Szene mit der stumpfen Injektionsnadel, die in eine Halsader gestoßen wurde. Ich hörte von der Liebe Gottes aus dem Mund von einer Frau, die im Gefängnis dem am nächsten kam, was ich als Freundin bezeichnen würde.

Nicht, daß Nancy ein Engel war. Sie wie der Großteil der Frauen in Durango hatte sie die Schuld an dem ihr zur Last gelegten Verbrechen eingestanden. Sie war Komplizin bei einem vorsätzlichen Mord. Sie und ihr Freund waren im Drogenhandel tätig, und er hatte mit einem Baseballschläger einen Lieferanten getötet, der seinen Teil des Handels nicht einhalten wollte. Ich weiß nicht, ob sie aktiv beteiligt war und oder ob sie den Mord nur gesehen und darüber geschwiegen hatte. Es spielte keine Rolle. Sie war schuldig. Sie würde bald nach Perryville verlegt, um dort ihre Strafe zu verbüßen. Und die Einzelheiten waren ein Thema, das wir von uns aus nicht zur Sprache brachten.

Nancy war Mitglied einer Sekte und huldigte einem Kult, dem eine Frau namens Sylvia vorstand. Ich wußte nicht, daß es ein Kult war, und ich dachte auch nicht, daß Nancy wußte, was geschah. Sie schien aus dem gleichen Grund in die Gruppe gelockt worden zu sein, aus dem ich schließlich Mitglied wurde. Die Leute, die uns besuchten, brachten, wie es schien, eine völlig vorurteilsfreie Liebe mit.

Es gab zwei Sekten, die im Gefängnissystem tätig waren. Die eine war der klassische Typ – wie Anhänger glauben, daß der Sektenführer eine Reinkarnation von Christus ist oder wenigstens ein Prophet der modernen Zeiten. Die andere wurde von jemandem geführt, der Vergnügen aus der Macht gewann, die ihm oder ihr von ihren Jüngern übertragen wurde. Obgleich ich es damals nicht wußte, war das bei Sylvia der Fall, der Frau, die Nancys Gruppe führte.

Sylvias Jünger kamen dreimal in der Woche ins Gefängnis. Religiöse Gruppen durften die Insassen besuchen, ohne daß es auf die wertvolle Besuchszeit angerechnet wurde. Sie waren eine zusätzliche Ablenkung und, in vieler Hinsicht, eine Hilfe für die Insassen. Als Nancy mich bat, zu dem Treffen mit den Frauen mitzugehen, war ich einverstanden. Ich sollte Kontakt mit Menschen haben, die weitaus intelligenter waren als die, mit denen ich normalerweise zusammentraf.

›Wir wissen, daß du nicht gläubig bist‹, wurde mir von Eleanore erklärt. ›Wir wollen nur, daß du Gottes Wort hörst. Wir sind als Freunde hergekommen. Wir wollen dir helfen. Wenn es irgend etwas gibt, das wir draußen für dich tun können, dann brauchst du nur zu fragen. Wir führen es aus.‹

Ich glaube, Eleanore war es durchaus ernst mit ihrer Fürsorge. Sie schien einer dieser mit Liebe erfüllten Menschen zu sein, die überzeugt war, ihre Gruppe hätte die Fähigkeit, anderen zu helfen. Sie opferte ihre Zeit und sich selbst, rührte mich seltsam an, akzeptierte mich, ohne sich darüber den Kopf zu zerbrechen, ob ich unschuldig oder schuldig war. Es war eine bedingungslose Liebe zum Mitmenschen, und ich war zutiefst bewegt.

Ich beschloß, mich mit Nancys Gruppe zu treffen, weil ich so einsam war und mich so sehr nach Gesellschaft sehnte. Wir saßen herum, lasen uns gegenseitig aus der Bibel vor und diskutierten über das, was wir gelesen hatten. Alles war sorgfältig vorbereitet, so wie Sylvia es wollte. Ich habe seitdem erfahren, daß das Ganze historisch nicht allzu genau war. Die Interpretationen der Texte sollten meine Beziehungen zu der Gruppe intensivieren, indem ich nach und nach meine Familie, meine Freunde und sogar meinen Rechtsanwalt aus meinem Leben verdrängte. Doch die Informationen wurden auf derart liebenswürdige Art und Weise dargeboten, daß ich für das, was wirklich geschah, völlig blind war.

Die beiden Zusammenkünfte in der Woche brachten mich den Frauen näher. Sie glaubten an die Heilung durch Handauflegen. Wenn ich sagte, ich hätte Kopfschmerzen, dann hielt eine der Frauen meinen Kopf, streichelte mich, betete für mich. Ich schloß die Augen und entspannte mich, konzentrierte mich auf gute Gefühle. Für ein paar Augenblicke war ich nicht mehr im Gefängnis. Es war genauso, als wäre ich wieder ein kleines Mädchen, das auf dem Schoß seiner Mutter sitzt, gestreichelt, getröstet, geliebt wird und weiß, daß ihm nichts passieren kann.

Kopfschmerzen und andere Störungen verflogen. Die Gruppe erklärte, daß Jesus mein Unwohlsein vertrieben habe, und auch ich selbst glaubte, daß Gott heilen kann, und das tat mir gut. Aber wenn ich in der Rückschau alles möglichst objektiv beurteile, dann erkenne ich, daß mir die fürsorgliche Nähe anderer Menschen die größte Hilfe war.

Körperliche Nähe hatte ich im Gefängnis bisher nur bei Frauen erlebt, die eine sexuelle Beziehung wünschten. Sie suchten stets eine direkte Reaktion und boten eigentlich keinen aufrichtigen Trost. Die Gruppe schien meine Rettung zu sein, und ich fieberte ihren Besuchen entgegen.

Die Sonntagsgottesdienste unterschieden sich von denen während der Woche. Sie wurden von fast allen Insassen des Traktes besucht. Dabei war es gleichgültig, welcher Religionsgemeinschaft sie angehörten.

Der Grund für diesen Zuspruch war nicht immer die Suche nach dem Seelenfrieden. Die Sonntagsmessen waren für jeden zugänglich. Insassen aus allen Trakten konnten daran teilnehmen. Es war die einzige Gelegenheit in der Woche, bei der Drogen und andere Dinge ohne große Gefahr weitergegeben werden konnten. Es gab sexuelle Beziehungen zwischen Frauen, die getrennt worden waren. Und es bot sich die Möglichkeit für

Freundinnen, sich zu treffen, wenn sie ansonsten durch die architektonischen Gegebenheiten des Gefängnisses nicht zueinander kommen konnten. Außerdem gab es einige Inhaftierte, die wirklich die Messe besuchen wollten, und zwar entweder weil sie das Bedürfnis dazu verspürten oder weil sie die Musiker hören wollten, die häufig zu den religiösen Gruppen gehörten.

Zuerst betrachtete ich die Gottesdienste als eine Art Theater, und ich sah mir die Vorstellung an. Ich erfreute mich an der Musik, ein seltenes Privileg in Durango. Heutzutage dürfen die Insassen Radios besitzen. Als ich mich dort aufhielt, waren Radios verboten.

Dann, als ich mich enger an die Gruppe band, hörte ich auf, die Leute um mich herum zu beobachten. Ich nahm aktiv an der Feier teil, gehörte dazu, stimmte in die Lieder ein und betete laut mit. Zum erstenmal, seit ich ins Gefängnis gekommen war, hatte ich das Gefühl, daß ich irgendwohin gehörte. Es war erhebend.

Ich war einige Wochen in der Gruppe, als Nancy mich fragte, ob ich meine ›Wiedergeburt‹ erlebt habe. Ich hatte diesen Begriff schon des öfteren von Leuten gehört, aber ich hatte keine Ahnung, was er bedeutete. Später erfuhr ich, daß er auf den ersten Brief des Petrus im Neuen Testament zurückgeht. Ich erfuhr auch, daß viele evangelische Christen mit diesem Begriff eine Erfahrung bezeichnen, bei der sie fühlen, daß ihr Leben von Gott umgekrempelt wird. Es ist der Augenblick, in dem die neue Art zu leben plötzlich offenbar wird. Sie haben das Gefühl, daß sie nun einen ganz neuen Weg betreten, der sie Gott näher bringen wird. Aber meine Gruppe dachte nicht so. Sie glaubten, daß sie die ›Wiedergeburt‹ willkürlich auslösen konnten, und Nancy wollte mir zeigen wie.

Wir saßen in unserer Zelle. Nancy hatte einen Becher mit Wasser in der Hand. »Ich werde dich jetzt mit Öl salben«, sagte sie und wies mit einem Kopfnicken auf das Wasser. Ob sie das nur symbolisch meinte oder ob sie tatsächlich glaubte, daß eine Verwandlung von Wasser in Öl stattfände, wußte ich nicht. Ich schloß nur die Augen, entspannte mich und wartete ab, was weiter geschah.

›Sha na na na . . .‹, begann sie. Sie tat etwas, das sie und andere ›in Zungen sprechen‹ nannten. Die Worte klangen wie ein Gesang und schienen zu keiner speziellen Sprache zu gehören. Sie veränderten sich, als sie mit der Zeremonie fortfuhr, es begann jedoch immer mit ›Sha na na na‹, dessen Bedeutung nie erklärt wurde.

Nancy benetzte meine Stirn mit dem Wasser. Ihre Finger waren sanft, angenehm. Ich entspannte mich noch mehr.

Nancy tauchte ihre Finger wieder ein, dann fuhr sie damit über meinen Arm. Ich spürte, wie sich Wärme in mir ausbreitete, spürte voller Glück, daß jemand sich um mich sorgte. Es machte nichts, daß die Frau, die mich ›salbte‹, eine Mörderin war. Es machte auch nichts aus, daß wir uns im Gefängnis befanden. Ich wurde berührt, getröstet und von jemandem umsorgt, der im Grunde ein Fremder war, obgleich wir die Zelle seit einigen Monaten teilten.

›Sha na na ...‹ Der Gesang ging weiter. Ich spürte nun nicht mehr das Wasser, sondern konzentrierte mich auf die Berührung. Jemand wollte mir helfen, wollte mir Gutes tun. Ich wäre zu allem bereit, um mir dieses Gefühl zu erhalten.

›Bist du wiedergeboren, Joyce?‹ fragte sie, und ihre Stimme hatte dabei den gleichen monotonen Klang wie beim Gesang.

›Ich weiß nicht, was das heißt‹, sagte ich verträumt und hielt die Augen geschlossen.

›Wie fühlst du dich, Joyce?‹

›Warm‹, sagte ich. ›Umsorgt.‹

›Das ist es, wenn man wiedergeboren wird.‹

›Dann bin ich wiedergeboren‹, sagte ich, glücklich, daß ich erreicht hatte, was sie und die anderen sich von mir gewünscht hatten.

›Halleluja!‹ rief Nancy.

Die Unterweisungen wurden nun intensiver, nachdem ich als eine von ihnen angesehen wurde. Ich hatte das anfangs nicht begriffen, aber sie betrachteten es als besondere Leistung, jemanden zu missionieren, der vorher nicht an die Lehren Sylvias geglaubt hatte. Ich war ihr neuer ›Star‹, und sie waren entschlossen, mich in ihren Reihen zu halten.

›Warum beschäftigst du dich soviel mit deinen Kindern, Joyce?‹ wurde ich von Sylvia gefragt.

›Weil ich sie liebe. Ich sorge mich um sie. Sie wachsen ohne mich auf. Ich bin im Gefängnis und kann ihnen nicht helfen, kann ihnen meine Liebe nicht zeigen, kann sie nicht führen. Ich weiß nicht, was mit ihnen geschieht.‹

›Glaubst du denn nicht an die Liebe Gottes?‹

›Natürlich glaube ich daran. Bin ich denn nicht wiedergeboren worden?‹

›Dann überlasse sie der Obhut Gottes, Joyce. Sie sind sowieso seine Geschöpfe. Warum hast du so wenig Vertrauen, daß du die ganze Zeit an sie denken mußt? Sieh doch die Vögel auf den Feldern, sie säen nicht, sie ernten nicht. Aber der Herr gibt ihnen zu essen. Wieviel mehr wird er für dich und die deinen tun, wenn du ihn wahrhaftig liebst.‹

›Aber ich vermisse sie, vor allem Eden. Wir sind Freundinnen, die besten. Sie ist . . .‹

›Ist sie dir als Freundin näher als Jesus? Joyce, hab mehr Vertrauen. Wenn du deine Tochter liebst, dann überläßt du sie der Fürsorge Gottes.‹

›Ich weiß nicht . . .‹

›Wärest du ruhiger, wenn ich nachschaue, wie es ihnen geht?‹ fragte Eleanore. ›Warum versuchst du dauernd, sie zu erreichen? Sie müssen in die Kirche gehen. Sie müssen ihr eigenes Leben meistern mit der Hilfe des Heiligen Geistes. Wenn du deine Kinder wirklich liebst und wenn du an die Güte des Herrn glaubst, dann läßt du nicht zu, daß sie dich im Gefängnis besuchen. Du brauchst sie nicht, und sie brauchen dich nicht. Wir alle brauchen Jesus, und du hast ihn gefunden, Joyce. Du hast ihn durch uns gefunden. Wir haben die Antworten, Joyce. Sage deinen Kindern, sie sollen am Sonntag in die Kirche gehen und nicht ihre Zeit damit vergeuden, diesen Pfuhl der Sünde aufzusuchen.‹

›Ja‹, sagte ich und glaubte es wirklich. Meine Kinder würden die Liebe Gottes erfahren. Meinen Kindern würde nicht versagt, was ich gefunden hatte. Ich würde die hemmenden Bindungen an mich durchschneiden. Ich gab sie frei, überließ sie dem Ruf des Herrn, der sie durch die Gruppe, durch Sylvia erreichte.

›Bist du verrückt, Mom?‹ fragte Eden.

Und ich lächelte. Ich betete. Ich wußte, es war nur eine Frage der Zeit, ehe der Heilige Geist sie durch Sylvia berührte.

›Ich will nicht, daß diese Leute dauernd zu mir kommen. Ich will nicht, daß sie sich um mich kümmern. Ich will nicht ihre Kirche aufsuchen.‹

Sie würde es noch lernen. Ich wußte es genau. Daher trennte ich mich von meiner Familie, betete zu Gott und weinte innerlich, obgleich ich nicht wußte, warum.

›Warum hilfst du deinem Anwalt bei seiner Arbeit für deinen Fall, Joyce?‹ wollte Sylvia wissen.

›Betest du deinen Anwalt an?‹ fragte Eleanore.

›Ja, Joyce, ist er ein Idol für dich?‹ fragte Nancy.

›Er ist derjenige, der mich aus dem Gefängnis herausholt. Ich muß ihm helfen, meinen Fall vorzubereiten.‹

›Das wird der Herr für dich tun, Joyce. Wenn du deinem Anwalt eine Nachricht schicken willst, dann können wir das für dich tun. Aber du mußt auf Gott vertrauen. Du wurdest wiedergeboren. Du darfst dich nicht auf deinen Anwalt verlassen. Gott wird ihm den richtigen Weg weisen.‹

Und so hörte ich auf, Thomas wie verabredet regelmäßig anzurufen. Ich hatte bisher immer alle ein, zwei Tage gesprochen und versucht, ihm bei der Prozeßvorbereitung zu helfen. Es gab viele Bereiche, wo er meinte, er brauche meine Hilfe, um sich wichtige Informationen beschaffen zu können. Aber ich gelangte zu der Überzeugung, daß ich nicht im Sinne Gottes handelte, wenn ich mich mit dem Prozeß befaßte. Der lag allein in Gottes Hand, und wenn er durch meinen Anwalt wirken wollte, dann sollten die beiden alle Entscheidungen treffen. Ich durfte mich nicht einmischen.

Isolation. Ohne die Folgen dessen zu erkennen, trennte ich mich von allem, das mir etwas bedeutete. Ich entfernte mich von meinen Kindern, erwies mich meinem Anwalt gegenüber als unkooperativ und war mit der Möglichkeit konfrontiert, den Rest meines Lebens in der einsamen Hölle des Zuchthauses zu verbringen. Aufgrund der Einflüsse von Sylvias Gruppe erschien die bittere Wahrheit meiner Situation fern und irreal. Aber das begriff ich nicht. Ich weiß nur, daß ständig einer von ihnen bei mir war. Sie versprachen, sie würden sich um mich kümmern. Sie schafften es, daß ich zufrieden war und mich inmitten der anderen Insassinnen, einige aus den tiefsten Niederungen des Lebens, richtig gut fühlte.

Meine Kinder machten sich zunehmend Sorgen wegen mir. Eden telefonierte mit dem Rabbiner der Synagoge, die wir immer besuchten, obgleich ich zu diesem Zeitpunkt nichts sagen oder tun konnte, um die Tiefe der Gefühle auszudrücken, die ich für sie empfand. Ich fühlte mich statt dessen schuldig, noch andere Bindungen zu haben als ausschließlich zu Sylvias Gruppe. Sie hatten mir den Weg gezeigt. Ich schuldete ihnen viel. Ich mußte tun, was sie für richtig hielten.

Ich erschien vor Gericht, während ich noch der Gruppe angehörte. Stolz trug ich meine Bibel in der Hand und befolgte die Lehren Sylvias. ›Der Herr hat eine ganz spezielle Art, wie er dich erreicht, Joyce. Wenn du voller Kummer bist, dann ergreif die Bibel. Halte sie mit beiden Händen fest, dann schlag sie blind auf. Die Seite, die du dann siehst, enthält den Text, den du nach dem Willen Gottes lesen sollst, und dort wirst du auch eine Botschaft für dich finden.‹

Und ich glaubte ihr. Völlig gleichgültig, daß die Bibel eine Sammlung von Geschichten ist. Völlig gleichgültig, daß man die Bibel auch an einer Stelle aufschlagen kann, wo die Seiten nichts anderes enthalten als Stammbäume oder geschichtliche Darstellungen oder seltsame Gesetze, die schon lange weder von den Juden noch von den Nichtjuden befolgt werden. Völlig gleichgültig, daß ich häufig überhaupt nicht begriff, in welcher Weise die Lektüre irgendwelcher historischer Darstellungen, auf die ich nach dieser Technik stieß, irgendeine Bedeutung für mich hatte. Ich betete. Ich hielt die Bibel fest. Ich schlug sie blind auf. Ich suchte auf der Seite nach irgendwelchen Hinweisen. Und ich mußte Sylvia dankbar sein, die mich diese Methode gelehrt hatte.

Es war völlig verrückt, doch während einer meiner Anhörungen entdeckten die Zeitungsreporter meine magische Bibel. Sie entschieden, daß ich offenbar einen Weg zur Religion gefunden hatte. Sie waren nun überzeugt, daß ich des Mordes schuldig war, daß ich dafür Buße tat und zu Gott gefunden hatte. Es wäre wieder eine Geschichte von Sünde, Strafe und Sühne, jedenfalls wollten sie es so sehen. Und auch so berichten.

Der Rabbiner aus meiner Synagoge kam schließlich zu mir ins Gefängnis. In seiner Begleitung befand sich Ralph, ein Mann, von dem ich gar nichts wußte. Er war ein jüdischer Gelehrter, ein Berater und letztendlich ein Freund. Seine Aufgabe bestand darin, die Gefängnisse in Arizona aufzusuchen, die Insassen zu treffen, sich ihre Sorgen anzuhören. Er glaubte nicht an Jesus als den Messias, aber er akzeptierte die, die es taten. Er erkannte, daß das Christentum eine richtige Religion war, auch wenn er ihre Lehren nicht akzeptierte. Er war außerdem ein Fachmann für Sekten und erkannte, daß ich gar nicht den Lehren Jesu folgte. Ich gehorchte den verdrehten Irrlehren einer machthungrigen Sektenführerin, die meine Verletzbarkeit im Gefängnis ausnutzte, um eine Anhängerin zu gewinnen.

Ralph gab mir eine Reihe gelehrter Bücher, die eigens für den Laien geschrieben waren. Darin wurden religiöse Themen behandelt und dargestellt, in welcher Form Kulte und Sekten sie verdrehten und umkehrten. Er führte mich zurück zu meinen Wurzeln, zu meiner Herkunft, zu dem Gott, den ich bisher gekannt und immer geliebt hatte; zu dem Gott, der kein Zauberer war und nicht wollte, daß Menschen sich von denen fernhalten, die sie lieben.

Ralph erkannte auch meine spirituelle Sehnsucht. Er besuchte mich immer freitags, um mit mir die Zeremonien zu vollziehen, mit denen ich aufgewachsen war. Er brachte ein paar Kerzen und etwas Wein mit, sprach ein Gebet, zündete die Kerzen an, und wir beide tranken kleine Gläser koscheren Weins oder, wenn das nicht gestattet war, frischen Ananassaft. Dann unterhielten wir uns. Manchmal über Religion. Meistens aber über das Leben.

Jeden Freitagabend war ich etwas Besonderes. Dieser Mann war mein Psychologe, mein Berater, mein Freund. Er öffnete mich wieder für die Familie, ohne mir ein Schuldgefühl zu vermitteln, weil ich mein Vertrauen Frauen geschenkt hatte, die nicht mein Wohl im Sinn gehabt haben. Es wäre ihm egal gewesen, wenn ich wirklich an Jesus geglaubt hätte, aber das war nicht der Fall. Ich war nicht zum Christentum übergetreten. Ich hatte Jesus als meinen Retter niemals ernsthaft in Erwägung gezogen. Ich verehrte einen von Sylvia geschaffenen falschen Gott, gehorchte allem, was sie mir sagte, weil ich so verzweifelt jemanden suchte, der mir half, der mir Schutz bot.

Seltsamerweise fand ich größeres Glück in mir, als ich meine ›Freundinnen‹ verlor. Es war zum Teil eine spirituelle Erfahrung, und mein Vertrauen und mein Glaube an Gott wurden wiederhergestellt, ohne daß ich dachte, er würde schon für mich handeln, wenn ich mich zurückhielt und nur betete. Ich wußte, daß ich für meine Kinder in jeder erdenklichen Weise die Mutter sein mußte, auch aus dem Gefängnis heraus. Ich wußte, daß ich meinem Anwalt helfen mußte, meinen Fall vorzubereiten, daß Gottes Liebe nicht darin gipfelte, meinen Anwalt sich selbst zu überlassen. Und ich begriff, daß die Menschen sich doch um mich sorgten, auch wenn sie mich nicht besuchten.

Die anderen Insassinnen beobachteten diese besonderen Freitage und hänselten mich deswegen. Sie waren ein wenig neidisch auf meinen Wein, meine Momente der Freiheit mit Ralph. Sie wußten, was ich entdeckt hatte. Wenn jemand besonderer einen besuchen kommt, mit einem einen isolierten Bereich aufsucht, sich mit einem unterhält und Erfahrungen austauscht, dann verläßt man rein emotional die Enge des Gefängnisses. Für die Dauer dieser wertvollen zwei Stunden kann man fliehen. Die Gitter verschwinden, die Mauern schmelzen, der Stacheldraht verliert seine Stachel. Ein Weg in die Freiheit lockt.

Und ich konnte mit ihnen scherzen. ›Bring uns etwas Wein mit, Joyce‹, riefen sie. ›Halte ihn im Mund und schmuggle ihn rein.‹

›Und wenn ihr verrückt werdet‹, rief ich zurück. ›Ich habe alles getrunken und schwebe wie auf Wolken. Kommt her, und ich atme euch an. Davon werdet ihr auch betrunken.‹

Natürlich tat das niemand. Sie wollten den Wein, den ich freitags immer bekam. Sie wollten eine kleine Kostprobe von der Freiheit, die mir dieser Besuch bot. Sie waren neidisch, aber auf ihre eigene Art und Weise. Ich glaube, einige freuten sich sogar für mich.

Nancy wurde ins Zuchthaus verlegt, und ich bekam eine neue Zellengenossin, so wie die Ordnung in Durango es vorsah.

Ich bekam nie heraus, was Nancy empfand, als ich ihr erklärte, ich hielte ihre Lehre für falsch. Die anderen Frauen der Sekte – die sogenannten liebevollen Freundinnen – ließen mich augenblicklich fallen. Es war so, als sei ich tot. Sie wollten mich nicht sehen. Sie redeten nicht mit mir. Sie mieden jeden Kontakt mit mir, selbst wenn wir uns im gleichen Raum aufhielten.

Als ich in Durango war, herrschte große Toleranz für Religion. Deshalb hatte jede Gruppe, auch die Sylvias, dort so leichten Zugang. Aber wenn religiöse Feiertage stattfanden, erlebten wir eine Mischung aus Einfühlsamkeit und sinnloser Brutalität.

Am zweiten Weinachtsfest, das ich im B-Trakt verbrachte, beschloß eine Gruppe von uns, daß wir einen Weihnachtsbaum haben sollten. Natürlich konnten wir keinen Baum von draußen hereinholen. Selbst ein künstlicher Baum hätte als Waffe benutzt werden können. Aber wir alle beherrschten irgendwelche Handwerke, und so beschlossen wir, einen Baum aus Pappbechern zu basteln.

Wir fingen an, vor Weihnachten die Pappbecher zu sammeln. Wir machten einen Entwurf von dem Baum, dann fingen wir an, die Becher in der Weise zusammenzustecken, daß sie einen Baum bildeten. Ich wurde eine Spezialistin im Zerreißen und Formen der Pappbecher, um den Baum in den richtigen Proportionen und den Stern an der Spitze zusammenzufügen.

Wir arbeiteten stundenlang, und viele Frauen steuerten kompliziert geformte Pappkreationen bei. In den Gefängnissen gibt es eine Menge Talent, ungeschliffen, unausgebildet, aber geschickter, als man je erwarten würde. Vielleicht liegt es daran, daß jeder soviel freie Zeit zur Verfügung hat. Oder vielleicht weil für einige dieser Frauen, die sich nur schlecht ausdrücken konnten und von Männern, ihren Familien und vom Gesetz unterdrückt wurden, eine Ausdrucksmöglichkeit das Zeichnen, das Anfertigen von Papierfiguren oder ähnliche Aktivitäten war. Was immer zutraf, wir waren stolz auf unseren Baum, ein harmloses Arrangement von Bechern und raffiniert gerissenen Papierstreifen, das dort im Trakt aufgestellt wurde, wo es niemandem im Weg war und die Sicherheit nicht beeinträchtigte.

Am Heiligabend, gleich nach dem Essen, waren wir im Tagesraum, betrachteten den Baum, unterhielten uns und planten die Weihnachtsfeier am nächsten Morgen. Weihnachten bedeutete ein richtiges Festessen mit Truthahn und anderen Speisen, die aus dem Rahmen des Üblichen fielen. Viel würde es nicht geben, wie wir aus früheren Erfahrungen wußten. Viele der gespendeten Truthähne landeten auf den Tischen der Familien des Gefängnispersonals. Aber sie ließen genug übrig, so daß das Essen anders und wohlschmeckend war. Wir saßen zusammen, waren glücklich, was selten geschah, als plötzlich ein lauter Pfiff ertönte.

›Sofort auf den Boden setzen. Nicht die Zellen aufsuchen. Auch nicht den Waschraum. Alle setzen sich im Tagesraum auf den Fußboden. Jetzt!‹ Drei Männer und zwei Frauen kamen herein, alle in Uniformen, alle fremd in unserem Trakt. Sie nehmen niemals die regulären Aufseher für die Schmutzarbeit. Das wagten sie nicht. Es könnte zu Vergeltungsmaßnahmen kommen. Sie waren neu im Trakt und traten auf wie die Gestapo Hitlers.

Wir hatten derartiges schon früher erlebt. Sie wurden gerufen, wenn bekannt geworden war, daß jemand Drogen oder Waffen versteckte. Alles wurde durchsucht, und die Leute, bei denen etwas gefunden wurde, wanderten zur Strafe in die Isolationshaft.

Manchmal achteten die Wärter, die die Suche durchführten, das Eigentum der Häftlinge. Sie durchwühlten auch die persönlichsten Habseligkeiten, aber die Zellen blieben fast unberührt und aufgeräumt. Bei anderen Gelegenheiten schienen die Wärter besondere Freude an brutalem Auftreten zu haben, indem sie alles mögliche taten, um einen zu verletzen und zu erniedrigen. An diesem Weihnachtsabend hatten wir es mit brutalen Wachen zu tun.

Für Außenstehende mögen die Aktionen geringfügig erscheinen, weil keine der Insassinnen angefaßt oder verletzt wurde. Aber wenn die Besitztümer aus ein paar Buntstiften zum Zeichnen, aus einem Foto von einem Familienmitglied oder einer vertrauten Person, eingefügt in ein Streichholzbriefchen, das als Rahmen dient und an die Wand geheftet wurde, oder aus ähnlichen Objekten besteht, dann sind diese Dinge mehr wert als Gold. Solche Dinge waren oft alles, was wir hatten. Wir hatten so gut wie nie die Möglichkeit, die Dinge zu ersetzen, entweder auf Grund der hohen Kosten oder wegen der Schwierigkeit, mit Leuten draußen Verbindung aufzunehmen. Es waren Kleinigkeiten, die die Zellen wohnlicher, den Aufenthalt erträglicher machten, die die Zelle in eine Phantasievorstellung von einem Zuhause verwandelten.

Die Wachen rissen die Bilder von den Wänden, zerfetzten sie und trampelten darauf herum. Laken wurden von den Betten gezogen, dann ebenfalls mit Füßen getreten. Die Wachen wußten genau, daß es einige Tage dauerte, bis wir frische bekamen. Sie wußten auch, daß wir jeden Abend die Fußspuren sehen würden und uns an das Zerstörungswerk erinnern würden, das sie vollbracht hatten, und daß wir auf Grund dieser Gedanken, die täglich unsere letzten waren, Schwierigkeiten hätten, einzuschlafen.

Nichts war heilig. Die Insassinnen akzeptierten, daß Beschädigungen in gewissem Umfang natürlich waren, wenn Wachen versteckte Waffen und Drogen suchten. Ein Buch konnte schon mal aufgebrochen werden, wenn man von einer Frau wußte, daß sie ihren Vorrat immer in den Buchrücken schob. Oder ein Glas mit Schminke konnte geleert werden, weil sich darin vielleicht ein kleiner Beutel Heroin befinden könnte. Damit mußte man rechnen. Aber nicht mit der Zerstörung von Fotos oder Geschenken von Kindern oder von unserem Weihnachtsbaum. Letzteren erwischte es am schlimmsten. Der Baum wurde systematisch zertrampelt und in Fetzen gerissen.

Zuerst waren die Frauen nervös. Die Drogenkonsumenten schauten sich prüfend um, dann flüsterten sie miteinander. ›Wo hast du den Stoff? In Sicherheit?‹ – ›Mein Gott, wenn sie mein Besteck finden.‹ – ›Ich hab's bei mir. Ich weiß auch nicht warum. Ich hatte so ein seltsames Gefühl.‹ – ›Sie finden es. Sie finden es und werfen mich ins Loch.‹

Aber was die Wachen auch suchen mochten, es war nicht da, oder wenn es da war, dann sagten sie an diesem Abend nichts darüber. Sie nahmen alles auseinander, vernichteten unseren wertvollen Weihnachtsbaum und verschwanden.

Ich sah mich um und begann zu weinen wie einige der anderen Frauen. Es waren keine Tränen des Selbstmitleids oder der Hilflosigkeit. Wir vergossen Tränen der Wut. Zu versuchen, sie aufzuhalten, vielleicht sogar, sie darum zu bitten, mit der Zerstörung aufzuhören, hätte zu weiteren Schikanen gegen uns geführt. Unsere Lage hätte sich noch mehr verschlimmert, und das in einer Weise, an die niemand von uns zu denken wagte.

Als ich an diesem Abend im Bett lag, hörte ich die Flüche. Die Frauen schimpften auf die ›Bullen‹, die ›Scheißköpfe‹, die ›Schweine‹, die ›Schwanzlutscher‹. Sie alle benutzten die schmutzigsten Ausdrücke, die ihnen einfielen, aber es klang irgendwie unreif wie bei Halbwüchsigen. Ihre Worte hatten keine Kraft, ihre Wut keine Richtung. Sie wußten, daß sie hilflos waren.

Am nächsten Morgen war die Stimmung anders. Wir versammelten uns zu unserem Festmahl, wobei die Truthahnscheiben genauso klein waren wie im Jahr vorher, weil so viele von den gespendeten Vögeln gestohlen worden waren. Aber es war Truthahn, und es war Weihnachten. Noch intakte selbstgebastelte oder im Laden gekaufte Geschenke wurden von einigen Frauen ausgetauscht, und einige erhielten kleine Gaben von draußen. Wir sangen Weihnachtslieder. Wir setzten uns innerlich über die brutale Gefühllosigkeit vom Abend vorher hinweg. Wir verhielten uns, als sei nichts passiert.

Aber innerlich sah es bei uns anders aus. Da war eine glühende Wut auf das System, die bei einigen, wie bei mir, immer noch in den tiefsten Winkeln der Seele brannte. Und für viele war diese Wut ein Funke, der, Monate später, zur Explosion führen würde gegen Wachen, Polizei oder andere Vertreter des Staates, wenn diese Frauen wieder frei und auf den Straßen waren. Sie würden mißhandeln, verstümmeln oder töten in einem Akt scheinbar sinnloser Gewalt. Doch in ihren Herzen tobte die Rache für Hunderte von Übergriffen, für Unrecht, das ihnen widerfahren war. Der vernichtete Weihnachtsbaum war nur eines von vielen.«

TEIL DREI

DER NEUE PROZESS

Die Ermittlung

Mary Durand erinnerte in ihrem Aussehen an die Mutter des besten Schulfreundes, den man hatte. Es war die Mutter, die ständig in der Küche herumwieselte, Plätzchen backte und einen ständig drängte, ihr neuestes Rezept mit einem großen Glas Milch zu kosten. Sie ist der Typ Frau, dem man bereitwillig seine intimsten Gedanken und Ängste offenbart. Man kann sie sich vorstellen, wie sie am Frühstückstisch sitzt, Mehl in den Haaren, Vanillegeruch an den Händen, und aufmerksam zuhört, während man ihr von seinem Liebesleben, von seinen Problemen mit den Eltern, von seinen Träumen von einem Studium oder einem Job nach dem Studienabschluß erzählt. Sie ist rundlich, sanft und strahlt Gelassenheit aus. Sie ist außerdem eine Privatermittlerin mit Lizenz des Staates Arizona, eine frühere Gefängnisaufseherin und durchaus fähig, sich durchzusetzen, sollte eine Situation unerwarteterweise in Gewalt münden.

Im März 1984 wandte Thomas Thinnes sich an Mary Durand mit der Bitte, den Fall Joyce Lukezic zu übernehmen. Sie und ihr Partner, Ed Aitken, sollten die Ermittlungen durchführen, um, falls vorhanden, weitere Fakten zusammenzutragen, die vielleicht noch unentdeckt geblieben waren.

Laut Mary erklärte Thinnes ihr: »Es gibt da vier oder fünf Punkte, die Sie unbedingt für mich klären müssen. Zuerst einmal sieht es so aus, als sei der einzige Beweis gegen sie dieser Typ Arnie Merrill. Er sagte aus, er habe ein Gespräch zwischen Joyce und Mr. Cruz im Büro von Sun View Development mitgehört. Sehen wir uns mal an, was in diesem Büro los ist. Niemand hat dort irgendwelche Fotos geschossen. Niemand hat die Wand untersucht.«

Mary berichtete dann: »Nachdem wir uns mit Joyce unterhalten hatten, begannen wir die Suche nach Beweismitteln. Wir fuhren raus zu dem Gebäude, das verkauft worden war. Sie hatten die Büros schon abgerissen, in denen Sun View Development residiert hatte.

Ich unterhielt mich mit dem Vorarbeiter des Bautrupps, dem Projektmanager, und erfuhr, daß das Gebäude aus zwei Flügeln bestanden hatte, mit einem Hof in der Mitte. Er meinte, daß die Büros auf der einen Seite genauso ausgestattet und aufgeteilt sind wie die Büros auf der anderen Seite. Der einzige Unterschied sein, daß Sun View Development noch über gediegene Wandverkleidungen verfügt habe, wodurch die Wände noch etwas dicker waren.

Wir gingen rüber ins andere Büro, genau gegenüber dem Büro von Mr. Cruz, und schnitten ein Stück Wand heraus, um zu beweisen, daß sie nicht, wie Mr. Merrill ausgesagt hatte, ausgesprochen dünn und hellhörig war, daß die Türen ziemlich dick waren. Und wir holten uns eine Beschreibung vom Inneren des Büros, die uns die Leute gaben, die den Bau abrissen. Offensichtlich hatte man auch einen dicken Teppichboden verlegt und so weiter.«

Mary machte Fotos von der Wand und ließ ihren Partner seine Hand daneben halten, um die Wanddicke zu demonstrieren. »Wir zeigten die Dicke der Wandteile, die etwa eine Handspanne betrug. Es war ganz gewiß nicht so, wie Mr. Merril ausgesagt hatte.

Der andere Punkt, der Thinnes besondere Sorgen machte, war Joyces Gemütszustand. Sie war im Gefängnis attackiert worden und schien ziemlich deprimiert zu sein. Er wollte, daß ich sie besuchte und ihr Gesellschaft leistete, damit sie wußte, daß er draußen für sie tätig war, daß er sich um sie sorgte, daß er auch an ihr Wohlbefinden dachte und daß sie ihn, Craig und mich jederzeit, wenn ihr danach wäre, anrufen konnte.

Sie war verängstigt. Sie war in sich gekehrt. Sie war mißtrauisch. Ich glaube sogar, sie hatte Todesangst. Sie hatte zwar nicht die Todesstrafe erhalten, aber sie wußte, daß sie zum Tode verurteilt worden wäre, wenn der Richter den Antrag auf einen neuen Prozeß nicht zugelassen hätte.

Da war sie also, diese recht elitär wirkende Lady, in einem blauen Drillich im Bezirksgefängnis von Maricopa County, übergewichtig, ohne Make-up und nicht fähig, ihre Tränen zu unterdrücken. Sie hatte furchtbare Angst, daß sie sterben würde. Sie wußte wirklich nicht, was sie tun sollte. Deshalb verbrachte ich viel Zeit damit, nur mit ihr zu sprechen. Ich stellte keine Ermittlungen an, unterhielt mich nur.«

Mary schilderte Joyce, daß Thinmes sich ernste Sorgen darüber machte, welche Auswirkungen das Gefängnis auf sie haben würde, vor allem, nachdem er miterlebt hatte, wie Jean Holsinger durch ihre Haft vernichtet wurde. Er meinte, wenn jemand in Freiheit ist und auf seinen Prozeß wartet, dann seien die sich daraus ergebenden Belastungen durchaus erträglich. Doch im Gefängnis eingesperrt zu sein, hilflos, nicht in der Lage, ihre Familie zu sehen, erhöhte für Joyce die Gefahr, daran zu zerbrechen.

»Zu diesem Zeitpunkt verschwand Ron. Da ist nun die Frau, deren Mann kurz erscheint, fünfzig Dollar unter ihrem Namen hinterläßt, damit sie sich ein paar Kleinigkeiten im Gefängnisladen kaufen kann, und macht sich aus dem Staub und läßt die Kinder zurück. Sie drehte regelrecht durch; sie hatte furchtbare Schuldgefühle, denn sie war nicht bei ihren Kindern.

Ich dachte, daß der größte Teil ihrer Depressionen sich aus der Tatsache ableitete, daß sie von ihren Kindern getrennt war und nicht sicher sein konnte, ob sie jemals wieder aus dem Gefängnis käme, um ihre Mutterrolle zu erfüllen. Sie fühlte sich schuldig, daß die Kinder draußen allein waren. Und sie war zornig auf Ron. Aber die konnte ihre Deprimiertheit nicht in Wut verwandeln. Sie weinte nur. Und fragte in einem fort: ›Wo ist er? Was tut er?‹

Zu diesem Zeitpunkt wurde die Entscheidung getroffen, daß wir Ron finden mußten. ›Wo ist Ron? Warum ist Ron nicht befragt worden? Warum wurde Ron nicht aufgefordert, bei der Verteidigung seiner Frau zu helfen?‹ All diese Fragen zu Ron, dem geheimnisvollen Ron. Und ich begann ihn zu suchen. Aber Ron war nicht mehr da.

Ich schaute in Rons Stammlokalen nach und hielt auch Ausschau nach seinen früheren Freundinnen und unterhielt mich mit Leuten, die Ron kannten. Ich zog von *Sir Don's* (einem beliebten Nachtclub) bis zu dieser heruntergekommenen Bar in Cave Creek, dem *Ivanhoe*. Aber Ron war wie vom Erdboden verschluckt.

Zuerst hörten wir, er sei in Kalifornien, dann sollte er in Florida sein, schließlich in Texas. Wir versuchten, uns mit Leuten in Verbindung zu setzen, die bei Graphic Dimensions arbeiteten und Ron kannten und uns vielleicht helfen würden. Wir gingen zu Chester's Bar . . .

Wissen Sie, was mich verblüffte? Joyce kam mir sogar im Gefängnis als eine Frau mit richtiger Klasse vor. Sie hatte Stil. Aber sie und Ron suchten immer wieder diese Spelunken auf, besuchten Bars, in denen ich allenfalls aus der Flasche trinken würde, weil ich nicht wagen würde, mir ein Glas geben zu lassen. Ich sage Ihnen, diese Bars waren die schlimmsten Drecklöcher. Kein normaler Mensch würde ohne Zwang dorthin gehen. Ich kann mir einfach nicht vorstellen, daß sie mit ihm dort war.«

Als Mary Durand ihre Ermittlungen fortsetzte, gelangte sie zu der Überzeugung, daß die einzigen Aussagen, denen sie trauen konnte, von Larry Martinsen kamen, einem der polizeilichen Ermittler. Über die Polizei von Phoenix gibt es ein Sprichwort, berichtete Mary. Es lautete: ›Er lügt wie ein Cop unter Eid.‹ Es gab Ausnahmen wie Detektiv Larry Martinsen, dessen Integrität außer Frage stand. Unglücklicherweise war er nicht der leitende Ermittler in diesem Fall; diese Position gehörte Don Ryan. Mary Durands Verdacht wurde durch Vorgänge geweckt, die entweder auf Inkompetenz oder auf Besessenheit schließen ließen, auch auf Kosten der Wahrheit.

»Ich fühle mich abgestoßen durch diese Atmosphäre der Allmächtigkeit im Büro des Bezirksstaatsanwalts – alles ist erlaubt, was zu einer Verurteilung führt. Man kann lügen. Man kann betrügen. Man kann stehlen. Man kann Zeugen bezahlen. Man kann . . . Es macht mich verrückt, wenn sie so etwas tun!

Und was mich noch verrückter machte – sie taten es tatsächlich! Dabei wurden sie sozusagen erwischt. Ich weiß nicht, ob sich hinter den Kulissen nicht noch mehr abspielte. Ich bin sicher, daß alles nur Fassade war. Und was ist mit ihnen passiert? Nichts. Ich meine, der Staatsanwalt sollte jemanden anklagen, der derartige Intrigen inszeniert. Er wird dafür bezahlt, auf die Einhaltung der Gesetze zu achten. Dann muß er auch beachten, daß die Gesetze für jeden da sind.«

Ermittler zu sein, bedeutet einen gewissen Ruhm und viel

Ansehen, wenn man davon ausgeht, wie ihre Arbeit im Kino dargestellt wird. In Wirklichkeit ist ihre Arbeit mühsam, eintönig und besteht aus dem Überprüfen von Akten, der Lektüre von Berichten und Protokollen und der Suche nach Zeugen. Es ist genauso, als hätte jemand die Einzelteile eines Puzzles in alle vier Winde verstreut. Die Aufgabe des Ermittlers besteht darin, sämtliche Stücke wiederzufinden. Der Staatsanwalt muß die Stücke dann zusammenfügen und ein Bild daraus formen, das er der Jury zeigen kann.

Thomas Thinnes und Craig Mehrens mußten mehrere Prozesse aufarbeiten. Da war natürlich Joyces erster Prozeß, aber auch die Protokolle der Verhandlungen gegen die Mörder und gegen Robert Cruz. Alle enthielten mögliche Hinweise darauf, was Joyce widerfahren war.

Der wichtigste Punkt der Verteidigung war der Charakter von Ron Lukezic. Um Joyces Unschuld zu beweisen, wurde es nötig, Material für einen Prozeß gegen den nächstliegenden und logischsten Verdächtigen, Ron Lukezic, zusammenzutragen. Es herrschte die Überzeugung vor, daß eine Jury sich viel leichter damit täte, jemanden für unschuldig zu erklären, wenn sie gleichzeitig Hinweise hatte, wer ein derart schreckliches Verbrechen bestellt haben könnte. Das Problem war, daß niemand Ron Lukezic vernommen hatte. Die einzige Aussage, die man über Ron heranziehen konnte, war seine Aussage im Prozeß gegen Robert Cruz im Jahr 1981.

Thinnes und Mehrens holten einen Karton mit Akten von Joyces früherem Anwalt ab und fanden ganz unten, auf dem Boden, einen Umschlag. In diesem Umschlag befand sich ein Tonband, das sie sich aufmerksam anhörten.

»Es war die Aufnahme von einem Ermittler, der sich mit einer jungen Frau namens Judy McKinney unterhielt«, sagte Durand. »Und sie erzählte, daß Ron Lukezic mal auf einer Party gewesen war, sein Hemd hochgezogen und ihr gezeigt hatte, wo irgendein Kerl ihn bei einem Einbruch in seinem Haus angestochen oder beschossen hatte. Er prahlte damit, er habe zwei Farbigen fünfhundert Dollar gezahlt, damit sie den Betreffenden suchen und töten.

Nun, sie spielten mir das Tonband vor, und ich bekam fast

einen Herzinfarkt. Ich sagte, wir sollten diese Judy McKinney mal suchen. Ich hatte es eigentlich gar nicht richtig ernst gemeint, doch sie meinten: ›Aber klar, und so bald wie möglich.‹

Wir hatten nun eine wichtige Zeugin. Sie hatten das Tonband. Niemand hatte sich je für sie interessiert. Ich fand keine Akte, keine Daten über sie. Ich rief den Ermittler an, der das Gespräch mit ihr geführt hatte. Ich rief den Anwalt an, der mit ihr gesprochen hatte – insgesamt achtmal. Er weigerte sich, mich zurückzurufen.

Schließlich lief ich ihm (dem Anwalt) eines Tages über den Weg und fragte: ›Wo ist Judy McKinney?‹ Er meinte: »Also, das weiß ich nicht«, und er ging einfach weiter. Es war unfaßbar. Daher begann ich nach ihr zu suchen.

Sie hatte die Stadt verlassen und in Las Vegas geheiratet. Ich glaube, ihr Mann war beim CIA. Es gab keine Rekrutierungszentrale für die Air Force oder einen weltweiten Suchdienst, daher fing ich an, die einzelnen Luftwaffenstützpunkte anzurufen. Ich glaube, ich versuchte mein Glück bei fünfzig Basen und fragte nach ihm.

Es war meine schwierigste Suche. Aber als ich schließlich ihren neuen Namen herausbekam, arbeitete sie glücklicherweise in einem Luftwaffenstützpunkt. Jedenfalls rief ich sie an, stellte ihr meine Fragen, und sie kam und machte ihre Aussage.«

Das erste Telefongespräch erwies sich als überraschend ergiebig. »Ich kannte Ron Lukezic eine halbe Ewigkeit«, sagte McKinney. »Ich glaube, er ist einer der miesesten Typen auf der Welt, wenn Sie die Wahrheit wissen wollen.

Pat und Ron waren die besten Freunde, seit ich sie kennenlernte. Am Anfang, als ich ihn zum erstenmal sah, war er Geschäftsführer einer Firma, die damals noch Allied Printing hieß. Bedenken Sie, das liegt schon vierzehn Jahre zurück, und Pat Redmond war sein Drucker. Sie waren Kollegen.

Als Ron dann seine eigene Firma gründete, kam Pat als sein Partner dazu. Ich hielt damals eine Menge von Pat Redmond. Ich kann mir nicht erklären, wie die beiden überhaupt miteinander zurechtkamen.«

McKinney erfuhr von den Redmond-Morden durch Freunde

in Phoenix, aber sie wußte nicht, daß Joyce verurteilt worden war. Sie hörte wohl, daß es einen neuen Prozeß gebe und daß Joyce mit dem Todesurteil für die Planung der Morde rechnen müsse.

»Ich habe keine Ahnung, was passiert ist«, sagte McKinney. »Ich war geschockt, als ich darüber in der Zeitung las. Ich kannte Pat und Marilyn Redmond viele Jahre und hielt große Stücke auf Pat Redmond. Aber als Joyce verhaftet wurde, die ja, wie Sie wissen, drei Kinder hatte, da dachte ich bei mir, daß Ron hinter der Sache steckte.«

Judy McKinney fuhr fort und erzählte von der Narbe auf Rons Brust. »Er erzählte mir, auf ihn sei geschossen worden ... Er kam mir mindestens zehnmal mit der Geschichte ... Er habe eine Narbe auf der Brust, wo ein Farbiger ihn mit einer Kugel getroffen habe. Und dann meinte er, er habe fünfhundert Dollar dafür bezahlt, diesen Burschen töten zu lassen.« Dann, als sie gefragt wurde, ob Ron diese Geschichte auch noch jemand anderem erzählt habe, meinte sie: »Ich bin überzeugt, daß er sie jedem erzählt hat.«

Als die Geschworenen Judy McKinney persönlich hörten, waren sie laut Durand von ihrer Aussage ›völlig verblüfft‹. Es war eine wichtige Auskunft von einer Hauptzeugin zu Rons Charakter, doch die Suche nach der Zeugin bestand nicht nur aus endlosen Telefongesprächen. Es war harte Arbeit. Intensiv. Mühsam. Und Joyce Lukezics Leben hing von dem Erfolg ab.

Das Büro des Staatsanwalts arbeitete ebenso intensiv an der Vorbereitung des Prozesses wie die Verteidigung. Die ursprünglichen Ankläger waren aus offiziellen wie auch inoffiziellen Gründen durch Larry Turoff ersetzt worden. Die offizielle Erklärung aus dem Büro war, daß es viele Pressemeldungen über die ursprünglichen Staatsanwälte gegeben habe – Pressemeldungen, die nicht besonders freundlich waren –, daß es am günstigsten sei, ein neues Team mit der Angelegenheit zu betrauen. Inoffiziell ließen Personen, die mit dem Fall vertraut waren und im Büro des Staatsanwalts tätig waren, verlauten: »Wir wurden sozusagen mit heruntergelassenen Hosen erwischt. Merrills Aussage war voller Ungereimtheiten, die sie gleich zu Beginn hätten überprüfen müssen. Ryan hat entweder einen Meineid geleistet, oder er war ein Idiot. Sie haben sich derart lächerlich gemacht, daß niemand abwarten wollte, was sie sich im Gerichtssaal noch alles erlauben würden.«

Turoff, der Mann, der das ursprüngliche Team von Staatsanwälten ablöste, scheint für die Rolle eigens von einem Besetzungsbüro für Hollywood ausgesucht worden zu sein. Sein Gesicht ist immer ernst wie das eines ungehaltenen Vaters, der den Freund seiner Tochter mustert, nachdem das Paar zwei Stunden nach dem verordneten Zapfenstreich nach Hause zurückgekommen ist. Er ist stämmig gebaut, und seine Erscheinung erinnert ein wenig an die eines Detektivs in einem Gangsterfilm aus den vierziger Jahren.

Turoffs Aktionen in diesem Fall schienen auf den ersten Blick widersprüchlich zu sein. Ihm behagte der Gedanke nicht, daß Joyce die Person gewesen sein sollte, die die Morde geplant hatte, obgleich seine Auffassung von makelloser Pflichterfüllung im Amt ihn zwang, gegen sie auf Grund der vorliegenden Aussagen zu verhandeln. Zu viele Leute hatten Joyce die Schuld zugeschoben, so daß er sie vor Gericht stellen mußte. Doch auch er ignorierte zwei logische Verdächtige, Männer, um die die Ermittler sich nicht ausreichend gekümmert hatten.

Einer dieser Männer war Arthur Ross, Joyces Bruder, ein Mann, der jeden kannte, der in den Fall verwickelt war, sogar die Mörder. Er hatte seine Finger in dem Las-Vegas-Geschäft und hatte theoretisch Vorteile zu erwarten, und wenn auch nur eine Art Finderlohn, wenn Ron und Pat den Druckauftrag annahmen. Ob die Geldsumme groß genug war, so daß er ernsthaft daran dachte, Pat zu töten, oder ob er überhaupt Gedanken in dieser Richtung hatte, das wußte niemand. Weder Dan Ryan noch irgendein anderer hatten sich die Mühe gemacht, das herauszufinden. Sie unternahmen keinen ernsthaften Versuch, ihn ausführlich zu befragen, obgleich sein Name als einer derjenigen fiel, die in den Fall verwickelt waren.

Der zweite Mann war Ron Lukezic, der wirklich den größten Vorteil aus dem Tod Pat Redmonds zog. Ron übernahm nicht nur die alleinige Leitung des Druckereibetriebs, er konnte jetzt auch Aufträge annehmen, wie und von wem es ihm gefiel. Doch schon wieder wurden die mangelhaften Ermittlungen von einem Vorgang gekrönt, der neutrale Beobachter zutiefst schockierte. Ohne daß der Fall überzeugend gelöst war, ohne daß jemand mit einem möglicherweise besseren Motiv verhaftet und angeklagt worden war, schickte Larry Turoff, der stellvertretende Bezirksstaatsanwalt und Chef der Abteilung für Kapitalverbrechen im Büro des Bezirksstaatsanwalts von Maricopa County, den folgenden Brief an Stephen Dichter, den Anwalt Ron Lukezics.

›... im folgenden finden Sie die Position der Anklage und die Vereinbarung mit Ron Lukezic, soweit sie die o. a. Angelegenheit (i. e. der Staat gegen Joyce Lukezic wegen der Redmond- und Phelps-Morde) betrifft.

Als Gegenleistung für Ron Lukezics Aussage entweder während des Prozesses oder an anderer Stelle erklärt die Anklage sich einverstanden, ihm Immunität zu gewähren. Das heißt, daß nichts von dem, was er aussagt oder was sich aus seinen Aussagen schlußfolgernd ergibt, vom Staat Arizona gegen ihn verwendet wird.

Wie ich Ihnen ja schon gesprächsweise andeutete, hat zur Zeit das Büro des Bezirksstaatsanwalts nicht die Absicht, Ron Lukezic wegen irgendeines Vergehens, das sich im Zuge der Ermittlungen zu den Redmond- und Phelps-Morden ergeben könnte, zur Rechenschaft zu ziehen. Es gibt ganz einfach keinen einzigen Beweis, der in irgendeiner Weise auf ihn als möglichen Schuldigen hinweist.

Ich bin sicher, daß wir damit unseren Standpunkt deutlich gemacht haben.‹

Später faßte Turoff den Fall zusammen, wie die Anklage ihn zur Zeit der Verhaftung und des zweiten Prozesses betrachtete. Er erklärte, daß, obgleich Merrills Aussagen einiges Gewicht hatten, es für ihre Richtigkeit keinerlei Bestätigung gab, bis Wally Roberts in den Zeugenstand trat. Er sagte:

»Wally Roberts kannte sowohl Joyce wie auch Ron Lukezic, und er kannte Pat Redmond. Er hatte mit allen schon mal zusammengearbeitet. Er war Grafiker und in diesem Gewerbe tätig – im gleichen Gewerbe wie sie.

Er berichtete von einem Gespräch, das er mit Joyce Lukezic geführt habe ... er sprach vom ›Las-Vegas-Geschäft‹. Das war vielleicht, vielleicht auch nicht, der Hintergrund, die Ursache ... Für mich ergab das nie viel Sinn, aber jedermann meinte, Cruz habe eine bestimmte Methode, sein Ziel zu erreichen ...

Es hieß, daß Graphic Dimensions, über Cruz oder Artie Ross mittels Cruz, in der Lage war, Graphic Dimensions in einer Weise ins Las-Vegas-Geschäft zu bringen, wie es ihre Kapazität erlaubte.

Das Geschäft kam nicht zustande. Beide Partner schienen sich einig zu sein, den Auftrag aus Las Vegas nicht anzunehmen. Wally Roberts behauptete offenbar, mit Ron Lukezic über das Geschäft gesprochen zu haben, und Ron meinte wohl zu Roberts: ›Ich will hier nicht darüber reden. Wenn du in mein Haus kommst, dann berichte ich dir, was passierte.‹

Er ging an diesem Abend zum Haus der Lukezics. Ron war nicht da. Er unterhielt sich mit Joyce und fragte sie nach dem Auftrag und sagte: ›Wie ich hörte, bekommt ihr ihn nicht.‹

Laut seiner Aussage geriet Joyce in Rage und machte Aussagen, die darauf hindeuteten, daß sie sich ebenfalls intensiv bemüht hatte, den Auftrag zu bekommen, daß sie nicht bereit war, ihn so einfach abzuschreiben.«

Die Theorie, die Turoff verfolgte, war die, daß Joyce in all das durch Cruz und ihren Bruder verwickelt war, obgleich alle Zeugen, die die Firma Graphic Dimensions etwas eingehender kannten, überzeugt waren, daß Joyce weder an irgendwelchen Geschäften interessiert oder darin verwickelt war. Nur Ron Lukezic schien großes Interesse zu bekunden, obgleich Turoff meinte: »Ich habe keinen Beweis, daß Ron Lukezic irgend etwas damit zu tun hatte. Ob er wußte oder nicht wußte, was geschah, oder Kenntnis davon hatte, wie es nachher weiterging, ist fraglich. Ich glaube, nachdem es passiert war, wußte er, wer es getan hatte. Und es ist möglich, daß er zwei und zwei zusammenzählte und sich ausrechnete, warum er es getan hatte.«

Turoff erklärte, es gebe keinen direkten Beweis gegen Joyce bis auf Arnie Merrills Aussage. Seltsamerweise gab es mindestens ebenso viele mittelbare Beweise gegen Ron Lukezic wie auch gegen Joyce. Da waren die FBI-Memos, die Aussage von Campagnoni, die Aussage bei der Redmond-Trauerfeier und sogar Wally Roberts' Hinweis auf seine wacklige Glaubwürdigkeit. Wichtiger war, daß nachgewiesen werden konnte, daß Ron das stärkste Motiv hätte, seinen Partner töten zu lassen.

Doch Larry Turoff gewährte Ron Lukezic Immunität und traf Vorbereitungen, erneut gegen Joyce zu verhandeln.

Turoff erklärte weiter: »Roberts lieferte den letzten Hinweis. Sie meinte zu Roberts, jedenfalls lautete so seine Aussage, als sie nach dem Auftrag fragte, daß er noch nicht ganz verloren sei, daß es Arties Geschäft sei und daß Pat nun lange genug im Weg gewesen sei. Und daß sie ihn beseitigen lassen wolle. Außerdem gibt es einen Hinweis, der überhaupt nichts mit den Angelegenheiten von Graphics Dimension zu tun hatte, der aber Cruz betrifft . . . Roberts sagte aus, Joyce habe ihn gebeten, etwa zehn Pfund Kokain loszuschlagen, das sie durch einen Kontakt in Chicago heranschaffen lasse.«

Dann führte Turoff aus, daß es keinen Beweis gebe, daß sie mit irgendwem in Chicago in Verbindung stand, schon gar nicht mit Kreisen des organisierten Verbrechens. »Die einzige Verbindung, die sie hatte, war die durch Cruz, und ich bin mir noch nicht einmal sicher, inwieweit man das überhaupt eine Verbindung nennen kann. Aber dies sind die beiden Aspekte in dem Fall um Joyce Lukezic.«

Trotz der anscheinenden Widersprüche zwischen der Argumentation des Anklägers und den Fakten des Falles meinte Turoff, den Prozeß führen zu müssen. Doch sogar die Aussage von Wally Roberts bereitete ihm einiges Unbehagen, wie er zugab.

»Roberts ist oder war laut eigener Aussage Alkoholiker. Ich glaube, wenn man mal Alkoholiker war, dann bleibt man es sein Leben lang. Er ist Alkoholiker und drogensüchtig. Und er war sowohl mit Lukezic als auch mit Redmond befreundet, doch ich denke, daß er in einem wachen Moment anfing nachzudenken und sich durch den Kopf gehen ließ, was sie zu ihm gesagt hatte, und sich dann entschloß, damit zu uns zu kommen.

Er sagte, er sei, was Alkohol und Drogen betrifft, schon für einige Zeit clean gewesen, bevor er zu uns kam, aber daß er vorher in New York auf Sauftour gewesen sei.

Soweit ich mich entsinnen kann, gab es von ihm die Aussage, daß er mit einem Helfer bei den Anonymen Alkoholikern gesprochen habe und daß der ihm geraten hatte, zu erzählen, was er wußte. Das könnte der Grund für seine Aussagen gewesen sein.«

Turoff gab zu, daß es bei Roberts gewisse Veränderungen gab. »Ehe er seine Aussagen zu dem Fall machte, schien er, obgleich er nichts widerrief, irgendwie kein Bedürfnis mehr zu haben auszusagen und versuchte zu verschwinden. Außerdem versuchte er seine Aussage herunterzuspielen, indem er meinte, aufgrund seiner Alkohol- und Drogensucht werfe er schon mal Ereignisse durcheinander. Deshalb sei er wohl kaum ein zuverlässiger Zeuge.«

Turoff traf seine Entscheidung über Roberts. Er meinte, daß die Information, die Roberts geliefert hatte, zutraf. Lediglich der Versuch, ihr die Wirkung zu nehmen, sei ›Blödsinn‹ gewesen. Aber zu keinem Zeitpunkt ermittelte das Büro des Staatsanwaltes, wo Roberts gewesen war, als er seine Entscheidung auszusagen, noch einmal überdachte. Seine Verbindung zu Ron Lukezic und Rons Vater wurde nicht publik.

»Roberts Aussage in Verbindung mit Merrills Erklärung, daß er im Büro war . . . ich kann mich nicht mehr an den Namen des Büros erinnern . . . es war das Büro von Artie Ross, Joyce Lukezics Bruder – Landerschließung oder Immobilienagentur. Er sagte, er sei dort gewesen, um seinen Bruder zu treffen, und das war nach dem ersten Mordanschlag auf Redmond, Anfang Dezember . . . Er sagte, er habe das Büro aufgesucht, um seinen Bruder zu treffen, der, wie er meinte, ein Freund von Artie Ross und Bobby Cruz ist, und während er dort war, kam Joyce Lukezic herein und ging zu Artie Ross' Büro, wo sie Bobby Cruz traf und wissen wollte, wann man sich endlich um Pat Redmond kümmern wolle. Laut Merrill versprach Cruz ihr, daß er bis Weihnachten tot sei.«

Turoff wurde nach Artie Ross gefragt, der offensichtlich eine Schlüsselrolle bei dem Mordfall spielte, wenn das Szenario des Anklägers zutraf. Joyce verdiente durch den Mord an Pat Redmond direkt gar nichts. Sie würde den Betrieb nicht erben, wenn Ron starb. Sie würde den Betrieb auch nicht bekommen, wenn es zu einer Scheidung käme, trotz ihrer angeblichen wütenden Erklärungen, weil, wie sie sehr wohl wußte, nach dem Gesetz von Arizona sie und Ron bei der Trennung nur das erhielten, was sie besessen hatten, als sie heirateten. Die einzigen Vorteile ergäben sich durch Artie Ross, und da schien es einen Hinweis zu geben, daß Ross im vorhinein etwas gewußt haben mußte. Aber laut Turoff war Ross verschwunden.

Es gibt bei Mord keine Verjährung. Wenn man Artie Ross finden wollte, dann machten seine Geschäftsverbingungen, seine Gerichtsprozesse und andere Faktoren es ziemlich einfach, ihn aufzuspüren. Aber dieselben Leute, die entschlossen waren, Joyce Lukezic in die Gaskammer zu schicken, hatten offenbar kein Interesse daran, die entsprechenden Maßnahmen zu ergreifen, um Ross zu suchen und aufzuspüren, der nach eigener Einschätzung ein Hauptbeteiligter war. Darauf angesprochen, meinte Turoff sogar: »Ich habe nicht den geringsten Beweis, daß er irgend etwas mit den Morden zu tun hatte. Ich weiß, daß wir alles hatten, was wir bekommen konnten. Ich kann nicht sagen, daß Ross mehr Informationen beisteuern konnte als Ron Lukezic, und wenn er es konnte, dann hatte er die Kenntnisse erst nachher, nachdem es passiert war. Genauso wie Ron Lukezic könnte er sich auch wegen seiner eigenen Sicherheit Sorgen gemacht und beschlossen haben, sich erst einmal rar zu machen.«

Und wieder zog sich eine unlogische Schlinge um Joyces Hals zu. Damit Joyce in dem Fall die Böse, die Übeltäterin war, mußte sie irgendwelche Vorteile haben. Durch eine Erbschaft, falls Ron getötet wurde, konnte sie nichts verdienen. Zum einen hatte Joyce keine Ahnung vom Druckgewerbe, zum anderen hatte sie sich erwiesenermaßen niemals für das Druckgewerbe interessiert. Daher mußte Joyce Lukezic alles nur für ihren Bruder, Artie Ross, getan haben, der, wie der Staatsanwalt meinte, nicht mehr über die Morde wußte als Ron Lukezic, den er für unschuldig hielt. Joyce käme wie Alice im Wunderland vor ein Gericht, und die Königin verlangte ihren Kopf.

Genauso beängstigend war der selektive Gebrauch der

Beweismittel. Merrill log vermutlich schon in seinem ersten Verhör durch Ryan. Ryan hätte diese ›sogenannten‹ Fakten überprüfen müssen, aber offenbar wurden die Lügen nicht korrigiert. Die Aussage über Joyces Anwesenheit bei der Silvesterparty, in deren Verlauf sie kalt die Fernsehmeldung über die Morde verfolgte und verdächtige Bemerkungen machte – während sie tatsächlich gar nicht auf der Party war, sondern draußen in der Kälte stand und mit der Polizei redete –, hätten eigentlich ein Warnsignal sein müssen. Wenn Merrill zu einem Vorfall log, bei dem zahlreiche Leute ihm widersprechen konnten, warum sollte man ihm ausgerechnet dann glauben, wenn sein Wort gegen das ihre stand?

Da war die ›zufällig mitgehörte‹ Unterhaltung im Büro. Mary Durand machte sich die Mühe festzustellen, ob man ein Gespräch mithören konnte oder nicht. Wenn andere sich dafür interessierten, hätten sie die gleichen Fakten wie Durand und ihr Partner herausfinden können – es war nichts zu hören. Entweder hatte Ryan das nicht nachgeprüft, was auf schlechte Prozeßvorbereitung hindeutete, oder die Information wurde unterdrückt. Wie dem auch sei, der Staatsanwalt, der den Fall bearbeitete, hätte verlangen müssen, daß die Richtigkeit einer solchen Behauptung sorgfältig nachgeprüft wird.

Der Kampf

Ich habe nie in der Öffentlichkeit geweint. Für die anderen war rein äußerlich bei mir immer alles in Ordnung. Ich behielt all meine Probleme für mich. Ich konnte innerlich unheimlich erregt sein, ohne es zu zeigen, und Thomas verließ mich dann, und ich hatte im Gefängnis einen hysterischen Anfall wegen etwas, das er mich gefragt hat.

Es war Craig, der meinte: ›Warum können Sie nicht zeigen, daß Sie ein Mensch sind, Joyce?‹

Und ich antwortete: ›Vielleicht liegt das an meinem Stolz.‹

Joyce kämpfte um ein Gefühl persönlicher Würde, ihre Anwälte kämpften um ihr Leben. Die anderen Menschen, die wegen ihrer Beteiligung an der Ermordung von Patrick Redmond und Helen Phelps verhaftet worden waren, hatten ihre Prozesse gehabt. Die Mörder saßen in der Todeszelle, wohin auch Joyce geschickt würde, wenn sie für schuldig befunden wurde, die Morde geplant und bestellt zu haben. Einmal hatte sie vor Gericht bereits verloren. Es sah danach aus, als würde das Ergebnis der ersten Verhandlung nur bestätigt.

Joyce war an Körper und Geist gebrochen worden, doch sie verhielt sich gleichgültig, nicht bereit oder fähig, die Not und die Pein zu zeigen, die sie durchlitt. Nicht gegenüber Fremden. Noch nicht einmal vor ihren Anwälten.

Seltsamerweise waren die Aufseher und Aufseherinnen die ersten, die Joyce als Persönlichkeit ansahen, als sie den Termin für einen neuen Prozeß erhielt. Sie war nun länger als ein Jahr im Gefängnis. Sie hatte keine Schwierigkeiten gemacht und sich auch sonst nicht besonders hervorgetan. Sie war in der Gemeinschaft der Insassen untergetaucht, hatte ihre Zeit abgesessen und versucht, alles unbeschadet zu überstehen. Sie war bei der verbotenen Schnapsherstellung nicht erwischt worden, obgleich sämtliche Insassen irgendwann mal dessen verdächtigt wurden. Sie hatte vermieden, etwas anderes zu sehen als die ›unglücklichen Stürze im Duschraum‹. Wenn sie mal von anderen Drogen bei sich versteckt hatte, dann nur, um Probleme innerhalb des Systems zu vermeiden. Sie war niemals aktives Mitglied der Drogenszene gewesen. Einige Aufseherinnen schienen sie recht gut leiden zu können, wie sie auch andere gut leiden konnten.

Bis ihr ein neuer Prozeß gewährt wurde.

»Niemand sagte etwas. Niemand wünschte mir Glück. Es gab keine erkennbare Veränderung, außer daß sie aufhörten, meine Sachen zu beschädigen, wenn sie irgend etwas suchten. Manchmal kamen sie noch nicht einmal in meine Zelle bei ihren Suchaktionen. Es gab keine Frage, daß sie mich anders behandelten, aber nicht so, daß jemand annehmen konnte, ich sei ein Spitzel.

Ich glaube, sie hatten Angst vor mir. Sie hatten Angst vor dem, was ich vor Gericht über sie erzählen könnte. Ich hatte Beschwerden gegen sie eingereicht, vor allem nachdem sie den Weihnachtsbaum zerstörten. Ich glaube nicht, daß sie ganz sicher waren, ob ich unschuldig oder schuldig war. Sie wußten nur, daß ein Häftling, der vor Gericht auftreten sollte, Dinge zur Sprache bringen konnte, die ihnen möglicherweise schadeten. Die meisten Frauen wanderten direkt ins Zuchthaus, wo sich niemand dafür interessierte, wie sie in Durango behandelt worden waren. Diese Situation war jedoch anders, und sie wollten sich schützen.«

Diese neue Art der Behandlung konnte jedoch nicht das Bild ändern, das die Geschworenen in Joyce sahen. Ihre Angewohnheit, ihre Gefühlsregungen zu verbergen, der wenige Schlaf, ihre Weigerung, das Gebäude zu verlassen und hinauszugehen an die frische Luft und in den Sonnenschein, ließen sie noch schlimmer aussehen als zuvor. Unter ihren Augen waren dunkle Ringe. Die Haut war grau. Die ständige innere Anspannung und die Angst hatten ihr Gesicht hart und straff werden lassen.

Die erste Sorge ihrer Anwälte war Joyces äußere Erscheinung. Joyce hatte immer lässige Kleidung bevorzugt. In ihrem Beruf mußte sie uniformähnliche Hosen tragen, während sie für die Hausarbeit Jeans bevorzugte. Sie hatte sich in Kleidern und Röcken eigentlich nie richtig wohl gefühlt und kaufte sich solche Kleidung nur, wenn ein besonderer Anlaß sie erforderlich machte.

Joyce trug ihr Haar in einem Pagenschnitt, wobei die vorderen Haarspitzen ihr tief in die Stirn reichten. Es war die gleiche Frisur, mit der Liza Minelli immer zu sehen war. Bei der Minelli sah der Haarschnitt frisch, reizvoll, jugendlich aus. Bei Joyce dachte man eher an eine Frau, die sich auf der Straße herumtrieb und harmlose Passanten überfiel. Es war jedoch andererseits eine Haarmode, die für das Gefängnis geradezu ideal war, denn dort wurden die Haare nur dann geschnitten, wenn die Häftlinge einen Sicherheitsrasierer benutzen durften und sich die Zeit nahmen, auch die Haare mit der Klinge zu kürzen.

Thomas Thinnes und Craig Mehrens holten Experten ins Gefängnis, um Joyces Erscheinung zu verändern. Sie hatten ihr gesagt, daß sie in der Richtung etwas tun würden, doch sie hatte angenommen, daß sie lediglich ihre Tochter, Eden, bitten würden, ein paar neue Kleider auszusuchen. Womit sie nicht rechnete, war die Lautsprecherdurchsage:

»Joyce Lukezic, kommen Sie bitte zum Ausgang des Traktes.« Eine kurze Pause trat ein, dann fuhr die Aufseherin mit der Durchsage fort und verlieh ihrer Stimme den übertriebenen Klang eines hochnäsigen Butlers, der die Ankunft der Vanderbilts auf einer Luxusparty der Lady Astor meldet. »Ihr Coiffeur ist da.«

»Meine erste Reaktion war Ungläubigkeit. Ich machte ›Häh?‹ Mein Coiffeur. Und wie sie es durchsagten! Sie hätten gar nicht den Lautsprecher benutzen müssen. Normalerweise kamen sie in den Trakt und holten einen. Die Aufseherin wollte sich wohl über mich lustig machen und allen bekanntgeben, was mit mir geschehen sollte.«

Dann erblickte Joyce sie. Craig Mehrens erschien in seinem wie üblich makellos maßgeschneiderten Anzug und wurde von einem jungen Mann Ende Zwanzig oder Anfang Dreißig begleitet. Der junge Mann trug enge Jeans und ein weißes Hemd. Die Ärmel waren hochgekrempelt, und von dem Hemd standen zwei oder drei Knöpfe offen, so daß die Brust entblößt war. Er sah außerordentlich gut aus und verströmte puren Sex. Er reagierte außerdem etwas nervös, als die Frauen ihn gewahrten und anerkennende Pfiffe und laute Rufe ausstießen.

»Schwenk mal deinen Hintern hierher, Baby!« – »Ist er nicht süß? Hast du's schon mal mit 'ner richtigen Frau versucht, Schätzchen?« – »Du kannst mir auch die Haare schneiden, Kleiner. Aber überall!«

»Der Friseur war wunderbar. Er war sexy, sehr nett und kam aus der Gegend um Boston, daher hatten wir eine Menge Gesprächsstoff. Wir drei suchten dann einen kleinen, von der Halle etwas abgelegenen Raum auf, wo wir ungestört waren.

Es war ein ganz besonderes Gefühl für mich, meine Haare frisieren zu lassen. Ich bekam einen kleinen Vorgeschmack auf die Freiheit.

Und dann das Haareschneiden ... Plötzlich war ich wieder eine brave Hausfrau, die in den Schönheitssalon geht. Es war eine Erfahrung, die Millionen von Frauen regelmäßig auskosten können, auf die ich jedoch monatelang hatte verzichten müssen.

Gleichzeitig hatte ich jedoch auch ein wenig Angst. Ich mußte zuerst meine Haare anfeuchten, dann erklärte er, daß er mich richtig frisieren würde. Ich dachte, daß an meinem Aussehen nichts auszusetzen war. Ich hatte schon seit Jahren die gleiche Frisur und fühlte mich damit wohl. Schließlich sagte ich mir, daß ich nun schon seit mehr als zwei Jahren eingesperrt war und daß man mir sicherlich nichts mehr antun konnte, was ich nicht auch noch ertragen würde. Überdies benutzte er ein Herrenparfüm. Er duftete einfach köstlich. Er roch wie ein Mann. Und er roch frei. Das war aufregend. ›Dann schneiden Sie mal‹, sagte ich zu ihm.

Als er mit dem Schneiden fertig war, formte er die Frisur mit einem Gel, was mir völlig fremd geworden war. Ich konnte nicht sehen, wie ich aussah, konnte es nicht überprüfen, ehe ich den Gerichtssaal betrat, denn es gab keinen Spiegel in dem Raum. Craig war jedoch begeistert, daher wußte ich, daß die Veränderung in seinem Sinn ausgefallen war.«

Es war für Joyce viel zu schnell vorbei. Sie hob aus einem Impuls heraus die Hand und fuhr damit über seinen Hals. »Ich möchte den anderen Frauen den Geruch Ihres Eau de Colognes mitbringen«, erklärte sie dem verblüfften Friseur. Er lachte etwas verständnislos, doch er erkannte, daß dieser Akt für Joyce sehr wichtig war.

Joyce kehrte als Königin in den Trakt zurück. Die Insassinnen versammelten sich um sie, rochen das Eau de Cologne an ihren Fingerspitzen, rochen an dem Styling-Gel in ihrem Haar, bewunderten sie. Sie waren einerseits neidisch, freuten sich aber andererseits auch mit ihr. Der Parfümduft erinnerte sie daran, wie es war, normal zu sein, sich auf den Straßen frei bewegen zu können, so einfache Freuden auszukosten wie den Besuch in einem Schönheitssalon oder die Nähe eines Mannes zu genießen, der keinen Schlagstock, keine Polizeimarke und kein Pistolenhalfter trug.

Für Joyce war die neue Frisur ein radikaler Abschied von ihrer Vergangenheit. Sie kam sich vor wie eine Teepuppe und ärgerte sich über ihr Aussehen. »Ich dachte, ich sehe furchtbar aus. Das war nicht ich, und es gefiel mir nicht. Ich kam mir vor wie ein kleines Mädchen in seinem weißen Sonntagskleidchen«, sagte sie. »Und dann begriff ich, daß das ja genau der Punkt war. Thomas und Craig meinten, ich sehe zu herb, zu hart aus. Sie wollten ein anderes Aussehen. Aber ich war einfach entsetzt. Alle mußten mir während der nächsten zwei Tage immer wieder beteuern, wie gut es ihnen gefiel, ehe ich auch anfing, mich etwas wohler zu fühlen.«

Ein oder zwei Tage verstrichen. Die Aufregung um die Frisur hatte sich etwas gelegt, dann kam eine weitere Durchsage über die Lautsprecheranlage. Es war die gleich wie vorher, nur war der Besucher diesmal ›meine Kosmetikerin‹.

»Meine Kosmetikerin . . .?«

Diesmal war es eine Frau, die von der Modeling and Talent Agency in Phoenix kam. Diese Agentur war eine alteingesessene und angesehene Firma, die unter amtlicher Aufsicht Kurse für Frauen veranstaltete, die sich für den Beruf des Mannequins oder des Fotomodells entschieden hatten. Die Ausbilder waren Experten für Make-up, Kleidung und Farben, alles Faktoren, die Joyces Erscheinen vor Gericht bestimmten.

Die Beraterin machte eine Reihe von Vorschlägen. Sie holte einen lachsfarbenen Lippenstift hervor, was Joyce anfangs haßte, da sie überhaupt keinen Lippenstift benutzte.

Joyce kam sich vor wie ein Schulmädchen, das sich zum erstenmal schminkt. Die Beraterin zeigte ihr, wie sie behutsam zu Werke ging, um ihr Gesicht zu verschönen, ohne daß auffällige Make-up-Spuren zu sehen waren. Sie erlernte die professionellen Techniken, das beste aus ihrer Erscheinung zu machen, wenn sie genügend Zeit fand, damit zu üben. Es gab keine Buntstifte, keine zum Abfärben angefeuchteten Illustriertenseiten und niemanden, der ihr befahl, aufzuhören. Craig wollte erreichen, daß sie geschickt genug wurde, das Nötige selbst vorzunehmen, ehe sie den Gerichtssaal betrat. Joyce freute sich, in einer Weise mitspielen zu können, die sie schon längst vergessen zu haben glaubte.

Als nächstes holte die Beraterin farbige Stoffproben hervor, die sie und Craig begutachteten, dann markierten, damit Eden sie als Einkaufshilfen benutzen konnte, wenn sie für ihre Mutter Kleider aussuchte. Bis zum Prozeß waren noch zwei Wochen Zeit, und Joyce mußte unbedingt etwas für das Aussehen und den Zustand ihrer Haut tun. Sie erhielt den Rat, so oft wie möglich das Gesicht der Sonne auszusetzen. Und zum erstenmal fühlte sie sich wohl, als sie das Gebäude verließ und ins Freie ging.

Joyce wollte jedoch nicht den großen Hof betreten, in dem sie so viele widersprüchliche Dinge sah. Es gab dort Gras, den Himmel, Vögel und viel freien Raum. Aber da waren auch Wachen, Stacheldraht, Zäune und andere auffällige Sicherheitseinrichtungen, zahllose Erinnerungen daran, daß sie sich im Gefängnis befand.

Statt dessen suchte Joyce einen Patio auf, der während des Sommers geöffnet war. Es war im Grunde lediglich eine Betonfläche von der Größe eines Zimmers. Es gab auch dort hohe Mauern und Stacheldraht, doch es war für sie nicht so traumatisch. Joyce hielt sich dort so oft wie möglich auf, um Sonne zu tanken, und kehrte trotzdem immer noch zum Duschen ins Haus zurück, ehe die meisten anderen Frauen von draußen hereinkamen.

Eden war nach dem Jahr bei ihrem Vater zurückgekehrt und übernahm es, für Joyces neue Garderobe zu sorgen. Bei ihrem ersten Einkaufsbummel hielt sie sich an die Farbkombinationen, die die Schönheitsberaterin zusammengestellt hatte, kaufte jedoch Kleider in einem Schnitt, von dem sie wußte, daß er

Joyce gefiel. Die Anwälte meinten anschließend, sie solle alles wieder zurückbringen und etwas anderes aussuchen.

Bei ihrem zweiten Versuch kaufte Eden dann Kleider, die nach dem Geschmack der Schönheitsberaterin waren. Es wurde so arrangiert, daß die Kleider, die Make-up-Utensilien und ein postkartengroßer Spiegel in einem Vorzimmer im Gerichtsgebäude deponiert wurden. Es lag in dem Bereich, den Joyce jeden Morgen vor der Gerichtsverhandlung betrat, um sich zu schminken und ihre Gefängniskluft gegen zivile Kleidung einzutauschen. Eine Uhr und einige Ohrclips wurden ebenfalls dorthin gebracht.

Eine Kombination bestand aus einer beigen Jacke und einem Wickelrock, nicht zu eng und nicht zu weit, sondern von jener schlichten Eleganz, die durch einige Modemagazine populär gemacht wird. Ein zweites Kostüm war pfirsichfarben, ein drittes weiß, und das vierte, ebenfalls beige, hatte einen wadenlangen Rock. Hinzu kamen mehrere Blusen, Unterwäsche, Büstenhalter, Nylonstrümpfe und Parfüm.

»Es war so, als beträte man ein verzaubertes Zimmer, in dem eine gute Fee ihre Geschenke bereitgelegt hat«, sagte Joyce. Mehr als zwei Jahre lang war sie gezwungen gewesen, Gefängniskleidung zu tragen, ohne Make-up, Parfüm oder Schmuck. Die Kleidung sah trist aus und fühlte sich auch so an. »Kaum betrat ich das Vorzimmer, da berührte ich die Kleider. Ich nahm jedes Stück hoch, strich mit der Hand über den Stoff, drückte das Material an mein Gesicht. Dieser Geruch. Das Gefühl. Ich hatte fast vergessen, wie es war.«

Bei den Kleidern lagen auch Nachrichten, kurze Mitteilungen, die täglich von Eden hinterlassen wurden. Es waren Hinweise und Ermahnungen, auf ihr Äußeres zu achten, und eine ständige Erinnerung, daß sie sich anders verhalten müsse als während ihres ersten Prozesses. ›Ich liebe Dich. Und lächle.‹ – ›Das sind die Kleider, die Du tragen wirst, wenn Du nach Hause kommst. Lächle.‹ Während Eden für die Reinigung und den Austausch von Joyces Garderobe sorgte, bot sie ihr auch ständige Unterstützung, auf die Joyce sich während des ganzen Prozesses verlassen konnte.

Joyce stellte verblüfft fest, daß die Kleider perfekt paßten, obgleich niemand Maß genommen und ihr Gewicht sich im Gefängnis etwas erhöht hatte. Sie stellte ebenfalls amüsiert fest, wie unbeholfen sie sich in den Schuhen bewegte, die Eden besorgt hatte. Sie hatten flache Absätze, aber sie klapperten trotzdem, als sie zum erstenmal darin zu gehen versuchte. Sie bewegte sich staksig wie ein kleines Mädchen, das zum ersten Mal die Schuhe seiner Mutter angezogen hat. Die Zeit im Gefängnis hatte bewirkt, daß sie vergessen hatte, wie man in Schuhen mit höheren Absätzen das Gleichgewicht hält.

Als Joyce sich endlich zum erstenmal in einem großen Spiegel betrachten konnte, hatte sie den Eindruck, daß sie so aussah wie Mrs. Leonard, eine Nachbarin in der gleichen Straße, in der Joyces Familie früher mal gewohnt hatte. Mrs. Leonard war die perfekte Hausfrau und Mutter, eine Frau, die für diese Rolle geboren war. Ihre Kleidung war etwas schlampig, trotz der Tatsache, daß sie gediegen und teuer war. Ihr Haar wirkte immer etwas durcheinander von der Hitze in der Küche, wo sie ständig irgendwelche Plätzchen, Kuchen oder andere Köstlichkeiten für die Familie backte und zubereitete. Wenn eines ihrer Kinder hinfiel und sich verletzte, wenn Besuch ins Haus kam oder wenn eine Nachbarin für eine Minute vorbeischaute, um sich eine Tasse Mehl zu leihen, dann bot Mrs. Leonard stets etwas zu essen oder zu trinken und bot das Bild der fürsorglichen Mutter und Nachbarin. Ihre Aktionen erschienen beinahe stereotyp, dennoch waren sie ehrlich, und alle mochten sie als liebenswertes Überbleibsel aus alten Zeiten.

»Thomas wollte eben diese Mrs. Leonard im Gerichtssaal sehen, und so mußte ich mich eben anziehen«, erinnerte Joyce sich später. »Ich denke, er mußte es am besten wissen, jedoch waren es Kleider, die ich selbst für mich niemals ausgesucht hätte.«

Alles lief bestens. Alles war bereit. Bis zum Beginn des Prozesses dauerte es nur noch eine Woche, und Joyce saß in einer Zelle mit einigen Frauen zusammen, die sich selbst als ihre Freundinnen betrachteten.

Die Frauen hatten Heroin und benutzten ein Besteck, das eine von ihnen erfolgreich vor den Wachen versteckt hatte. Sie unterhielten sich und dösten abwechselnd, aber Joyce störte das nicht. Sie war wegen des Prozesses nervös und fühlte sich im Kreise von Frauen wohl, die ihr halfen, die Zeit durchzustehen, bis sie vor die Jury treten mußte. Was sie nicht wußte, war, daß eine der Frauen sich von ihr sexuell angesprochen fühlte. Die Frau hoffte, mit Joyce eine Beziehung aufbauen zu können.

Plötzlich packte die Frau Joyce um den Hals in einer Weise, wie ein Polizeibeamter einen Randalierer festhalten würde, um ihn zu verhaften. Ehe Joyce reagieren konnte, hielt die Frau Joyces Kopf lange genug fest, um ihr Heroin in die Nasenlöcher zu sprühen. Dann ließ sie Joyce los und wartete auf die Wirkung der Droge.

Die Frau wußte aber nicht, daß es beim ersten Genuß von Heroin zwei mögliche Reaktionen geben kann. Die eine ist ein ›High-Zustand‹, das gute Gefühl, das einen dazu treibt, die Droge in immer höheren Dosen und kürzeren Zeitabständen zu nehmen. Die zweite Reaktion zeigte sich bei Joyce – ihr wurde furchtbar schlecht, sie übergab sich unaufhörlich, bis alles Gift ihren Körper verlassen hatte.

Die Frau war schockiert. Sie wünschte sich eine Beziehung, aber sie hatte Joyce nicht schaden wollen. Sie begleitete Joyce zur Toilette, dann brachte sie sie zurück in ihre Zelle, ging fort und ließ Joyce, benommen sowohl von den Nachwirkungen der Droge wie auch von dem Leben, das zu ertragen ihr auferzwungen war, allein. Die ganze Nacht lag sie wach und konnte nicht schlafen.

Die Anklage wurde von Larry Turoff geführt. Er stellte den Fall in der Weise dar, wie er ihn vor Gericht glaubte verfolgen zu müssen.

Es gebe Probleme bei diesem Fall, führte Turoff aus, »alle möglichen Probleme. Das eine ist die Glaubwürdigkeit, denn es gibt keinen greifbaren Beweis dafür, daß sie irgend etwas getan hat. Was wir haben, sind die Aussagen der Zeugen zu dem, was sie behauptet.

Es gab nicht viel, um den Verdacht zu erhärten. Arnie Merrill stellt achtzig bis neunzig Prozent der Anklage gegen sie dar. Und Wally Roberts macht den Rest aus – zehn bis zwanzig Prozent. Aber sie hätte dazu sagen können: ›Wissen Sie, ich bin wütend. Ich hatte überhaupt nicht die Absicht, irgend etwas zu tun. Ich bin nur wütend auf meinen Mann und Pat Redmond, denn es handelte sich um einen lukrativen Auftrag. Und ich weiß nicht, weshalb er abgelehnt wurde, und so machte ich einige Bemerkungen, aber nie glaubte ich, daß irgendwer irgend etwas tun würde. Ich forderte Bobby Cruz nicht auf, ihn zu töten, und Arnie Merrill lügt, wenn er aussagt, ich hätte es doch getan.‹

Wir haben ihr Wort gegen das von Merrill, und wenn man nicht eine eindeutige Bestätigung dafür findet, dann ist es nicht stichhaltig.«

Turoff fuhr fort: »Nach einer Weile lernte ich Cruz etwas besser kennen, und ich denke, daß er vielleicht ... Wenn sie sagte: ›Also, ich wäre froh, Pat Redmond wäre endlich weg vom Fenster!‹ Diese Bemerkung könnte in seinem Kopf bestimmte Gedanken in Gang gesetzt haben. Zum Beispiel: ›Ich schaffe es vielleicht, den Betrieb von ihr zu übernehmen.‹ Und selbst wenn sie es nicht ernst meinte, es niemals ernst gemeint hatte, könnte Cruz geglaubt haben: ›Wenn ich diese Angelegenheit regle, dann bekommt sie sicher einen Teil des Las-Vegas-Auftrags, und ich bekomme ihn dann von ihr. Oder ich kann sie hinausdrängen. Oder auch sie und ihren Mann. Oder es ist am Ende auch nur so, daß ich plötzlich als Held dastehe, weil ich einen Job erledigt habe, worum sie durch ihre Bemerkung vielleicht gebeten hat.‹«

Indem er den Fall noch einmal aufrollte, sagte Turoff: »Beim ersten Mal wurde sie schuldig gesprochen. Es gab eine ganze Reihe von Punkten, die im ersten Prozeß nichts zu suchen hatten. Ich verstehe immer noch nicht, weshalb der Richter sie zugelassen hat. Aber offenbar erkannte er irgendwann im Laufe der Verhandlung seinen Irrtum.

Man muß die Klage (gegen Joyce) führen, weil es Leute gibt, die bereit sind, etwas zu ihrer Beteiligung auszusagen. Aber der Fall steht auf schwachen Füßen. Ob es zu einem Schuldspruch kommt, hängt von den Geschworenen ab. Es gab sicherlich einen Punkt, an dem Wally Roberts auftrat und wir durch Arnie Merrill eine Bestätigung erhielten. Wir stützten uns nicht allein auf seine (Merrills) Aussage. Wir mußten ganz einfach in den Prozeß gehen. Ehe man die Entscheidung trifft, es nicht zu tun, zieht man vor Gericht und wartet ab, was passiert. Sollen die Geschworenen entscheiden.«

Dann fügte er hinzu: »Wenn man gar nichts tut, dann zieht man sich heftige Kritik zu.«

Als der Prozeß begann, mußte Joyce die Auswahl der Jury über sich ergehen lassen. Es war für jeden Beteiligten ein komplizierter Vorgang. Für Joyce war er besonders traumatisch, weil es schon das zweite Mal war, daß sie es erlebte.

Zuerst kamen die schriftlichen Fragen an die Jury, um diejenigen auszuschließen, die sich schon auf den ersten Blick als ungeeignet erwiesen. Die Kandidaten waren bei der Befragung zugegen, von der abhing, wer Geschworener wurde und wer nicht. Wenn also jemand eine abfällige Bemerkung machte, die die anderen beeinflussen konnte, würden alle ausgewählten Geschworenen entlassen, und eine neue Gruppe müßte bestimmt werden.

Dazu meinte Thomas Thinnes: »Das schlimmste in einem solchen Fall ist, wenn man siebzig Leute im Gerichtssaal hat und der Richter vierundzwanzig bestimmt und zwölf weitere sich bereithalten und man nun dem Geschworenen Nummer sechs die Frage stellt: ›Haben Sie etwas über den Fall gelesen?‹ Wenn der Geschworenen Nummer sechs dann antwortet: ›Ja, ich habe gelesen, daß sie schuldig ist und ein mordgieriges Luder‹, dann müssen alle siebzig entlassen werden. Daher haben wir schriftliche Fragen ausgearbeitet. Mit ihrer Hilfe können wir die Geschworenen aussuchen.«

Eine größere Anzahl potentieller Geschworener wurde aufgerufen, Fragebögen wurden verteilt, um einen Eindruck von ihrer Einstellung und ihren möglichen Reaktionen zu erhalten. Joyces Anwalt wollte wissen, ob die Kandidaten etwas über den Fall gelesen hätten; ob sie von dem Schuldspruch Kenntnis hätten. Das Wissen um den Schuldspruch wurde als wichtiger

Punkt angesehen, denn Thinnes war fest entschlossen, die Tatsache für sich zu verwenden. Er wollte aufzeigen, daß Joyce schuldig gesprochen worden war, weil man sie ›geopfert‹ hatte. Dann wollte er die Gründe dafür darlegen.

»Zuerst nahmen wir uns die Fragebögen vor und verteilten Plus- und Minuszeichen, zählten sie zusammen und entwarfen ein Wertesystem«, sagte Thinnes. »Und tatsächlich, wenn man die jeweilige Person sieht und die schriftliche Antwort liest, dann liegt man mit seiner Vermutung in den meisten Fällen total daneben. Man denkt vielleicht, Himmel, diese alte Krähe ist ein ganz schön harter Brocken, und dann stellt sich heraus, daß es eine nette, ältere, anständige Dame ist, die man zuerst für ein Monster gehalten hat.«

Thinnes und sein Partner arbeiten im Gegensatz zu vielen Anwälten nicht mit professionellen Juryexperten zusammen. Sie halten sich lieber an ihren Instinkt, an ihre eigene Nase. Deshalb gab es einige Warnzeichen für Probleme, für die sie sich wappnen wollten. »Die Warnzeichen, nach denen wir suchten, waren vorherige Kenntnisse von dem Fall, was sie darüber gelesen und gehört hatte und welche Schlußfolgerungen sich daraus für sie ergaben.

Wenn ich Leute darüber ausfrage, ob sie über einen Fall gelesen und sich eine Meinung gebildet haben, versuche ich immer, ein anderes aktuelles Thema zu finden, das in der gleichen Zeitung wie der Fall behandelt wurde. Und das beste Beispiel, das mir dazu einfällt, ist meine Erinnerung an einen Prozeß in Tennessee. Es gab einen Artikel auf der ersten Seite über meinen Klienten, der wegen versuchten Mordes verhaftet wurde. Er wurde in Fesseln gezeigt, als er vom allseits beliebten Sheriff der Gemeinde in den Gerichtssaal gebracht wurde. Und ich fragte die Geschworenen, ob sie von dem Flugzeug der South Korean Airlines gelesen hätten, das abgeschossen wurde, und welche Meinung sich bei ihnen nach Lektüre des Artikels herauskristallisierte.

›Oh, diese verdammten Kommunisten‹, und so weiter.

In der gleichen Zeitung befand sich auch ein Artikel über meinen Klienten. ›Erinnern Sie sich, ihn gelesen zu haben?‹

›Doch.‹

›Jetzt haben Sie doch sicherlich gedacht, daß Sie endlich wieder in Sicherheit seien, weil dieser Mann im Gefängnis sitzt.‹ Wenn wir uns aus dieser Richtung herantasten, bekommen wir sehr viel ehrlichere Antworten. Ich werde schon hellhörig, wenn jemand sagt: ›Sehen Sie, ich habe darüber gelesen. Ich habe im Fernsehen davon gehört. Und bei Gott, ich gebe mir alle Mühe, diesen Unsinn zu vergessen und nur auf die Beweismittel zu achten und auf das, was im Zeugenstand gesagt wird. Ich versuchte es wirklich ganz aufrichtig.‹

Ich ziehe einen solchen Geschworenen einem anderen vor, der sagt: ›Ich habe nur die Schlagzeile gelesen. Ich habe keine Meinung dazu. Ich sehe nicht fern. Und ich höre nicht Radio. Ich lasse mir von niemandem meine Meinung bilden‹ und so weiter. Man sieht sich also nicht nur an, was sie aufschreiben, sondern man hört auch genau zu, wie sie diese eindeutigen Fragen beantworten.

Wir wollten Leute in der Jury haben, die annahmen, daß sie unschuldig war. Dementsprechend waren die Fragen formuliert.«

Es gab ein Handicap sowohl für die Anklage wie auch für die Verteidigung. In Phoenix stellte der Richter die Fragen aus dem Fragenkatalog, der von den Anwälten zusammengestellt worden war. Der Richter konnte einige davon verlesen oder alle oder nur ein paar wenige. Thinnes versuchte Fragen zu formulieren, die einige Emotionen erzeugten, wenn die Geschworenen antworteten. Der Anwalt der Verteidigung wollte das Gefühl gewinnen, daß die Geschworenen seiner Klientin eine faire Verhandlung garantierten, Joyce von Anfang an für unschuldig hielten und sich dann aufmerksam anhörten, welche Beweise vorgelegt wurden.

Es war wichtig für die Verteidigung, daß der Richter die Geschworenen ausdrücklich darauf hinwies, das erste Urteil und die Schlußfolgerungen völlig außer acht zu lassen. Sie müßten sich sozusagen völlig von der Vergangenheit trennen und ausschließlich auf die Beweise achten, die dem Gericht vorgelegt würden.

Die offensichtlichsten Fälle von Befangenheit werden schon zu Anfang eliminiert. Thinnes nannte als Beispiel einen

Geschworenen, dessen Bruder zweimal vor Gericht gestanden hatte und verurteilt worden war. Der Geschworene haßt Polizisten und glaubt, daß das System nichts taugt. Eine solche Person steht grundsätzlich auf seiten der Verteidigung, und das toleriert kein Staatsanwalt.

»Ich suche nach Leuten, die genügend Mut haben aufzustehen und eine ehrliche Antwort zu geben, denn was ich gleichzeitig suche, ist ein Führer oder jemand mit Gewissen und Führungsqualitäten, der die Leitung der Jury übernimmt. Und das ist immer jemand, der lieber selber führt als gehorcht. Die Hausfrau, die Namen, Geburtsdatum und Sozialversicherungsnummer nennt und erzählt, sie habe fünf Kinder und sonst keine der anderen Fragen beantwortet, ist jemand, den man schnell als jemanden erkennt, der sich bereitwillig unterordnet. Wenn man nun einen halbwegs starken Führer in der Jury hat, dann wende ich mich immer an ihn, wenn ich die ganze Jury anspreche.

Wenn ich eine Frau sehe, die Irin ist und einen mit Seitenblicken mustert, wenn man Antworten gibt, und das Gesicht verzieht, dann will ich sie nicht, weil sie einem wahrscheinlich ablehnend gegenübersteht. Man muß auch das ganze Drum und Dran beachten, zum Beispiel, wie sie sich in den Pausen benehmen. Welche der Geschworenen sich miteinander unterhalten. Wer mit wem zum Essen geht. So etwas muß man sich merken. Man muß die Jury beobachten, weil sie ihrerseits uns beobachtet.«

Die Bemühungen, Joyces Erscheinung zu mildern, reichten nicht aus, um sie als biedere Hausfrau und Mutter einzustufen. Außerdem glaubte Thinnes nicht, daß die Beweismittel ein solches Image von ihr entwarfen. »Sie hat gearbeitet. Sie hatte ihr eigenes Unternehmen. Sie war abends zu Hause, bereitete das Abendbrot und so weiter, aber ich denke, wenn wir versucht hätten, sie als Ausbund von Häuslichkeit darzustellen, als eine Frau, die stets mit ihren Kindern zusammen ist und sich um den Haushalt kümmert, dann wäre das Unsinn gewesen. Wir mußten sie als Geschäftsfrau ›verkaufen‹, die versuchte, ihren eigenen Betrieb in Schwung zu halten, und ihre finanziellen Dinge von ihrem Mann fernhielt, und die außerdem noch Kinder großzog.

Wir hielten daher Ausschau nach ähnlichen Geschworenen – Geschäftsleuten, Frauen, die selbst arbeiten oder selbständig waren oder zumindest gearbeitet haben . . .

Es ist für Männer sicherlich schwierig, mit Joyce warmzuwerden. Sie ist so hart, weil, wie ich glaube, einige Männer sie als Herausforderung für sich empfinden, worauf wir ebenfalls achten mußten.« Er hatte Angst, daß solche Männer sie für schuldig erklären könnten, ›nur um sie dorthin zu schicken, wohin sie gehörte.‹

Joyce versuchte, sich an alles zu erinnern, was Thinnes ihr erklärte. Sie wußte, daß sie versuchen sollte, mit den Geschworenen den Augenkontakt herzustellen und daß sie sich auf keinen Fall in eine Art Blickkampf mit ihnen einlassen sollte. »Ich sollte gleich wieder wegsehen, wenn der Augenkontakt stattgefunden hatte«, erklärte sie.

Sie sollte auch Gefühlsregungen zeigen. Auf keinen Fall sollte sie ihre Empfindungen verbergen.

Während des zweites Prozesses war Joyce sich bewußt, was mit ihr passieren konnte, und achtete auf das Geschehen im Gerichtssaal. Sie hatte immer noch Angst, stand nun jedoch nicht mehr unter Schock. Nach nahezu drei Jahren Gefängnis machte sie sich keine Illusionen mehr. Sie wußte jetzt, daß man auch unschuldig in der Todeszelle landen konnte. Sie wußte, daß sie alles zu verlieren hatte.

Diesmal war die Situation anders. Der Gerichtsstenograf, der Gerichtsdiener und einige Aufseher und Wächter waren dieselben wie zuvor, doch diesmal unterschied sich ihre Haltung von damals. Sie waren vorwiegend freundlich und hilfsbereit. Mehrere redeten kurz mit ihr, wünschten ihr Glück, wenn der Richter und die Geschworenen sich nicht im Saal befanden. Während des Prozesses verhielten sie sich neutral und zeigten ihre Einstellung nicht offen. Sie achteten darauf, daß die Geschworenen, die über den Fall zu entscheiden hatten, keinen Hinweis auf ihre persönliche Meinung bekamen.

Marilyn Redmond kam ebenfalls zum Prozeß, um sich die Eröffnungserklärungen der Anklage und der Verteidigung anzuhören. Es war noch unklar, wie sie Joyce gegenüberstand. Sie wurde nicht befragt und nahm auch nicht als Beobachterin am Prozeß teil bis auf den Anfang und die Urteilsverkündung. In der Zwischenzeit saß eine Freundin im Zuschauerraum und verfolgte das Geschehen.

Larry Turoff, der Ankläger, trat auf wie eine gereizte Bulldogge. Er benutzte diesen Trick, der zuerst von Richard Nixon während seiner ›Küchendebatte‹ mit Chruschtschow in Moskau und später bei John F. Kennedy angewendet wurde, indem er mit dem Finger anklagend auf Joyce zeigte. Diese Geste ist sehr raffiniert, da derjenige, der die Szene verfolgt, den unbewußten Eindruck gewinnt, daß der Ankläger den Gang der Handlung steuerte, überzeugt, daß Joyce schuldig war, und entschlossen, sie dorthin zu schicken, wohin sie gehörte. Es ist eine Geste, die die andere Seite schwach und in einer Verteidigungshaltung erscheinen läßt und bei der Jury den Eindruck vertieft, daß die Angeklagte wirklich schuldig ist.

Thomas Thinnes hatte die Absicht nachzuweisen, daß Joyce überhaupt kein Motiv für das Verbrechen hatte, und daß andere, vor allem Ron Lukezic, hinter den Morden stehen mußten. Wenn er mit dieser Taktik Erfolg hatte, dann würde aus Turoff, der nun als jemand auftrat, der berechtigterweise entrüstet und darauf bedacht war, daß Gerechtigkeit waltete, ein Ankläger, der alles daran setzte, einen unschuldigen Menschen hinter Gitter zu schicken.

Joyce hatte keine Ahnung, daß Turoff seine Anklage mit recht gemischten Gefühlen vertrat. Er war nicht vollständig davon überzeugt, daß Joyce schuldig war. Wenn überhaupt, dann war sie seiner Meinung nach entweder unschuldig oder hatte nach Ausführung der Tat irgendwelche Kenntnisse erhalten, aber auf jeden Fall war sie nicht aktiv beteiligt gewesen. Ihm widerstrebte außerdem, sich auf die verfügbaren Zeugen zu stützen. Sie waren nicht glaubwürdig, jedoch verlangten ihre Aussagen von ihm, daß er Anklage erhob und in einen Prozeß ging.

Joyce war voller Eifer. »Ich nahm an meinem Prozeß aktiv teil. Ich hatte einen großen Notizblock vor mir liegen und machte mir Notizen, wenn jemand im Zeugenstand die Unwahrheit sagte. Ich schrieb auf, was nicht zutraf. Ich schrieb wie eine Wilde, und Thomas legte mir manchmal die Hand auf die Schulter und versuchte, mich zu beruhigen. ›Regen Sie sich nicht auf. Machen Sie sich keine Sorgen. Ich weiß Bescheid‹, flüsterte er. ›Im Kreuzverhör erwische ich ihn schon.‹ Es war für mich ein großer Trost.« Es war auch eine Geste, die der Jury auffiel, eine körperliche Nähe, welche der Jury den Eindruck vermittelte, daß Thinnes sich neben und mit seiner Klientin wohlfühlte.

Es gab für Joyce Momente großer innerer Anspannung, vor allem, als sie selbst in den Zeugenstand gerufen wurde. »Ich erinnere mich, daß ich ein Taschentuch in der Hand hielt und es in einem fort zusammendrehte. Ich wrang es immer heftiger, bis es ganz hart und steif wurde.«

Aber trotz der Anspannung zog Joyce sich nicht in ihre Schutzhülle zurück, wie sie es während des ersten Prozesses getan hatte. Als sie im Zeugenstand saß, drehte sie sich manchmal zu den Geschworenen um und gab gelegentlich sogar einen Kommentar ab, ehe sie die Frage des Staatsanwaltes beantwortete. Sie hatte das Gefühl, daß sie auf ihrer Seite standen und keine Fremden waren, die ein Schauspiel verfolgten, so wie sie selbst es zu Beginn getan hatte.

Sie war außerdem überzeugt, daß Larry Turoff, der Staatsanwalt, sie wenn irgend möglich ins Gefängnis schicken wollte. Er wollte sie mit jedem Trick festnageln, der ihm zur Verfügung stand, ungeachtet seiner eigenen Gefühle. Das flößte ihr Angst ein und ließ sie wachsam sein. Thinnes hatte ihr beigebracht, eine Frage nicht direkt zu beantworten, sondern innezuhalten, nachzudenken, sich erst zu vergewissern, ob sie sich ausreichend an die Fakten erinnerte, anstatt mit dem herauszuplatzen, was ihr gerade einfiel. Diese Technik war vor allem bei Turoff hilfreich, der ständig versuchte, ihr die Antworten im Munde umzudrehen.

»Er fragte mich zum Beispiel: ›Kennen Sie Mr. oder Mrs. So-und-so?‹, worauf ich antwortete: ›Na ja, ich habe ihn oder sie einmal getroffen.‹ Daraufhin meinte er, ›Demnach kannten Sie die Person und haben sich auch mit ihr getroffen.‹ Er verdrehte meine Worte. Ich mußte das unterbinden und ihm erklären, so hätte ich es niemals ausgedrückt.«

Während des Prozesses feierte sie kleine Triumphe. Arnie

Merrill hatte im ersten Prozeß gelogen, doch Joyce konnte sich nicht daran erinnern, wie er sich benommen hatte. Diesmal erkannte sie, daß er, während er seine Aussage machte, den Staatsanwalt und den Verteidiger direkt ansah. »Ich hätte nie gedacht, daß er dazu fähig war: zu lügen und dabei jemandem in die Augen zu schauen, meine ich. So einen Menschen hatte ich noch nie gesehen.

Ich stellte voller Absicht den Augenkontakt mit dem Mann her, in der Hoffnung, daß er mich ansehen würde, wenn Thomas ihm eine Frage stellte, wobei dann vielleicht die Wahrheit zum Vorschein käme; vielleicht würde er diesmal nicht lügen. Ich meine, lügen kann jeder. Aber ich kann nicht jemandem in die Augen sehen und ihm dann die Unwahrheit sagen. Ich jedenfalls würde wegschauen. Ich blickte ihn so oft an, und er erwiderte meinen Blick und verzog spöttisch das Gesicht. Ich sah den Mann nur an. Und ich war Thomas so dankbar für das, was er mit ihm anstellte. Er kreuzigte ihn geradezu. Wenn ich genauso gelogen hätte wie er, dann glaube ich, daß ich Thomas' Angriff nicht so gut überstanden hätte. Arnie Merrill erzählte eine Lüge nach der anderen ...

Ich war glücklich. Selbst in meiner damaligen Position war ich höchst zufrieden. Er war der reinste Abschaum, und Thomas führte vor, was für ein Lügner er war.«

Es gab auch noch andere Triumphe. Cathy Fox hatte außerordentlich zugenommen. Sie war eine schöne Frau gewesen, als Joyce sie kennenlernte und als sie mit Joyces Bruder, Arthur Ross, liiert gewesen waren. Ihre Figur war makellos gewesen, sie hatte eine stolze Haltung, und sie war der Typ Frau, nach dem sich die Köpfe der Männer umdrehten, wenn sie über die Straße ging. Aber seit ihrer Aussage gegen Joyce hatte sie sich auf dramatische Weise verändert. Für Joyce war sie ein ›aufgeblasener Ballon ohne Hals‹, nichts war mehr von der Schönheit übrig, die Joyce bei ihr gesehen hatte.

»Es gab mir ein gutes Gefühl zu wissen, daß sie für ihre Lügen hatte büßen müssen. Sie war frei, und ich war im Gefängnis. Aber sie bezahlte einen Preis für das, was sie getan hatte, und es vermittelte mir ein Gefühl der Genugtuung, das erkennen zu können. Ich weidete mich aber nicht daran. Ich habe auch seitdem nicht mehr darüber nachgedacht. Aber damals fühlte ich mich deswegen sehr gut.«

Dennoch war Joyce darüber entsetzt, wie jemand lügen konnte, um das Leben eines anderen Menschen zu vernichten. »Es war fast so, als würde diesen Leuten die Antworten vorgesagt. Ich konnte das nicht verstehen.«

Trotz des Schocks ging Joyce in die Offensive, reagierte auf das, was ablief, machte sich Notizen und gab ihrem Anwalt Hinweise. Die Jury verhielt sich sehr wohlwollend, was damals weder sie noch ihr Anwalt hatten registrieren können.

Als sie die Zeitungsmeldungen über den Fall las und nachdem sie die Prozeßprotokolle hatte einsehen können, gewann Joyce den Eindruck, daß die Zeugen, die Lügen erzählten, aus den alten Zeitungsberichten zu zitieren schienen. Es war, als plapperten sie die Spekulationen, die sie gelesen hatten, nach und verwandelten sie dabei in ›Tatsachen‹, um Joyce zu belasten. Sie konnte solche Reaktionen bei engen Freunden Pat Redmonds durchaus verstehen, Freunden, die durch seinen Tod zutiefst getroffen waren. Aber nicht bei Leuten, die eigentlich neutral waren und daher in der Lage hätten sein müssen, sich an die Wahrheit zu halten.

Trotz des Schocks und des Zorns darüber reagierte Joyce weit weniger heftig darauf, als sie eigentlich erwartet hatte. Thinnes hatte ihr erklärt, wer die Hauptzeugen gegen sie waren. Merrill kannte sie, und ihn haßte sie. Die anderen, wie zum Beispiel Wally Roberts, riefen bei ihr keinerlei Emotion hervor. Roberts war eher zu bemitleiden und gab sogar zu, daß er nicht wußte, was der Wahrheit entsprach und was nicht. Er war ein überaus talentierter Mann, dessen vielversprechende berufliche Karriere aufgrund seiner Drogen- und Alkoholabhängigkeit so gut wie beendet war. Sie hatte weder für noch gegen ihn irgendwelche Empfindungen, als er eine weitere belastende Aussage im Zeugenstand machte.

Thinnes beschloß, auch Leumundszeugen für Joyce aufzurufen, selbst wenn er damit das Risiko einging, daß die Anklage ihrerseits das gleiche, nur mit entgegengesetzter Absicht, mit anderen Zeugen aus Joyces Vergangenheit versuchte. Einer dieser Entlastungszeugen war ihr alter Onkel, ein Mann, der die lange Reise von Sun City gemacht hatte, wo er alleine lebte. Er war fast neunzig Jahre alt und teilweise behindert durch eine Krankheit, die seine Muskeln angriff und bewirkte, daß er nur mühsam gehen konnte. Sein Leben bestand im wesentlichen aus gelegentlichen Besuchen auf der Pferderennbahn, wo er ab und zu auch mal Zwei-Dollar-Wetten abschloß. Er kannte Joyce seit ihrer Geburt und war jener Typ von Mensch, bei dem man gleich erkannte, daß er absolut glaubwürdig war. Jedermann im Gerichtssaal schien zu spüren, daß er, wenn Joyce etwas Böses getan hätte und er davon wüßte, dies offen aussprechen würde. Er war einfach unfähig, die Wahrheit zu verschleiern, selbst wenn er damit ein Familienmitglied retten konnte.

Der Onkel äußerte sich sehr positiv über Joyce und machte mit Nachdruck klar, daß er es schlicht für unmöglich hielt, daß sie eine derart furchtbare Tat begangen hatte. Dann, als er den Zeugenstand verließ und durch den Gerichtssaal zum Ausgang humpelte, hielt er lange genug inne, um ihr aufmunternd zuzuwinken. Es war ein sehr intensiver Moment, und zum erstenmal verlor Joyce in der Öffentlichkeit die Fassung. Sie schlug die Hände vors Gesicht und weinte gerührt über die Geste der Liebe, die sie in seinem Auftreten vor Gericht sah. Sehr schnell versiegten die Tränen wieder, als sie ihre Gefühle erneut unter Kontrolle bekam, doch die Jury hatte sie gesehen, hatte erkannt, daß sie echt waren, und blieb nicht unbeeindruckt.

Edens Erklärungen riefen ebenfalls bei Joyce eine Reaktion tiefer Bewegtheit hervor. Eden hatte mittlerweile die High-School abgeschlossen und besuchte die Arizona State University und arbeitete nebenbei in einem örtlichen Kaufhaus. Sie hatte lange Zeit eine Bürde tragen müssen, unter der sogar Erwachsene zusammengebrochen wären, und hatte sich nie beklagt. Joyce betrachtete sie als Kind in einem Frauenkörper, und sie wußte, daß sie unter einem großen Druck stand. Eden versuchte, tapfer zu sein, jedoch lauerte in ihren Augen ein Ausdruck kaum unterdrückten Entsetzens, als sie im Zeugenstand erschien. Ihre Hände spielten ständig nervös mit einem Papiertaschentuch, das sie unbewußt in kleine Fetzen riß. Joyce wollte sie in den Arm nehmen, sie an sich drücken, sie trösten, aber das ging nicht, ehe Edens Aussage abgeschlossen war.

Erst danach, in einer Prozeßpause, konnte Joyce für einige Minuten mit ihrer Tochter zusammensein, während der Richter und die Jury den Gerichtssaal verließen. Es war nicht viel, aber es war immer noch mehr, als sie in den Jahren vorher gehabt hatten, und für Joyce bedeutete es alles.

Im Zuschauerraum saß eine ungewöhnliche Mischung an Zuhörern. Da waren Leute, die regelmäßig solche Veranstaltungen besuchten, einzelne Rentner und Ehepaare, für die Besuche im Gerichtssaal zum täglichen Vergnügungsprogramm gehörten. Sie liebten diese lebensechten Dramen, die in den Gerichtssälen stattfanden.

Andere, die noch nie bei einer Gerichtsverhandlung zugegen gewesen waren, verfolgten das Geschehen mit Unbehagen. Da waren zwei verschiedene High-School-Klassen, die für einige Stunden dem Prozeß beiwohnten. Sie gehörten offenbar zu Kursen in Amerikanischer Staatsbürgerkunde oder Amerikanischer Gerichtspraxis. Der Besuch eines Mordprozesses sollte ihnen wohl die praktische Seite der Rechtssprechung demonstrieren. Sie schienen vorab informiert worden zu sein, worum es bei diesem Prozeß ging, doch ihr Erscheinen war für Joyce ein schwerer Schock.

Ihre Sorge bezog sich unter anderem auf Thema und Inhalt des Prozesses. Es ging um Sex, Gewalt und Habgier, die ausführlich zur Sprache kamen. Wahrscheinlich war all das nicht schlimmer als viele der täglichen Fernsehserien, jedoch erschien es ihr als ziemlich harte Methode, die Realitäten des Lebens kennenzulernen.

Zum anderen hatte ihre Reaktion auch eine sehr persönliche Ursache. »Es waren noch Kinder, und sie starrten mich ständig an. Ich fragte mich immer wieder, was sie wohl über mich dachten. Ich fühlte mich vor ihnen sehr verlegen.«

In dem Prozeß kam nur wenig Neues zur Sprache, abgesehen von den Informationen, die bisher nicht zugänglich gewesen waren. Neun Monate vorher, im September 1984, hatte Marilyn Redmond eine Aussage gemacht, die Ron belastete und jetzt herangezogen werden konnte. Sie enthüllte verschiedene Vergehen, derer Ron sich schuldig gemacht hatte. Eine der Fragen an Marilyn lautete:

»Sie haben ausgesagt, daß sie Ron Lukezic nun schon zwanzig Jahre lang kennen, und gleichzeitig erwähnt, daß er die Firma bestohlen und sich aus Kundenkonten bedient habe. Würden Sie etwas ausführlicher erklären, was damit gemeint ist?«

Und Marilyn hatte geantwortet:

»Bill Nicholson von der Rocky Mountain Bank Note teilte Pat mit, daß Ron Gelder auf sein Konto umgeleitet habe. Die letzten beiden Jahre vor seinem Tod hatte Bill Nicholson ausschließlich mit Pat verhandelt. Bill Arliskas, der Eigentümer von Able Carton & Die, hatte ebenfalls Probleme mit Ron, der ihm mehrere hundert Dollar schuldete und sie nicht bezahlte.« Dann erklärte sie weiter, dies wäre in einer Zeit passiert, als es der Firma sehr gut ging und es keinerlei finanzielle Probleme gab, die die Zahlung hätte verzögern können.

Weiterhin wurde Marilyn gefragt: »Hat es nach Ihrer Kenntnis irgendwann im Zusammenhang mit dem in Frage kommenden Vorfall (den Morden) irgendwelche Anklagen gegen Ron Lukezic gegeben?«

»Nein.«

»Haben Sie je versucht, gegen ihn Strafanzeige zu stellen?«

»Ja.«

»Und wann haben Sie das getan?«

»Sobald ich so weit wiederhergestellt war, daß ich sprechen konnte.«

»Damals hatten Sie also den Verdacht, daß Ron zumindest teilweise für die Tat verantwortlich war?«

»Ja.«

Wenig später äußerte sie sich über Ron:

»Er kam zur Trauerfeier mit einem Schulterhalfter und einer Pistole, weil er angeblich Angst hatte. Dabei weinte er sich bei einem halben Dutzend Leute aus und jammerte: ›Mein Gott, was habe ich getan?‹ Sie scheuen sich alle, auszusagen, denn wir haben mehrere von ihnen entsprechend befragt. Sie sind bisher in dem Verfahren nicht gehört worden.

Als es passierte, wußte Ron sofort, was passiert war und warum. Und alle anderen in der Stadt wußten es ebenfalls.«

Aus ihrer Aussage ging nicht hervor, ob sie Joyce für schuldig hielt oder nicht, allerdings meinte sie: »Seine Frau ist angeklagt. Wie kann man unter einem Dach zusammenleben und nicht mitbekommen, daß die eigene Frau plant, den Geschäftspartner ermorden zu lassen? Es wäre für alle Beteiligten sicherlich günstiger gewesen, wenn ich nicht überlebt hätte, nicht wahr?«

Es gab außerdem Aussagen von Arnie Merrill, sowohl in seinem Prozeß als auch in dem Prozeß gegen die Mörder, die einander widersprachen. In der Zeit, die seit Joyces erstem Prozeß verstrichen war, hatte es weitere Aussagen gegeben, die weitere Beweise für ihre Unschuld darstellten.

Doch Joyce hatte schon einmal verloren. Obgleich die Verteidigungsstrategien unterschiedlich waren und Thinnes sich selbst für einen besseren Strafverteidiger hielt als Larry Debus, erkannte jedermann, daß nicht mit Sicherheit vorauszusagen war, wie der Fall sich entwickeln würde. Viele der Zeugen, die ihre Aussagen machten, schienen Joyce wohlwollend gegenüberzustehen. Es war, so hatte Joyce den Eindruck, als versuchten die Personen, so objektiv wie möglich auszusagen. Sie schienen zu begreifen, was mit ihr passiert war und welche Strafe ihr drohte. Sie wollten sicher sein, daß die Fakten genau und erschöpfend zur Sprache kamen und die Jury nicht irreführten.

Joyce glaubte, daß der Richter Rudolph Gerber ›der gleichgültigste, voreingenommenste, anklagefreundlichste Richter (war), den Gott geschaffen hatte‹. Aber sie reagierte auch auf halblaute Bemerkungen ihres Anwalts, wenn gegen ihn verfügt wurde. Sie hatte keine Ahnung, ob Thomas nur frustriert war, weil er nicht erreichte, was ihm vorschwebte, oder ob er sich aufrichtige Sorgen machte, daß gegen sie nicht vorurteilsfrei verhandelt wurde.

Schließlich kam der Zeitpunkt der Schlußplädoyers. »Erneut kam ich mir vor wie in einem Theater. Marilyn Redmond kam herein und setzte sich mit ihrer Freundin in die erste Reihe. Dann begann Larry Turoff auf und ab zu gehen und erzählte davon, wie bösartig ich sei, wie kaltblütig. Er kam zu mir herüber und zeigte mit dem Finger auf mich. Das fand ich schrecklich.«

In der amerikanischen Gerichtspraxis kommt als erster der

Ankläger zu Wort und zählt die Gründe auf, weshalb der Angeklagte schuldig ist. Dann ist der Verteidiger an der Reihe. Schließlich bekommt der Staatsanwalt noch einmal die Gelegenheit für eine Gegenbemerkung.

Thinnes redete mehrere Stunden lang, wie auch Turoff es getan hatte. Er behandelte das der Tat zugrunde liegende Motiv und hob hervor, daß Joyce überhaupt keinen Grund hatte, Patrick Redmond töten zu lassen, daß allein Ron Lukezic von dem Tod profitieren konnte und es auch tat. Er zeigte auf, daß Joyce das Unternehmen niemals von Ron erben würde, auch wenn Ron ebenfalls ums Leben käme. Er wies auf den offensichtlichen Widerspruch hin, Joyce eines solchen Verbrechens zu beschuldigen, da es keinen Grund gab, weshalb sie eine solche Gewalttat überhaupt hätte in Erwägung ziehen sollen.

Entweder wurde Thinnes nach einiger Zeit müde, oder er benutzte dieses Element der Erschöpfung als eine Taktik, um die Jury neben seinen Argumenten zusätzlich zu beeinflussen. Er meinte, er habe Hemmungen, seinen Platz vor der Geschworenenbank zu verlassen. Er habe Angst, seinen Vortrag abzuschließen und sich wieder hinzusetzen. Er erklärte mit Nachdruck, er wisse, daß Joyce unschuldig und dies seine letzte Chance sei, der Jury dafür die Beweise zu liefern. Dabei wisse er nicht, ob ihm das auch gelungen sei. Das müsse die Jury entscheiden. Sie müsse begreifen, was auf dem Spiel stünde. Er könne die unschuldige Frau, die da vor ihm saß, nicht im Stich lassen.

»Es war ein hervorragender Vortrag, ganz gleich, ob seine Bemerkungen über seine Erschöpfung nun den Tatsachen entsprachen oder nur Teil einer sorgfältig geplanten Strategie waren. Er vermittelte der Jury den Eindruck, daß er sich um mich sorgte, daß ich keine schlechte Person war, deren Nähe er lieber mied. Er entwarf ein Bild von mir, das, hätte Larry Debus seine Verteidigung in gleicher oder ähnlicher Weise aufgebaut, mir schon im ersten Prozeß zur Freiheit hätte verhelfen können. Doch nun wußte auch niemand, ob es ausreichte.

Das Warten, bis die Jury endlich ihre Beratungen abgeschlossen hatte, war der reinste Alptraum. Ich war völlig fertig. Verhandelt wurde vier Tage in der Woche, wobei der fünfte Tag verhandlungsfrei blieb, damit die Anwälte Zeit hatten, die jeweils folgende Woche vorzubereiten.

Um bereit zu sein für den Transporter, der von Durango zum Gerichtsgebäude brachte, mußte ich schon um halb drei in der Frühe aufstehen. Dann konnte ich mich waschen, meine Frisur herrichten und die frühe Fahrt antreten. Eine weitere Stunde verstrich im Vorzimmer, wo ich mich für die Verhandlung anzog und schminkte. Wenn der Richter die Verhandlung vertagte und die Anwesenden entließ, war ich zwölf Stunden lang auf den Beinen. Aber mein Tag war noch nicht zu Ende. Die Transporter, die zwischen dem Gerichtsgebäude und Durango verkehrten, richteten sich nach einem bestimmten Fahrplan. Wenn die Verhandlung im Gericht ein wenig länger als normal üblich dauerte, und das passierte während meines Prozesses recht häufig, hatte das zur Folge, daß ich meinen Bus versäumte. Daher mußte ich in der Bereitschaftszelle warten, bis man mich ins Gefängnis zurückbringen konnte, was manchmal erst um 11 Uhr abends möglich war. Es war keine Ausnahme, daß ich mit drei Stunden Schlaf auskommen mußte, und nur die erhöhte Adrenalinmenge in meinem Blut ließ mich den Tag überstehen.

Das medizinische Personal dachte voller Entsetzen daran, wie mein Herz das so plötzlich geänderte Tempo meines Tagesablaufs verkraftete. Sie unternahmen nichts, um meine Transportprobleme zu mildern, sondern pumpten mich voll mit Medikamenten, um meinen Blutdruck in die Höhe zu treiben und meine Nerven wachzuhalten. Ich bekam Medikamente vom Tranquilizer bis hin zu Tabletten für den Fall einer Angina pectoris.

Ich hatte keine Muße außer an den Wochenenden, an denen ich förmlich zusammenbrach und zwischen den Mahlzeiten soviel schlief wie möglich.

Die Wartezeit war ziemlich schwierig. Ich konnte mir eine Ausgabe von George Orwells Roman *1984* besorgen, den ich auf der High-School nicht gelesen hatte. Das Buch faszinierte mich und half mir, die Zeit durchzustehen.

Thomas hatte nicht soviel innere Ruhe. Er ging ständig auf und ab, wenn er bei mir war. Er sagte auch, je länger eine Jury berate, desto besser sei es für den Angeklagten. Eine Jury, die sehr schnell aus der Beratung komme, erkläre den Angeklagten meistens für schuldig.

Was Thomas nicht sagte, war, daß irgend etwas nicht in Ordnung war. Die Angehörigen der Jury diskutierten laut und heftig in ihrem Beratungszimmer. Ihre Stimmen drangen durch den Flur bis zum Richterzimmer. Wir konnten sie sogar im Gerichtssaal hören, allerdings ohne im einzelnen zu verstehen, was gesagt wurde. Sie baten auch um Klärung einiger Punkte und um mehrere Dokumente, die sie noch einmal begutachten wollten.

Schließlich erkannten wir, daß wir es wahrscheinlich mit einer Jury zu tun hatten, die sich nicht einig werden konnte. Zu viele Tage verstrichen; die Diskussionen waren zu hitzig. Wir meinten, es stünde elf zu eins gegen mich. Wir glaubten, daß wir jemandem das Herz gerührt hatten. Wenn diese Person bei ihrer Auffassung blieb, dann hätten wir eine Jury, die sich nicht über die Schuldfrage einigen konnte, und ein neuer Prozeß würde nötig. Wenn diese eine Person dem Druck der anderen nachgäbe, dann würden zwölf gegen mich stimmen, und ich würde zum Tod in der Gaskammer verurteilt.

Ich war starr vor Angst. Ich wußte, daß mein Schicksal in den Händen eines Mannes oder einer Frau lag, von jemandem, den ich nicht kannte, den ich vor Beginn des Prozesses noch nie gesehen hatte. Ich hatte angenommen, daß mein Fall diesmal sehr viel besser präsentiert worden war. Ganz gewiß war meine Erscheinung besser, und der aktive Kontakt mit den Anwälten mußte auch positiv zu Buche geschlagen haben. Ich müßte wohl mit der Tatsache leben, daß man Arnie Merrill geglaubt hatte. Ich müßte ...

Und dann war es vorüber. Die Jury fällte keinen eindeutigen Schuldspruch, und der Richter mußte schließlich auf ergebnislosen Prozeß erkennen. Aber die Stimmenverteilung innerhalb der Jury war nicht die, wie man angenommen hatte. Es war eine Zehn-zu-Zwei-Entscheidung – zehn Mitglieder, die sich nicht in ihrer Überzeugung beirren ließen, daß ich unschuldig war.

Unschuldig? Sie glaubten an meine Unschuld? Zehn Geschworene wollten, daß ich meine Freiheit zurückbekam? Daß mein Alptraum beendet wurde?

Ich war außer mir vor Freude. Ich mußte einen weiteren Prozeß über mich ergehen lassen. Ich war noch nicht vor der Gaskammer gerettet. Aber zehn Leute, die Mehrheit der Jury, glaubte mir, setzte Vertrauen in mich.

Es gab weitere gute Nachrichten. Thomas unterhielt sich mit den Geschworenen, erfuhr etwas mehr über die Gegenstimmen. Die eine war eine ältere Frau, verbittert wegen ihrer Scheidung und offensichtlich das Opfer eines Ehemannes, der sie wegen einer anderen sitzengelassen hatte. Aus irgendeinem Grund war sie überzeugt, daß Ron und ich gemeinsam hinter dem Komplott steckten. Demnach hätten wir uns ausgerechnet, wenn die Redmonds ermordet würden, würden wir alles Geld bekommen, zusammen verschwinden und ein lustiges Leben führen.

Es war eine geradezu irrationale Vermutung, die in keinerlei logischer Verbindung zu den von beiden Seiten vorgelegten Beweisen stand, jedoch war die Frau nicht von ihrer Meinung abzubringen. Die zweite Gegenstimme kam von einem jungen Mann, der offenbar gerade erst die High-School hinter sich gebracht hatte. Entweder war er als Persönlichkeit sehr schwach und wollte die Frau nur aus Respekt vor ihrem Alter unterstützen, oder er glaubte wirklich an meine Schuld. Ich werde wohl nie erfahren, was in diesem Fall zutraf. Sicher ist nur, daß er mit ihr stimmte und die beiden damit der übrigen Jury widersprachen.

Später redete Thomas davon, beim Richter den Antrag zu stellen, meine Freilassung auf Kaution zu verfügen. Er war sicher, daß ich, angesichts einer Jury, die in der Mehrheit für mich stimmte, und eines neuen Prozesses, der wahrscheinlich schon im Herbst stattfinden würde, das Gefängnis verlassen dürfte, das seit mehr als zwei Jahren und neun Monaten meine Heimat gewesen war. Aber das war im Augenblick nicht so wichtig. Das Adrenalin, das mich so lange aufrecht gehalten hatte, war versiegt. Der Streß, der in der Vergangenheit mein Herz belastet hatte, hatte eine totale Erschöpfung zur Folge. Zum erstenmal seit Wochen konnte ich mich entspannen, und als ich mich regelrecht fallenließ, konnte ich an nichts anderes denken als an ein Bett. Der Transporter brachte mich zurück nach Durango, wo ich weder Freude noch Traurigkeit zeigen konnte. Ich sank auf meine Pritsche und schlief einmal fast rund um die Uhr. Ich wußte, daß Thomas Anstrengungen unternahm, mich herauszuholen. Ich wußte, daß die Chance bestand, daß ich endlich wieder zu meiner Familie kam. Doch im Augenblick konnte ich nichts anderes tun, als mich auf meinem Bett auszustrecken und zu schlafen.«

TEIL VIER

FREIHEIT

Die Letzte Nervenprobe

Thomas Thinnes ärgerte sich, daß die Jury zu keiner Entscheidung gelangt war, war jedoch optimistisch, was Joyces Entlassung betraf. Er erklärte ihr, daß er meine, sie mit Hilfe einer von ihr unterzeichneten Erklärung, zum nächsten Prozeß zu erscheinen, freibekommen könne. Dann brauche sie kein Geld zu bezahlen, keine Kaution zu hinterlegen. Sie sei dann wieder voll und ganz für sich selbst verantwortlich, was man ihr in der Vergangenheit nicht gewährt hatte. Das knappe Ergebnis würde sich zu ihren Gunsten auswirken, glaubte der Anwalt.

Zuerst verstand Joyce nicht. Sie war nicht für unschuldig erklärt worden. Sie war ins Gefängnis zurückgebracht worden. Das Leben ging weiter wie gewohnt.

Dann, allmählich, begriff sie, was ihr Anwalt ihr mitteilte. Es sei möglich, daß sie *nach Hause zurückkehren* könne. Die Tatsache, daß sie nicht schuldig gesprochen worden war, die Tatsache, daß die Jury mit zehn zu zwei für ihren Freispruch gestimmt hatte, all das könnte bewirken, daß der Richter sie bereits vor ihrem dritten Prozeß aus der Haft entließe.

Nach Hause.

Für Joyce war das ein Haus, das ihr nicht mehr gehörte, waren das Kinder, die keine Kinder mehr waren. Sie erinnerte sich, wo sie gewohnt hatte, als sie das Gefängnis in der Madison Street verließ, und sie durchlebte diese Erfahrung noch einmal in Gedanken. Sie würde das Haus aufsuchen, in die Küche gehen, sich auf einen Stuhl setzen und darauf warten, daß ihre Kinder aus der Schule nach Hause gerannt kämen. Ihr älterer Sohn und ihre Tochter waren auf der High-School, ihr jüngerer Sohn besuchte die Junior High. Sie alle waren noch klein, eilten zu ihr, kämpften darum, wer auf ihrem Schoß sitzen durfte, sie alle wurden von ihr umarmt.

Sie küßten einander und lachten und drückten sich gegenseitig liebevoll. Sie aßen gemeinsam und unterhielten sich bis tief in die Nacht. Sie zeigten ihr die Schulhefte. Sie wären wieder eine Familie, Joyce und ihre drei Babys.

Stunde für Stunde durchlebte sie diese Phantasie. Thinnes nährte ihre Hoffnung mit der Botschaft, daß in ein oder zwei Tagen eine Anhörung stattfände. Es bestünde die reelle Chance, daß die achtundvierzig Stunden nach ihrem zweiten Prozeß die letzten Stunden waren, die sie im Gefängnis verbringen müßte. Es bestand die Chance, daß man ihr gestattete, sich wieder ungehindert auf den Straßen zu bewegen, ein freier Mensch zu sein, bis der Fall ein für allemal mit dem dritten Prozeß abgeschlossen würde.

»Ich war so berauscht, daß meine Füße den Boden kaum zu berühren schienen«, sagte Joyce. »So niedergeschlagen und am Boden zerstört ich war, als ich im Gefängnis saß und an Selbstmord dachte, so high war ich, als ich begriff, daß ich wahrscheinlich aus dem Gefängnis rauskam. Ich glaube, wenn der Richter mich nicht entlassen hätte, dann hätte ich mich wahrscheinlich umgebracht.«

Aber der Richter entließ Joyce. Es war eine einfache Entscheidung, die auf ihrer vermuteten Unschuld beruhte. Sie hinterlegte keine Kaution. Sie versprach lediglich, zum dritten Prozeß zu erscheinen.

»Ich wurde ohne Handschellen, ohne irgendwelche Fesseln zum Gefängnis zurückgefahren. Die Aufseher nahmen mich in ihrem Privatwagen mit, und Mary Durand folgte uns in ihrem eigenen Wagen.

Sie brachten mich zur Hintertür. Dann holten sie einen Stapel Kleider. Es waren die Sachen, in denen ich drei Jahre vorher ins Gefängnis gekommen war. Sie reichten mir einen Plastiksack und suchten mein persönliches Eigentum zusammen. Und sie brachten mich in das Gebäude zurück, in dem ich gelebt hatte. Den Sack hatte ich bei mir.

Die Kleider paßten. Sie waren sogar etwas weit. Und irgendwie steif. Sie stanken abscheulich, aber ich war frei.«

Joyce trug eine Levi's mit leicht ausgestellten Beinen und das Brophy-Bronco-Football-T-Shirt ihres Sohnes Eric aus seiner High-School. Sie trug außerdem Gefängnisunterwäsche und einen Büstenhalter. Sie verbrannte alles, sobald sie zu

Hause war, denn die Sachen waren als Eigentum des Maricopy County gekennzeichnet. Obgleich sie sich erinnern konnte, daß Eric noch ziemlich klein gewesen war, reichte das T-Shirt ihr bis dicht über die Knie. Die Sachen waren zwei Jahre, neun Monate und siebzehn Tage lang nicht gelüftet worden.

»Ich ging in den Trakt und zu meiner Zelle. Ich glaube, ich war die einzige Insassin, die jemals ihre Zelle in Straßenkleidung hatte betreten dürfen. Immerhin, ich hätte ja wer weiß was hineinschmuggeln können.

Die anderen Insassinnen weinten. Sie hatten die Meldungen über meinen Prozeß gehört. Die ganze Zeit hatten sie mein Schicksal verfolgt.

Ich versuchte, meine Sachen zusammenzupacken. Alles, was ich wollte, waren meine Fotos und meine Briefe. Alles, was ich aufbewahrt, was ich wie einen Schatz gehütet, was mir soviel bedeutet hatte, das gab ich weg. Bleistifte, Schreibpapier, Sachen aus dem Laden, ich schenkte es jedem, der es gebrauchen konnte.

Wir fielen einander um den Hals, küßten einander. Ich weinte. Ich sagte vielen: ›Macht euch keine Sorgen.‹ Ich tröstete jeden, ehe ich ging. Und die Tränen wollten nicht versiegen. Sie liefen in einem fort ... Ich glaube, an diesem Tag war ich der dankbarste und bescheidenste Mensch der Welt.

Als ich hinausging, drängten sich die Insassinnen von allen vier Trakten an ihren Fenstern. Die Frauen trommelten gegen die Glasscheiben, applaudierten, und jede reckte zum Zeichen des Triumphs eine geballte Faust in die Luft.

Ich weinte. Dann lachte ich wieder. Und ich wünschte ihnen allen viel Glück.«

Und dann waren da die Reporter. Sie erschienen ihr wie ein Meer von Gesichtern, das ihr entgegenbrandete. Mikrofone und Kassettenrecorder wurden Joyce unter die Nase gehalten. Grelle Scheinwerfer flammten auf, offenbar die Beleuchtung für die Fernsehkameras, und das Surren, Klicken, Surren, Klicken der motorgetriebenen Kameras, die jede ihrer Bewegungen für die Zeitung des folgenden Tages einfingen. »Wie fühlen Sie sich, Joyce?« – »Sind Sie glücklich, Joyce?« – »Was werden Sie zu Hause als erstes tun?« – »Schauen Sie doch mal in diese Richtung, Joyce.« – »Hier ist die Kamera.«

Mary Durand schob sich vor Joyce, ergriff ihren Arm, führte sie durch die Masse der Reporter. Joyce war barfuß, Tränen rannen über ihr Gesicht, sie stand unter Schock, überwältigt von so vielen Menschen, von der Freiheit, von der Tatsache, daß sie nach Hause durfte. Sie sagte nichts zu den Presseleuten. Sie brachte keinen Laut hervor. Sie ließ sich von Mary zu einem Wagen führen, reagierte mit Dankbarkeit, als die Tür ins Schloß fiel, hörte das Aufheulen des Motors, als der Wagen sich in Bewegung setzte und sie von Durango wegbrachte.

Zuerst genoß Joyce den Sonnenschein, die frische Luft und den Himmel über sich, als Mary sie von Durango abholte und das Gefängnis hinter ihnen zurückblieb. Dann wurde ihr bewußt, daß es das erste Mal seit fast drei Jahren war, daß sie durch ein Fenster blicken konnte, das nicht durch Eisenstäbe oder ein Gitter gesichert war. Es gab nichts, das ihre Sicht einschränkte. Alles war frisch, lebendig, frei. Sie betrachtete Automobile, Menschen, Verkehrsampeln, Häuser, Grasflächen.

»Ich drehte mich auf meinen Platz hin und her. ›Möchten Sie Musik hören, Joyce?‹ fragte Mary Durand mich während der Fahrt.

›Ja.‹

›Dann schalten Sie das Radio ein.‹

›Darf ich denn?‹ fragte ich überrascht. Und Mary brach in schallendes Gelächter aus.

›Warum fragen Sie mich? Sie sind nicht mehr im Gefängnis.‹

Zögernd berührte ich die Bedienungsknöpfe. Ich hatte Angst, etwas zu tun, das ich nicht tun durfte.«

Mary erklärte, daß sie zuerst zu Eric führen. Jason war in Massachusetts bei seinem Vater, und Eden arbeitete und käme erst in ein paar Stunden nach Hause. Aber Eric wohnte bei Freunden und erwartete sie.

»Ich hätte nichts essen können, selbst wenn ich Hunger gehabt hätte. Ich hätte nicht einmal die Toiletten aufsuchen können. Meine Nerven waren zu einem dicken Knoten verhärtet.«

Es war Zufall, daß Eric bei einem Ehepaar wohnte, mit dem Mary Durand schon befreundet gewesen war, ehe sie Joyce kennenlernte. Es war für beide die zweite Ehe, und jeder hatte ein Kind aus der ersten Ehe. Jeder liebte das Kind des anderen wie sein eigenes, und sie hatten Eric behandelt, als wäre er ihr drittes Kind. Sie schlossen ihn sofort ins Herz, gewährten ihm Trost und Zuflucht, da sie seinen Zorn, seine Ängste, seine Enttäuschung sehr gut nachempfinden konnten. Sie halfen ihm bei seinen Hausaufgaben, unterhielten sich mit ihm über Mädchen und versuchten, ihm ebenso Eltern zu sein wie bei ihren eigenen Kindern. Er war in sich gekehrt, reizbar, doch sie lebten damit, waren stets für ihn zugänglich und überließen es ganz allein ihm, die Grenzen ihrer Kontakte festzulegen.

Eric hatte erfahren, daß seine Mutter zu ihm kam. Das Ehepaar, das ihn bei sich zu Hause aufgenommen hatte, hielt sich draußen vor dem Haus auf. Die beiden Söhne waren ebenfalls zugegen, nur Eric war nirgendwo zu sehen, als Mary und Joyce eintrafen.

»Ich hatte Angst, aus dem Wagen zu steigen. Ich war wie gelähmt, glaubte, nicht hineingehen zu können. Ich konnte nicht verstehen, warum er nicht auch draußen war wie die anderen.«

Das Ehepaar teilte Joyce mit, daß er sie in seinem Zimmer erwarte. Sei sollte ruhig ins Haus gehen.

»Die Zimmertür war geschlossen. Ich öffnete und ging hinein. Da war mein Sohn, groß, fast riesig. Er lag auf dem Bett und las in einer Illustrierten. Ich sah ihn an. Ich schloß die Tür hinter mir und sagte: ›Hi, was gibt's Neues?‹

Ich sagte: ›Was liest du? Mußt du keine Hausaufgaben machen?‹ Ich versuchte zu reden, wußte aber nicht, was ich sagen sollte. Wir bemühten uns, eine Unterhaltung in Gang zu bringen.«

Keiner konnte sich überwinden, den anderen zu berühren. Sie redeten über Belanglosigkeiten, unterhielten sich irgendwie, gaben nur Nichtssagendes von sich, wollten einander näher kommen, hatten aber gleichzeitig Angst, zurückgewiesen zu werden. Dann, ganz behutsam, umarmten sie einander und hielten sich gegenseitig.

»Ich hatte nicht erwartet, daß du nach Hause kommst«, sagte Eric, und er redete mit der Stimme eines verängstigten Kindes, die im Körper von jemand steckte, der praktisch über Nacht zum Mann geworden war. Joyce konnte sich nicht mit der Tatsache abfinden, daß sie fast drei Jahre lang getrennt gewesen waren.

»Wir unterhielten uns ... fast zwei Stunden lang. Wir redeten über die Schule, ob er schon mit Mädchen ausging. Wir redeten miteinander, wie es vielleicht entfernte Verwandte tun. Ich sagte ihm des öfteren, wie sehr ich ihn vermißt habe und wie sehr ich ihn liebe. Ich wiederholte ständig: ›Eric, sieh mich an. Eric, rede mit mir. Eric, ich bin wieder da. Kann ich dir bei irgend etwas helfen?‹

Ich redete Unsinn. Ich wußte gar nicht, was ich sagen sollte. Ich strich ihm nur ständig über den Kopf, hielt seine Arme. Er war so groß. Ich glaube, ich redete drei Stunden lang auf ihn ein, ehe er reagierte. Er sagte nicht, daß er mich auch liebe, aber da war ein Lächeln, ja. Und er erwiderte die Umarmung und lachte leise.

Er kicherte. Aber es war eher ein nervöses Kichern.

Danach meinte er, er käme später dorthin, wo Eden wohne. Und er brachte mich zur Tür seines Zimmers und umarmte mich und gab mir einen Kuß. Aber herauskommen wollte er nicht ...«

Das Ehepaar, das Eric aufgenommen hatte, begleitete Joyce zur Haustür und meinte: »Machen Sie sich keine Sorgen. Er schafft es schon. Lassen Sie ihm nur etwas Zeit.«

»Inzwischen war Eden angerufen worden und erwartete mich im Haus einer ehemaligen Nachbarin, bei der sie gewohnt hatte.«

Mary Durand fuhr Joyce zur Hayward Avenue, an dem Haus vorbei, in dem sie früher gelebt hatte, und weiter zu dem Haus, wo Eden sich aufhielt. Eden kam herausgelaufen, ihrer Mutter entgegen, und strahlte über das ganze Gesicht. Sie fielen einander um den Hals. Sie küßten sich. Dann ergriff Eden so viele Gepäckstücke, wie sie tragen konnte, und brachte sie hinein. Mutter und Tochter würden die erste Zeit in dem Haus bleiben, bis Joyce eine Wohnung für sie beide fand.

»Es war mittlerweile Abend geworden und Zeit zum Essen, und Eden sagte: ›Also, Mom, wenn du alles bekommen könntest, was du dir zu essen wünscht, was wäre das?‹ Und ich wollte ein Thunfischsandwich. Ich war geradezu verrückt nach Thunfisch.«

Eden bereitete das Sandwich, während ihr damaliger Freund, ein junger Mann namens Art, zum nächsten McDonald's fuhr und für sie beide Hamburger und Pommes frites holte. »Wir unterhielten uns, als sei ich lange in Urlaub gewesen und gerade erst zurückgekommen. Wir redeten die halbe Nacht hindurch.«

Wie versprochen kam auch Eric bald herüber, und sie unterhielten sich zu dritt. Aber Eric kehrte dorthin zurück, wo er zur Zeit wohnte, schien sich einerseits zu freuen, daß Joyce zuerst ihn aufgesucht hatte, war aber noch nicht bereit, seine Situation sofort zu ändern. Dann, als sie mit Eden allein war, stellte Joyce fest, daß die Freiheit genauso angsteinflößend sein kann, wie das Leben im Gefängnis es gewesen war.

Fast drei Jahre lang hatte Joyce mit eingeschalteter Beleuchtung geschlafen. Es gab bestimmte Routinen, die eingehalten werden mußten. Die Betten wurden überprüft. Dunkelheit war etwas, das Joyce vergessen hatte, und die Wüstengegend, wo sie und Eden wohnten, konnte nachts stockfinster sein. Schlimmer noch, Eden hatte die Tür des Schlafzimmers, das sie beide benutzten, geschlossen, wodurch Joyce sich eingesperrt und völlig desorientiert vorkam.

Schließlich knipste Joyce das Licht im Badezimmer an und öffnete die Tür, damit sie sich so weit beruhigte, daß sie ein wenig schlafen konnte. Doch sie schlief unruhig. Die Geräusche des Hauses machten ihr Angst. Sie waren so anders als die Geräusche, an die sie sich im Gefängnis gewöhnt hatte. Im Gefängnis bedeutet eine Veränderung des Geräuschteppichs, daß irgend jemand kommt, um einen zu verprügeln oder zu vergewaltigen oder sogar zu ermorden. Joyce hatte es gelernt, auf das Unnormale zu reagieren, um zu überleben. Doch plötzlich war das Unnormale das Normale, eine Tatsache, die jedoch nicht den Adrenalinspiegel im Blut senkte, wodurch sie immer wieder aufwachte, sich wachsam im Zimmer umsah und sich vergewisserte, ob sie für irgend etwas gewappnet sein mußte.

»Ich erinnere mich, wie das Telefon klingelte und mich zu Tode erschreckte.

Eden und ich blieben im Haus. Es dauerte etwa eine Woche, bis ich nach draußen gehen konnte. Ich wollte es gar nicht. Ich hatte Angst davor. Alles war zuviel für mich. Ich hatte das Gefühl, alles stürmte auf mich ein.

Die Bäume waren mir so nahe. Es gab so viel Verkehr. Sogar auf den Straßen liefen Kinder oder Hunde umher. Es passierte soviel. Es herrschte soviel Betrieb. Ich fühlte mich furchtbar unwohl.

Ich entsinne mich, als Eden und ich – es war sechs oder sieben Tage später – einkaufen gingen. Ich war verrückt vor Angst, denn das Fernsehen hatte über mich berichtet, und ich wollte nicht, daß jemand mich erkannte. Deshalb trug ich eine Brille. Und dann waren da die Einkaufsstraßen im Supermarkt ... Mir verschwamm alles vor den Augen, und ich dachte, alles würde über mir zusammenstürzen. Ich bat Eden, mich nach Hause zu bringen.«

Es gab einfach zu viele Menschen, und sie alle machten sie nervös. Ständig war Bewegung um sie herum, und sie wußte nicht, worauf sie zuerst achten sollte. Im Gefängnis war alles kontrolliert worden, war ihr alles vertraut gewesen. Das Leben war die reinste Hölle, aber sie hatte sich daran gewöhnt. Sie durchlebte furchtbare Ängste, daß eine Welt, in der sie ihr ganzes Leben verbracht hatte, von ihr nicht mehr bewältigt werden konnte, ohne daß ihr schlecht wurde – als säße sie in einem Flugzeug und hätte einen Anfall von Atemnot.

»Ich hatte eine schreckliche Angst, daß das Telefon klingeln und jemand sagen würde: ›Ha, ha. Es war alles ein Irrtum. Das Spiel ist vorbei, du mußt jetzt zurück.‹

Nach einer Woche der Ruhe erklärte ich Eden, ich würde in Thomas' Kanzlei gehen, um meinen dritten Prozeß vorzubereiten.

Das erste, was Eden fragte, war: ›Kannst du denn autofahren?‹ Ich nickte, meinte aber verlegen: ›Ich habe aber keine gültige Fahrerlaubnis mehr.‹ Sie meinte, ich müsse mich um eine neue kümmern.

Wir fuhren in die Stadt zum Straßenverkehrsamt, wo ich

einen Antrag für eine neue Fahrlizenz stellte. Sie waren so nett zu mir. Sie gaben mir eine vorläufige Erlaubnis. Sie alle wußten, wer ich war. Sie wünschten mir Glück. Sie machten Fotos von mir.

Am nächsten Morgen setzte ich mich in Edens Wagen. Ich wollte allein umherfahren. Der Tag brach gerade an. Es herrschte noch kein Verkehr. Ich fuhr eine gute Stunde lang durch die Straßen, dann schlug ich die Richtung nach Prescott ein; anschließend fuhr ich in eine Waldgegend.«

Der Ort befand sich in den Bergen von Arizona. Joyce lenkte den Wagen von der Straße und parkte zwischen hohen Fichten. Es war eine Stelle, die sie während ihrer Ausflüge in die Phantasie, die ihr der Psychiater beigebracht hatte, schon Tausende von Malen aufgesucht hatte. Nur erlebte sie es jetzt in der Realität.

Sie stieg aus und ging zu einer Stelle, wo sie sich auf den Erdboden setzen und nach Phoenix hinüberschauen konnte, das meilenweit entfernt war. Sie hörte den Vögeln zu, roch das Gras, spürte die Erde unter ihren Fingern. Sie wollte, mußte allein sein.

Als junges Mädchen fuhr Joyce immer meilenweit weg, wenn sie in Ruhe nachdenken wollte. Sie konnte nicht genau sagen, ob sie in diese Zeit zurückgekehrt war oder ob sie ganz einfach nur das Gefühl auskosten wollte, völlig frei zu sein. Zum erstenmal seit fast drei Jahren hatte sie wieder Frieden gefunden.

Nun, da sie wieder selbst ein Auto lenken konnte, war es einfacher, kleine Ausflüge zu unternehmen. Ihre Angst vor unbekannten Orten blieb bestehen, doch gewisse Gewohnheiten fielen ihr zunehmend leichter. Sie trug stets eine Sonnenbrille, um die Gefahr zu verringern, erkannt zu werden, jedoch war über sie und ihre Geschichte so häufig in den Zeitungen und im Fernsehen berichtet worden, daß Fremde sie häufig mit ihrem Namen ansprachen.

Überraschenderweise begegneten ihr die meisten Menschen freundlich und entgegenkommend. Nur ein einziges Mal, als sie und ihre Anwälte gebeten worden waren, an einer lokalen Rundfunksendung teilzunehmen, schlug ihr offener Haß entgegen. »Sie haben es ja nur geschafft, weil Sie ein reiches Biest sind, das sich die besten Anwälte leisten kann«, schimpfte ein Anrufer. »Und es gab noch andere, die meinten, ich hätte mir eine Freiheit erkauft, die ich nicht verdient hätte. Aber das waren Ausnahmen. Ich hatte ständig Hemmungen, mich in die Öffentlichkeit zu wagen, doch insgesamt waren fast alle sehr anständig zu mir.«

Joyce stellte wesentliche Veränderungen bei sich selbst fest, obgleich sie anfangs nicht erkannte, in welchem Maße sie sich auswirkten. Einige dieser Erfahrungen waren völlig normal, wie zum Beispiel die Erleichterung darüber, daß sie sich nicht mehr jede Stunde einmal in strammer Haltung neben ihrer Zimmertür aufstellen mußte, damit die Aufseherinnen überprüfen konnten, ob sie noch da war. Andere Veränderungen waren verblüffender für sie.

»Etwas ganz Besonderes war es für mich, den Kühlschrank zu öffnen und alle möglichen Speisen zu sehen. Wenn ich etwas wollte, dann wußte ich, daß ich es mir einfach nehmen konnte.

Den Vögeln zu lauschen, war für mich etwas Besonderes.

Hinauszugehen zum Swimmingpool war etwas Besonderes.

Hochzublicken und die Sonne zu sehen, auch das kostete ich ganz bewußt aus.

Es waren Dinge, die nichts kosteten und jeder tun konnte und auch tat, ohne sich etwas dabei zu denken.

Ehe ich ins Gefängnis kam, war es für mich etwas Selbstverständliches, wenn Essen auf dem Tisch stand. Wenn ich irgendwohin gehen wollte, dann ging ich einfach. Wenn ich morgens aufwachte und die Sonne war aufgegangen, dann war das völlig alltäglich. Und nun war alles ganz anders. Ich betrachtete es nicht mehr so wie vor meiner Gefängniszeit.

Ich weiß jetzt, wie den Menschen hinter dem Eisernen Vorhang zumute ist, wo einem die Rechte und die Freiheit weggenommen werden. Lange meinte ich, das absolut Tollste sei es, einen Waschsalon aufzusuchen und Wäsche zu waschen. Das dachte ich, Joyce, die früher ein Hausmädchen und eine Waschmaschine und einen Wäschetrockner besaß. Es war wunderbar. Für mich war es etwas Besonderes. Ich trug meine eigenen Kleider, und ich brauchte sie nicht im Waschbecken zu reinigen.

Allein schon die Möglichkeit, etwas aussuchen zu können, war überwältigend.«

Manchmal war die Freiheit aber auch erdrückend. Joyce konnte nicht allein in einen Supermarkt gehen. Sie brauchte Hilfe. Da waren nicht nur die scheinbar endlosen Reihen von Lebensmittelregalen, sondern es gab von jedem Produkt verschiedene Marken. Sie wußte nicht, welche sie nehmen sollte, was vielleicht besser schmeckte. Oder ob sie von jeder Marke eine Probe nehmen sollte, um jeden Geschmack zu prüfen und ganz einfach die Freiheit auszukosten, unter einer größeren Vielfalt auszuwählen.

Sie schlief von Tag zu Tag besser, wenn auch unruhig. Manchmal redete sie im Schlaf. Sie träumte ständig, aber zum Glück konnte sie sich nachher an ihre Alpträume nicht erinnern.

Schließlich zog Joyce mit ihren beiden Kindern in ein kleines Apartment. Es lag in einer ländlichen Gegend von Phoenix inmitten einer Baum- und Wiesenlandschaft. In der Nähe befand sich sogar ein Supermarkt. Sie konnte sich noch einige der Bequemlichkeiten leisten, die ihr früher selbstverständlich gewesen waren. Noch hatte sie ihr Vermögen nicht vollständig ihren Anwälten überschrieben. Das war erst nach dem dritten Prozeß fällig. Sie hatte noch Einnahmen aus dem Immobilienbesitz in New York, die sie in die Lage versetzten, sich eine eigene Wohnung zu suchen, ein Heim, in dem sie wieder mit Eden und Eric leben konnte. Allerdings war Eric selbst auf Wohnungssuche. Er versuchte noch immer, die furchtbaren Veränderungen innerhalb der Familie zu verarbeiten. Er redete jetzt etwas mehr, war etwas zugänglicher und offener, doch richtig wohl fühlte er sich nur, wenn er ganz allein lebte. Er hatte einen Job, er besuchte die Schule, war mittlerweile zwanzig Jahre alt und hatte die letzten Jahre ohne Hilfe von anderen überlebt.

Joyce und Eden kamen zu zwei Katzen. Die eine war ihnen zugelaufen, und die andere holten sie sich vom Tierschutzverein. Joyce verspürte eine innere Verwandtschaft zu den Tieren und brauchte den Kontakt mit ihnen. Sie suchte jetzt regelmäßig die Treffen des Tierschutzvereins auf, um für die herrenlosen Tiere zu sorgen. »Sie sind so bedauernswert und hilflos. Sie brauchen Liebe. Sie brauchen das. Ich kann stundenlang mit ihnen spielen.

Was für andere furchtbar langweilig war, das machte mir jetzt ganz besonderen Spaß, zum Beispiel einen Ausflug zur Luke Air Force Base zu unternehmen. An einem anderen Tag fuhr ich mit Eden nach Sun City zum Traubenpflücken. Zwanzig Pfund bekam ich zusammen. Ich kam mir vor wie eine Winzerin. Einige fror ich zu Hause ein. Die anderen verschenkte ich.«

Neben der Freude über ihre Freiheit bestand die traurige Notwendigkeit, den dritten Prozeß vorzubereiten. Joyce mußte regelmäßig in Thomas Thinnes' Büro erscheinen, um die Strategie zu planen. Er meinte, sie halte noch immer zuviel von ihren Gefühlsregungen zurück. Er wünschte, sie würde endlich aufhören, sich so zu verhalten, als befürchte sie, von allen verurteilt zu werden, wenn sie weinte oder zornig reagierte. Er veranlaßte, daß sie einen Psychiater aufsuchte, doch schon nach fünf Sitzungen ging sie nicht mehr hin. Anstatt ihr beim Ausleben ihrer Empfindungen behilflich zu sein, gehörte er zu jenem Psychiatertyp, der ihr zuhörte, zu gewissen Schlußfolgerungen gelangte und ihr dann eine Analyse präsentierte, die ihr verriet, wer sie war und warum sie sich so oder so verhielt.

»Ich brauchte jemanden, mit dem ich sehr viele Dinge ausdiskutieren konnte, deshalb lag es wohl an dem Arzt. Ich fühlte mich bei ihm nicht wohl. Ich hatte nicht den Eindruck, daß er mir helfen konnte.

Ich war sehr abhängig. Wenn jemand mich bat, irgend etwas zu tun, dann gehorchte ich. Wenn man mich zu irgend etwas aufforderte, dann tat ich es sofort.«

Glücklicherweise war Joyces Nachbarin und Freundin, die Frau, die sich um Eden gekümmert hatte, für sie stets erreichbar. Sie waren häufig zusammen, unterhielten sich über die ganz normalen Alltagsprobleme. Es war eine angenehme Beziehung. Daß sie im Gefängnis gewesen war, spielte keine Rolle, es war auch kein Gesprächsthema, es sei denn, Joyce kam von selbst darauf zu sprechen.

Eden unterhielt sich ebenfalls sehr ausgiebig mit ihrer Mutter. Sie wollte wissen, was Joyce erlebt hatte. Es hatte Gelegenheiten gegeben, als Eden sie im Gefängnis besuchte, bei denen sie ihre Mutter mit blauen Flecken und Hautabschürfungen gesehen hatte, doch Joyce hatte immer so getan, als wäre überhaupt nichts geschehen. Es hatte Zeiten gegeben, in denen Joyce ihre Tochter wie eine Leibsklavin behandelt hatte, wobei sie auch noch versuchte, bei ihrer Tochter Schuldgefühle zu wecken, wenn sie nicht sofort gehorchte und Joyces jeweilige Forderungen erfüllte. All das mußte ausdiskutiert werden. Eden mußte wissen, was Joyce durchlitten hatte, und Joyce mußte begreifen, welchen schlimmen Druck sie auf ihre Tochter ausgeübt hatte. Zusammen durchlebten sie die Erfahrungen im Gefängnis, wodurch Joyce ihre Gefühle zu verstehen lernte und Eden zu einer tiefen Beziehung zu ihrer Mutter gelangte.

Während Joyce ihre neugewonnene Freiheit entdeckte und auskostete, hatte sie keine Ahnung, welche Sorgen sich ihr Anwalt über den dritten Prozeß machte.

Er meinte, einer der Gründe, daß Joyce nach ihrem ersten Prozeß ins Gefängnis gekommen war, sei ihr scheinbar offensichtlicher Mangel an emotionaler Anteilnahme gewesen. Sie hatte das ganze Ereignis betrachtet wie die Folge einer Fernsehserie. Sie und die Geschworenen waren das Publikum einer Perry-Mason-Episode gewesen. Sie meinte, die anderen müßten wissen, wer Lügen erzählte und wer die Wahrheit sagte. Erst später hatte sie begriffen, daß sie keine Zuschauerin, sondern eine direkt Beteiligte war. Niemand kannte wie sie die Wahrheit, und derjenige, der die überzeugendsten Lügen zum Besten gab, siegte am Schluß.

Die Atmosphäre bei einem Mordprozeß unterscheidet sich nicht wesentlich von dem, was Joyce irrtümlich während des ersten Prozesses angenommen hatte. Ein Gerichtssaal ist eine Theaterbühne, eine Tatsache, der in England, wo nicht jeder Anwalt auch vor einer Jury auftreten darf, Rechnung getragen wird. Dort gibt es verschiedene Arten von Anwälten: den Barrister, der vor höheren Gerichten plädiert, und den Rechtsanwalt, der für den Barrister arbeitet, Schriftsätze vorbereitet und ihm lästige Arbeiten abnimmt. Die Barrister sind sozusagen die Schauspieler, diejenigen, die sowohl rechtskundig sind als auch ein Gespür für das Theatralische haben. Sie wissen, wie sie ihre Auftritte vorbereiten müssen. Sie spielen ihre Darstellungskunst in vollem Umfang aus.

In den Vereinigten Staaten gibt es diesen Unterschied nicht, was der Grund dafür ist, daß es Anwälte gibt, die ihre Klienten aufs Beste beraten, jedoch nur selten einen Prozeß vor dem Geschworenengericht gewinnen. Die besten Strafverteidiger wissen, daß sie zusätzlich zu ihren juristischen Kenntnissen auch noch schauspielerische Fähigkeiten vorweisen müssen, wenn sie jemals erfolgreich in einem Gerichtssaal agieren wollen. Ein Strafverteidiger in Maryland machte alles – vom ›zufälligen‹ Fallenlassen eines Gesetzbuchs, wenn ein Gegner im Begriff war, einen Punkt zu gewinnen, bis zum Aufstacheln eines eher gleichgültig wirkenden Klienten. Die Geschworenen sollten annehmen, der Angeklagte sei wütend über eine Aussage.

Thomas Thinnes war sich des Show-Aspektes der Gerichtspraxis durchaus bewußt und arbeitete, wie jeder gute Schauspieler, sorgfältig an seiner Präsentation. Er mußte Schockiertheit, Wut, Frustration und ein Dutzend anderer Gefühlsregungen als Reaktion auf die Antworten zeigen, die von den Zeugen gegeben wurden. Er mußte sich auch genau an alles erinnern können, was jeder Zeuge sagte, um deren Darstellung entweder gegen sie selbst zu wenden oder zum Nutzen seiner Klientin auszuschlachten.

Es war für Thomas Thinnes einfach gewesen, sich auf den ersten Prozeß vorzubereiten. Brillant, redegewandt, geschickter Stratege, der er war, hatte er bei seinem ersten Auftritt keine Probleme mit dem Fall. Manchmal waren seine Emotionen echt. Dann wieder reagierte er in einer Weise, die die Jury zum Vorteil seiner Klientin beeinflussen konnte. Er konnte sich auf alles konzentrieren, was sich vor Gericht abspielte, konnte sich Notizen machen, strapazierte sein Gedächtnis und betrachtete eingehend die verschiedenen Zeugenaussagen, die er Tag für Tag hörte, um den Fall so günstig wie möglich darzustellen.

Ein ergebnisloser Prozeß veränderte alles. Ein ergebnisloser Prozeß bedeutete dieselben Beweismittel, dieselben Zeugen, derselbe Fall mußte ein zweites Mal präsentiert werden. Vielleicht änderte die Strategie sich ein wenig. Vielleicht gewann etwas damals Nebensächliches beim zweiten Mal eine ganz andere, neue, tiefe Bedeutung. Es könnte ein oder zwei Überraschungen geben, obgleich das nicht zu erwarten war. Gewöhnlich ist der zweite Prozeß mit dem ersten identisch, und das ist das Problem.

Anwälte werden müde. Es ist schwierig, den gleichen Enthusiasmus aufzubringen, wenn man über die gleichen Fakten, die gleichen Personen reden muß. Schwieriger noch, man erinnert sich kaum an die Aussage eines Zeugen, der schon vorher gehört wurde. Wurden die Fakten in der vorhergehenden Woche oder im vorhergehenden Prozeß vorgestellt? Wenn sie im vorhergehenden Prozeß zur Sprache kamen, dann dürfte die Jury des gegenwärtigen Prozesses die Beweismittel gar nicht kennen. Daher muß man den Zeugenaussagen mit noch größerer Aufmerksamkeit folgen.

Thinnes fühlte sich gar nicht wohl, wenn er bedachte, was auf ihn zukam. Er hatte es beinahe geschafft, den vorhergehenden Prozeß zu gewinnen, da zehn Geschworene die Fakten genauso beurteilten wie er. Der neue Prozeß würde ungleich schwieriger. Er hatte seine Zweifel, ob er noch einmal so gut wäre. Er wollte nicht, daß Joyce wieder ins Gefängnis zurückkehren müßte, nur weil er nicht gut genug war, die Fakten so zu präsentieren, daß die Jury sie verstand und akzeptierte.

Genauso wie Thinnes war auch Joyce am Ende des Sommers erschöpft. Sie begriff, als der Termin des neuen Prozesses heranrückte, daß die Freiheit, in die man sie entlassen hatte, eigentlich nur ein leerer Begriff gewesen war.

Was wäre, wenn der Richter sich seine Entscheidung noch einmal überlegte? Wenn Dan Ryan seinen Einfluß in einer Weise geltend machen konnte, daß sie wieder ins Gefängnis zurückgeschickt würde? Es wäre durchaus rechtens, wenn die Entlassungsverfügung aufgehoben und sie gezwungen würde, bis zum Ende des Prozesses hinter Gittern auszuharren.

Joyce konnte sich nicht einen Augenblick entspannen. Ständig suchte sie in den Gesichtern der Menschen in ihrer Umgebung nach einem Zeichen, daß es einem Polizeibeamten gehörte, der gekommen war, sie wieder ins Gefängnis zu bringen. Sie schaute in den Rückspiegel ihres Wagens, um etwaige Verfolger zu entdecken. Sie näherte sich ihrem Wohnhaus nur langsam, um sich zu vergewissern, daß keine Frauen und Männer sich dort versteckt hatten, um sie zu verhaften.

Da waren auch noch die Presse und die Öffentlichkeit. Da waren Leute, die auf ihrer Seite standen. Dann gab es Menschen, die den Prozeß völlig ignorierten, die sich noch nicht einmal daran erinnern konnten, ihr Gesicht in den Abendnachrichten, im *Arizona Republic* oder in der *Phoenix Gazette* gesehen zu haben. Aber es gab auch Leute, die hielten sie noch immer für ein reiches Luder, das dem System mit Hilfe des besten Anwalts, den man für Geld engagieren konnte, ein Schnippchen geschlagen hatte. Diese Leute haßten sie, wollten sie am liebsten anspucken, wollten sie verurteilt sehen. Unter ihnen könnte es auch einen Verrückten geben, jemanden, der ihr etwas antun könnte, wenn er die Gelegenheit bekäme.

Angst erfüllte sie, laugte sie aus. Sie war sozusagen auf Ehrenwort entlassen worden. Sie hatte keine Kaution zahlen müssen. Ihr noch verbliebener Besitz war im Hinblick auf den bevorstehenden Prozeß noch nicht beschlagnahmt worden. Es gab nichts, was sie so weit festhielt, daß sie nicht hätte fliehen können.

Nach mehreren Wochen der Freiheit hatte Joyce sich an ihr Schlafzimmer, an ihre eigene Küche, an Kühlschrank und Toilette gewöhnt. Sie konnte wieder bei Dunkelheit schlafen. Sie wachte nicht mehr beim leisesten Geräusch auf, um sich gegen eine Vergewaltigung oder gegen Mißhandlungen zur Wehr zu setzen. Die Überlebensinstinkte, die sie im Gefängnis geschärft hatte, verflüchtigten sich im gleichen Maße, wie sie sich an das Leben in der Normalität anpaßte.

Doch das Gefängnis lauerte stets im Hintergrund ihres Bewußtseins. Und, falls sie vor Gericht unterlag, wahrscheinlich die Todeszelle und dann das einsame Warten auf die Gaskammer.

Die Gespräche mit Thomas Thinnes verliefen wunschgemäß. Sie staunte über die Intensität seiner Recherchen. Er konzentrierte sich wieder auf die Hauptzeugen gegen sie – Wally Roberts, Arnie Merrill, Cathy Fox, Sandy Perez – und äußerte seine Überzeugung, daß er ihre Aussagen als Lügen, Halbwahrheiten und Unterstellungen entlarven könne. Er hatte sich auch die Unterlagen der anderen Prozesse in diesem Fall angesehen, da sie miteinander zusammenhingen.

Thinnes hatte sämtliche Aussagen, Beweismittel und sonstige Informationen in Pappkarteikästen zusammengetragen und geordnet. Er wollte diese Kartons in den Gerichtssaal mitnehmen und jeweils die Aussagen der Zeugen herausholen, die am jeweiligen Tag gehört würden.

Diese Aktivitäten verfehlten bei Joyce ihre beruhigende Wirkung nicht. Thinnes schien alles unter Kontrolle zu haben und auf den Prozeß vorbereitet zu sein.

Aber das, so erinnerte sie sich, war auch schon vorher der Fall gewesen. Zum Beispiel als Larry Debus meinte, wenn sie auch nur für einen Tag ins Gefängnis müsse, dann würde er die Zeit an ihrer Stelle absitzen. Larry Debus hatte sie im Stich gelassen. Und Thinnes könnte das gleiche tun. Sie könnte durchaus wieder ins Gefängnis zurückgeschickt werden, wahrscheinlich sogar für immer. Wenn dies geschehen sollte, dann könnte sie es nicht ertragen. Schnell schmiedete sie insgeheim Pläne.

Sie müßte fliehen. Das war die einzige Lösung. Sie sprach Spanisch, wenn auch nicht fließend, so jedoch ausreichend, um sich in Mexiko behaupten zu können. Später würde sie die Sprache vollständig beherrschen.

Nicht, daß sie aussah wie eine Hispanierin. Dennoch, sie hatte einen dunklen Teint, und mit der richtigen Kleidung und einer anderen Frisur ... Sie würde kaum auffallen. Eigentlich müßte sie es über die Grenze schaffen.

Sie versuchte, auf den Boden der Tatsachen zurückzukommen, ihre Schreckensphantasien abzubrechen. Niemand versteckte sich in Mexiko. Das geschah nur im Fernsehen. Das Land war viel zu arm, ein Fremder könnte sich kaum in den ländlichen Gegenden verstecken, solange er nicht Spanisch sprach. Und auch dann war jede fremde Person, die neu in ein Dorf kam, verdächtig. In einigen Gemeinden betrachtete man solche Leute als unwillkommene Drogenhändler, die versuchten, die Jugendlichen zu verführen. In anderen Regionen, wo Drogen die Haupteinnahmequelle darstellten, betrachtete man jeden Fremden als möglichen Rivalen, der versuchte, sich in die laufenden Geschäfte zu drängen. So oder so war die Wahrscheinlichkeit hoch, getötet zu werden.

Aber nicht eine Frau. Frauen hatten mit dem Drogenhandel nichts zu tun. Frauen stellten keine Bedrohung dar. Die Polizei kümmerte sich nicht um Frauen außer am Abend, wenn sie ein wenig sexuelle Zerstreuung suchten.

Der Gedanke wurde immer klarer. Sie könnte nach Mexiko gehen, ohne Verdacht zu erregen. Sie könnte sich über die Grenze schleichen, sich in einer ländlichen Gegend niederlassen und dort friedlich bis zu ihrem Tod leben.

Es gab dort eine Frau, die Joyce kannte, eine Hausangestellte, die für sie und andere Bekannte im Laufe der Jahre gearbeitet hatte. Die Frau wußte, wie man Menschen über die Grenze schmuggelte, damit sie ohne Grüne Karte in den Vereinigten Staaten arbeiten konnten. Wenn sie jemanden in dieses Land bringen konnte, ohne aufzufallen, wieviel leichter wäre es für sie, jemanden außer Landes zu bringen!

Sie wußte, daß die Frau einverstanden wäre. Joyce würde nur ein paar Kleider in Plastiktüten packen. Sie würde nur das Nötigste mitnehmen. Sie würde sich in einer Weise kleiden, daß sie unter den anderen Frauen nicht auffiele, würde sich ein Kopftuch umbinden, um ihr Gesicht zu überschatten und ihre Haut noch dunkler aussehen zu lassen. Dann würden sie über die Grenze fahren, zwei mexikanische Frauen auf der Heimreise, Fahrerin und Beifahrerin.

Vielleicht würde Joyce an der Grenze gar keine Frage gestellt. Vielleicht würde sie aber auch reden und ihr Spanisch benutzen müssen. Oder sie würde, damit man ihren Akzent nicht hörte, die Taubstumme spielen, die tragische Folge furchtbarer Armut, in der die Familie leben mußte, ohne medizinische Versorgung, als sie noch ein Baby war. So traurig, daß die Beamten an der Grenze Mitleid mit ihr hätten. Nicht reden und nicht hören zu können, wäre ein schlimmes Los, das Joyce erdulden müsse. So hilflos, so einsam, daß ihre Schwester für sie sorgen müßte.

Man würde mitfühlend nicken, verständnisvoll, und sie freundlich über die Grenze winken.

Und dann wäre sie in Freiheit. Niemand würde sie in Mexiko verfolgen. Niemand würde sie je wieder bedrohen. Sie würde ein ruhiges Leben führen, es sich so angenehm wie möglich machen. Ohne vergitterte Fenster. Ohne Angst. *Ohne ihre Kinder...*

Die Phantasievorstellung verblaßte. Eden war schon fast eine Frau. Sie heiratete vielleicht schon bald. Sie hatte im Augenblick eine sehr ernste Beziehung mit einem jungen Mann. Sie war fast zwanzig, durchaus ein Alter, um zu heiraten und eigene Kinder zu haben.

Eine Mutter gehörte zu ihrer Tochter ins Krankenhaus, wenn sie ein Kind zur Welt brachte. Eine Frau, die ein Kind hat, sollte zugegen sein, wenn dieses Kind ein eigenes Baby zur Welt bringt. Doch Joyce wäre dann in Mexiko.

Ihre Gedanken rasten. Eden könnte sie ja besuchen. Ebenso Jason und Eric. Sie könnten alle zu ihr kommen. So weit wäre es gar nicht. Einhundert Meilen bis Tucson. Dann weitere sechzig oder siebzig Meilen bis zur Grenze. Wo immer sie sich in Mexiko niederlassen würde, sie wäre vom Rest ihrer Familie innerhalb eines Tages mit dem Auto erreichbar.

Es könnte passieren, daß sie bis zur Grenze verfolgt würden. Ihre Zulassungsnummern würden notiert. Die mexikanische Polizei würde gewarnt.

Aber es würde wahrscheinlich gar keine Kooperation geben. Die Beziehungen der Vereinigten Staaten zu Mexiko waren, wohlwollend ausgedrückt, angespannt.

Es gab bei den amerikanischen Justizbehörden außerdem gewisse Vorbehalte gegen die Mexikaner. Sie betrachteten die Mexikaner als korrupt, gleichgültig, nicht bereit, bei Straftaten Amtshilfe zu leisten. Gewöhnlich reagierten sie nur bei spektakulären Kapitalverbrechen wie Massenmord, Räuberbanden, die unschuldige Bürger diesseits und jenseits der Grenze überfielen, bedeutenden Drogenhändlern, die nicht bereit waren, die Polizei zu bestechen. Eine Frau, die geflohen war und gesucht wurde, auch wenn ihr in Arizona die Gaskammer drohte, wurde nicht als dringender Fall angesehen. Und nach einer Weile würden die mexikanischen Behörden sie vollkommen vergessen.

Das einzige Problem war der Zeitpunkt. Sie wollte nicht vor der Gerichtsverhandlung fliehen. Sie wollte nicht, daß der Eindruck entstand, sie gebe ihre Schuld dadurch zu. Sie würde dem Prozeß beiwohnen, sich alles anhören und erst kurz vor der Urteilsverkündung verschwinden. Solange sie sich frei bewegen konnte, würde niemand sich die Mühe machen, sie ins Gefängnis zu stecken, ehe die Geschworenen ihre Beratung abgeschlossen hatten. Dann, wenn sie für schuldig erklärt würde, bekäme sie sofort Handschellen umgelegt und würde aus dem Gerichtssaal zum wartenden Transporter gebracht.

Bis zu diesem Zeitpunkt war sie sicher. Bis dahin konnte sie mit ihren Kindern in ihrer Wohnung leben. Sie würde mit ihnen reden, ihren Entschluß erklären, alle Vorbereitungen treffen, ihre Sachen packen. Aber sie würde nicht fliehen. Sie würde den Tag im Gericht verbringen, wohl wissend, daß die Wahrheit nicht zum Zuge kam, trotzdem ständig hoffend, daß sie noch einen weiteren Geschworenen umstimmte.

Die Auswahl der Jury fand genauso statt wie schon zuvor, obgleich Joyce diesmal viel eingehender auf die Männer und Frauen achtete, die entschieden, ob der Staat sie leben oder sterben ließ. Da war ein junger Mann, dessen Vater Polizeibeamter im Mittleren Westen war. Er erklärte, daß er nur an die ›Guten‹ glaube, und Joyce hatte plötzlich Angst. Larry Turoff, der Ankläger, war begeistert von dem Ausspruch und entschlossen, ihn in die Jury aufzunehmen. Thomas Thinnes und sein Partner waren geteilter Meinung, ob seine geäußerte Einstellung nun für sie gut oder schlecht war. Joyce war überzeugt, er stünde auf jeden Fall stets auf seiten der Polizei, ungeachtet der Tatsachen. Sie wußte, daß sie ihn auf keinen Fall als Geschworenen haben durfte, dann bekam sie einen Schrecken, als er akzeptiert wurde.

Ein anderer Mann flößte ihr ebenfalls Furcht ein. Er sah ihrem Ehemann, Ron, sehr ähnlich – nur noch unheimlicher. Er erinnerte sie an Adolf Hitler. Er sah aus, als würde er am liebsten die Zyankalikapsel in der Todeszelle eigenhändig in die Säure fallen lassen. Auch dieser Mann wurde angenommen.

Ich kann jederzeit verschwinden, machte sie sich selbst Mut, während die Jury ernannt wurde. Ich gehe nach Mexiko. Ich ...

Diesen Prozeß empfand Joyce völlig anders. Vielleicht lag es daran, daß sie physisch wie auch geistig erschöpft war. Vielleicht hatte sie für sich die Entscheidung über ihre Zukunft getroffen und interessierte sich nicht mehr für das, was passierte, sondern hoffte nur, daß die Nervenprobe endlich aufhörte. Es war schwer zu sagen. Sicher war nur, daß plötzlich eine völlig andere Frau im Zeugenstand erschien.

»Ich bemühte mich, nicht zu gefühlsselig zu erscheinen«, sagte Joyce. »Ich schämte mich so. Einmal vergrub ich sogar das Gesicht in den Händen und weinte. Der Richter mußte den Prozeß unterbrechen, während ich mich langsam beruhigte. Ich glaube, ich war einfach zu müde, um ständig die Kontrolle über mich zu behalten.«

Larry Turoff erkannte diese Veränderung nicht, bis es zu spät war. Ein Ankläger sieht viele Tränen. Ein Ankläger weiß, daß Schuldige genauso leicht weinen wie Unschuldige. Manchmal weinen sie aus Reue. Häufiger jedoch weinen sie aus Enttäuschung. Sie wurden erwischt, womit sie niemals gerechnet hatten, und ihre Gefühle überwältigen sie. Ob Turoff glaubte, daß Joyces Tränen aus Wut darüber flossen, erwischt worden zu sein, oder weil sie unschuldig war und niemand ihr glaubte, ist nicht bekannt. Was immer zutraf, er fuhr fort auf die gleiche aggressive Art Fragen zu stellen wie in der Vergangenheit.

Plötzlich konnte Joyce es nicht mehr ertragen. Er hatte die Fragen doch schon längst vorher gestellt. Sie hatte sie wahrheitsgemäß, sorgfältig und erschöpfend beantwortet. Warum glaubte er ihr nicht? Warum ließ er sie die gleichen Dinge immer wieder aufs Neue herbeten, wenn er doch wußte, daß sie die Wahrheit sprach, daß sie ihre Geschichte nicht verändert hatte? Sie redete ihn direkt an, achtete nicht auf die Jury, interessierte sich nicht mehr dafür, wie sie aussah oder wie sie klang. Sie war bedrängt, beschimpft, zusammengeschlagen und eingesperrt worden. Sie wollte, daß es endlich aufhörte, daß endlich Schluß war.

Sie zeigte Hilflosigkeit und keine Aggression, Enttäuschung und keine Wut. Sie war wie ein Kind, das ständig von den Eltern mißbraucht worden war, zu klein, sich dagegen zu wehren. In diesem Moment, in dieser Geste der Rebellion konnte jedermann im Gerichtssaal die eigentliche Joyce Lukezic erkennen, die sanftmütige Frau, die besorgte Mutter, das hilflose Opfer. Die Härte in ihrer Persönlichkeit wurde plötzlich als Schutzschicht erkennbar, die mit den geringsten Mitteln entfernt werden konnte. Das waren nicht das Gesicht und die Stimme einer Mörderin. Dies war eine Frau, die nicht durch eigene Schuld in diese schlimme Lage geraten war. Es war auch der erste entscheidende Durchbruch für die Verteidigung, das erste Mal, daß sie die Frau vorführen konnte, nicht die Fassade, die zu zeigen sie im Laufe der Jahre gelernt hatte.

Arnie Merrill war die nächste Überraschung. Merrill hatte in zahlreichen Prozessen, die zu diesem Fall gehörten, als Zeuge ausgesagt. Zweimal war er in der Vergangenheit aufgetreten, um gegen Joyce auszusagen. Er hatte selbst vor Gericht gestanden. Er hatte gegen Cruz, McCall, Bracy, Hooper ausgesagt... Es hatte Revisionsanträge gegeben. Beeidete Aussagen wurden protokolliert. Seine Worte wurden im genauen Wortlaut aufgezeichnet, doch die Vergangenheit hatte mit der Gegenwart nicht das geringste zu tun, bis Thinnes eine Methode entwickelte, ihn mit genau diesen Aussagen zu vernichten.

Thinnes hatte Stunden damit verbracht, diese Aussagen durchzugehen und nach Widersprüchen zu suchen. Er stellte fest, daß Merrill immer wieder seine Geschichten veränderte. Was an einem Tag ›Fakten‹ waren, wurde an einem anderen Tag zugunsten einer völlig anderen Darstellung weggelassen. Häufig war die Aussage das genaue Gegenteil dessen, was vorher erzählt worden war, jedoch sollte es angeblich die reine ›Wahrheit‹ sein. Thinnes notierte sich jede Veränderung, schrieb den genauen Wortlaut, das Datum und die Begleitumstände auf.

Dann fertigte er ein großes Schema auf einer Tafel an, die er in den Gerichtssaal mitnahm, als Merrill in den Zeugenstand gerufen wurde.

Thinnes begann ganz harmlos und ruhig. Merrill wurde eine Frage gestellt, er gab seine Antwort, dann fragte Thinnes ihn, wie er jemanden beurteilen würde, der etwas anderes erzählte. Merrill hörte neugierig zu, als Thinnes ihm eine völlig gegensätzliche Aussage vorlas, ohne sich zur Quelle zu äußern. Merrill, der anfangs nicht bemerkte, was gespielt wurde, meinte, daß jeder, der etwas anderes behaupte als das, was er gerade ausgesagt habe, ganz klar ein Lügner sei. Die Worte, die Thinnes zitiert hatte, seien Lügen. Und dann erklärte Thinnes, daß er aus Merrills eigener Aussage zitiert habe, und nannte dann das Datum und die Begleitumstände.

Diese Taktik wendete er noch drei- oder viermal an, ehe Merrill endlich begriff, worauf das Ganze hinauslief. Zum erstenmal, seit er vor drei Jahren, als die Prozesse begannen, in den Zeugenstand getreten war, geriet Merrill in Schwierigkeiten. Seine Lügen waren entdeckt, aufgezeichnet und ihm entgegengeschleudert worden.

Es gab auch neue Erkenntnisse zu Dan Ryan. Er hatte Merrill geholfen, eine Stelle als Koch in Casa Grande, Arizona, zu bekommen, ein Job, in dem Merrill sich sowohl als unehrlich wie auch als unfähig erwiesen hatte. Als Merrill seinen Lebenslauf frisierte und behauptete, er sei in New Orleans ausgebildet worden, fungierte Ryan als Referenz und brachte das geforderte falsche Dokument bei, das bewirkte, daß Merrill nicht bestraft wurde und seine Lügen weiter verbreiten konnte.

Andere Hauptzeugen wurden ihn ähnlicher Weise betreut. Larry Turoffs Vertrauen in Wally Roberts' Bestätigungen von Aussagen Arnie Merrills zerschlug sich fast genauso gründlich wie Arnie Merrills Glaubwürdigkeit während des Kreuzverhörs. Roberts brach nicht nur im Zeugenstand zusammen, seine Aussage schadete auch der Anklage und trug zu der allgemeinen Auffassung bei, daß Ron Lukezic möglicherweise die Person war, die hinter den Morden steckte. Dann, am 16. Oktober 1985, nahm Craig Mehrens, Thomas Thinnes' Partner, sich Roberts vor und fragte ihn, wie lange er denn Ron Lukezic schon kenne.

»Seit 1974.«

»Kann man sagen, daß Ron sich vor dem Tod von Mr. Redmond am Silvesterabend des Jahres 1980 wie ein Gangster verhielt?«

»Richtig.«

»Sie haben das schon früher ausgesagt; richtig?«

»Richtig.«

»Redete er immer davon, Leute zu erschießen?«

»Stimmt.«

»Und 1979 forderte er Sie auf, zwei Leute in Scottsdale auszurauben?«

»Ja.«

»Wurden Sie von Ron aufgefordert, ihm dabei zu helfen, Gästen in einem Motel in Scottsdale Diamanten im Wert von einer Viertelmillion Dollar unter Verwendung automatischer Waffen zu rauben?«

»Er fragte mich, ob ich daran interessiert sei, zwei Diamantenhändler zu überfallen. Er habe entsprechende Informationen von Artie Ross erhalten, wohin sie wollten und daß sie bewaffnet seien. Wenn ich es täte, würde er mir die Waffen besorgen, damit ich es schaffte.«

»Sie haben abgelehnt?«

»Richtig.«

»Hat Mr. Lukezic, Ron Lukezic, zu Ihnen jemals irgendwelche Bemerkungen gemacht, Tony Sampson müßte etwas zustoßen?«

»Ja, das hat er.«

»Was hat er gesagt?«

»Er – Ron hatte für Tony einen Druckauftrag ausgeführt. Ich kannte Tony recht gut, und Tony hatte Ron nicht bezahlt, und Ron fühlte sich ausgetrickst. Soviel Geld war es gar nicht, vielleicht eintausendvierhundert Dollar oder zweitausendvierhundert Dollar, aber Ron wollte Tonys Adresse wissen, damit er jemanden hinschicken konnte, der ihm die Beine brechen sollte.«

»In der Zeit vor Pats Tod, hatte Ron da mit Leuten Kontakt, so daß sie zu der Vermutung gelangten, daß Ron sicherlich als nächstes irgend jemanden umbringen würde?«

»Das trifft zu.«
»Sie können sich gewiß auch daran erinnern, daß Ron Lukezic Ihnen bei verschiedenen Gelegenheiten mitteilte, sein Las-Vegas-Auftrag sei sieben – vielleicht auch noch mehr – Millionen Dollar wert, die an Graphics Dimensions gingen?«
»Auch das ist korrekt.«
»Und wenn er ausgesagt hätte, daß der Auftrag nur siebenundzwanzigtausend Dollar einbrachte, dann hätte er doch seinen Eid gebrochen, die Wahrheit und nichts als die Wahrheit zu sagen, nicht wahr?«
»Richtig.«
Die Befragung wurde mit noch interessanteren Aussagen fortgesetzt, und zwar nicht nur gegen Ron Lukezic, sondern auch gegen die Anwälte, die Joyce in ihrem ersten Prozeß vertreten hatten.
»Gehen wir mal zurück zum Mai des Jahres 1981. Ich glaube, Sie haben uns gestern erzählt, daß Sie verschiedenen Leuten mitteilten und mitgeteilt haben – ich denke an Ed Nell, Ken Mossar und Dave Seigel –, daß Ron Lukezic seinen Partner Pat Redmond töten ließ?«
»Richtig.«
»Dann unternahmen Sie eine ausgedehnte Sauftour, kehrten im Juni 1981 zurück und trafen sich mit Ron, Ryan und Midkiff; stimmt das?«
»Jawohl.«
»Bei dieser Zusammenkunft erwähnten Sie einige Aussagen über den Fall, die Sie noch nicht gemacht hätten – und das steht nicht im Polizeibericht –, nämlich daß Sie glaubten, Ron Lukezic hätte seinen Partner töten lassen; ist das korrekt?«
»Daran kann ich mich nicht erinnern. Ich weiß nicht mehr, was ich vor der Polizei ausgesagt habe.«
»Als Sie unter Eid aussagten und logen und Ryan Ihnen zuwinkerte, erinnerten Sie sich nicht – dabei haben Sie vorher den Polizeibericht überprüft, nicht wahr?«
»Richtig.«
»Sie haben bei dieser Gelegenheit nicht unter Eid ausgesagt, Sie glaubten, Ron Lukezic hätte seinen Partner töten lassen, oder?«

»Nein.«

»Irgendwann in dieser Zeit kamen Sie zu Ron Lukezic und baten ihn um Hilfe; ist das richtig?«

Danach sagte Roberts aus, daß er in Connecticut gewesen war und daß Ron und seine Anwälte, Larry Debus und Mike Kimerer, seinen Flug und das Hotelzimmer bezahlt und sogar seinen Hund versorgt hatten. Später traf er mit Mike Kimerer und Ron Lukezic zusammen, dann unterhielt er sich mit Debus, während Ron sich ebenfalls im Raum aufhielt. Aufgrund dieser Zusammenkünfte und der Aussagen Rons glaubte er, daß die Anwälte, die Ron Lukezic vertraten, auch Joyce Lukezic im ersten Prozeß verteidigten. Es war eine Aussage, die unwichtig und nebensächlich erschien, jedoch sollte sie später als Grundlage für weitere Vorwürfe gegen Ron und die Anwälte dienen, die offensichtlich bei dem Fall in einen Interessenskonflikt geraten waren.

Roberts erzählte von einem Aufenthalt im Turquoise Motel in Center, Colorado. Bezahlt wurde die Reise von Henry Lukezic, Rons Vater. Später wurde Wally von Ron überredet, nach Phoenix zurückzukehren, um gegen Joyce auszusagen.

»Und als Sie in jenem ersten Prozeß Ihre Aussage machten, ließen Sie nicht verlauten, daß Sie glaubten, Ron Lukezic habe seinen Partner getötet, nicht wahr?«

»Niemand hat mich danach gefragt.«

»Rons Anwälte haben Sie nicht gefragt?«

»Nein, das haben sie nicht.«

Roberts' Aussage zeigte erneut, auf welch schwachen Füßen die Anklage gegen Joyce stand und wie töricht es gewesen war, sich auf Roberts zu verlassen. Die Aussagen, die er machte, waren nicht nur für Joyce nützlich, sie zeigten auch, daß die Aktivitäten Ron Lukezics sehr viel eingehender hätten untersucht werden müssen.

Es gab noch weitere Überraschungen im Verlauf der Aussage. Eine war die Anwesenheit eines Polizeibeamten, der am Abend der Morde vor dem Redmond-Haus gestanden hatte. Er sagte aus, er habe Joyce in der Mordnacht gesehen, wie sie vor dem Haus stand. Er sagte weiterhin, er habe sie gefragt, ob sie die Leute kenne, die in dem Haus wohnte, und sie sagte, sie kenne sie nicht, eine eindeutige Lüge. Dann habe sie sich umgedreht und sei davongegangen.

Die Aussage erschien sehr seltsam angesichts der Tatsache, daß andere Beamte Joyce ausführlich befragt hatten und daß ihre Aussagen sich in den Polizeiakten befanden. Alle meinten, sie habe bereitwillig geantwortet, habe von Pat und Marilyn Redmond gesprochen. Es habe keinen Versuch gegeben, ihre Verbindung zu dem Ehepaar zu verschleiern.

Um die augenscheinliche Unaufrichtigkeit oder Verwirrung bei dem Polizeibeamten zu unterstreichen, der Joyce nicht im Gericht gehört hatte, fragte Thinnes ihn, wie Joyce rede. Der Beamte antwortete, sie rede ganz normal, ohne die Spur eines Akzents.

Der Beamte meinte damit, Joyce spreche das, was man allgemein als Durchschnittsamerikanisch bezeichnet. Die meisten Nachrichtensprecher reden so. Diese Sprache ist frei von regionalen Sprachmustern.

Das Problem ist nur, daß Joyce aus der New-England-Gegend stammt und für jeden aus dieser Gegend einen sehr starken Akzent hat. Sie verschluckt meistens das ›R‹. Das ist derart typisch, daß jeder, der sie reden hört und nicht aus Boston oder Umgebung stammt, sich sofort an die Stimme erinnert, wenn er sie noch einmal hört. Der Polizeibeamte sprach das Durchschnittsamerikanisch in einem Staat, wo die meisten Englisch als erste Sprache in der Schule lernen und entweder den gleichen Akzent haben wie er oder einen leichten Singsang, wie er für die südlichen Staaten typisch ist. Hätte er Joyce reden gehört, dann hätte er es nicht vergessen. Die Jury hatte Joyce gehört. Sie würde die unrichtige Aussage des Polizisten nicht vergessen.

Der Prozeß dauerte vier Wochen. Einige Zeugen aus der Vergangenheit, konnten nicht erscheinen oder hatten sich erfolgreich gedrückt. Ihre Aussagen wurden den vorherigen Prozessen entnommen, verlesen und in das Prozeßprotokoll eingefügt. Sogar Ron Lukezics Aussagen im McCall-Prozeß wurden in die Aussage aufgenommen, wobei seinen Darstellungen von damals von Zeugen im Gerichtssaal widersprochen wurde.

Als die Jury den Saal verließ, um sich zu beraten, schienen

die Gesichter der Mitglieder ausdruckslos. Niemand konnte Prognosen darüber abgeben, wie ihre Entscheidung ausfallen könnte. Es wurde Zeit für Joyce, die Entscheidung zu treffen, ob sie nun nach Mexiko fliehen sollte oder nicht.

»Ich wußte, als ich im Zeugenstand war, daß ich es nicht tun könnte. Ich wollte weg. Mein Gott, und wie ich weg wollte. Ich glaubte nicht, daß ich das Gefängnis noch einmal überleben könnte. Ich war überzeugt, dort sterben zu müssen. Ich würde wahrscheinlich Selbstmord begehen oder mich ganz einfach völlig aufgeben. Mein Herz war nicht sehr stark. Ich wußte, daß ich es nicht würde ertragen können.

Aber wenn ich nach Mexiko floh, könnte ich nicht dabei sein, wenn Eden heiratete oder ein Kind bekam. Sie müßte es ohne die Hilfe ihrer Mutter zur Welt bringen. Ich würde niemals meine Enkelkinder sehen, nicht einmal in Mexiko.

Ich wäre ein Flüchtling vor dem Gesetz. Die Telefone meiner Kinder würden abgehört, vierundzwanzig Stunden am Tag. Meine Söhne und meine Tochter würden verfolgt, wohin sie auch gingen. Und wenn sie heirateten, dann würde der Schatten auch auf den Partner fallen. Dan Ryan und die anderen Ermittler würden keine Kosten scheuen, mich zu suchen. Ich wäre eine Gejagte, verfolgt von meiner Vergangenheit und niemals mehr in der Lage, ein normales Leben zu führen.

Am Ende würden sie mich erwischen. Das wußte ich. Sie würden Eden und ihrem Baby folgen, wenn sie nach Mexiko käme, um mich zu besuchen. Sie würden zusehen müssen, wenn ich erneut mit Handschellen gefesselt und in Ketten gelegt würde, ehe man mich nach Norden ins Gefängnis brachte. Sie würden verfolgen, wie ich in Isolationshaft gesteckt würde, ehe ich in der Todeszelle landete.

Und daraufhin beschloß ich, zu bleiben. Ich würde mich der Jury stellen, auch wenn sie mich schuldig sprach. Ich würde die Tatsache akzeptieren, daß die Männer und Frauen, die über mich gelogen hatten, frei blieben, während ich, unschuldig, wieder ins Gefängnis käme. Vielleicht gäbe es irgendwann noch einmal eine Revision. Vielleicht würde ich auch eine der wenigen Frauen sein, die in Arizona hingerichtet wurde. Es machte mir nichts mehr aus. Im Gefängnis wäre ich Eden näher. Im

Gefängnis könnte ich wenigstens von Ferne an ihrem Leben teilhaben, ohne ständig Angst haben zu müssen. Und wenn ich starb, ganz gleich, was mich erwartete, dann wäre es immer noch besser, als diesen Alptraum fortzusetzen.

An dem Abend informierte ich Eden von meiner Entscheidung. Ich erklärte die Dinge der Frau, die mir zur Seite stand.

Ich weiß nicht, was sie dachte. Vielleicht war sie erleichtert. Es war gleichgültig. Sie akzeptierte meine Entscheidung. Eden liebte mich, ganz gleich, was ich tat, und vertraute darauf, daß meine Entscheidung sich am Ende als richtig erweisen würde.

Ich wartete in Mary Durands Haus. Sie wohnte in der Nähe des Gerichtsgebäudes, und niemand hatte etwas dagegen, daß ich mich dort aufhielt. Sie war zu einer Freundin, zu einer Vertrauten geworden, einem Menschen, der mich zum Lachen bringen und dafür sorgen konnte, daß ich mich sicher fühlte. Dabei wußten sie und ich, daß sie sich selbst als Angestellte des Gerichts betrachtete. Wenn die Geschworenen mich schuldig fänden und ich weglaufen wollte, dann würde sie alles daran setzen, mich einzufangen. Sie war ein sehr aufrichtiger Mensch.

Als der Anruf kam, wurden wir aufgefordert, schnellstens ins Gerichtsgebäude zu kommen, um die Entscheidung anzuhören. Mary fuhr mich, beeilte sich, so gut es ging, und hatte dann Schwierigkeiten, einen Parkplatz zu finden, da irgendein großer Empfang im Gange war. Ich erfuhr nie, was dort stattfand. Ich sah nur Dutzende von Richtern und Anwälten, die Erfrischungen tranken und sich unterhielten. Außerdem waren da Aufnahmetrupps von jeder Radiostation und jedem Fernsehsender und Reporter von jeder Zeitung in der Umgebung sowie noch einige andere, die, weil die Geschichte sich als bedeutsam genug erwies, aus anderen Städten hergeschickt worden waren.

Alle stürzten sich auf mich, als Mary einen Weg bahnte, damit wir ins Gerichtsgebäude gelangten. Ich glaube, sie riefen etwas, aber ich achtete nicht auf ihre Worte. Wichtig war für mich nur das Urteil.

Als ich durch die Tür trat, war ich schockiert von dem Anblick, der sich mir bot. Zuerst waren da zwei Aufseherinnen aus dem Gefängnis. Der Richter hatte angeordnet, daß sie zugegen sein und sich bereithalten sollten, um mich ins Gefängnis zurückzubringen. Es war ein melodramatisches Detail, das meinen Glauben bestärkte, man würde mich schuldig sprechen.

Dann waren da die Zuschauer. Alle Richter und Anwälte aus den anderen Gerichtssälen und von dem Empfang drängten herein, um sich den Urteilsspruch anzuhören. Sie drängten sich auf den Sitz- und den Stehplätzen, während auch die Reporter hereinkamen. Ich verfolgte fröstelnd, was geschah, entsetzt, unfähig, irgend etwas anderes zu tun als nur zuzusehen.

Die Jury kam in den Saal zurück, die Gesichter ausdruckslos. Ich dachte, wenn sie mir die Freiheit schenken wollten, hätten sie freundlichere Gesichter gezeigt. Sie würden mich wieder ins Gefängnis schicken. Deshalb lächelten sie nicht.

Und dann ergriff der Geschworenensprecher das Wort. Es war der Mann, der aussah wie Ron, ein Mann, den ich gelegentlich während des Prozesses angesehen hatte, während er zu mir herüberstarrte und dabei einen Ausdruck in den Augen hatte, als hätte er mich längst verurteilt.

›Wir halten die Angeklagte für nicht schuldig.‹«

In den Filmen gibt es einen kurzen Moment des Zögerns, dann einen Aufschrei der Begeisterung, und dann fangen die Angeklagten an, den Anwalt, die Familie, den Richter und die Zuschauer zu umarmen. Manchmal bricht im Gerichtssaal spontaner Applaus aus, während der Staatsanwalt sich nach draußen schleicht.

Das wahre Leben ist ganz anders. Joyce war an Körper und Geist zerbrochen worden. Ihr Herz wurde von der Nervenprobe derart mitgenommen, daß sie unter dem Einfluß verschiedener Medikamente stand, die einem Herzinfarkt vorbeugen sollten. Ihre emotionale Schutzhülle war zerschlagen. Sie hatte sich mit dem Gefängnis abgefunden, nahm den langsamen Tod hin, der sie erwartete, wenn sie in die Zelle zurückkehrte.

Und nun hatte die Jury der Wahrheit Glauben geschenkt. Sie hatten sie für unschuldig erklärt.

Joyce hat keine Ahnung, was in diesen Augenblicken geschah, die folgten. Diejenigen im Gerichtssaal, die sich in ihrer Nähe befanden, können viel besser erklären, was passierte. Sie erinnern sich an einen Laut, der sie, wie einige beteuerten, für den Rest ihres Lebens verfolgen würde.

Es war ein Stöhnen, ein Ächzen. Es war ein Schmerzensschrei, ein Schrei zu Gott, der einem in die Seele drang und um Erlösung von einer Pein bat, die so unendlich groß war, daß sie sich bis in die Ewigkeit ausdehnte.

Und dann vergrub Joyce den Kopf an der Brust ihres Anwalts und weinte. Sie klammerte sich an seiner Jacke fest, benetzte sein Oberhemd, ›ruinierte seine Kleider‹, wie sie später meinte.

Als sie sich langsam wieder erholte, unterhielten sich einige Geschworene mit Joyce. Der Sprecher gratulierte ihr und deutete ihr an, er habe von Anfang an an ihre Unschuld geglaubt.

Dann kam der Junge, vor dem sie Angst gehabt hatte, herüber. Er strahlte glücklich. »Darf ich Sie jetzt umarmen?« fragte er. »Ich wollte es schon vorher tun, aber das wäre nicht recht gewesen. Wir wußten, daß Sie unschuldig sind, aber wir durften unsere Gemütsregungen nicht zeigen. Wir hatten Angst, daß eine solche Geste falsch wäre; daher ließen wir uns gar nichts anmerken, als wir hereinkamen. Wir wollten nichts tun, das Sie hätte verletzen können.«

»Und nach diesen Worten umarmte er mich. Ich dachte, ich hätte die Jury durchschaut. Vor diesen Leuten hatte ich Angst gehabt. Und sie hatten mir geglaubt. Sie hatten mir geglaubt!«

Irgendwie wurde sie aus dem Gerichtssaal geführt. Dann befand sie sich plötzlich im Büro ihres Anwalts, wo man ihr ein Glas Champagner reichte.

Ein Fernsehteam erhielt Zugang zum Büro, als Joyces Stimmung in unendliche Freude umschlug. Sie redete plötzlich rasend schnell, betrachtete plötzlich fasziniert die Reflektoranlage, die die Techniker einsetzten, um das Zimmer für die Fernsehaufnahme auszuleuchten. »Solche Reflektoren habe ich noch nie gesehen«, erklärte sie dem Reporter. »So kontrollieren Sie also die Schatten, die man im Gesicht hat. Sie sehen aus wie kleine Ballons über den Lampen.«

Sie lächelte etwas benommen, kam sich plötzlich irgendwie fremd vor. Sie hatte furchtbar gelitten. Sie hatte die Reserviertheit abgelegt, die einst ihr Leben bestimmt hatte, und so würde es nie mehr sein. Aber sie konnte ihre tiefsten Empfindungen nicht enthüllen. Nicht in diesem Moment. Statt dessen war sie selig, daß ihre Aufmerksamkeit abgelenkt war, daß sie das Geschehen hinter der Kamera verfolgen konnte. Und als sie mit dem Reporter redete, klang ihre Stimme kontrolliert und angenehm, und ihre Worte waren voller Glückseligkeit, ihr Gesicht strahlte.

Sie hatte durchgehalten. Sie hatte triumphiert. Sie war frei.

EPILOG

Der Auftraggeber der Morde an Patrick Redmond und Helen Phelps ist weiterhin auf freiem Fuß. Die beiden nächstliegenden Verdächtigen, Ron Lukezic und Arthur Ross, sind frei. Weitere Ermittlungen in diesem Fall wurden nicht angestellt.

Ross lebt jetzt an der Ostküste. Er hält enge Verbindung zu seiner Schwester und hatte Maßnahmen getroffen, um die finanziellen Mittel für eine Revision zur Verfügung zu stellen, falls sie den Prozeß verloren hätte. Seine geschäftlichen Erfolge haben ihm einen beachtlichen Wohlstand eingebracht, und die meisten Leute, die sich etwas eingehender mit dem Fall beschäftigt haben, hegen ernsthafte Zweifel, daß er irgend etwas mit den Morden zu tun hatte.

Aber Ross wurde von Personen benannt, die in den Fall verwickelt waren. Ross könnte sich in einer Position befunden haben, um entweder eine beachtliche Provision oder regelmäßige Zuwendungen zu erhalten für seine Mitwirkung beim Arrangieren des Geschäfts, das seinen Schwager mit der Las-Vegas-Szene in Kontakt brachte. Er hatte ein Motiv, und er hatte keinerlei emotionale Bindung zu den Redmonds. Er kannte außerdem oder hatte jede Person kennengelernt, die in die Morde verwickelt war, darunter auch die Mörder selbst.

Dan Ryans Vendetta gegen Arthur Ross, zumindest soweit sie in Ross' Vorstellung existierte, könnte ein Grund gewesen sein, weshalb Ryan so sehr die Verhaftung von Joyce Lukezic betrieb. Man nimmt allgemein an, daß der Ermittler auf Ross' Liebe zu seiner Schwester zählte, die ihn dazu bewegen würde, sich zu erheben und seine Schuld einzugestehen, um Joyce zu retten.

Die Wahrheit sieht etwas anders aus. Ross hatte Angst, im Gefängnis zu landen. Ob er nun unschuldig war oder schuldig, er wollte auf keinen Fall seine Schwester im Gefängnis ablösen. Die Tatsache, daß er mit fast an Sicherheit grenzender Wahrscheinlichkeit unschuldig ist, ändert im Grunde nichts an der bestehenden Situation. Ross hatte ein Motiv und die Gelegenheit, jedoch wurde dies nie eingehend untersucht.

Joyce hatte weder ein Motiv noch eine derart günstige Gelegenheit wie ihr Bruder, allerdings wurde gegen sie mit allen Mitteln des Gesetzes verhandelt. Dreimal stand sie vor Gericht.

Ron Lukezic, der Mann, der durch die Morde alles zu gewinnen, aber nichts zu verlieren hatte, hält sich weitestgehend zurück. Zur Zeit der Niederschrift dieses Buchs soll er sich in der Gegend um Denver, Colorado, aufhalten. Er steht mit seiner Mutter in Phoenix in ständiger Verbindung und hat in Prozessen gegen einige der anderen in die Morde verwickelten Personen ausgesagt. Er reagierte nicht auf Bitten um ein Interview, die durch seine Mutter an ihn herangetragen wurden. Aber ob Lukezic unschuldig oder schuldig ist, die Aktivitäten Larry Turoffs haben dafür gesorgt, daß er niemals die Unannehmlichkeiten wird ertragen müssen, die seine Frau, die er verließ, durchlitt. Und falls er schuldig ist, dann bedeutet die Tatsache, daß er deswegen nicht zur Rechenschaft gezogen werden kann, daß er ein perfektes Verbrechen beging.

Dan Ryan wurde Privatdetektiv und arbeitete gelegentlich für Wackenhut Security in Phoenix. Laut dem Geschäftsführer der Firma war Ryan niemals fester Angestellter, sondern arbeitete unter Lizenz, wenn die Hilfe eines unabhängigen Ermittlers gebraucht wurde. Ryan wurde über Wackenhut angesprochen, dann telefonierte er und teilte mit, er wolle keinerlei Auskünfte geben und auch nicht begründen, weshalb er lieber schwieg. Daher muß man sich zur Beurteilung seiner Rolle auf die Protokolle beschränken, und die zeigen einen Mann, der die Grenzen des Rechtssystems, das zu achten und zu verteidigen er geschworen hatte, überschritt, um seine fixe Idee zu realisieren, nämlich daß Joyce Lukezic eine Mörderin war. Noch beängstigender ist, daß dieser ehemalige FBI-Agent, dieser ehemalige Agent der Abteilung für Alkohol, Tabak und Feuerwaffen des Finanzamtes, dieser ehemalige Ermittler im Büro des Bezirksstaatsanwalts von Maricopy County, durchaus stichhaltige Gründe gehabt haben könnte, von Anfang an Ron Lukezic als Hauptverdächtigen anzusehen und zu behandeln. Jedenfalls geht soviel aus den Akten des FBI zu diesem Fall hervor – was

Ryans hartnäckige Verfolgung von Joyce noch unbegreiflicher macht.

Die ersten Anwälte Joyce Lukezics praktizieren noch immer und bearbeiten durchaus bedeutende Fälle. Jeder äußert die Überzeugung, die bestmögliche Arbeit geleistet zu haben, und jeder scheint die Äußerungen des anderen mit sichtlichem Unbehagen aufzunehmen.

Das letzte, was man von Arnie Merrill gehört hat, ist, daß er mit einem seiner Kinder irgendwo im Osten lebt und daß die anderen Kinder offenbar nichts mit ihm zu tun haben wollen.

Joseph Brownlee, der erste Staatsanwalt, hat eine Privatpraxis eröffnet. Sein damaliger Partner, Mike Jones, wurde schließlich Richter. Larry Turoff wartet auf seine Pensionierung, betrachtete seine Anklage gegen die unschuldige Joyce Lukezic als etwas, das hatte getan werden müssen, wenn man sich an das Gesetz und die Äußerungen derer hält, die Verbindung zu diesem Fall hatten. Larry Martinsen, der ursprünglich tätige Polizeidetectiv, der die einleitenden Untersuchungen durchführte, wehrt sich entschieden gegen Spekulationen zu diesem Fall. Er ist neugierig auf die Wahrheit, betrachtet keine der Hauptpersonen als schuldig oder unschuldig, sondern steht allen Möglichkeiten völlig offen gegenüber, bis der Tag kommt, wenn überhaupt, an dem die Wahrheit bekannt wird. Er ist die einzige Person, die intensiv in den Fall verwickelt war und die aus allen Prozessen als jemand hervorging, der ehrlich, gründlich und ohne unlautere Absichten gearbeitet hat und der sowohl in bezug auf seine Aussagen als auch auf seine Haltung als vertrauenswürdig gilt.

Für Joyce Lukezic wird das Leben nie mehr so sein wie früher. Nach ihrem Freispruch mußte sie sich ihrem Leben stellen. Sie hat keine Zeit für Bitterkeit, wenngleich eine tiefe Trauer über das, was sie hatte erleiden müssen, stets unter der Oberfläche lauert. Sie weint mittlerweile sehr schnell. Sie hat über ihre Not triumphiert, allerdings um den Preis, daß ihre Kinder auf die eine oder andere Art emotionale Blessuren davongetragen haben, die für immer nachwirken werden.

Es gab ein Angebot für einen Job als Telefonverkäuferin, als Joyce gerade ihre letzte Schlacht schlug. Sie nahm diesen Job an. Zu Beginn verdiente sie fünf Dollar die Stunde, dann erwies sie sich als derart zuverlässig, daß sie schließlich Verkaufsleiterin bei dreißigtausend Dollar im Jahr wurde. Ihre Anstrengungen erwiesen sich als erfolgreich und sicherten der Firma ein längeres Überleben, als die sehr mageren Zahlungseingänge es eigentlich hätten erlauben können. Als die Firma schließlich zwei Jahre nach Joyces Einstellung endgültig die Tore schloß, wurde sie als einer der Gründe genannt, daß sie nicht schon früher hatte aufgelöst werden müssen.

Nach ihrem Job als Telefonverkäuferin arbeitete Joyce für den Staat Arizona und beriet Menschen, die sich in finanziellen Schwierigkeiten befanden. In beiden Jobs traf sie Frauen wieder, die sie aus dem Gefängnis kannte, und stellte dabei zwei von ihnen ein, als sie noch den Telefonverkauf leitete. Sie wollte ihnen damit die Chance für einen Neuanfang bieten, sie mußte beiden kündigen. »Sie redeten, als hätten sie ernsthaftes Interesse an einem Job, und ich glaube schon, daß sie genauso sein wollten wie alle anderen. Aber sie konnten sich nicht ändern. Sie hatten noch immer mit Drogen und Prostitution zu tun. Sie betrachteten ihren Job als einen Ort zum Ausruhen, um zu reden und ihre Straßenaktivitäten fortzusetzen. Ich mußte sie hinauswerfen, als sie nicht arbeiteten oder versuchten, Drogen zur Arbeit mitzunehmen und verteilen. Es war so traurig. Ich wollte ihnen mit meinem eigenen Glück ein Beispiel geben, sie daran teilhaben lassen. Ich glaube, sie waren noch nicht bereit, sich zu ändern.«

Es ist jedoch nicht ihr Beruf, wo Joyce die schlimmsten Rückschläge einstecken muß. Es sind ihre Kinder. Eric stand dicht vor seinem sechzehnten Geburtstag, als Joyce zum erstenmal verhaftet wurde, und Eden war ein Jahr jünger. Jason, das jüngste Kind der Familie und gerade zehneinhalb Jahre alt, verstand gar nicht, was geschah. Seine Gefühle befanden sich in einem totalen Durcheinander angesichts der Tatsache, daß sein Stiefvater mit einer anderen Frau verschwand, daß seine Mutter im Gefängnis landete und sein leiblicher Vater in Boston wohnte.

Jedes Kind befand sich in einem Alter, in dem das emotionale Trauma, das durch Joyces Einkerkerung ausgelöst wurde, mit anderen Ereignissen ihres Alltagslebens zusammentraf. Eric rebellierte und prüfte die Grenzen des Kindseins, während er sehr schnell zum Erwachsenen heranreifte. Er befand sich in einer Periode, in der er alles ablehnte, dabei versuchte, seine eigene Identität zu finden und zu festigen. Dabei brauchte er hingegen immer noch die Stabilität einer geordneten Familie, abgeklärter Erfahrung, von Liebe und Anerkennung. Diese Periode war für ihn, gelinde ausgedrückt, sehr schwierig. Nachdem sein Leben derart abrupt in Unordnung gebracht wurde, verschloß er sich, zog sich in sich selbst zurück und drückte seinen Zorn in seiner Musik aus. Er ging nicht mit Mädchen aus und schien nur darauf zu achten, daß er sich nicht in eine Position begab, in der er von anderen Menschen verletzt werden konnte. Alle Erwachsenen, die ihm nahe gestanden hatten, waren verschwunden.

Eric schämte sich auch ein wenig wegen des Prozesses gegen seine Mutter. Er war seit seinem siebten Lebensjahr behindert. Er hatte damals mit Freunden gespielt, als sie einen Lenkdrachen steigen ließen. Der Wind war aber nicht stark genug, und der Drachen geriet ins Trudeln, flatterte hin und her und stürzte plötzlich ab. Ehe Eric sich in Sicherheit bringen konnte, traf er sein Auge, zerfetzte das Lid und ließ ihn einseitig erblinden.

Das unversehrte Auge glich den Verlust an Sehvermögen auf verschiedene Weise aus. Der Sehkreis des Auges vergrößerte sich erheblich. Außerdem entwickelte Eric eine außerordentliche räumliche Sicht. Er bekam ein künstliches Auge, das so natürlich und echt aussah, daß seine Behinderung fast gar nicht zu bemerken war. Aber Siebenjährige können grausam sein. Er wurde von Zeit zu Zeit von seinen Mitschülern und Spielkameraden gehänselt.

Als Teenager verursachte dieser Mangel ihm weiteres Leid. Halbwüchsige meinen, sie seien unsterblich und daß gutes Aussehen ein ganz wesentlicher Faktor für ihre Beliebtheit ist. Er war ein attraktiver Junge, hochgewachsen, sportlich, ein guter Schüler, der sich lebhaft für Meeresbiologie interessierte. Aber er war nicht vollkommen. Genauso wie ein besonders beliebtes und umschwärmtes Mädchen in einer typischen High-School wachsam darauf achtet, daß sie nicht unter Akne oder Spliss leidet und stets nach der neuesten Mode gekleidet ist, die sich fast täglich ändert, so kann ein künstliches Auge von einem halbwüchsigen Jungen als Hindernis auf dem Weg zum Erfolg gewertet werden. Eric mußte sich mit der Tatsache abfinden, daß er nur ein Auge hatte, daß seine Mutter im Gefängnis saß, und er mußte außerdem die Anforderungen erfüllen, die durch den Besuch einer High-School an ihn gestellt wurden. Diese Kombination war geradezu erdrückend und führte dazu, daß er immer verschlossener wurde.

Joyce ist sich der Qualen ihrer Kinder nur zu bewußt:

»Eric und ich wurden uns auch dadurch immer fremder, daß er sich so gut wie nie überwinden konnte, mich im Krankenhaus oder im Gefängnis zu besuchen. Er hatte zu oft Krankenzimmer gesehen, als er den Unfall mit seinem Auge hatte. Alles, was ihn an eine Anstalt erinnerte, war zuviel für ihn. Er mußte solche Einrichtungen um seines eigenen Seelenfriedens willen meiden.

Eden kam, oberflächlich betrachtet, mit all dem sehr gut zurecht. Ihre Gefühle befanden sich in einem wilden Aufruhr, aber sie hatte eine Erfahrung gemacht, die den anderen fehlte, eine Erfahrung, durch die sie zu einem größeren Verständnis gelangte. Sie war am Tag meiner Verhaftung bei mir gewesen. Sie hatte den Schock, die Hilflosigkeit, die Schrecken dessen, was geschah, am eigenen Leibe erlebt. Sie war in Gefängnissen, Gerichtssälen, im Krankenhaus gewesen. Sie wußte, daß ich meinen Leidensweg nicht gewollt hatte, dem ich mich aber nicht entziehen konnte. Sie war einerseits mein Opfer, andererseits aber auch meine Freundin gewesen. Ihr persönliches Leid trennte uns nicht.

Mit Jason war es etwas anders. Er war zu jung, um zu verstehen, was das Gefängnis bedeutete.

Ich erinnere mich, als ich aus dem Gefängnis in der Madison Street kam und er auf meinem Schoß saß und meinte: ›Mommy, hoffentlich mußt du nicht zurück in den Knast.‹ Es war ein Wunsch, über den ich hätte zugleich lachen und weinen können. Am liebsten hätte ich ihn umarmt und an mich gedrückt und ihm versichert, daß alles wieder gut würde.

Aber es sollte nicht gut ausgehen, und das wußte ich. Ich mußte mich auf einen Prozeß vorbereiten, dessen Ausgang ungewiß war. Ich könnte immer nur für kurze Zeit mit ihm zusammen sein, und meine Vereinbarung mit meinem Ex-Ehemann sah vor, daß ein längerer Besuch im Sommer stattfände. Jason reiste nach Boston, und ich ging in meinen Prozeß. Ich ahnte nicht, daß es länger als drei Jahre dauern würde, bis ich wieder frei war.

Jason hatte in Boston eine schwierige Zeit. Er war immer der Liebling seines Vaters gewesen, doch sein Vater hatte keine Ahnung von seiner Rolle als Elternteil. Wir waren vor langer Zeit geschieden worden, und die Kinder immer nur eine oder zwei Wochen zu sehen, war nicht das gleiche, als kümmerte er sich den ganzen Tag um sie.

Mein Ex-Ehemann versuchte, den Kindern seine Liebe zu beweisen, indem er ihnen Geschenke kaufte. Jason interessierte sich für das Gitarrenspiel und bat darum, Unterricht nehmen zu dürfen, nachdem wir wieder miteinander vereint waren. Er hatte ein einfaches Instrument und nahm es auf eine seiner Reisen nach Boston mit. Er kam mit einer akustischen Gitarre in einer Qualität zurück, wie man sie normalerweise nur bei Profis findet. Aber Jasons Interesse war rein amateurhaft. Das Instrument entmutigte ihn, anstatt ein Anreiz zu sein.

Aber ich greife den Ereignissen voraus. Jason und sein Vater befanden sich plötzlich in einer schwierigen Lage. Jason kam in die Pubertät, durchlebte radikale Gefühlsumschwünge, mußte mit dem im Umbruch befindlichen Hormonhaushalt und allen anderen Schwierigkeiten fertig werden, die für dieses Alter typisch sind. Seine Schulleistungen waren heftigen Schwankungen unterworfen. Er fühlte sich von mir im Stich gelassen und war zu jung, um zu erkennen, daß es einen wesentlichen Unterschied zwischen einem ›Knast‹-Urteil und zwei Wochen im Club Méditerrane besteht. Er war noch in einem Alter, in dem seine Eltern ihm wie Götter vorkamen, die über alle Belange des Lebens die totale Kontrolle haben. Für ihn war ich im Gefängnis, weil ich dort sein wollte. Ich konnte nach Hause kommen, wenn ich gewollt hätte. Und ich schickte ihn nicht deshalb weg, weil ich gerade einen Alptraum durchlebte, sondern weil er aus irgendeinem Grund nicht gut genug war.

Jasons Vater mußte sich mit einem Kind auseinandersetzen,

das all diese Empfindungen durchlebte, nachdem er vorher bis auf ein, zwei Wochen im Jahr praktisch allein gelebt hatte. Eine Zeitlang wohnte auch Eden bei ihm, und sie fungierte für Jason als Ersatzmutter. Sobald Eden aber nicht mehr da war, fehlte plötzlich der Prellbock zwischen Vater und Sohn.

Die Hoffnungen und Wünsche, die mein Ex-Ehemann in Jason setzte, waren sehr ehrgeizig. Er glaubte an Jasons Fähigkeiten. Er wußte, daß unser Sohn intelligent ist und daß eine Menge in ihm steckt. Eric arbeitete stundenweise in Restaurants, hatte seine eigene Band gegründet, die etwas Geld verdiente und ihm die Möglichkeit bot, seine Kreativität als Songschreiber auszuleben. Er besuchte das College und studierte Meeresbiologie. Eden arbeitete ebenfalls stundenweise, besuchte eine Wirtschaftsfachschule. Sein Vater meinte, daß Jason mindestens das gleich leisten müßte. Das war auch Jasons Auffassung. Unglücklicherweise befand Jason sich gerade in einer Phase seines Lebens, in der nichts als normal anzusehen ist. Er konnte zugleich Jugendlicher, Erwachsener und verzogenes kleines Kind sein und brauchte außerdem noch besondere Zuneigung aufgrund seines Empfindens, von mir im Stich gelassen worden zu sein.

Ich hatte das Leben mit Teenagern kennengelernt, indem ich Zeuge der Verwandlungen wurde, die die beiden durchmachten, von ihren Freunden ganz zu schweigen. Mein Ex-Ehemann hatte diese Art der Vorbereitung nicht gehabt. Er wußte nicht, wann er ermutigen, wann er streng sein mußte und wann es besser war, Jasons Benehmen zu ignorieren. Deshalb reagierte er frustriert, zornig und nahm gelegentlich sogar Zuflucht zu Gewalt, um die Kontrolle zu behalten. Jason wurde, rechthaberisch und reizte alle Erwachsenen bis zur Weißglut, um schließlich von ihnen in seine Schranken gewiesen zu werden.

Ich weiß nicht, ob Jason ganz bewußt zum Widerspruch herausforderte. Die wütende Reaktion könnte ihm vielleicht das Gefühl vermittelt haben, daß er geliebt wurde, daß jemand sich darum sorgte, was mit ihm geschah. Ich weiß noch nicht einmal, ob er seinen Vater am Ende richtig gehaßt hatte, ihn für alles persönliche Leid verantwortlich machte, über das sein Vater keine Kontrolle hatte, und ihn deshalb zu heftigen Reaktionen herausforderte. Sicher ist lediglich, daß sein Leben in Boston sehr traurig war. Aber weder er noch sein Vater konnten sich jemals darüber äußern. Sie wußten beide, daß nichts zu ändern war.

Gleichzeitig führte Jason in dieser Gesellschaft im Osten ein Leben, das sich grundlegend von dem unterschied, das er aus Phoenix kannte. Als er wieder zu mir zurückkehrte, hatte er ein Drittel seines Lebens in Boston verbracht. Phoenix, das ich als meine und der Kinder Heimat ansah, war für ihn ein fremder Ort.

Sobald ich das Gefängnis verlassen hatte, begann ich, regelmäßig mit Jason zu telefonieren. Ich schickte Postkarten und ließ zu speziellen Anlässen von mir hören. Er wollte nicht nach Phoenix kommen, obgleich ich auch während meines Leidensweges das Sorgerecht behalten hatte. Mein Ex-Ehemann hatte nicht versucht, die Sorgerechtsvereinbarung ändern zu lassen, als ich wegen Mordes eingesperrt wurde. Es wäre ihm ein Leichtes gewesen, mich für unfähig erklären zu lassen, meine Erziehungspflichten wahrzunehmen. Statt dessen bot er seinen Kindern sein Zuhause an, als sie dort leben wollten, und versuchte, die Vaterrolle zu spielen. Ich bin ihm für seine Bemühungen unendlich dankbar, genauso wie ich stets unter dem Bewußtsein leiden werde, Konflikte ausgelöst zu haben, unter denen Eden und Jason erheblich litten.

Schließlich, im Sommer 1985, erklärte Jason sich bereit, für einen zweiwöchigen Besuch herüberzukommen. Er machte die Reise per Flugzeug, und ich holte ihn am Flughafen ab.

Ich glaubte zu wissen, was mich erwartete. Die Fluggesellschaften kennen sich in der Betreuung kleiner Kinder sehr gut aus. Er würde im Flugzeug bleiben, bis alle Passagiere ausgestiegen wären. Dann käme ein Flugbegleiter zu ihm, schenkte ihm ein Abzeichen in Gestalt eines Schwingenpaars, das er sich an die Brust heften konnte, ergriffe seine Hand, würde ihm bei seinem Gepäck helfen und ginge dann mit ihm durch den Mittelgang zur Kabinentür und weiter in die Wartehalle. Er risse sich von der Stewardeß los, käme auf mich zugerannt und fiele mir um den Hals. Ich würde ihn in die Arme schließen, ihn an mich drücken, während ich der Flugbegleiterin meinen Namen nannte.

Ich hatte mich bereits auf seine Rückkehr vorbereitet. Ich hatte sämtliche Speisen eingekauft, die von Kindern begeistert gegessen werden. Ich hatte ›Fruit Loops‹ und ›Count Chocula‹ und andere Cornflakes besorgt, die wahrscheinlich zu neunzig Prozent aus Zucker bestanden und seine Zähne ruinierten. Aber das war mir egal. Ich hatte für zwei Wochen meinen Jungen bei mir, und ich würde ihn mit den falschen Speisen und aller liebevollen Aufmerksamkeit verwöhnen, die ich ihm geben konnte.

Mein kleiner Junge kam nicht zurück. Es gab keine Stewardeß, die seine Hand hielt und mit ihm in die Halle kam, wo ich wartete. Das Kind war für mich endgültig verloren.

Der Jason, der auf mich zukam, war hochgewachsen, gut über einsachtzig groß, so groß wie sein Bruder, fast um soviel größer als ich, wie ich größer als er gewesen war, als wir uns zum letzten Mal sahen. Ich erkannte ihn natürlich sofort. Ich sah seine Augen und sein Gesicht. Er war noch immer mein Baby. Er war zwar noch ein Teenager, doch er war fast zum Mann geworden.

Und wieder war nichts richtig. Die Cornflakes waren wohl eher etwas für Kinder, wenn ich sein Alter und seine Erscheinung bedachte. Wenigstens schienen sie ihm zu schmecken. Wie alle Teenager befand er sich in einem Stadium, in dem er noch nicht den Sinn für die Freuden der Kindheit verloren hatte, das Vergnügen an dem, was früher mal verbotene Früchte gewesen waren. Gleichzeitig war er zu alt, um solche Dinge einzugestehen, und würde lieber ›sterben‹, als dabei erwischt zu werden, daß er sich solche Dinge wünschte oder gar kaufte. Da ich aber soviel Mühe darauf verwandt hatte, die Speisen einzukaufen und nach Hause zu bringen, war das mindeste, was er tun konnte, daß er sie aß. Und das tat er mit Genuß.

Es gab keinerlei Reaktionen auf meine Annäherungsversuche. Er ließ sich von mir mit stoischer Miene umarmen und küssen. Er hatte mich nicht vergessen. Wir hatten uns unterhalten und miteinander korrespondiert. Er war mein Sohn, und ich war seine Mutter, doch wir waren einander auch fremd. Ich hätte genausogut eine liebe Tante sein können, die er von früher kannte, um die er sich viele Jahre lang nicht gekümmert hatte.

Es machte mir etwas aus, aber gleichzeitig auch wieder nicht. Ich hatte die Tatsache akzeptiert, daß die Wiedervereinigung mit meinen Kindern ein schwieriger Akt sein würde. Ich hatte die Probleme bei Eric gesehen, der zumindest älter war und besser verstehen konnte, was geschehen war. Bei Jason konnte ich nichts anderes erwarten.

In jener ersten Nacht konnte ich nicht schlafen. Ich stieg wiederholt aus meinem Bett und ging hinüber in Jasons Zimmer, blieb in der Türöffnung stehen und betrachtete ihn. Für mich waren diese Augenblicke überaus wertvoll, auch wenn der erste Besuch bei weitem nicht so fröhlich verlief, wie ich gehofft hatte. Zweimal fotografierte ich ihn mit meiner Kamera. Er schlief so fest, daß das Blitzlicht ihn nicht weckte. Wahrscheinlich hätte er überhaupt nichts verstanden, wenn er wach geworden wäre.

Ich war klug genug, nichts zu überstürzen. Wir unterhielten uns; wir gingen gemeinsam essen; ich besuchte mit ihm verschiedene Kinofilme; wir unternahmen einen Bummel durch das nächstliegende Einkaufszentrum. Einiges machte ihm Spaß; anderes langweilte ihn. Mir kam es so vor, als wären wir zwei Fremde, die sich miteinander verabredet hatten, die einander Freude machen wollten, aber nicht genau wußten, was sie tun sollten.

Er sagte etwas, um zu sehen, wie ich darauf reagierte. Dann sagte ich wieder etwas, um seine Reaktion zu beobachten. Manchmal brachen wir beide in Gelächter aus. Dann wieder gab es Momente verlegenen Schweigens. Und am Ende war der Besuch für beide Seiten unbefriedigend.

Jason kam während des nächsten Jahres gelegentlich zu Besuch, kehrte aber erst im Herbst 1987 endgültig zurück. Mittlerweile war die Beziehung zu seinem Vater unerträglich geworden. Er wollte mit einem Freund zusammenziehen, beschloß aber dann, da mein Ex-Ehemann dazu keine Einwilligung gab, zu mir zurückzukommen.

Diesmal erwies Jason sich als zugänglicher. Er versuchte nicht mehr, sich körperlicher Nähe zu entziehen. Er umarmte mich zur Begrüßung, freute sich offensichtlich, mich wiederzusehen und nach Hause zu kommen. Dennoch kann man nicht behaupten, daß wir einander nahe standen. Es gab noch zu viele Dinge, die er nicht verstand.

Jasons Rückkehr stieß bei Eric auf Widerspruch. Jason kam etwa im gleichen Alter zurück, in dem Eric sich befunden hatte, als ich ins Gefängnis mußte und seine Welt zusammenbrach. Eric hatte von seinem sechzehnten Lebensjahr bis zum Erwachsenwerden von seiner Familie keinerlei Unterstützung erhalten. Nun mußte er miterleben, wie ich mich mit seinem Bruder beschäftigte, ihm eine Liebe angedeihen ließ, die er niemals erlebt hatte. Es kam zu Spannungen, Zorn, Eifersucht und vielleicht auch zu einem Anflug von Selbsthaß.

Jason bedurfte besonderer Aufmerksamkeit, denn er bemühte sich noch immer, das Erlebte zu verarbeiten. Es gab Zeiten, da verlangte er die gleiche Behandlung wie vor meiner Verhaftung, ließ sich von mir zu Bett bringen und wollte all das von mir hören, was Eltern zu ihren Kindern sagen, wenn sie noch sehr jung sind. Bei anderen Gelegenheiten war er durchaus schon ein junger Mann, der auch entsprechend seiner neugewonnenen Reife behandelt werden wollte.

Eric beobachtete unsere Beziehung und fühlte sich verletzt. Die Jungen stritten sich sehr oft, taten zwar so, als wären es harmlose Wortgeplänkel, jedoch war deutlich zu merken, daß jeder vom anderen hoffte, daß er bei seinen Bemerkungen einen Schritt zu weit ging. Zum Glück beschränkte sich der Einsatz von Gewalt zwischen ihnen auf gelegentliche Ringkämpfe, bei denen sie mehr Verbissenheit an den Tag legten, als es unter Freunden üblich ist. Manchmal mußte ich sie trennen, und die Spuren, die ich an ihren Körpern entdeckte, bewiesen mir, daß sie tatsächlich versucht hatten, einander gezielt Schmerzen zuzufügen. Jedoch gab es stets Grenzen, die sie nicht überschritten, Grenzen, deren Vorhandensein mich beruhigte und ihr Heranwachsen etwas gelassener betrachten ließ.

Am Ende konnte ich mit Jason reden, ich meine richtig reden. Ich half ihm zu verstehen, was mir widerfahren war. Er begann zu erkennen, wie es für eine Mutter war, die ein zehnjähriges Kind hatte, das einen Erwachsenen brauchte, um geführt zu werden. Ich machte ihm klar, daß ich gar keine andere Wahl gehabt hatte, als seinen Vater um Hilfe zu bitten. Wäre sein

Vater nicht gewesen, dann hätte ich ihn wahrscheinlich in eine fremde Familie geben müssen. Seine Schwester und sein Bruder, obgleich sie ihm damals durchaus erwachsen erschienen sein mochten, waren noch nicht reif genug, um allein im Haus zu bleiben. Sie waren ebenfalls noch Kinder, alt genug für ihn, um zu ihnen aufzuschauen, aber nicht alt genug, als daß sie zu dritt ihr Leben hätten meistern können.

Ich mußte mich meinerseits auch erst daran gewöhnen, daß Jason zunehmend erwachsener wurde. Einmal bat er mich, etwas aus seinem Portemonnaie zu holen, und ich entdeckte in einem Seitenfach ein Kondom. Nun weiß ich, daß viele halbwüchsige Jungen schon mal ein Kondom im Portemonnaie oder in der Brieftasche als Zeichen ihrer Männlichkeit bei sich tragen. Sie meinen, sie müßten stets präpariert sein, wenn sie mit einer Freundin ausgehen, aber gewöhnlich wird ein solches Kondom uralt und niemals benutzt. Es zu kaufen und in der Tasche zu haben, ist eine Art Reifesymbol. Jason hingegen machte mir unmißverständlich klar, daß er so etwas bereits praktisch benutzt hatte und daß er den Sex nicht nur vom Hörensagen kannte.

Zuerst Eden, nun Jason. Ich entschied mich, das Thema auf sich beruhen zu lassen. Ich erkundigte mich auch nicht nach Erics Liebesleben.

Ich versuche immer noch, an Eric heranzukommen, ihn dazu zu bringen, seinen Schmerz, seine Ängste, seine verdrängte Wut und seine Hoffnungen mit mir zu teilen. Ich bin außerordentlich stolz auf seine Erfolge. Seine Musik ist sanfter, ruhiger geworden und gleicht mehr den Folksongs meiner Jugend als den ersten von Zorn und Rebellion geprägten Kompositionen seiner Band. Er zeigt an der Universität gute Leistungen und hat seine eigene Wohnung. Er spricht nur selten direkt mit mir, aber wenn er mir zu speziellen Anlässen wie zu meinem Geburtstag eine Postkarte schickt, finde ich darauf nicht selten ein Gedicht von ihm, das so viel Liebe und Zärtlichkeit ausdrückt, daß ich ihn am liebsten in die Arme schließen und wie ein kleines Baby wiegen möchte.

Seltsamerweise öffnet Eric sich, wenn er krank ist. Immer, wenn er sich nicht wohl fühlt, kommt er nach Hause. Er scheint zu solchen Zeiten wie ein krankes Tier zu sein, das sich zur Genesung in die sichere, vertraute, dunkle und stille Höhle zurückzieht, wo seine Mutter lebt. Wir reden niemals über dieses Verhalten, jedoch schöpfe ich daraus Hoffnung für die Zukunft.

Die öffentlichen Reaktionen waren ziemlich gemischt. Als ich mich um die Stelle in der Telefonversandfirma bewarb, wußte der Inhaber, wer ich bin, obgleich ich annahm, diese Tatsache verschleiert zu haben, indem ich meinen vorherigen Namen anstatt Lukezic benutzte. Ich erkannte damals nicht, daß es ihm eigentlich egal war und daß er einem unschuldigen Menschen eine Chance geben wollte. Eine der Frauen jedoch, die ebenfalls dort arbeiteten, war nicht so mitfühlend. Als ich eine Kollegin in meinem Wagen mitnahm, weil sie es eilig hatte, nach Hause zurückzukommen, riet die andere Frau ihr, mir lieber aus dem Weg zu gehen, weil ich schließlich wegen Mordes im Gefängnis gesessen hätte. Ich war tief verletzt, als ich davon erfuhr, jedoch war es am Ende nicht so schlimm, wir freundeten uns schließlich miteinander an.

Eden wurde volljährig, nachdem sie ein Jahr lang in Südafrika studiert hatte. Mein Bruder Arthur hatte dort noch immer eine kleine Firma, die er später verkaufte. Er lud Eden zu sich ein, damit sie auch mal für einige Zeit im Ausland studierte.

Wir unterhielten uns darüber, allerdings reagierte ich diesmal nicht egoistisch, mit Selbstmitleid und Kummer über die Trennung. Ich wußte, daß es gut für sie wäre. Sie hatte eine ernsthafte Beziehung zu einem jungen Mann, und obwohl ich damals nicht ahnte, wie ernst sie war, hatte ich schon Visionen von ihr, wie sie heiratete, sich irgendwo niederließ und am Ende bedauerte, nicht in der Welt herumgekommen zu sein oder andere Erfahrungen gesammelt zu haben, weil sie sich zu sehr bemüht hatte, schnell erwachsen zu werden.

Sie folgte der Einladung. Die Reise hatte zwei Resultate. Das eine war, daß sie den Rassenhaß im Apartheidsystem hautnah kennen und bekämpfen lernte. Da sie die weiße Hautfarbe hatte und auf Arthurs Ranch auf dem Lande lebte, war sie stets mit einer Waffe unterwegs, denn sie mußte ständig mit gewaltsamen Übergriffen rechnen. Dennoch gehörte ihre Sympathie der schwarzen Minderheit, und sie setzte sich intensiv mit den Auffassungen und Empfindungen beider Seiten auseinander. Diese Erfahrungen fanden ihren Niederschlag in den schriftlichen Arbeiten während ihres Studiums, aus denen ein großes Verständnis für die Probleme der Farbigen sprach und ein ohnmächtiger Zorn über das, was sie durchmachen mußten.

Das zweite Resultat war der junge Mann, der nun ihr Ehemann ist. Gegen Ende ihres Auslandsaufenthaltes zog sie mit ihm zusammen und kehrte anschließend mit ihm in die Vereinigten Staaten zurück, wo sie bald heirateten. Sie arbeiten beide fleißig, um ihre Ausbildung abzuschließen. Wie es der Zufall will, denkt ihr Mann daran, ins Druckgewerbe zu gehen. Sein Fachgebiet ist der Siebdruck. Glücklicherweise endet hier die Ähnlichkeit mit Ron, jedoch reizt dieser Zufall mich manchmal noch zum Lachen. Gelegentlich verspüre ich aber auch ein schmerzhaftes Ziehen in der Brust. Die beiden jungen Leute sind miteinander sehr glücklich.

Seit ich aus dem Gefängnis entlassen wurde, mußte ich im Verlauf von Revisionsverhandlungen aussagen, die von den Mördern angestrengt wurden. Ich fühle mich noch immer unbehaglich, wenn jemand mich von früher erkennt. Es gibt immer noch die Auffassung, daß niemand wegen eines Verbrechens ins Gefängnis kommt, das er nicht begangen hat, eine Haltung, die nicht so feindselig ist wie die gegenüber dem ›reichen Luder‹, das sich die Freiheit mit ihrem Geld erkauft hat.

Was wird das Morgen bringen? Ich habe keine Ahnung. Dieses Buch zu schreiben, hat mir geholfen, die Vergangenheit zu begreifen, mich mit meinen Gefühlen auseinanderzusetzen, mein Leben weiterzuführen.

Da ist Schmerz. Dieser Schmerz wird immer da sein. Ich bin zu oft verletzt worden, um an eine neue Ehe zu denken, an eine neue Zeit, in der ich das Risiko eingehe, mich jemandem auszuliefern, mich von ihm vielleicht wieder verletzen zu lassen.

Doch das Leben erfüllt mich mit einer Freude, die ich nie für möglich gehalten habe. Ich betrachte nichts mehr als selbstverständlich. Ich genieße den Klang des Vogelgezwitschers am

Morgen. Jeder Sonnenaufgang, jeder Sonnenuntergang ist ein wertvolles Erlebnis. Ich schmecke mein Essen, schwelge in der Vielfalt der verschiedenen Aromen. Ich spüre die unterschiedlichen Materialien, aus denen meine Kleider bestehen. Ich erfreue mich an der Vielfalt der Menschen, die in den Straßen unterwegs sind, genieße einfache Akte der Freundlichkeit. Ich liebe die Tiere, die Blumen, alle Schöpfungen Gottes auf dem Land und der Menschen in der Stadt.

Ich habe eine tiefe Bewunderung für das Leben an sich entwickelt, von der ich nie gewußt habe, daß sie mir fehlte. Ich weine um die verlorene Zeit. Ich weine über die Wunden, die meinen unschuldigen Angehörigen zugefügt wurden. Aber jeder Tag bringt mir ein Glücksgefühl, das ich in jener düsteren Zeit niemals hätte fassen können.

Ich bin frei.«

ENDE

Band 13 390

Ann Rule

Wenn du mich wirklich liebhast

Detective Fred McLean hatte schon eine ganze Reihe von Mördern verhaftet. Aber dieses kleine Mädchen, das seit mehreren Stunden in kalter Dunkelheit in ihrem eigenen Erbrochenen gelegen hatte, war die bemitleidenswerteste mußmaßliche Täterin, der er jemals begegnet war.
McLean entrollte den rosafarbenen Streifen aus Pappkarton, den Cinnamon in ihrer rechten Hand gehalten hatte. In dem schwachen Licht konnte er die Druckbuchstaben auf dem Karton entziffern: ›Lieber Gott, bitte verzeih mir, aber ich wollte sie nicht verletzen‹.

BASTEI LÜBBE

Sie erhalten diesen Band im Buchhandel, bei Ihrem Zeitschriftenhändler sowie im Bahnhofsbuchhandel.